El libro de estrategias de lectura

El libro de estrategias de lectura

GUÍA COMPLETA PARA FORMAR LECTORES HÁBILES

¡Más de **300** estrategias!

JENNIFER SERRAVALLO

HEINEMANN • Portsmouth, NH

Heinemann
361 Hanover Street
Portsmouth, NH 03801–3912
www.heinemann.com

Oficinas y agentes en todo el mundo

La autora y la editorial desean agradecer a quienes generosamente concedieron permiso para reimprimir material prestado:

Figura 2.C. La Encuesta sobre preferencias para la lectura fue traducida de "'But There's Nothing Good to Read' (In the Library Media Center)" por Denice Hildebrandt, que apareció originalmente en *Media Spectrum: The Journal for Library Media Specialists in Michigan* (vol. 28, no. 3, págs. 34-37, Otoño de 2001). Reimpreso bajo permiso de la autora.

Figura 11.A. La Rúbrica para evaluar las respuestas a las preguntas sobre el vocabulario y el lenguaje figurado en libros de ficción fue traducida de *Independent Reading Assessment: Fiction* por Jennifer Serravallo. Copyright © 2019a por Jennifer Serravallo. Reimpreso bajo permiso de la autora.

Figura 11.B. La Rúbrica para evaluar las respuestas a las preguntas sobre el vocabulario y el lenguaje figurado en libros de no ficción fue traducida de *Independent Reading Assessment: Nonfiction* por Jennifer Serravallo. Copyright © 2019b por Jennifer Serravallo. Reimpreso bajo permiso de la autora.

Los datos del catálogo de publicaciones están archivados en la Biblioteca del Congreso.
ISBN: 978-0-325-11107-0

Diseño de la cubierta: Suzanne Heiser, Lisa Rawlinson
Diseño del texto: Suzanne Heiser
Desarrollo editorial y traducción: Aparicio Publishing
Producción: Aparicio Publishing
Fabricación: Steve Bernier

Impreso en los Estados Unidos de América en papel sin ácidos

1st printing VP 2019

Contenido

Mejorar la escritura sobre lecturas

Todas las estrategias de este libro son flexibles: se pueden usar en cualquier formato de enseñanza y con la mayoría de los libros.

—*Jennifer Serravallo*

Créditos de imágenes

Agradecimientos

Gracias, Gail Ryan, por tus sabias y eficaces instrucciones.

Mi más sincero agradecimiento al equipo de Aparicio Publishing, especialmente a Patricia Fontanals y Eduardo Aparicio, por su gran esmero en la traducción de este libro del inglés al español.

Gracias a Heinemann Publishing, especialmente a Roderick Spelman, por darle una oportunidad a esta versión en español. Mi más profundo aprecio a quienes trabajaron incansablemente en la edición en inglés, desde la parte editorial y producción, hasta la de diseño y mercadotecnia:

Eric Chalek	Suzanne Heiser	Victoria Merecki
Kiele Raymond	Zoë Ryder White	

Gracias a las educadoras hispanohablantes Emily DeLiddo, Clarisa Leal, Lucía Rocha y Mayra B. Torres por la cuidadosa lectura de varias rondas editoriales y su invaluable asesoría a lo largo del proceso.

Mi profundo agradecimiento a los maestros y administradores escolares en todos los rincones del país —como Tulsa, Oklahoma; Nueva York, Nueva York; Souderton, Pensilvania; Atlanta, Georgia; Wilton, Connecticut; toda Nueva Jersey y muchos lugares más—, quienes pusieron a prueba las estrategias y me hicieron comentarios sobre la versión en inglés de este libro, originalmente publicado en 2015:

Jaclyn Acker	Kim Dyer	Rosie Maurantonio	Patricia Sepessy
Corey Allen	Irene Fang	Jessica Mazzone	Bethany Shellen-
Elisha Ann	Jennifer Felipe	Jamie Mendolsohn	berger
Andrea Batchler	Chelsie Flake	Faye Odon	Lisa Shotts
Tricia Buce	Dawn Glowacki	Alisa Palazzi	Laurie Smilak
Caitlyn Buck	Merridy Gnagey	Sari-Lynn Peiser	Meadow Smith
Cheryl Bucko	Tara Goldsmith	Heather Pence	Renee Supple
Laura Dacorte	Barbara Golub	Barbara Pine	Cassie Tomsho
Amy Darsey	Katherine Hale	Lisa Reily	Ashley Traino
Jamie DeMinco	Kim Johnston	Maggie Beattie	Cheryl Tyler
F. J. DeRobertis	Elisha Li	Roberts	Tricia Winkler
Gina Dignon	Diane MacEwen	Tifanny Robles	

Gracias a los sabios educadores que leyeron la primera versión de varios capítulos de la edición en inglés y me ofrecieron sus valiosos comentarios:

Kathy Collins	Matthew Glover	Cheryl Tyler	Joseph Yukish

Gracias a mis mentores y colegas, incluyendo a Lucy Calkins, Kathleen Tolan y el equipo de desarrolladores de los últimos quince años del Teachers College Reading and Writing Project.

Y, lo más importante, gracias a mi familia: Jen, Lola y Vivie. Gracias por su apoyo, amor, estímulo y risas.

Para comenzar

En 2002, conseguí mi segundo trabajo como maestra en una escuela pública de la ciudad de Nueva York. Estaba emocionada de trabajar en esta escuela por muchas razones: había un verdadero compromiso con el desarrollo profesional, un líder escolar visionario y un plan de estudios y un enfoque de enseñanza en el que yo creía. Otro aspecto que hizo que esta escuela fuera especial era que los educadores estaban comprometidos con un programa de lenguaje dual. La mitad de la escuela ofrecía a los estudiantes la oportunidad de aprender un día en inglés y un día en español, y la otra mitad estaba enfocada en un programa de educación general monolingüe. Como ya casi había olvidado el español, que no practicaba desde la preparatoria, definitivamente fui una maestra monolingüe, pero todas las semanas planeé clases con mis colegas bilingües. Observé cada semana el impresionante trabajo que hacían, a pesar de que era una lucha constante encontrar recursos: desde libros que los niños pudieran leer, hasta materiales curriculares que pudieran usar para guiar su enseñanza. Pasaron horas traduciendo y creando, traduciendo y creando.

En las clases, trabajé con estudiantes que en casa hablaban ruso, urdu, español y criollo, pero cuyos padres optaron por una instrucción monolingüe. Hice todo lo que pude para comunicar a cada estudiante las estrategias y tareas que pedía que hicieran como lectores y escritores, pero tenía que apoyarme en sus compañeros para que me ayudaran a traducir con mayor frecuencia de lo que hubiera sido ideal.

Pasemos rápidamente a 2019, y mi Facebook, Twitter y la bandeja de entrada de mi correo electrónico están llenos de mensajes directos de educadores que están en la misma situación que mis colegas de la PS 165 y yo en 2002: educadores que dedican demasiado tiempo a traducir materiales que solo están disponibles en inglés, pero que son de gran ayuda a sus estudiantes bilingües emergentes, al igual que educadores monolingües que solo hablan inglés y que tratan de enseñar y llegar a los estudiantes cuyo idioma principal no es el inglés: todos pidiendo una traducción al español de *The Reading Strategies Book*.

Aunque este libro se ha traducido a un chino simplificado y al francés, esas traducciones se realizaron sin intervención alguna de parte mía o de Heinemann. Esta vez, Heinemann contrató a una empresa increíblemente talentosa que hizo la traducción y me pidió que formara parte de un consejo asesor, junto con un grupo de maestros, educadores y consultores bilingües, que han estado usando (y ¡traduciendo!) estas estrategias durante años. Tuvimos conversaciones sobre la elección de palabras (¿Cómo se traduce *engagement*?) y sobre las idiosincrasias del español frente al inglés ("¡Necesitamos una estrategia para los diptongos y varias otras para los acentos!"). Encontramos la manera de que los nuevos trabajos de los estudiantes fueran escritos en español (no solo una traducción al español de los trabajos ya existentes), e incluimos obras publicadas por diferentes editoriales en español para usarlas como textos mentores. Nuestro objetivo era hacer una traducción auténtica, pero sumando y restando según fuera necesario, para que ni siquiera un hispanohablante supiera que esta era una traducción.

Usted tiene el resultado en sus manos.

Espero que este libro le ahorre tiempo al tratar de apoyar a sus estudiantes con una instrucción relevante y específica, ya sea el español su primer o décimo idioma. Espero que este libro le sea provechoso sin importar en qué país esté enseñando y sin importar qué método de alfabetización utilice.

Breve introducción a los principios, la investigación y la teoría, y cómo usar este libro

Cuando le mostré un primer borrador de la versión en inglés de este libro a una colega, me dijo: "¡Es como si estuvieras escribiendo un libro de cocina para maestros de lectura!". Y la analogía me pareció acertada: de cierta forma, este es un libro de "recetas de lectura". Un recetario preciso y claro, que les permite a los maestros elegir "una receta" para una instrucción diferenciada según las necesidades del lector.

Desde la publicación de mi primer libro sobre educación receptiva en 2007, los maestros me han estado preguntando: "¿Pero dónde hay un libro de solo las estrategias?".

Y lo entiendo: ¿por qué crear una receta de enchiladas si ya existe una? ¿No sería más lógico hacer una lista de las recetas de otros? Lo cierto es que no pretendo que este libro de estrategias se siga al pie de la letra, como tampoco usaría un libro de cocina al pie de la letra. Cada uno decide cómo modificar a su gusto una receta de enchiladas: si hacerlas con carne de res, de pollo o verdura; si usar poco o mucho chile; si agregarles queso o no. Sin embargo, es conveniente tener un punto de partida. Al igual que un buen libro de cocina, lo que intento brindarle con *El libro de estrategias de lectura* es una colección completa de buenas ideas de expertos, que usted pueda usar al instante y que le sirvan de inspiración para sus propias innovaciones.

De modo que lo que busco es compartir con usted las estrategias en las que más confío. Reconozco que este libro no cubre absolutamente *todo*, pero abarca suficiente terreno. Confío, eso sí, en ofrecerle una serie de "recetas útiles de lectura", con sugerencias igualmente útiles sobre cómo darle su propio toquecito a ciertas estrategias para ajustarlas a sus estudiantes. Espero que este libro llegue a estar tan usado, desgastado y manchado como su libro de cocina favorito, pero asimismo espero que al usarlo, usted adquiera aun más confianza en sus destrezas para enseñar, motivar y guiar a sus jóvenes lectores. Espero que un día llegue a asimilar y sobrepasar todo lo que aquí presento.

Al igual que un buen recetario, las estrategias de este libro están respaldadas por décadas de investigación y por maestros expertos de cuyo trabajo he tenido la fortuna de aprender. He intentado expresar mi agradecimiento a algunos de estos autores "quitándome el sombrero", como un reconocimiento hacia ellos y también como una forma de ayudar al lector a encontrar libros donde investigar más. En algunos casos, mi fuente original no estaba disponible en español, así que ofrecí un título alternativo en español para futuras lecturas. Aunque temo que a veces haya olvidado mencionar a ciertas personas o no le haya dado el merecido crédito al creador de una idea, me siento agradecida de ser parte de una profesión en la que se comparten y se intercambian libremente tantas ideas y pensamientos.

◎ Cómo navegar por el libro

En realidad, este libro pudo haber sido organizado de diversas maneras: por destreza, por nivel de lectura o por género. Sin embargo, debido a la influencia que he recibido del investigador John Hattie (2009), decidí organizarlo en capítulos por objetivos. Tras sintetizar miles de estudios, Hattie concluyó que el establecimiento de objetivos, junto con la retroalimentación de los maestros, es lo que marca la mayor diferencia en los logros y el progreso del estudiante. En mi opinión, el salón de clases ideal es aquel en el que cada estudiante tiene un objetivo claro basado en evaluaciones formativas confiables. De ese modo, el estudiante estaría consciente de cada objetivo, y ese mismo objetivo guiaría la instrucción individualizada del maestro (conferencias, grupos pequeños). En ese salón de clases ideal, se le daría tiempo al estudiante de practicar con el maestro estrategias afines a su objetivo, ya sea en conferencias o sesiones individuales de lectura, o en grupos pequeños, así como tiempo para trabajar independientemente durante la lectura de libros de su propia elección (Calkins 2000; Collins 2004; Serafini 2001; Serravallo 2019a, 2019b).

¿Cómo decidir con qué objetivo empezar?

Los trece capítulos que siguen cubren trece de los objetivos que, según mi experiencia, se ajustan más a los lectores de los grados K–8. El primer paso es asegurarse de emparejar el objetivo preciso con el lector adecuado. Por esta razón, cada capítulo comienza con una breve sinopsis sobre el objetivo, para quién es apropiado y cómo evaluar al estudiante con ese objetivo en mente. Si quiere hacer un curso acelerado en evaluación formativa, le sugiero leer la sección inicial de los siguientes trece capítulos o consultar mi serie *Literacy Teacher's Playbook* para grados K-2 (2104) o 3-6 (2013a), o el libro *Understanding Texts & Readers* (Serravallo 2018).

Después de realizar algunas evaluaciones formativas, quizá se dé cuenta de que un estudiante se podría beneficiar de más de un objetivo. De hecho, ¡es algo muy factible! Para saber por dónde empezar, le daré algunas sugerencias, aunque no se trata de reglas fijas, ya que cada lector es singular y la lectura no es un proceso perfectamente lineal.

Los capítulos están codificados por colores para seguir cierto orden jerárquico que suelo usar para determinar qué objetivo es más importante para cada lector (vea el diagrama de la página siguiente). Por ejemplo, el primer capítulo sobre leer a partir de las imágenes (lectura emergente) suele ser más apropiado para aquellos lectores que aún no están leyendo textos impresos, lo que es usual en niños de pre-kindergarten y comienzos de kindergarten. Una vez que los niños comiencen a leer, el primer recurso que uso es el de despertar el interés por la lectura, puesto que si los estudiantes no disponen de estrategias para leer con concentración y persistencia, es muy difícil que progresen. Necesitan desarrollar el gusto por la lectura y contar con estrategias para elegir libros y aprender cómo desarrollar fuerza y persistencia, de modo que quieran pasar mucho tiempo practicando. Después sigue el objetivo de apoyar el proceso lector, es decir, estrategias para que los niños puedan aplicar sus conocimientos de fonética e integrar otras fuentes de información (significado y estructura) para leer las palabras con precisión. Enseguida sigue la fluidez, puesto que si los niños aprenden a leer de manera automática y con la expresión y el fraseo adecuados, podrán captar mejor el sentido del texto. Posteriormente sigue la comprensión, que está dividida en cuatro áreas clave para ficción y cuatro áreas para no ficción, sin un orden fijo de importancia. El capítulo de vocabulario, que corresponde al Objetivo 11, contiene estrategias para ayudar a los estudiantes a conocer el vocabulario y determinar el significado tanto de textos narrativos como de textos expositivos. Personalmente, yo trabajaría en el vocabulario con un lector de ficción que ya ha demostrado una sólida comprensión de la trama, el ambiente y los personajes; así como con un lector de textos de no ficción que ya ha captado la idea principal y los detalles clave. Las estrategias de escribir y conversar sobre la lectura también son de gran importancia, pero las he ubicado después de los capítulos de comprensión, porque es difícil hablar o escribir bien sobre lo que se ha leído sin haber entendido el libro. Es importante advertir que hay muchas excepciones a esta jerarquía. Por ejemplo, es probable que usted tenga un lector que no ha logrado trabajar en la lectura por tramos más largos, no porque necesite estrategias de interés en la lectura, sino porque no entiende el texto. Para fomentar su interés en la lectura, necesita apoyo en la comprensión. O bien, después de advertir las fortalezas de otro estudiante, es posible que usted concluya que las estrategias de escribir y conversar sobre la lectura le pueden servir para ampliar su comprensión de los temas e ideas, en cuyo caso usted podría recurrir a los Objetivos 12 y 13 antes del 7.

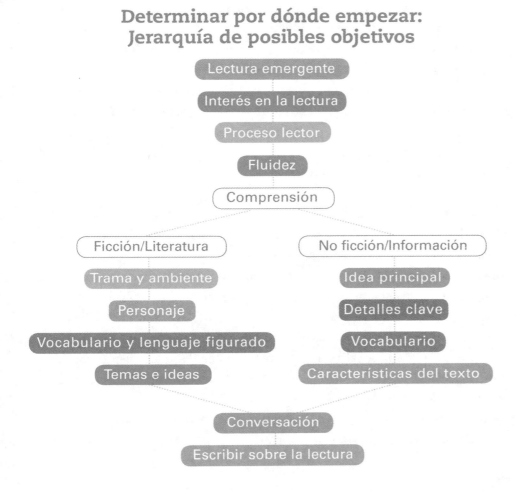

Determinar por dónde empezar: Jerarquía de posibles objetivos

Lectura emergente

Interés en la lectura

Proceso lector

Fluidez

Comprensión

Ficción/Literatura

Trama y ambiente

Personaje

Vocabulario y lenguaje figurado

Temas e ideas

No ficción/Información

Idea principal

Detalles clave

Vocabulario

Características del texto

Conversación

Escribir sobre la lectura

¿Cómo busco la estrategia adecuada dentro de un capítulo?

Una vez que determine un objetivo para un estudiante, tendrá que buscar las estrategias dentro de ese capítulo. Las estrategias ofrecen apoyo para los lectores de los grados K–8, así que en cada capítulo hay una gama de estrategias que se ajustarán a diversos niveles de texto, destrezas y géneros.

Al elegir la estrategia, es importante considerar los niveles y tipos de texto. Por ejemplo, usted no le pediría a un niño que está leyendo libros del nivel B que decodifique palabras de cuatro sílabas, así como no le indicaría a un niño que lee al nivel X que se fije en la imagen para identificar los sentimientos del personaje.

Estos son ejemplos extremos; a veces, determinar la pertinencia de una estrategia se vuelve más difícil en casos más matizados. No obstante, con el propósito de elegir las estrategias apropiadas para el nivel de desarrollo apropiado de un lector, dentro de cada capítulo, las estrategias generalmente siguen un orden que va de aquellas que son adecuadas para niños que leen libros de niveles básicos a aquellas que sirven más para estudiantes que leen textos de niveles avanzados. También hay unos rótulos al margen de cada estrategia y una tabla de resumen al comienzo de cada objetivo para ofrecerle una guía más específica donde ubicar las estrategias según la destreza, la Gradiente de nivel de los textos de Fountas & Pinnell™ o el género. Espero que estas herramientas lo ayuden a encontrar rápidamente la estrategia adecuada para satisfacer las necesidades de cada uno de sus lectores, en el momento justo.

Cómo navegar por cada página

Cada estrategia se explica en cada lección, con distintas opciones para entenderla y usarla de inmediato. Las siguientes páginas incluyen rótulos con una breve sinopsis de los propósitos de las secciones de cada página. Por favor, tenga en cuenta que según como se use la estrategia (conferencia, grupo pequeño, toda la clase; introducción inicial o repaso; etc.), usted podría decidir usar solo algunas de las partes que se ofrecen en conexión con una estrategia. Además, lo animo a que le dé su toque personal a cada estrategia: cambie el lenguaje (por ejemplo, de "tú" a "ustedes", cuando la estrategia vaya dirigida a más de un niño), cree nuevos consejos, altere la tabla, y otras cosas por el estilo. En los apartados que siguen podrá conocer más sobre estas secciones: por qué las incluí y de qué modo podría usarlas en su propio salón de clases.

◎ Objetivos, destrezas y estrategias

Como dije antes, este libro está organizado por objetivos, ya que confío en que usted llegue a conocer a cada estudiante de su clase lo suficientemente bien como para asignarle un objetivo específico (quizá uno de los trece que figuran en los títulos de los capítulos de este libro). Por lo tanto, el objetivo que usted elija será el enfoque de su trabajo continuo con el estudiante en sesiones individuales de lectura o conferencias, y en grupos pequeños.

Cada objetivo puede incluir una o más destrezas en la(s) que el lector deberá trabajar. Por ejemplo, si un estudiante está trabajando en el objetivo de entender al personaje, esto puede implicar la destreza de inferir (leer entre líneas para identificar un rasgo de personalidad y/o los sentimientos), así como la destreza de sintetizar (reunir información del libro para determinar cómo cambia el personaje). Una vez que usted identifique las destrezas, podrá localizar estrategias específicas que ejerciten tales destrezas.

Darle visibilidad a los objetivos

Una vez que decida (según la evaluación formativa) en qué objetivo trabajará el estudiante, recomiendo tener una conferencia con el estudiante para fijar el objetivo de lectura. Si es posible, invite al estudiante a ver la evaluación y pídale que reflexione sobre los resultados de la misma. A veces un estudiante advertirá por sí mismo en qué necesita trabajar, y si él mismo identifica el objetivo, estará más motivado a trabajar para lograrlo (Pink 2009). Para obtener más información sobre sesiones para fijar objetivos, consulte mi serie *Literacy Teacher's Playbook* (2013a, 2014).

Cuando los estudiantes inicien la lectura independiente, no es realista que usted recorra el salón de clases orientando a cada estudiante hacia su objetivo individual. Con el fin de abordar los diversos objetivos de su salón de clases, usted puede crear una pauta visual para cada lector individual que le sirva para recordar en qué está trabajando. Esto podría consistir en una tarjeta que el estudiante pegue en su escritorio, un conjunto de objetivos individuales ensartados en un aro, un marca-libros, una página en el interior de su cuaderno de lectura, o incluso un tablero de anuncios con los objetivos de cada estudiante.

Una **estrategia** es un "cómo hacerlo" paso a paso. Esto se puede usar en una conferencia en la lección sobre la estrategia, en una mini-lección o incluso como parte de otro componente integral de lectoescritura, tal como una lectura compartida o una lectura en voz alta interactiva. Es importante que les dé a los niños un *cómo hacerlo* que los ayude paso a paso a practicar hasta que desarrollen automaticidad. Para leer más sobre estrategias, consulte las páginas 7 a 12.

¿Para quién es?

NIVELES DE TEXTO

A–Z+

Las **sugerencias para el maestro** aparecen en aquellas lecciones donde consideré que una explicación adicional podía ayudar al maestro a entender la intención de la lección, o cuando quería sugerir algo más, por ejemplo, cómo modificar una estrategia para estudiantes en diferentes niveles de lectura o para diferentes tipos de texto.

...XTO

conocimientos
...isualizar

¡Me quito el sombrero! Intenté hacer referencia a autores y libros en los que se pudo haber inspirado la estrategia. De tanto en tanto tomé prestado de otro libro un título, una idea o un concepto para la lección, pero nunca copié el lenguaje exacto, sino que proviene de cómo yo le explicaría las cosas a un estudiante. Así como yo usé el lenguaje y el fraseo que usaría naturalmente, ¡espero que mis estrategias le sirvan de inspiración para adaptarlas a su propio lenguaje!

¡Me quito el sombrero!
(lectura recomendada):
Comprehension Through Conversation: The Power of Purposeful Talk in the Reading Workshop (Nichols 2006)

252

Estrategia Al leer, no te limites a... leyendo. Para hacerlo, compara o conecta la información que te da el autor con lo que ya sabes. Crea una imagen mental de la información que has aprendido.

Ejemplo de enseñanza *Algunos piensan que leer textos de no ficción consiste en recolectar y memorizar un montón de datos. Hay niños que leen libros de no ficción con un bolígrafo en la mano y van copiando en notitas todos los datos que han aprendido. Pero copiar no significa entender. En lugar de memorizar los datos o hacer una lista, hay que tratar de captar lo que dice el autor. Para hacerlo, intenta conectar lo que ya sabes con lo que acabas de leer y crea una imagen mental de lo que has aprendido. Por ejemplo, cuando estaba leyendo un libro sobre tiburones, leí que los tiburones tienen varias filas de dientes. No sabía eso, así que para mí era información nueva. Conecté esa información con lo que ya sabía sobre la boca de las personas, porque he visto la marca de una mordedura de persona y sé que nosotros tenemos una fila de dientes arriba y otra abajo. De este modo, pude crear una imagen mental de la mordedura de tiburón con varias filas de dientes arriba y abajo. Al conectar lo que leo con lo que ya sé y crear una imagen mental de la nueva información, sé que estoy entendiendo el texto.*

Consejos
- Piensa en lo que ya sabes.
- Piensa en lo que estás aprendiendo.
- ¿En qué se parecen?
- ¿En qué se diferencian?
- Crea una imagen mental de lo que has aprendido.

Algo nuevo + Algo que ya sé = **¡LO ENTIENDO!**

Algo...

En cada lección hay distintos tipos de **elementos visuales**, como carteles didácticos, tarjetas o marca-páginas referentes a la estrategia, escritos de los estudiantes o hasta fotografías de estudiantes mientras practican la estrategia. Varios maestros pusieron a prueba las lecciones de este libro y compartieron generosamente el trabajo de sus estudiantes. En las páginas 17 a 20 podrá encontrar más información sobre la creación de las tablas y herramientas.

EL LIBRO DE ESTRATEGIAS DE LECTURA

9.2 Prepárate

Los **rótulos al margen** le servirán de guía para localizar estrategias que se ajusten al nivel de lectura apropiado. He indicado la Gradiente de nivel de los textos de Fountas & Pinnell, así como los géneros y las destrezas que suelen ajustarse mejor a la estrategia. Tenga en cuenta que los niveles son fluidos, así que hice lo posible por guiarlo hacia los niveles que considero más aptos para la estrategia, aunque para ciertos niños el rango puede ser más estrecho o más amplio. Para saber cómo se correlacionan estos niveles alfabéticos con los niveles de grados escolares y otros sistemas de nivelación, consulte la tabla de la página 382.

Estrategia Antes de leer un t[...] veas datos, cifras, fotos o diagra[...] información. Si algún dato te so[...] sabía que…".

Ejemplo de enseñanza *Leer con curiosidad e interés te ayuda a aprender y recordar la información nueva. La actitud al leer un texto de no ficción es un poco diferente de la actitud al leer un texto de ficción. Cuando lees un texto de no ficción tienes que entender los datos, las cifras o números, la información visual y mucho más. Mientras lees, intenta captar la información y piensa si responde a tus preguntas o sacia tu curiosidad. Cuando leas algo nuevo que te cause mucho interés o asombro, ¡coméntalo!*

Consejos
- ¿Qué aprendiste que no sabías antes?
- Comenta lo que aprendiste. Empieza con: "Guau, no sabía que…".
- ¿Qué información pudiste captar?
- ¿Qué crees que no entendiste bien?
- Si no puedes contarlo, intenta volver a leerlo.

¡No te limites a mirar las palabras, lee con CURIOSIDAD E INTERÉS!

¡DATOS! ¡DATOS! ¡DATOS! ¡DATOS! ¡DATOS! ¡DATOS!

¡GUAU! No sabía que...

Los **consejos** son pautas para apoyar a los niños paso a paso mientras practican la estrategia, ya sea en una conferencia, grupo pequeño, lección de lectura compartida o lectura interactiva en voz alta. Los consejos ayudan a que la estrategia pase de ser algo que usted indica o demuestra, a algo que usted guía a los estudiantes a hacer. En las páginas 13 y 13 encontrará más información sobre los consejos para orientar y estimular a los estudiantes.

¿Para quién es?

NIVELES DE TEXTO
A–Z+

GÉNERO / TIPO DE TEXTO
no ficción

DESTREZA
[...]

De tanto en tanto incluyo un **ejemplo de enseñanza** que indica cómo yo explicaría o demostraría la estrategia a un solo niño, un grupo pequeño o toda la clase. Tenga en cuenta que no necesariamente tiene que usar este ejemplo; algunos niños serán capaces de ponerse manos a la obra tras oír la estrategia, en cuyo caso usted puede limitarse a darles una serie de consejos como apoyo adicional. También debe adaptar el lenguaje para hacerlo propio, usar libros que le gusten en lugar de los que sugiero, así como decir las cosas de un modo acorde con la edad y experiencia de su estudiante o sus estudiantes.

sombrero!
(lectura recomendada):
Comprehension Through Conversation: The Power of Purposeful Talk in the Reading Workshop (Nichols 2006)

No ficción: Detalles clave

253

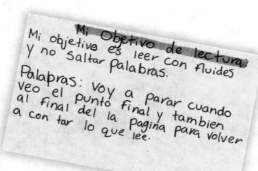

Mi Objetivo de lectura:
Mi objetivo es leer con fluidez
y no saltar palabras.
Palabras: Voy a parar cuando
veo el punto final y también
al final del la página para volver
a con tar lo que leí.

Acerca de las estrategias

Las estrategias de lectura efectivas son como mis recetas favoritas: mediante una serie de pasos concretos, me indican cómo lograr algo que aún no hago automáticamente. Así como no le pediría a un cocinero novato que prepare la masa de un pastel sin decirle cómo hacerlo, no le pediría a un lector que piense más allá del texto si sé que aún no es capaz de hacerlo independientemente.

Los investigadores, autores y teóricos usan los términos *destreza* y *estrategia* de manera diferente (algunos ejemplos: Keene y Zimmerman 2007; Afflerbach, Pearson y Paris 2008; Harvey y Goudvis 2007; Wiggins 2013; Harris y Hodges 1995; Sinatra, Brown y Reynolds 2002; Taberski 2000; Beers 2002). Para mí, las estrategias son acciones deliberadas con un propósito definido y un esfuerzo intencional para realizar una tarea o destreza específica (Serravallo 2010, 11–12). Una estrategia de lectura es un procedimiento o receta paso a paso. Las estrategias hacen que el trabajo de la lectura, a menudo invisible, se convierta en una acción visible. Los maestros pueden ofrecer estrategias para explicar el trabajo de manera viable a los estudiantes que aún están practicando, de tal modo que adquieran mayor confianza y pericia en la nueva destreza.

Los maestros hacen visibles los objetivos para los estudiantes como un recordatorio personal de su trabajo durante la lectura independiente.

Hay *muchas* estrategias para cada destreza imaginable (¡solo en este libro hay más de 300!). Además, usted podrá crear y hasta recopilar otras ideas de libros y recursos profesionales de confianza.

Así como ofrecemos estrategias a los estudiantes, queremos que dejen de necesitarlas con el tiempo. Cuando el lector adquiere la destreza, el *proceso,* es decir, la estrategia se vuelve automática, y el lector ya no tiene que practicarla a conciencia. Una vez que la necesidad del uso consciente de una estrategia se desvanece, es probable que vuelva a surgir solo en momentos realmente difíciles. El objetivo,

por lo tanto, no es que los lectores sigan los pasos de la estrategia, sino más bien que la estrategia los ayude a adquirir mayor destreza: a entender mejor el texto, a decodificar con mayor precisión, a leer con más fluidez. En otras palabras, las estrategias son un medio para lograr un fin, no un fin en sí mismo (Duke 2014; Keene 2008). La estrategia es un andamio temporal y, como tal, debe retirarse con el paso del tiempo.

Algunos de los elementos visuales de este libro, tales como las entradas de cuaderno, las tablas del salón de clases o uno que otro organizador gráfico, también deben ser vistos como herramientas, es decir, modos temporales para que los niños practiquen algo que con el tiempo se volverá automático, arraigado y natural.

He visto que el modo más efectivo de trabajar en un objetivo con un estudiante durante un periodo específico es presentarle una estrategia a la vez, guiarlo para que practique la estrategia y asignarle una nueva estrategia cuando haya adquirido seguridad con la primera. Luego de cuatro a seis semanas de trabajar hacia un objetivo, el estudiante habrá practicado y desarrollado la automaticidad mediante la ayuda de entre cuatro u ocho estrategias diferentes. Es entonces cuando se le puede asignar un nuevo objetivo o un nivel de texto más avanzado y tratar de transferir lo aprendido a una lectura más compleja.

A continuación, presento un diagrama similar al de la página 7 con un objetivo, destrezas y estrategias:

El siguiente es un ejemplo de cómo se enseñó y se aprendió un objetivo durante el curso de varias semanas.

semana 1	La maestra (M) enseñó "Aprende de los sentimientos" durante una conferencia. La estudiante (E) practicó con los libros que eligió para esa semana: *Stone Fox y la carrera de trineos* y *Quiero ser famosa*. Al final de la semana, M comprobó la lección de la estrategia en un grupo pequeño.
semana 2	M enseñó "Acciones, resultados y reacciones" en un grupo pequeño. E practicó con el nuevo libro que ella eligió: *Las tres puertas: Carrera contra el huracán*. E pareció tener dificultades. M se reunió con E el jueves en una conferencia para repetir la lección, ofreciéndole un nuevo ejemplo. E comenzó a leer *Esperanza renace*, y practicó un poco más. M le pidió a la estudiante que anotara sus ideas en el cuaderno de lectura.
semana 3	M repasó "Acciones, resultados y reacciones" en la primera conferencia de la semana. M quedó satisfecha con el trabajo de E. M presentó "Los cambios de los personajes revelan lecciones". E eligió *De cómo tía Lola vino ~~de visita~~ a quedarse* y *Lola* para leer esta semana.
semana 4	E practicó la estrategia de la semana pasada con *¿Seguiremos siendo amigos?* Al final de la semana, M revisó el trabajo de E durante una conferencia. M determinó que E podría usar un lenguaje más universal y la guió para replantear el enunciado que había escrito.
semana 5	M se reunió dos veces con E y la ayudó a incorporar las tres estrategias, cuando fue apropiado, en los nuevos libros que eligió para esta semana: *La telaraña de Carlota* y *Manolito Gafotas*.
semana 6	M presentó "Los títulos revelan mucho" durante una conferencia. E fue capaz de usar la estrategia de inmediato. E continuó practicando las cuatro estrategias durante la semana con sus dos nuevos libros. Al final de la semana, M decidió pasar a E a un nuevo objetivo.

Este diario del lector de seis semanas, en el que se detallan los esfuerzos hacia un objetivo, permite ver cómo la maestra reflexiona, evalúa y responde a la estudiante cada vez que se reúne con ella. De este modo, la maestra sabe en qué momento la estudiante está lista para intentar una nueva estrategia y en qué momento debe seguir practicando una estrategia que ya ha sido presentada.

También debe advertirse que la estudiante practica las estrategias repetidamente con libros de su propia elección que están a su nivel de lectura independiente. Este alto nivel de capacidad lectora —donde la precisión, la fluidez y la comprensión están donde deben estar— garantiza que la estudiante tenga el "espacio mental" para practicar nuevas destrezas. Cada estrategia que aprende y practica se vuelve parte de su repertorio.

En este escenario, la maestra decide reunirse con la estudiante en conferencias y grupos pequeños, aunque otros maestros quizá hubieran elegido conferencias y clubes de lectura, o lectura compartida y lectura en voz alta. En tal sentido, todas las estrategias de este libro son flexibles: se pueden usar en cualquier formato de enseñanza y con la mayoría de los libros. De hecho, la flexibilidad de una estrategia también se puede poner en práctica. Las estrategias más útiles son portátiles, generalizables y transferibles, de tal modo que un estudiante pueda practicarlas y aplicarlas hasta que lleguen a ser automáticas.

◎ Aconsejar y guiar a los lectores

Lo que no se detalla en la anterior tabla de seis semanas es la interacción entre la maestra y la estudiante.

Dentro del contexto de una lección —ya sea en grupo pequeño, toda la clase o uno a uno—, el maestro presentará la estrategia al estudiante y luego decidirá cuánto apoyo directo ofrecerle. Es posible que el maestro opte por darle o no darle al estudiante una breve explicación, un ejemplo o una demostración, decisión que suele basarse en cuánto apoyo siente que necesita el estudiante para comenzar a practicar la estrategia. Hago una advertencia: hay quienes alegan que no todo lo que se vaya a enseñar requiere de una demostración detallada (Barnhouse y Vinton 2012; Johnston 2004). Muchos estudiantes estarán listos para comenzar a trabajar apenas escuchan la estrategia y, aunque sus primeros intentos sean una aproximación, el maestro estará allí para apoyarlos y guiarlos mediante consejos, indicaciones y comentarios.

Una vez que el estudiante comience a practicar, es importante que le preste la mayor atención posible. Este es un valioso tiempo de enseñanza en el que una retroalimentación de dos vías permite al maestro apreciar cómo el estudiante está practicando la estrategia y cuánto apoyo adicional necesita, al igual que permite al estudiante recibir comentarios de su maestro. Según la investigación de Hattie (2009), esta retroalimentación, conectada con un objetivo visible, tiene el potencial de producir excelentes resultados para el estudiante.

Intento expresar mis consejos, o pautas, en pocas palabras. Soy consciente de que si hablo más de la cuenta, es probable que termine haciendo la mayor parte del trabajo. Veo estos consejos como "empujoncitos" para alentar al niño a pensar, hablar, anotar y trabajar en la estrategia bajo mi guía.

Procuro que el lenguaje que uso en estos consejos esté ligado a la estrategia (a veces usando algunas de las mismas palabras del lenguaje de la estrategia) para tratar de que mi lección sea lo más enfocada y clara posible. También trato de evitar palabras o ejemplos específicos del libro que el niño está leyendo. Por ejemplo, si el niño está practicando una destreza del proceso lector de mirar partes de una palabra para descifrar una palabra más larga, tiendo a decir: "¿Qué parte de la palabra conoces?" en lugar de "Tú conoces la palabra *pasó*. Eso te ayudará a leer *re-pa-só;* ¡inténtalo!". Para un estudiante

La retroalimentación que los maestros les dan a sus estudiantes puede ser de distintos tipos. Por lo general, los consejos o pautas que yo doy corresponden a una de las siguientes categorías:

- elogiar (nombrar algo que el estudiante está haciendo bien, por ejemplo: "¡Sí, ese es un rasgo de personalidad porque describe al personaje!").
- dirigir (pedirle al niño que intente algo, por ejemplo: "Fíjate en la imagen").
- encauzar (mencionar lo que el niño está haciendo en ese momento y encauzarlo en otra dirección: "Así no suenan esas dos vocales juntas. Vuelve a intentarlo").
- preguntar ("¿Cómo puedes corregir eso?").
- comienzos de oración (le ofrecen al niño el lenguaje que podría usar para responder a una pregunta o consejo, por ejemplo : "Al principio… Después…").

que esté practicando la destreza de inferir los sentimientos del personaje al advertir lo que dice y cómo lo dice, yo le daría este consejo: "Fíjate en el inciso del narrador" en lugar de "El narrador dice que el personaje está *decaído*. ¿Qué significa *decaído*?".

Asimismo, sé que con cada consejo estoy dando cierta cantidad de apoyo. Los consejos en los que digo más o dirijo más al niño a través de los pasos de la estrategia ofrecen *más* apoyo. Los consejos en los que digo menos (o nada en caso de los consejos no verbales) ofrecen *menos* apoyo, lo que exige más esfuerzo de parte del niño. Tengo muy en cuenta el tan citado modelo de transferencia paulatina de Pearson y Gallagher (1983), sabiendo que para que un niño llegue a ser un buen lector, hay que disminuir gradualmente el apoyo que se le ofrece. Sin embargo, eso no significa que siempre comience con los consejos que brindan más apoyo y termine con los que ofrecen menos apoyo. De hecho, hago lo contrario. Aprendí de Marie Clay (1993) que muchas veces es eficaz comenzar con un nivel inferior de apoyo e ir aumentándolo según se necesite y, luego, dentro de la lección o a lo largo de varias lecciones, disminuir el apoyo. En la siguiente tabla podrá ver ejemplos de consejos que brindan más apoyo y menos apoyo.

Los consejos que van con cada estrategia de este libro son una mezcla de tipos y de niveles de apoyo. Mi intención es darle ejemplos del lenguaje que usted puede usar. Puede usar esos mismos consejos o los que vayan surgiendo de manera natural mientras guía a sus estudiantes y les hace los comentarios apropiados.

Estrategia	Consejos que dan más apoyo	Consejos que dan menos apoyo
Transferencia paulatina →		
"Mientras lees, combina lo que sabes sobre los lugares que se describen con los detalles que te da el autor. Recurre a todos tus sentidos para describir el ambiente".	• "Piensa en lugares que conozcas que se parecen a los descritos". • "Usa todos tus sentidos. ¿Qué ves? ¿Qué oyes? ¿Qué tocas? ¿Qué hueles? ¿A qué sabe?".	• "Imagina el lugar". • "Usa tus sentidos". • "Di más sobre el ambiente". • El maestro se señala los ojos, oídos y nariz como pauta no verbal.
"Cuando recibes información sobre la situación del personaje, esto te debe hacer cambiar la imagen que tienes de él. Según los sentimientos del personaje, piensa en cómo se vería su cuerpo o cuál sería su expresión facial".	• "Piensa en lo que acaba de pasarle al personaje. ¿Cómo crees que se vería?". • "Describe lo que acaba de pasar. Ahora describe cómo te verías tú en una situación así. ¿Cómo se ve el personaje?".	• "Describe la cara del personaje". • "Describe la postura del personaje". • "Haz que tu cara se vea como la del personaje".

◎ Cómo podrían encajar estas estrategias en su actual programa de lectoescritura

Como maestra, soy una entusiasta seguidora de los talleres de lectura y escritura al estilo de la organización Teachers College Reading and Writing Project. Considero que estos talleres son más eficaces cuando se enseñan como parte de un esquema de lectoescritura equilibrado. Personalmente, yo usaría este libro como un recurso o guía fácil para respaldar mi enseñanza diferenciada y dirigida a un objetivo, tanto en conferencias como en grupos pequeños.Le asignaría a cada lector de mi clase un objetivo o conferencias (uno de los trece capítulos que siguen), identificaría patrones para agrupar a mis estudiantes y luego crearía un calendario personal en el que asignaría horas para grupos (cuando varios niños se pueden beneficiar de la misma estrategia) y horas para sesiones individuales de lectura o conferencias (cuando los estudiantes tienen objetivos singulares). También usaría las sugerencias de este libro para expresar las ideas en voz alta y los consejos y pautas que comparto durante la lectura interactiva en voz alta, así como las estrategias que enseño en mini-lecciones y lecturas compartidas. En otras palabras, lo usaría como un libro esencial de cocina para planear los platillos que prepararía cada día. [Consulte el Capítulo 8 de *Teaching Reading in Small Groups* (Serravallo 2010) o el Capítulo 4 de cualquiera de los libros *Literacy Teacher's Playbook* (Serravallo 2013a, 2014) para ver ejemplos de cómo sería uno de mis calendarios semanales.]

Ahora bien, si usted o la escuela donde trabaja usan un enfoque diferente de enseñanza de lectura, este libro le servirá de apoyo para enseñar de un modo más claro y enfocado. En la siguiente tabla presento una breve lista de maneras en las que usted podría usar este libro para complementar diversos esquemas de enseñanza de la lectura.

Esquema de lectoescritura	Cómo podría usar este libro
Daily 5™ Framework/ Literacy CAFE™ System	El enfoque de lectura independiente y lectoescritura de *Daily 5™ Framework/Literacy CAFE™ System* pide a los maestros que se asigne a cada estudiante un objetivo dentro de cuatro categorías: comprensión, precisión, fluidez y expansión del vocabulario. Aunque el esquema CAFE tiene cuatro categorías, este libro tiene trece. La "comprensión" en este libro está dividida en tres capítulos de ficción y tres de no ficción, así como un capítulo dedicado a la conversación y otro a escribir sobre la lectura. Además, la precisión, la fluidez y el vocabulario tienen un capítulo aparte. Si usted usa el esquema de Daily CAFE, le será fácil encontrar sugerencias en este libro para enseñar a sus lectores en cada una de las cuatro categorías.

continúa

Esquema de lectoescritura	Cómo podría usar este libro
Centros de lectura y de lectoescritura guiadas (Guided Reading and Literacy Centers)	Fountas y Pinnell, consideradas por muchos como las dos expertas más destacadas de la lectura guiada, recomiendan que la lectura independiente sea parte de cualquier programa de lectura guiada. Por lo tanto, una de las maneras en las que usted podría usar las ideas de este libro es ayudar a los estudiantes a tener un enfoque para su tiempo de lectura independiente y reunirse con ellos mientras leen sus textos al nivel independiente. También podría usar esta guía considerando los resultados de las evaluaciones formativas sobre sus estudiantes para planear sus lecciones de lectura guiada. Entonces, puede examinar las tablas de "vistazo a las estrategias" que aparecen al comienzo de cada capítulo para buscar las estrategias acordes con el nivel y los objetivos, y usarlas para orientar sus planes de lectura guiada.
Programa básico de lectura / Antología (Basal Reader/ Anthology)	Muchos programas básicos de lectura incluyen momentos de enseñanza guiada con un maestro en grupos pequeños, así como momentos para la lectura independiente. Según las evaluaciones de sus estudiantes (usando las que aparecen en el programa básico de lectura o alguna de las que se mencionan en este libro), usted podrá utilizar estas estrategias para darle un giro a las lecciones existentes del programa básico de lectura. Así se asegurará de enseñar a los niños según sus fortalezas y necesidades, y no solo a partir de un guion preestablecido. Recuerde que, aunque los escritores del programa básico de lectura hayan usado una secuencia de instrucción razonable, si no se ajusta a sus propios estudiantes, no verá el máximo progreso en la lectura. Usted también puede usar estas ideas para enfocarse en el tiempo de lectura independiente de sus estudiantes y para orientar algunas de sus lecciones para toda la clase y las lecturas en voz alta. También notará que, aunque hay cierta concordancia con lo que se enseña en un programa básico de lectura (por ejemplo, "comparar y contrastar"), el lenguaje de este libro ayuda a que la enseñanza sea más explícita y específica.
Lectura de novelas en clase (Whole-Class Novels)	Las sugerencias de este libro lo podrán ayudar a usar un lenguaje explícito con sus estudiantes sobre el proceso de pensamiento que sigue mientras comenta un libro en voz alta. Podría ofrecerles a sus estudiantes algunas estrategias para que las usen al leer de forma independiente y, posiblemente, al hacer anotaciones. Aunque es probable que parte de su objetivo sea enseñar aspectos concretos de la obra literaria que están estudiando en clase, los niños también se beneficiarán de una explicación clara y explícita sobre el proceso de pensamiento que pueden seguir al leer otros libros. Use las estrategias durante su demostración y use los consejos o pautas durante las conversaciones en clase. Asimismo, usted podría reservar una porción del tiempo del estudio de la novela para la lectura independiente, de tal modo que con su apoyo, los estudiantes tengan tiempo en el salón de clases de aplicar a su propia lectura lo que usted ha enseñado a toda la clase. Esto aumentará su volumen general de lectura y los ayudará a que la enseñanza de la estrategia se arraigue. Este tiempo de lectura independiente será muy provechoso con la inclusión de objetivos, estrategias y comentarios de su parte.

◎ Apoyar las estrategias con elementos visuales

Marjorie Martinelli y Kristine Mraz, en su serie de libros *Smarter Charts* (2012, Mraz and Martinelli 2014) y en su curso *Digital Campus* (2014), ofrecen evidencia convincente de que cuando se complementa cualquier texto o discurso escrito con elementos visuales, el receptor tiende a recordarlo mejor. Inspirada por tales autoras, decidí incluir en este libro elementos visuales para cada estrategia, tales como diagramas para el salón de clases y herramientas del lector. Parte de la razón es ayudar a usted, *mi lector o lectora,* a recordar las estrategias, de tal modo que llegue a asimilarlas y hacerlas propias. La otra razón es animarlo a crear elementos visuales cada vez que enseñe, para así aumentar la probabilidad de que sus estudiantes recuerden lo que usted *dice*.

En este libro no cabe explicar en detalle los elementos visuales para el salón de clases, así que me refiero a las expertas, Marjorie y Kristine, así como a sus libros, cursos y sitio web (chartchums.wordpress.com). Sin embargo, quiero destacar algunas maneras en las que usted podría crear e incorporar elementos visuales en su enseñanza.

¿Cuáles son las características de una tabla o herramienta útil?

Los elementos visuales que se incluyen en este libro fueron creados con el aporte y las ideas de muchos maestros. (Los nombres de estos generosos educadores aparecen en la sección de agradecimientos). Los que se presentan en este libro tienen algunas cosas en común:

- Son lo más claros y sencillos posibles.
- Suelen tener poco texto.
- Tienen íconos, dibujos o códigos de colores.
- Son apropiados para la edad y el nivel de lectura de los estudiantes a los que están dirigidos.
- Tienen títulos claros que indican de qué tratan.

Al momento de crear elementos visuales, guíese por estos principios para que presten un verdadero apoyo a la práctica independiente de sus lectores.

Tipos de tablas y herramientas

Las tablas y herramientas que verá en este libro corresponden a varias categorías. A continuación, incluyo réplicas de algunas de las tablas y herramientas que verá a través del libro, con pies de foto que indican el tipo de tabla y cómo se puede usar. Todos estos tipos de tablas y herramientas se explican más detalladamente en inglés en cualquiera de las obras de Martinelli y Mraz.

Tablas de ejemplo. Este tipo de tablas suelen incluir fragmentos de texto, anotaciones del estudiante con rótulos o una tabla creada por toda la clase que puede mostrar cómo debería lucir el propio trabajo del lector o explicar qué debe tener en cuenta el lector al practicar la estrategia. Estas tablas, por lo general, deben ser creadas junto con los estudiantes; el maestro podría elegir el fragmento de texto con anticipación y luego pedir a los estudiantes que hagan anotaciones a medida que trabajan en la estrategia.

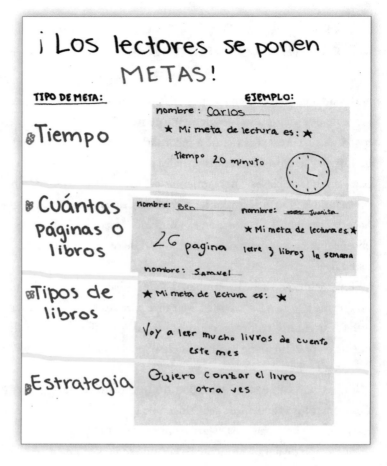

Herramientas. Estos elementos visuales se hacen para que cada estudiante los guarde en una carpeta, marca-páginas, bolsa de lectura o cuaderno. La intención es que los estudiantes tengan su "propia tabla" diferenciada para que la usen al practicar la lectura independiente. Usted podría hacer esta tabla con el estudiante, o crearla con anticipación y entregarla al estudiante luego de una conferencia o de una sesión en grupo pequeño.

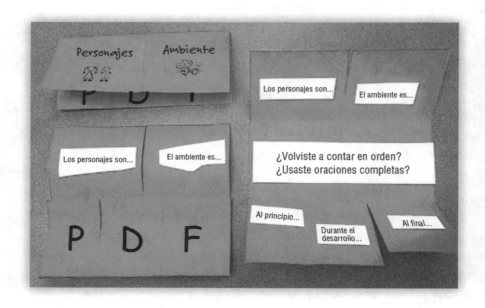

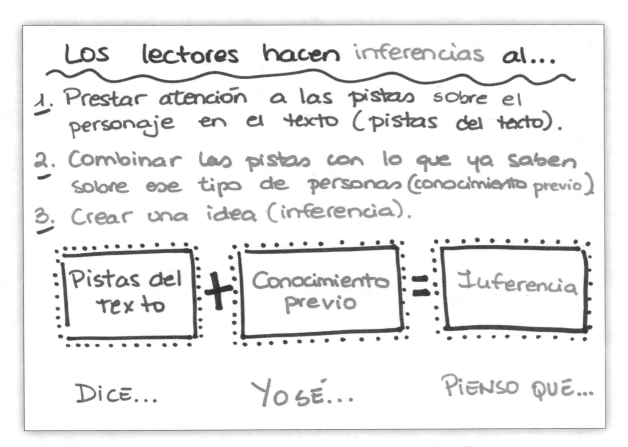

Los lectores hacen inferencias al...

1. Prestar atención a las pistas sobre el personaje en el texto (pistas del texto).

2. Combinar las pistas con lo que ya saben sobre ese tipo de personas (conocimiento previo)

3. Crear una idea (inferencia).

| Pistas del Texto | + | Conocimiento previo | = | Inferencia |

Dice...   Yo sé...   PIENSO QUÉ...

Tablas de proceso. Estas tablas ayudan a visualizar los pasos de la estrategia mediante dibujos, íconos y/o palabras clave.

Tablas de repertorio. Las tablas de repertorio ayudan a los estudiantes a recordar el tipo de estrategias que ya han practicado y que deben incorporar en sus hábitos regulares de lectura. Un conjunto de tablas o herramientas individuales, por ejemplo, cuatro tablas de proceso distintas se pueden combinar en una sola tabla grande. Algunas veces los maestros dejan de usar tablas de proceso detalladas y en su lugar escriben un resumen de la estrategia en una tabla de repertorio.

Tablas de contenido. Estas tablas ofrecen a los estudiantes una referencia para su trabajo con una estrategia, tal como una lista de características del personaje o familias de palabras.

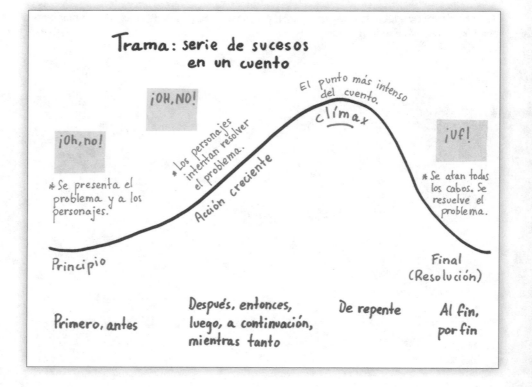

◎ Una nota sobre estándares

Sea donde sea que usted dé clases, y cualesquiera que sean los vientos políticos que soplen al momento en que este libro llegue a sus manos, es muy importante recordar los siguientes principios de la buena enseñanza: debemos empezar en aquel punto donde los niños se encuentren, debemos comprenderlos bien para poder enseñarles y debemos ofrecerles la cantidad adecuada de apoyo y de retos para crecer. Deliberadamente decidí no incluir referencias a estándares en este libro porque sé que ningún tipo de estándar cambiaría mi opinión sobre estos principios. Además, debemos recordar que los estándares son un conjunto de resultados a alcanzar al final del año escolar, no un conjunto de fórmulas sobre cómo lograr dichos resultados. Este libro lo ayudará a identificar objetivos para los niños y le dará el "cómo" para sacar esos objetivos adelante. Empiece por una evaluación de lo que el niño ya puede hacer, elija uno de los trece objetivos y comience a enseñar. Tenga la certeza de que su enseñanza se ajustará a su estudiante, y eso, inevitablemente, ayudará al niño a alcanzar estándares más altos.

Dicho esto, ¡manos a la obra!

Objetivo 1

Apoyar a los lectores pre-emergentes y emergentes

◎ ¿Por qué es importante este objetivo?

Casi todos los salones de clases de preescolar en el país trabajan con programas formales de lectura e instrucción silábica y fonética e intentan que los niveles de lectura sean más altos al terminar el año académico. Esta prisa por lograr que los niños sean capaces de decodificar y entender el texto escrito se basa en la creencia de que cuanto antes puedan leer las palabras, mejores lectores serán en el futuro (Collins y Grover 2015). Sin embargo, *aunque podamos* lograr que los niños decodifiquen en edades cada vez más tempranas, ¿deberíamos hacerlo? ¿Debería ser esta nuestra prioridad en los salones de clases de pre-kindergarten y principio de kindergarten?

El trabajo de los investigadores en educación preescolar Elizabeth Sulzby y William Teale (1991) y de un grupo de expertos reconocidos en el aprendizaje temprano de la lectura, como Kathy Collins y Matt Glover (véase, por ejemplo, Collins y Glover 2015; Collins 2004, 2008; Ray y Glover 2008) me convenció de que los niños pueden trabajar en muchas otras áreas importantes antes de empezar a leer convencionalmente y al mismo tiempo que comienzan a desarrollar sus conocimientos sobre la lectura.

Podemos acercarnos a los niños sea cual sea su nivel de aprendizaje y ayudarlos a disfrutar de los libros, a que entiendan su significado, adquieran vocabulario, usen las características del texto para entender, conectar las páginas, responder a los textos al escribir y hablar, practicar la fluidez y, quizá lo más importante de todo, a desarrollar su identidad como lectores con confianza en sí mismos, así como que se involucren y disfruten de la lectura (aunque todavía no sean capaces de decodificar).

Piense en la última vez que vio a su hija o hijo, su nieto o cualquier otro niño a quien ama mirando independientemente un libro que le habían leído antes muchas veces. Tal vez notó que el niño estaba "leyendo" el libro: quizá repetía las mismas palabras y oraciones que oyó cuando usted se lo leyó; quizá estaba señalando las imágenes; quizá estaba haciendo expresiones con la cara o repitiendo el diálogo entre los personajes en cada página. Con su innovador trabajo sobre la lectura emergente, Elizabeth Sulzby descubrió que el trabajo de los niños con textos que les resultan familiares (textos que les han leído en voz alta varias veces) se puede dividir en categorías predecibles: desde rotular lo que ven en la imagen, hasta contar el cuento con diálogos o detalles narrativos, usar el lenguaje del cuento, contar el cuento con muchas de las palabras que usó el autor o leer con expresión y entonación (Sulzby 1985).

Collins y Glover (2015) extendieron el trabajo de Sulzby y estudiaron el trabajo de lectura de los niños con textos familiares y no familiares, de ficción y no ficción. Descubrieron que la lectura de los niños también se podía dividir en categorías y que estas categorías no eran fijas. Por ejemplo, algunos niños pueden empezar a leer un libro rotulándolo, y comenzar a contar el cuento para cuando llegan al final. O también pueden contar el cuento de algunos libros, pero limitarse a rotular cuando leen otros. Independientemente de cómo interactúe el niño con el libro, podemos hacer muchas cosas para apoyarlo y nutrirlo como lector y pensador durante este periodo tan importante del desarrollo lector.

Los trabajos de Sulzby, Collins y Glover nos sirven como un marco útil para observar lo que hacen los estudiantes con los libros, determinar las maneras de apoyar lo que están haciendo y animarlos siempre a que sigan adelante.

◎ ¿Cómo sé si este objetivo es adecuado para mi estudiante?

Las sugerencias de enseñanza de este objetivo son perfectas para los niños que están empezando a leer textos de forma independiente, pero aún de manera no convencional. También podrá encontrar sugerencias para lectores que empiezan a leer de manera convencional, pero que tienen intereses que van más allá de los textos con patrones sencillos que suelen leer los lectores principiantes. Estos lectores pueden pasar tiempo con libros que tienen un nivel superior a su nivel de lectura independiente, de manera que pueden aprender de las imágenes y/o practicar a contar cuentos (Collins 2004).

A manera de preparación, conviene reunir libros ilustrados para apoyar la práctica de los estudiantes. Sería ideal contar con una variedad de libros con textos informativos, libros con texto predecible, libros del alfabeto y cuentos. En los márgenes de este capítulo ofrezco algunos consejos sobre el tipo de texto que funciona mejor con la estrategia. A veces uso la palabra *libro* en las estrategias y los consejos; otras veces soy más específica con el tipo de libro que se debe usar y utilizo palabras como *libro informativo* o *cuento*. Esto se debe a que algunas estrategias se pueden usar con distintos tipos de textos —cuentos, textos informativos, libros con textos repetitivos— (libros), y otras estrategias son más apropiadas para un tipo determinado de texto (por ejemplo, cuentos). En cualquier caso, es recomendable prestar atención al lenguaje que usamos al enseñar la estrategia y ofrecer consejos. Por ejemplo, asegúrese de que cuando se refiere a un libro como un *cuento*, sea realmente una narración. Cuando prestamos atención a las palabras que usamos, ¡enseñamos a los estudiantes lecciones importantes sobre el género literario!

Los libros que funcionan mejor para apoyar a los estudiantes en esta etapa son:
- textos visualmente atractivos (si es un cuento, es importante que las imágenes reflejen los sucesos principales del cuento; si es un libro de no ficción, las imágenes deben tener detalles y una variedad de elementos visuales)
- cuentos que tengan una narración clara, con diálogos reconocibles y cierta repetición (ejemplos: *Se venden gorras* [Slobodkina 2000], *La oruga muy hambrienta* [Carle 2002], *El conejito Knuffle* [Willems 2004], por nombrar algunos)
- textos informativos que ofrecen oportunidades para aprender sobre el contenido a través de fotografías y otras características
- libros con patrones repetitivos e imágenes que ofrecen un apoyo evidente, por ejemplo: *Oso pardo, oso pardo, ¿qué ves allí?* (Martin 2017)
- libros del alfabeto que ayudan a reforzar el conocimiento de las letras y los sonidos, y libros con números que reflejan la cantidad de objetos.

Recomiendo que observe a sus estudiantes cuando estén leyendo libros familiares y no familiares, libros de ficción y no ficción, y los que no corresponden a ninguna de esas categorías. Observe lo que hacen cuando leen las imágenes de las páginas de un libro. Sus observaciones lo ayudarán a elegir entre las estrategias sugeridas en este capítulo y además aprenderá mucho sobre sus estudiantes como lectores.

Vistazo a las estrategias para apoyar a los lectores pre-emergentes y emergentes

Estrategia	Niveles de texto	Géneros / Tipos de texto	Destrezas
1.1 Sé un explorador y busca tesoros en los libros	Emergente	Todos (con imágenes)	Interés, fuerza y persistencia
1.2 El TODO y los detalles pequeñitos	Emergente	No ficción	Resumir
1.3 Veo con mi dedo	Emergente	Todos (con imágenes)	Observar los detalles
1.4 De salto en salto por las imágenes	Emergente	Narración	Secuenciar, contar cuentos
1.5 Juega a buscar palabras	Emergente (empieza a ser consciente del texto impreso)	Todos	Automaticidad de palabras reconocibles
1.6 Los personajes dicen, los personajes hacen	Emergente	Narración (con imágenes)	Contar cuentos, ampliar
1.7 Actúa para contar el cuento	Emergente	Narración	Contar cuentos, dramatización
1.8 Expresa las emociones	Emergente	Narración (con imágenes)	Fluidez, expresión
1.9 Vuelve atrás, revisa	Emergente	Narración (con imágenes)	Verificar la comprensión, inferir
1.10 Usa el lenguaje de los cuentos	Emergente	Narración	Usar palabras y frases de transición
1.11 Mueve el cuerpo, recuerda las palabras	Emergente	Narración (familiar, con imágenes)	Verificar la comprensión
1.12 Presta atención a lo que se repite	Emergente	Libros con lenguaje repetitivo	Verificar la comprensión
1.13 Habla como el personaje	Emergente	Narración (familiar)	Fluidez, expresión
1.14 Si no lo sabes, trata de adivinarlo	Emergente	Narración (no familiar)	Inferir, verificar la comprensión
1.15 Explica lo que piensas al leer	Emergente	Todos	Inferir, apoyar ideas con evidencia
1.16 Lo que veo/Lo que pienso	Emergente	No ficción o narración	Verificar la comprensión, inferir
1.17 Habla como un experto	Emergente	No ficción	Elección de palabras
1.18 Usa tu voz de maestro	Emergente	No ficción	Fluidez
1.19 Conecta las páginas	Emergente	No ficción o narración	Sintetizar
1.20 ¿Nombre de un personaje o nombre de un grupo?	Emergente	No ficción o narración	Entender el género

¿Para quién es?

NIVEL DE TEXTO
emergente

GÉNEROS / TIPOS DE TEXTO
todos (con imágenes)

DESTREZAS
interés, fuerza y persistencia

¡Me quito el sombrero!
(lectura recomendada):
A Curricular Plan for the Reading Workshop, Grade K (Calkins *et al.* 2011a)

Estrategia Busca una caja con libros en el salón de clases o un estante de libros en la biblioteca. Mira la portada y las páginas de los libros para ver si alguno te parece interesante. Viaja al interior del libro, como si fueras un explorador, y busca tesoros en todas las páginas, como detalles interesantes o datos que no conocías.

Sugerencia para el maestro En este capítulo, doy muchas sugerencias sobre qué pueden hacer los niños con los libros antes de que comiencen a leer de manera convencional. Esta estrategia sirve para lectores desanimados que tal vez no se vean a sí mismos como lectores todavía, o no tengan experiencia con libros, o que no puedan leer convencionalmente y piensen que los libros no son para ellos. Esta estrategia anima a los niños a pasar más tiempo observando una página y a descubrir algo nuevo o interesante.

Consejos
- ¿Ves algo en esta página?
- Mira por toda la página. Di lo que ves.
- ¡No tan rápido! Vamos a mirar esta página un poco más a ver si encontramos algo interesante.
- ¡Eso *es* un tesoro! Buscaste muy bien para encontrarlo.

Esta estrategia funciona mejor durante una conferencia, animando al estudiante con frases como: "¡Guau! ¡Mira eso!", "¡Yo no sabía eso! ¿Y tú?", "¡Eso que encontraste es increíble!". Anímelo a observar la página durante más tiempo y buscar tesoros con oraciones como: "¡Espera un minuto! Creo que en esta página hay más cosas. ¡Aún no pases la página!".

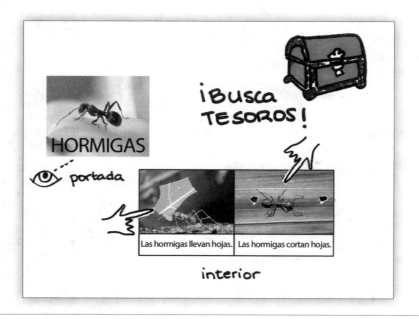

Estrategia Observa TODA la página y, después, mira los detalles pequeñitos. Pasa el dedo por toda la página y di de qué trata esa página. Después, enfócate en las partes pequeñas y di algo por cada parte que ves.

Sugerencia para el maestro Esta estrategia ayudará a los estudiantes a familiarizarse con la estructura de un libro de no ficción que tenga una idea principal y detalles clave, o que tenga "oraciones temáticas" seguidas de hechos.

Consejos

- Usa el dedo. Pásalo por toda la página.
- Di: "Toda esta página trata de...".
- Ahora fíjate en una sección pequeña. Di qué aprendes al ver esta página.
- Pasa la página e intenta de nuevo.
- Mueve el dedo a otra parte. ¿Qué más aprendiste?
- ¿Qué tienen en común todas esas partes?
- ¿Qué es igual en todas las partes de esta página?
- Toca una parte. ¿Qué aprendiste? Toca otra parte. ¿Qué aprendiste?

El TODO y los detalles pequeñitos

TODA esta página trata de...

Esta parte trata de...

Hay perros de muchas formas y tamaños. Los chihuahuas son pequeños. Los bóxer son grandes. ¿Sabes cuál es cuál?

Los perros pueden trabajar, cazar o ser nuestras mascotas. A veces los llamamos "el mejor amigo del hombre".

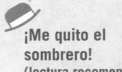

1.3 Veo con mi dedo

¿Para quién es?

NIVEL DE TEXTO
emergente

**GÉNEROS /
TIPOS DE TEXTO**
todos (con imágenes)

DESTREZA
observar los detalles

Estrategia En lugar de pasar rápidamente las páginas, ve más despacio y míralas un rato. Usa tu dedo para señalar y fijarte en las diferentes partes de la página. Di algo cada vez que tu dedo se pare en alguna parte. Después de mirar un rato la página, puedes pasar a la siguiente.

Ejemplo de enseñanza *Cuando tengo un libro nuevo, sé que encontraré muchas cosas divertidas, interesantes, geniales y bonitas dentro de él. Sé que no debo apurarme a mirarlo todo rápidamente para llegar al final lo antes posible. No, debo tomar las cosas con calma. Y una manera de hacerlo es apuntar con el dedo. Me gusta pasar el dedo por toda la página porque al hacerlo, me obligo a fijarme y a ver cosas que de otra manera no habría visto. ¡Voy a mirar la página sin apurarme! Yo veo con mi dedo. Cuando paso el dedo por la página, paro en una parte y digo lo que veo. Después, muevo el dedo a otro lugar y digo algo más, y así en todas las páginas. Solo paso la página cuando creo que ya he visto todo.*

Consejos
- Mueve el dedo por la página. Di lo que ves.
- Cuéntalo como si fuera un cuento *(ficción)*.
- Di lo que estás aprendiendo *(no ficción)*.
- ¡No tan rápido! Quédate un ratito más en esta página.
- Miraste toda la página ¡y dijiste con oraciones lo que viste!
- ¡Despacito!
- Di algo.
- ¿Qué vas a hacer antes de pasar la página?

**¡Me quito el
sombrero!**
(lectura recomendada):
*A Curricular Plan for the
Reading Workshop, Grade K*
(Calkins *et al.* 2011a)

Estrategia Todas las páginas de un libro se conectan para contar un cuento completo. Puedes "saltar" de una imagen a otra para contar lo que está pasando. Señala la imagen de una página y cuenta lo que pasa. Después, pasa la página, señala lo que ves y cuenta lo que está pasando, y así hasta el final.

Sugerencia para el maestro Esta estrategia es adecuada para estudiantes que vuelven a mirar un libro que les fue leído en voz alta anteriormente para practicar cómo contar cuentos, o con estudiantes que tienen que elegir un libro que no conocen o con el que están practicando cómo contar cuentos basándose en las imágenes.

Ejemplo de enseñanza *Mira cómo "salto" de una página a otra conectando las imágenes de* Buenas noches, Luna *(Wise 2006). "En una habitación había una silla, una chimenea, una lámpara y una cama. En la cama hay un conejito".* (Mire la primera página y señale lo que menciona. Después, pase la página). *"Había una vaca volando y tres osos sentados en sus sillas".* (Señale lo que menciona y pase la página). *"Después, en la habitación había dos gatitos ¡y también un ratón!".*

Consejos
- Di: "Y luego…"
- Piensa en cómo se conectan las páginas.
- Entonces, ¿qué pasó? Pasa la página para ver qué sucede.
- Miraste con atención la imagen y te aseguraste de que esta página se conecte con la otra.

¿Para quién es?

NIVEL DE TEXTO
emergente

GÉNERO /
TIPO DE TEXTO
narración

DESTREZAS
**secuenciar,
contar cuentos**

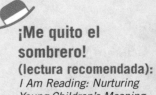

¡Me quito el sombrero!
(lectura recomendada):
I Am Reading: Nurturing Young Children's Meaning Making and Joyful Engagement with Any Book
(Collins y Glover 2015)

¿Para quién es?

NIVEL DE TEXTO

emergente (empieza a ser consciente del texto impreso)

GÉNEROS / TIPOS DE TEXTO

todos

DESTREZA

automaticidad de palabras reconocibles

¡Me quito el sombrero!
(lectura recomendada):
A Curricular Plan for the Reading Workshop, Grade K (Calkins *et al.* 2011a)

Estrategia Cuando lees, no solo lees las palabras. También lees las imágenes. Primero, lee las imágenes para entender el cuento. Después, vuelve a mirar el libro para buscar palabras y letras que conoces.

Sugerencia para el maestro Esta estrategia, al igual que las otras de este objetivo, se centra en que los jóvenes lectores encuentren primero el significado de los textos. Llegará el momento en que los estudiantes serán más conscientes del texto impreso, reconocerán palabras de uso frecuente, letras y sílabas, y se darán cuenta de que el texto que hay en las páginas cuenta un cuento o da información. Esta estrategia, de manera delicada, primero centra la atención de los estudiantes en el significado, y después les da la oportunidad de practicar sus nuevas destrezas y buscar palabras y letras que ya conocen. Haga una gráfica como la que se muestra en esta página e incluya palabras que los estudiantes ya saben o palabras que tengan en el muro de palabras del salón.

Consejos

- Leamos el cuento. Primero vamos a mirar las imágenes para entenderlo.
- Muestra las palabras que conoces en esta página.
- ¿Jugamos a buscar palabras? A lo mejor hay palabras o letras que conoces.

Estrategia Cuenta lo que ves en cada página como si contaras un cuento. Fíjate bien en los dibujos para contar lo que dice y lo que hace el personaje.

Sugerencia para el maestro Puede enseñar esta estrategia a lectores que están leyendo un cuento que ya conocen para que intenten recordar lo que dicen y hacen los personajes. También puede usarla con cuentos que los niños no conocen. En el siguiente ejemplo, me imagino (o infiero) lo que dice un personaje. En la primera página del cuento verdadero, el personaje no dice nada.

Ejemplo de enseñanza *En todas las páginas, voy a intentar decir dos cosas: lo que dice y lo que hace el personaje. Las diré como si estuviera contando un cuento. En la primera página de* Harry, el perrito sucio *(Zion 2003), Harry baja corriendo las escaleras (eso es lo que hace). "¡No pienso bañarme!", dice (eso es lo que dice).*

Consejos
- ¿Qué crees que estará diciendo el personaje?
- Mira bien la imagen. ¿Qué está haciendo?
- ¿Cuál es la acción en esta página?
- Espera. Di lo que hace y lo que dice.
- Dijiste dos cosas, ¡lo que hace y lo que dice!

Mira al PERSONAJE
¿Qué hace?
¿Qué dice?

¿Para quién es?

NIVEL DE TEXTO
emergente

GÉNERO / TIPO DE TEXTO
narración (con imágenes)

DESTREZAS
contar cuentos, ampliar

¡Me quito el sombrero!
(lectura recomendada):
I Am Reading: Nurturing Young Children's Meaning Making and Joyful Engagement with Any Book (Collins y Glover 2015)

¿Para quién es?

NIVEL DE TEXTO

emergente

GÉNERO / TIPO DE TEXTO

narración

DESTREZAS

contar cuentos, dramatización

¡Me quito el sombrero!
(lectura recomendada):
A Quick Guide to Boosting English Acquisition in Choice Time, K–2
(Porcelli y Tyler 2008)

Estrategia Haz una pausa en una página. Usa tu cara, tu cuerpo y tu voz para darle vida al cuento. Luego explica con palabras lo que estás haciendo.

Sugerencia para el maestro Recomiendo el libro *A Quick Guide to Boosting English Acquisition in Choice Time, K–2* (Porcelli y Tyler 2008) para todos los maestros de pre-kindergarten y kindergarten que quieran incluir la dramatización de cuentos en su tiempo de libre elección. En este libro, las autoras sugieren formas para que los estudiantes recreen, cuenten y jueguen con cuentos conocidos cuando hagan actividades en grupos pequeños, talleres de dramatización, arte y otros. Esta estrategia es una adaptación de su libro y podría hacerse durante el tiempo de libre elección o incluso cuando los lectores trabajen en parejas durante el taller de lectura.

Consejos

- ¿Qué está haciendo el personaje ahora? Muéstralo con tu cara y cuerpo.
- Ahora cuenta lo que pasa en esta página.
- Imagina al personaje en esta parte. Ahora habla como lo haría el personaje.
- ¡Le estás dando vida al cuento con tus palabras y acciones!
- ¡Tu actuación representa lo que pasa en la página! Explica lo que estás haciendo.

Estrategia Piensa en cómo se siente el personaje en esta página. Piensa también en lo que diría y usa tu voz para hablar como lo haría el personaje.

Sugerencia para el maestro Hay una versión de esta estrategia en el Objetivo 4. La diferencia aquí es que, aunque los niños no estén leyendo las palabras, de todas maneras pueden practicar la lectura expresiva para transmitir el significado que interpretan de las imágenes. Esta estrategia puede ser igualmente útil para cuando los niños estén trabajando tanto con libros familiares, como con libros no familiares. Para ayudar a los estudiantes a usar su voz de actor, puede demostrarles cómo leería los diálogos en dos partes de un libro para mostrar dos emociones diferentes. Por ejemplo, en el libro *Se venden gorras* (Slobodkina 2000) puede decir: "¡Gorras! ¡Se venden gorras! ¡50 centavos cada gorra!", con un tono entusiasta y alegre. Luego, puede decir: "Óiganme bien, monos, devuélvanme las gorras", con tono enojado.

Consejos

- ¿Cómo dijo eso el personaje? Muéstralo.
- Dilo pensando en cómo se siente el personaje.
- El personaje suena feliz (o enojado o triste) por la forma en la que leíste.
- Tu voz coincide con lo que siente el personaje en esa página.

¿Para quién es?

NIVEL DE TEXTO
emergente

GÉNERO / TIPO DE TEXTO
**narración
(con imágenes)**

DESTREZAS
fluidez, expresión

1.9 Vuelve atrás, revisa

Estrategia Si estás leyendo y te das cuenta de que… "¡Uy!, eso no tiene sentido", estás a tiempo de corregirlo. Vuelve atrás y trata de entender lo que te parece confuso revisando lo que leíste en la página anterior.

Sugerencia para el maestro Cuando los lectores leen cuentos que no les resultan familiares, es importante enseñarles que usen sus conocimientos sobre cómo se desarrollan los cuentos y que presten atención a las imágenes mientras siguen la lectura (Collins y Glover 2015). Es posible que cuando estén contando un cuento, puedan inferir bien lo que pasa en cada página. Sin embargo, si de pronto encuentran información nueva, la historia puede dejar de tener sentido para ellos. Por ejemplo, *Harry, el perrito sucio* (Zion 2003) comienza así: "Harry era un perro blanco con manchas negras. A Harry todo le gustaba, excepto… bañarse. Un día, cuando oyó que llenaban la bañera de agua, cogió el cepillo que utilizaban para bañarlo y lo enterró en el patio". Puede que algunos niños tengan que volver atrás para comprender que Harry entierra el cepillo en el patio porque no le gusta que lo bañen. Es necesario que los estudiantes usen sus destrezas de comprensión para decir "¡Uy, ¿qué pasó aquí?", volver atrás en el cuento y hacer inferencias sobre lo que sucedió.

Consejos

- Hmm… ¿Tiene sentido esto con lo que acabas de decir? Volvamos atrás y pensemos en lo que podría haber pasado en esta página.
- ¿Qué crees que pasó en la página anterior?
- Asegúrate de que las páginas del libro estén conectadas entre sí y con la historia.
- Noté que volviste atrás para cambiar lo que pasó en esta página, para que todo tuviera sentido.

Estrategia Usa palabras y grupos de palabras que encuentras a menudo en los cuentos que lees. Algunas de estas palabras o grupos de palabras son: *érase una vez, vivieron felices para siempre, después, más tarde, pero, ahora* y *cuando*.

Sugerencia para el maestro Puede enseñar esta estrategia durante una conferencia. Mientras guía al estudiante que está leyendo un cuento, puede sugerirle alguna de estas frases cuando pase de una página a otra, siempre y cuando concuerde con el cuento. Al escucharlas, el lector se irá familiarizando con ellas y podrá incorporarlas en su vocabulario. Adapte las palabras y frases presentadas en esta estrategia según la lectura en voz alta del día.

Consejos

- ¿Cómo comenzaría el cuento?
- ¿Qué palabra podrías usar al pasar la página?
- ¡Estamos al final del cuento! ¿Qué palabra o palabras usarías?
- Empecemos el cuento de nuevo. Di: "Érase una vez…".

¡Me quito el sombrero!
(lectura recomendada):
A Curricular Plan for the Reading Workshop, Grade K (Calkins *et al.* 2011a)

¿Para quién es?

NIVEL DE TEXTO
emergente

GÉNERO / TIPO DE TEXTO
narración (familiar, con imágenes)

DESTREZA
verificar la comprensión

Estrategia Mueve el cuerpo como lo movías cuando estabas escuchando la lectura del cuento. Piensa en lo que el personaje podría estar haciendo o diciendo, o lo que el narrador podría estar diciéndote. Cuenta el cuento al tiempo que mueves el cuerpo para representar la historia.

Sugerencia para el maestro Al leer y volver a leer algunos de los "favoritos de siempre" que espera incluir en su colección de "libros estrella" (Sulzby 1985), le será útil incorporar gestos o movimientos con el cuerpo para que el cuento se quede grabado en la mente de los estudiantes. Por ejemplo, al leer *Se venden gorras* (Slobodkina 2000), puede animar a los niños a que levanten el dedo y lo agiten señalando un árbol imaginario cuando el personaje del cuento dice: "¡Óiganme bien, monos, devuélvanme las gorras!". O hacer como si se pusiera un montón de gorras en la cabeza mientras lee la siguiente parte: "Tanteó con la mano y se aseguró de que las gorras estuvieran bien colocadas. Primero su gorra de cuadros, luego las grises, las marrones, las azules y encima de todas las rojas". Anime a los niños a que imiten sus gestos mientras representa la escena o a hacer sus propios gestos. Volver a imitar los gestos que vieron antes mientras leen por su cuenta o en parejas, ayudará a los estudiantes a recordar las palabras de esa página.

Consejos

- Muéstralo. ¿Cómo moviste el cuerpo cuando yo leí esta página?
- ¡Recuerdas cómo moviste el cuerpo! ¿Puedes recordar lo que pasa en esta página?
- Mira bien la imagen. Ahora mueve tu cuerpo.
- ¡Eso es! (*cuando el niño haya representado la página con su cuerpo*). Ahora cuenta lo que pasa en esta página.

¡Me quito el sombrero!
(lectura recomendada):
A Curricular Plan for the Reading Workshop, Grade K (Calkins *et al.* 2011a)

Estrategia A veces, ¡los libros repiten la misma cosa una y otra vez! El patrón que se repite te puede ayudar a ver qué es igual en cada página y las imágenes te ayudarán a ver qué es diferente. Trata de leer las dos partes, tanto las que se repiten como las que son nuevas.

Sugerencia para el maestro Libros como *Oso pardo, oso pardo, ¿qué ves ahí?* (Martin 2017) y *Vamos a cazar un oso* (Rosen y Oxenbury 2017) son buenos ejemplos para ayudar a los niños a guiarse por las partes que se repiten y las imágenes para ver qué cambia entre página y página.

Consejos
- ¿Qué es igual en esta página?
- Di lo que se repite.
- Mira la imagen para ver lo que es nuevo.
- ¿En qué se diferencia esta página de la anterior?
- ¿En qué se parece esta página a la anterior?

¿Para quién es?

NIVEL DE TEXTO
emergente

GÉNERO /
TIPO DE TEXTO
libros con lenguaje repetitivo

DESTREZA
verificar la comprensión

1.13 Habla como el personaje

¿Para quién es?

NIVEL DE TEXTO
emergente

GÉNERO /
TIPO DE TEXTO
narración (familiar)

DESTREZAS
fluidez, expresión

Estrategia Cuando contamos un cuento, hacemos que los personajes "hablen". Piensa en lo que está pasando en la página. Al comenzar a leer un cuento en voz alta, imagina que eres el personaje que está hablando. Piensa en lo que dice y cómo lo dice. Ahora trata de hablar como si fueras ese personaje.

Sugerencia para el maestro Esta estrategia es eficaz cuando los niños tienden a resumir lo que sucede en la página, en vez de usar el lenguaje del cuento. Es buena idea enseñarles un par de veces la diferencia entre decir, por ejemplo: "La familia pasó cerca y vio a Harry, pero no creían que era él", y "Todos movieron la cabeza y dijeron: ¡Oh, no! ¡Ese no puede ser Harry!". También puede exagerar la expresión y la entonación con los ejemplos que usa, primero leyéndolos sin expresión y con voz monótona, y después leyéndolos con voz expresiva para ilustrar la alternativa preferida.

Consejos
- Dilo como lo diría el personaje.
- Eso es lo que él dijo, pero *¿cómo* lo diría?
- ¡Estás haciendo hablar a los personajes!
- No solo estás contando el cuento, también estás logrando que los personajes hablen.
- Lo dijiste como lo habría dicho el personaje en esa página.

¡Me quito el sombrero!
(lectura recomendada):
A Curricular Plan for the Reading Workshop, Grade K (Calkins *et al.* 2011a)

Estrategia Si no sabes lo que está pasando, lo que sienten los personajes o lo que pueden estar diciendo, ¡trata de adivinarlo! Di algo que tenga sentido con las imágenes, el título del cuento y lo que ha pasado hasta ahora.

Ejemplo de enseñanza *No he leído este libro de la serie de la cerdita* Olivia *(Falconer 2001), pero mirando las imágenes puedo adivinar de qué trata el cuento. Al contar el cuento, voy a fijarme bien en las imágenes, y así asegurarme de que tenga sentido. Al ver la primera página, voy a decir: "A Olivia le gusta cantar". Después diré: "Le gusta hacer muchas cosas, como jugar con pelotas y yoyos. ¡También le gusta cocinar, correr, saltar y pararse de cabeza!". ¿Notaste cómo mi narración del cuento tenía sentido según las imágenes de cada página?*

Consejos

- Fíjate en la imagen. Piensa en lo que ha pasado hasta ahora. ¿Qué crees que está pasando en esta página?
- Ya sé que no lo sabes aún, pero ¿qué te parece que está pasando?
- Piensa: ¿Qué tendría sentido que pase, según lo que ya ha pasado?

¿Para quién es?

NIVEL DE TEXTO
emergente

GÉNERO /
TIPO DE TEXTO
narración (no familiar)

DESTREZAS
**inferir, verificar
la comprensión**

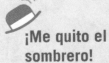

¡Me quito el sombrero!
(lectura recomendada):
I Am Reading: Nurturing Young Children's Meaning Making and Joyful Engagement with Any Book (Collins y Glover 2015)

¿Para quién es?

NIVEL DE TEXTO
emergente

**GÉNEROS /
TIPOS DE TEXTO**
todos

DESTREZAS
**inferir, apoyar ideas
con evidencia**

Estrategia Cuando llegas a una página y se te ocurre una idea, para de leer y piensa: "¿Qué me hizo pensar así?". Puedes mirar las imágenes para ver qué fue lo que te dio esa idea. Comparte lo que piensas con tu compañero o maestro.

Sugerencia para el maestro Es mejor enseñar esta estrategia mientras conversa con un estudiante durante una conferencia, o dirigirla a un estudiante que salta de una parte o idea del libro a otra durante una conversación entre parejas.

Consejos

- ¿Qué te hace pensar que él/ella está triste (enojado/a o feliz)?
- ¿Por qué crees que están ____?
- ¿Cómo sabes que están ____?
- Explica de dónde sacaste esa idea.
- Di qué te hizo pensar eso.
- ¡Esa es una buena explicación! Va con lo que muestran las imágenes.

¡Me quito el sombrero!
(lectura recomendada):
I Am Reading: Nurturing Young Children's Meaning Making and Joyful Engagement with Any Book
(Collins y Glover 2015)

Estrategia ¡Leer es pensar! Cuando lees una página, puedes leer el texto y decir lo que ves. Luego puedes describir las ideas o los pensamientos que hay en tu mente.

Ejemplo de enseñanza *¡Hay tantas cosas en las que pensar cuando leemos! Observa mientras leo* Tocamos música *(Johnson 2002) y trato de pensar sobre lo que veo.* (Señale la imagen de la portada). *En la imagen de la portada, veo a varios niños con diferentes instrumentos: un tambor, una sartén, unos palitos, una campana y una trompeta. Tengo que fijarme en todos los detalles de la imagen.* (Señale su cabeza). *Estoy pensando que con todos estos instrumentos juntos se puede formar una banda musical. Se podría tocar algo con buen ritmo porque muchos son instrumentos de percusión.* (Señale la página). *Ahora me fijo en el niño con el tambor. Lo lleva colgado del cuello con una correa y lo golpea con las manos. El niño sonríe y está rodeado de sus amigos sobre unos escalones.* (Señale su cabeza). *Pienso que su tambor es diferente de los que he visto antes que se tocan con palitos. El niño parece estar feliz, como si le gustara mucho tocar con sus amigos. Los escalones parecen ser la escalera de entrada a un edificio, tal vez en la ciudad de Nueva York.*

Consejos
- Señala la imagen. Di lo que ves.
- ¿En qué piensas cuando miras esta página?
- Di: "Creo que…".
- ¡Sí, esa es tu propia idea!

¿Para quién es?

NIVEL DE TEXTO
emergente

GÉNERO /
TIPO DE TEXTO
no ficción o narración

DESTREZAS
verificar la comprensión, inferir

Estrategia Habla como si fueras un experto o científico cuando leas libros de no ficción. Fíjate bien en la ilustración para recordar lo que el autor trata de enseñarte. Piensa en las palabras que usarías para leer la página y úsalas cuando leas por tu cuenta o con un compañero.

Sugerencia para el maestro Esta estrategia funcionará solo si el niño ya conoce el vocabulario necesario para entender el libro, pero no lo usa cuando lee por su cuenta o con un compañero. Para algunos lectores, la estrategia será más eficaz cuando se use con libros que ya les fueron leídos anteriormente, o con libros relacionados con lo que estén estudiando en sus clases de Ciencias, Estudios Sociales o Matemáticas. Si un niño selecciona un libro con el que no está familiarizado, durante una conferencia usted podría presentarle nuevas palabras de vocabulario, por ejemplo: "¿Reconociste ese insecto? Es una libélula. La próxima vez que leas este libro, puedes llamarlo así".

Consejos

- Veo que te estás fijando en los detalles. ¿Qué palabra específica puedes usar aquí?
- ¿Cuál es el nombre exacto de eso?
- ¿Cómo lo llamaría un científico?
- Trata de usar la palabra que un experto en ____ usaría.
- ¡Ya estás hablando como un experto! La palabra ____ es una que los expertos usarían al hablar de este tema.

Estrategia Lee el texto como si fueras el maestro y estuvieras enseñando una lección. Piensa en cómo suenan las personas que te leen textos informativos en voz alta. Trata de que tu voz "de maestro" suene igual.

Ejemplo de enseñanza *Cuando leemos en voz alta libros informativos que nos enseñan sobre algo, sonamos de modo distinto a cuando leemos cuentos. En los cuentos, los personajes hablan y hacen cosas mientras el narrador lo explica todo. En los textos informativos, el autor trata de enseñar algo al lector, y lo hace por medio de hechos o datos. Escucha la diferencia entre cuando leo un cuento que tiene un oso como personaje y cuando leo un libro informativo sobre los osos en general, que nos da información y nos enseña datos interesantes. (Haga una demostración de lectura en voz alta de ambos libros).*

Consejos
- Dijiste un dato tras otro. Usaste bien tu voz de maestro.
- En un libro informativo los animales no hablan normalmente. En lugar de eso, di algunos hechos o datos sobre estos animales.
- Mira bien la imagen y di qué estás aprendiendo.

¿Para quién es?

NIVEL DE TEXTO
emergente

GÉNERO / TIPO DE TEXTO
no ficción

DESTREZA
fluidez

1.19 Conecta las páginas

¿Para quién es?

NIVEL DE TEXTO
emergente

**GÉNERO /
TIPO DE TEXTO**
no ficción o narración

DESTREZA
sintetizar

Estrategia Por lo general, un libro trata de una sola cosa. Intenta conectar las páginas al leer. Si, por ejemplo, estás leyendo un cuento, verás que la historia se desarrolla a lo largo del libro. Puedes decir "luego… después… más tarde" para conectar lo que va pasando entre página y página. Si lees un libro informativo, todo el libro trata de un mismo tema. Para hablar de libros informativos, puedes decir "otra cosa… también… además".

Sugerencia para el maestro La estrategia se puede modificar según el tipo de libro que elija cada estudiante. Por lo tanto, se puede simplificar el lenguaje de la estrategia para hacerlo más fácil de recordar.

Consejos
- Piensa en cómo se conectan estas páginas.
- Puedes decir "y luego…".
- Puedes decir "otra cosa …".
- ¿Qué relación notas entre lo que aprendiste en esta página y en esa otra?
- ¿Cómo llegó hasta aquí ese personaje?

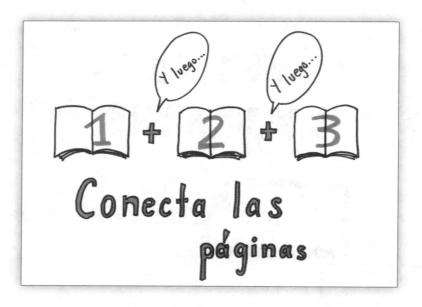

¡Me quito el sombrero!
(lectura recomendada):
I Am Reading: Nurturing Young Children's Meaning Making and Joyful Engagement with Any Book
(Collins y Glover 2015)

1.20 ¿Nombre de un personaje o nombre de un grupo?

Estrategia Piensa en el tipo de libro que estás leyendo. Luego piensa en cómo el autor dice de *quién* trata el libro. Si es un libro informativo, debemos interpretar ese *quién* como un grupo, o sea, es más de uno y plural, por eso necesita una -*s* al final. En el caso de un cuento, debemos interpretar ese *quién* como uno solo, singular, y por eso no necesita una -*s* al final.

Ejemplo de enseñanza *Cuando el autor de un libro informativo nos enseña sobre un tema, usa el nombre común de ese tema o cosa. Por ejemplo, si estoy leyendo y aprendiendo sobre caballos (muestre una copia de* Caballos de cerca *[Blazeman 2012], el autor usa la palabra* caballos *en plural para referirse a los caballos en general. Los caballos hacen esto o los caballos hacen aquello. Eso es porque está informando o dándonos datos verdaderos sobre todos los caballos. Sin embargo, en este cuento (muestre una copia de* Mi caballo *[Hjemboe 2000]), un caballo específico es el personaje del cuento y en cada página veo y leo: "Mi caballo ____" y "Mi caballo ____". La palabra* caballo *está en singular, es decir, no tiene una -s al final. Por eso, mientras lees, debes pensar en qué tipo de libro es: ¿un libro informativo para aprender sobre un tema en general o un cuento con un personaje?*

Consejos
- Vamos a ver y pensar en qué tipo de libro es este.
- ¿Es un libro que nos enseña algo o es un cuento?
- ¿Cómo sabes que es un cuento?
- ¿Cómo sabes que es un libro que nos enseña algo?
- ¿Crees que el libro va a tratar de un solo personaje o de un grupo?

¿Para quién es?

NIVEL DE TEXTO
emergente

GÉNERO /
TIPO DE TEXTO
no ficción o narración

DESTREZA
entender el género

¡Me quito el sombrero!
(lectura recomendada):
I Am Reading: Nurturing Young Children's Meaning Making and Joyful Engagement with Any Book (Collins y Glover 2015)

Fomentar el interés en la lectura

Concentración, fuerza y persistencia,
y cómo hacer de la lectura un hábito

◎ ¿Por qué es importante este objetivo?

Tal vez usted sea el maestro más elocuente, quien mejor facilite las estrategias en grupo y el más perspicaz comunicador al guiar a sus estudiantes durante la lectura. Sin embargo, si les asigna sesiones de lectura independiente y ellos no leen, no avanzarán como usted lo desea a pesar de todo su esfuerzo (Allington 2011). En otras palabras, "si el niño no se 'engancha' en la lectura, no logramos nada" (Serravallo 2010).

Es clave fomentar el interés en la lectura. Varios estudios han demostrado que la cantidad de tiempo que los niños dedican a la práctica de la lectura, empeñados en esa tarea y sin levantar la vista de la página, crea una gran diferencia en el éxito que obtendrán como lectores en diferentes áreas temáticas (Allington 2011; Anderson, Wilson y Fielding 1988; Krashen 2004; Cunningham y Stanovich 1991; Stanovich y Cunningham 1993; Pressley *et al.* 2000; Taylor, Frye y Maruyama 1990).

Un lector interesado y que participa activamente en la lectura es alguien "motivado a leer, que aborda estratégicamente la comprensión del texto y que al leer sabe buscar y extraer el significado, a la vez que mantiene su interacción social" (Guthrie, Wigfield y You 2012, 602). Esto significa que en salones de clases donde la lectura independiente no es siempre una labor individual, sino que los niños trabajan en parejas y grupos o clubes, habrá más lectores motivados e interesados en la lectura (vea el Objetivo 12). También significa que los maestros debemos guiar a los estudiantes a buscar y extraer el significado (vea los Objetivos 5 a 11), ya que un posible problema de motivación puede ser la falta de comprensión de lo que lee. A veces —para ayudar a un niño con el objetivo de *involucrarlo a participar y motivarlo a leer*— en realidad solo es necesario ayudarlo primero con la comprensión lectora (Ivey y Johnston 2013).

Una vez que se haya eliminado la falta de comprensión como raíz del obstáculo a la motivación para leer, hallaremos que este objetivo consiste en pocos pasos. Algunos opinan que lo primero y más importante es guiar a los niños a seleccionar libros adecuados en términos de legibilidad e interés en el contenido (Miller 2009; Von Sprecken, Kim y Krashen 2000). Lograr la atención y la participación de los niños, junto con la habilidad de dirigir esa concentración y utilizarla para conseguir una meta determinada, es también muy importante. La persistencia al leer es asimismo necesaria, ya que la cantidad de tiempo en que el lector puede sostener una lectura, y el volumen de esta, debe incrementarse poco a poco y por medio de estrategias que lo guíen a lograrlo. Cuando todas estas condiciones se dan, el lector puede llegar al punto que Atwell describe como "estar en la zona óptima para la lectura" (2007), o lo que Csikszentmihalyi llama "flow" (2008) o flujo.

◎ ¿Cómo sé si este objetivo es adecuado para mi estudiante?

Mi herramienta preferida para averiguar quiénes en la clase necesitan ayuda y motivación para interesarse en la lectura es hacer un "inventario de interés" (Figura 2.A; Serravallo 2010, 2013a, 2014). Esta es en realidad una herramienta de observación que se puede usar para registrar el comportamiento de los estudiantes y las señales que dan de motivación o falta de esta durante un periodo entero de lectura, en vez de realizar conferencias o instrucción con grupos pequeños. De esa manera, busco patrones dentro de una misma clase para determinar qué estudiantes necesitan un tipo de instrucción diferente.

Llevar un registro de lectura (Figura 2.B) es algo que puede ser útil si los niños lo hacen de manera fiel. Invite a los niños en los niveles K–Z+ a anotar la hora de inicio y fin de cada lectura, así como los números de páginas al empezar y terminar de leer, y anticipe un resultado de tres cuartas partes de página por minuto. Si el resultado es menor, indicaría que hubo distracciones durante la lectura. También los títulos de los libros que los niños seleccionen a lo largo del tiempo indicarán sus preferencias e intereses.

Hacer encuestas sobre sus preferencias (Figura 2.C) es útil para proporcionar a los niños libros que les interesen cuando se les dificulte hacerlo por su cuenta, sobre todo porque estas encuestas también los preguntan sobre sus intereses no relacionados con la lectura, como pasatiempos, películas o programas de televisión favoritos.

Figura 2.A Un inventario de interés permite a los maestros registrar comportamientos individuales durante la lectura antes de decidir qué objetivos serían buenas para que cada estudiante se interese y participe activamente en la lectura.

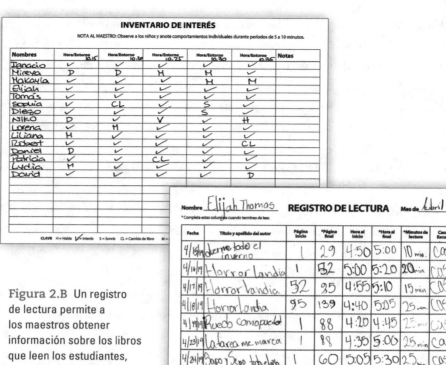

Figura 2.B Un registro de lectura permite a los maestros obtener información sobre los libros que leen los estudiantes, qué ritmo de lectura tienen y otros datos.

Figura 2.C
Las encuestas sobre preferencias son muy útiles para ofrecer a los niños los libros que les interesen, sobre todo cuando van más allá de sus intereses de lectura.

Vistazo a las estrategias para fomentar el interés en la lectura

Estrategia		Niveles de texto	Géneros/ Tipos de textos	Destrezas
2.1	Tu rincón ideal para leer	A–Z+	Todos	Concentración
2.2	Descansa de los textos largos con textos más cortos	A–Z+	Todos	Concentración
2.3	Vuelve a leer para recuperar el hilo de la lectura	A–Z+	Todos	Verificar el interés en la lectura
2.4	Con la vista y la mente en el libro	A–Z+	Todos	Concentración, verificar la comprensión
2.5	Vuelve a contar y sigue leyendo	A–Z+	Todos	Volver a contar, verificar la comprensión
2.6	Aclara tus dudas	A–Z+	Todos	Verificar la comprensión
2.7	Prepárate. Usa lo que ya sabes	A–Z+	Todos	Concentración, activar conocimientos previos
2.8	Ponte una meta de tiempo	A–Z+	Todos	Fuerza y persistencia
2.9	Cuando pongo atención/Cuando no pongo atención	A–Z+	Todos	Concentración, fuerza y persistencia
2.10	Escalera hacia la "fiesta"	A–Z+	Todos	Fuerza y persistencia, concentración
2.11	Guíate por la carpeta: "Empieza/¡Termina!"	A–I	Todos	Fuerza y persistencia
2.12	Haz preguntas para interesarte en el texto	E–Z+	Todos	Cuestionar, concentración, fuerza y persistencia
2.13	El poder de la mente	E–Z+	Todos	Atención, concentración
2.14	Mide y registra tu persistencia	F–Z+	Todos	Fuerza y persistencia, concentración
2.15	Busca libros similares a los que te gustaron	F–Z+	Todos	Elegir libros
2.16	Elige libros que van con tu estilo	J–Z+	Todos	Elegir libros
2.17	Visualiza para enfocarte en la lectura	J–Z+	Todos	Visualizar, concentración
2.18	Tu registro de lectura te hace reflexionar	K–Z+	Todos	Mejorar el ritmo de lectura
2.19	Definir tu campo de lectura	K–Z+	Todos	Elegir libros, concentración
2.20	Reflexiona sobre el pasado y haz tu plan futuro	K–Z+	Todos	Elegir libros, fuerza y persistencia
2.21	Agarra la onda para mantener el interés	K–Z+	Todos	Verificar la comprensión
2.22	Libros que enganchan	K–Z+	Todos	Recomendar libros
2.23	Ponte metas cortas de páginas	L–Z+	Todos	Verificar el interés en la lectura, concentración, fuerza y persistencia
2.24	Concéntrate y enfoca tu atención	L–Z+	Todos	Concentración, fuerza y persistencia
2.25	Verifica tu persistencia y ritmo al leer	L–Z+	Todos	Fuerza y persistencia, verificar la comprensión
2.26	¿Capta mi atención?	L–Z+	Todos	Elegir libros, concentración
2.27	Escucha la historia	L–Z+	Ficción	Visualizar

¿Para quién es?

NIVELES DE TEXTO
A–Z+

GÉNEROS /
TIPOS DE TEXTO
todos

DESTREZA
concentración

Estrategia Es muy importante elegir el rincón perfecto para la lectura. Cada lector se concentra en la lectura de manera diferente según su entorno, o lugar donde esté. Piensa en lo que tú necesitas para concentrarte y leer a gusto: ¿Mucha o poca luz? ¿Ruido o silencio? ¿Un asiento duro o blando? ¿Te recuestas o te sientas? Busca tu rincón ideal para la lectura, pruébalo y luego piensa en cómo te sentiste allí mientras leías.

Consejos

- ¿Qué necesitas de un lugar para concentrarte en la lectura y leer a gusto?
- Elige un rincón donde te sientas a gusto.
- Explica por qué elegiste ese lugar.
- Piensa en otros lugares donde leíste bien. Elige un lugar parecido.
- Piensa en las cosas que te distraen mientras lees. Elige un rincón diferente.
- Has analizado bien tu proceso personal de lectura. Ahora ponlo a prueba y en unos días evaluarás cómo te fue.

Estrategia Para leer textos largos debes concentrarte y enfocarte en la lectura de manera diferente a cuando lees textos cortos. Antes de comenzar a leer un libro largo, es una buena idea que planees dónde vas a parar para tomarte un descanso y leer algo corto. Ten a la mano textos para leer en esos "descansos", como artículos de revistas, cuentos cortos y poemas.

Sugerencia para el maestro Esta estrategia será útil para los niños a quienes les cuesta leer textos largos con continuidad, como libros por capítulos. Sin embargo, hasta los niños en niveles básicos se pueden beneficiar de esta estrategia, adaptada a su nivel. Ofrézcales libros con imágenes "solo para mirar", que les permitan descansar de los libros donde deben enfocarse en el contenido impreso (Collins 2004). Para adaptar esta estrategia a niveles básicos, pida a los niños que hagan una pila de los libros con texto que leerán (en vez de marcar dónde harían pausas) y otra pila de los libros "solo para mirar" durante los descansos (en vez de leer un texto más corto).

Consejos

- ¿Qué libros seleccionaste para tus lecturas largas?
- ¿Qué libros seleccionaste para tus descansos de lectura?
- Vamos a decidir cómo vas a leer cada tipo de libro.
- Pongamos una meta. ¿Qué parte del libro o de la pila leerás antes de tomar un descanso con otro tipo de libro?
- Veo que la meta que te pusiste tiene sentido para ti.

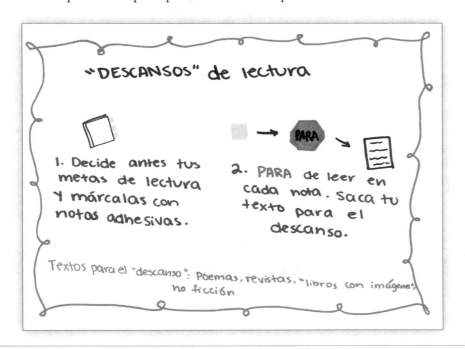

"DESCANSOS" de lectura

1. Decide antes tus metas de lectura y márcalas con notas adhesivas.

2. PARA de leer en cada nota. Saca tu texto para el descanso.

Textos para el "descanso": Poemas, revistas, "libros con imágenes", no ficción

¿Para quién es?

NIVELES DE TEXTO
A–Z+

GÉNEROS /
TIPOS DE TEXTO
todos

DESTREZA
concentración

NIVELES DE TEXTO

A–Z+

GÉNEROS /
TIPOS DE TEXTO

todos

DESTREZA

**verificar el interés
en la lectura**

Estrategia Si te distraes, para de leer y piensa cuándo se empezó a desviar tu atención del texto. Regresa al último punto en el que recuerdas haber comprendido bien lo que leías. Empieza a leer otra vez desde allí para recuperar el hilo de la lectura.

Consejos

- Veo que algo te distrajo aquí. ¿Qué es lo último que recuerdas haber leído?
- Regresa a la última parte que recuerdes haber comprendido.
- ¿Notaste que te estabas distrayendo ahí?
- ¿Qué puedes hacer?
- Muestra lo que vas a hacer.
- Señala con el dedo la parte que recuerdes haber leído con concentración.
- Notaste cuando te estabas distrayendo. ¿Eso te ayudó a volver a leer?
- Noté que regresaste al punto donde te distrajiste para volver a leer esa parte.

Estrategia Estar involucrado e interesado en la lectura significa mantener no solo la vista en el texto del libro, sino también la mente. Procura no distraerte. Si lo haces, reacciona y vuelve a leer lo último que recuerdas que comprendiste. Si te distraes a menudo durante tu lectura, tal vez el libro no es adecuado para ti o algo en tu entorno no te deja prestar atención.

Consejos

- ¿Puedes visualizar lo que está pasando en el libro?
- ¿Estás concentrado ahora?
- ¿Tienes la mente en el libro, o solo la vista?
- ¿Cómo te enfocas?
- Vi que prestaste atención y notaste que te distraías. Luego volviste a leer esa parte.
- Muestra qué debes hacer cuando te distraes.

¿Para quién es?

NIVELES DE TEXTO

A–Z+

GÉNEROS / TIPOS DE TEXTO

todos

DESTREZAS

concentración, verificar la comprensión

¿Para quién es?

NIVELES DE TEXTO

A–Z+

**GÉNEROS /
TIPOS DE TEXTO**

todos

DESTREZAS

**volver a contar,
verificar la
comprensión**

Estrategia Todos nos distraemos a veces. Lo importante es ser capaces de recuperar la concentración enseguida. Repítete a ti mismo: "No, no voy a pensar en eso ahora". Luego, vuelve a contar lo que recuerdas del libro y sigue leyendo.

Sugerencia para el maestro Se puede modificar el lenguaje de esta estrategia para adaptarla al nivel de lectura de cada estudiante. Por ejemplo, es muy probable que los niños en los niveles A–D no cuenten lo que recuerdan del libro en secuencia. En cambio, tal vez mencionen el tema ("¡Este libro trata de frutas!") o repitan el patrón del libro ("Recuerdo que cada página decía: 'Veo un/a _____'").

Consejos
- Vuelve a contar lo que leíste.
- Repite lo que recuerdes.
- ¿Qué parte no te quedó clara? ¿Puedes volver a leer para volver a contarlo?
- ¿Cuándo notaste que te estabas distrayendo?
- ¿Te distrajiste en esta parte?
- ¿Qué puedes hacer? Ya sabes lo que debes hacer. Demuéstralo.
- ¡Sigue leyendo!
- Noté que volviste a contarlo antes de seguir leyendo. Eso te ayudará mucho a mantener la concentración.

2.6 Aclara tus dudas

Estrategia Es muy importante que comprendas lo que lees. Verifica tu comprensión, preguntándote: "¿Qué sucede en esta escena, dónde sucede y quién está ahí? ¿Puedo crear en mi mente una imagen de lo que está pasando? ¿Estoy pensando en lo que ocurre? ¿Qué siento? ¿Cómo reacciono a lo que pasa?". Si algo no te quedó claro, vuelve a leer hasta aclarar tus dudas y asegurarte de que entiendes lo que lees.

Consejos

- Haz una pausa aquí para verificar tu comprensión.
- ¿Qué dudas o confusiones te han quedado? ¿Cómo las vas a aclarar?
- Muestra cómo aclararás tus dudas.
- Pregúntate: "¿Quién está en esta escena?" *(Espere la respuesta)*. Ahora pregúntate: "¿Qué sucede?" *(Espere la respuesta)*. Pregúntate: "¿Dónde sucede?" *(Espere la respuesta)*. Si respondiste bien a estas tres preguntas, continúa leyendo.
- ¿Qué te puedes preguntar para verificar tu comprensión?
- Compruébalo. ¿Comprendes todo lo que lees?

Aclara tus dudas...

Asegúrate de que todo te quedó CLARO, sin DUDAS.

PREGÚNTATE:

- ¿Quién? ¿Qué? ¿Dónde?

- ¿Puedo imaginarme una película de lo que pasa en el libro?

- ¿Qué sentí? ¿Cómo reaccioné?

¿Para quién es?

NIVELES DE TEXTO

A–Z+

GÉNEROS / TIPOS DE TEXTO

todos

DESTREZAS

concentración, activar conocimientos previos

Estrategia Al leer, es importante estar enfocados e interesados en lo que leemos. Así que, antes de empezar a leer, es una buena idea pensar en cómo será el libro. Considera su estructura, lo que ya sabes sobre el tema, sobre otros libros del mismo autor o de la misma serie.

Ejemplo de enseñanza *Les quiero mostrar cómo me prepararía yo para leer dos libros muy diferentes. El primero es un libro de no ficción titulado* ¡Volcanes! *(serie* Time for Kids *en español) (Armour 2012). Antes de empezar a leerlo, les voy a decir lo que sé sobre el género, la serie de la que forma parte y el tema del libro. Ya sé que es un libro de no ficción porque he leído textos informativos para niños de esta misma serie. Y sé que está dividido en secciones porque en la Tabla de contenido están los títulos de cada sección. Cada título me da una idea sobre lo que trata cada sección. Mientras leo una sección, buscaré detalles sobre el tema principal, para hacerme un breve resumen mental antes de avanzar a la próxima sección. Eso siempre me ayuda a organizar la información. También sé que el tema principal del libro son los volcanes, un tema que conozco un poco. Por ejemplo, sé que los volcanes son como las montañas, pero son diferentes porque a veces hacen erupción, o echan fuego y cenizas por la parte de arriba. Por eso, mientras voy leyendo el libro, me repetiré las ideas principales de cada sección y recordaré cuánto he avanzado en mi lectura, según la Tabla de contenido. En cada pausa me preguntaré: "¿Qué he aprendido hasta ahora?".*

Ahora les mostraré cómo me preparo para leer un libro muy diferente al anterior. Este otro libro se titula Abu Torrelli hace sopa, *de Sharon Creech (2005). Ya he leído otros libros de esta autora y sé que siempre contienen buenas lecciones, pero sé que a veces hay que pensar un poco para captarlas bien. Otra cosa… sé que este es un libro de ficción. Yo leo muchas novelas y cuando termino de leer un capítulo, me aseguro de que comprendí todo bien. También sé que la trama de una novela se va desarrollando poco a poco hasta que cuando ya he leído unas tres cuartas partes del libro, sucede algo que causa un cambio decisivo en la historia. Por eso, me puedo guiar por esos rasgos generales de los libros de ficción mientras leo.*

Consejos

- ¿Qué sabes de esta serie/autor/género?
- Describe la estructura que crees que va a tener este libro.
- Según lo que ya sabes de esta serie/autor/género, ¿cómo se desarrollará el resto del libro?
- Explica cómo te estás preparando para leer este libro.
- ¡Usaste muy bien lo que ya sabías para explicar la estructura del libro!

Estrategia Una forma de aumentar la cantidad de tiempo que lees con concentración es ponerte una meta. Marca y mide un periodo de tiempo con un cronómetro que no haga mucho ruido. Cuando suene, tómate un descanso (levántate, estírate, piensa en otras cosas por un momento). Luego, marca otra vez el cronómetro y empieza a leer de nuevo.

Sugerencia para el maestro A menudo otros maestros me preguntan qué tipos de descansos son adecuados. Siempre sugiero que lo decidan ellos con el niño, o que lo decidan según lo que ya sepan sobre el niño. Los niños que son muy activos necesitarían un descanso que requiera levantarse y caminar un poco para sacarse "la inquietud" del cuerpo, como moverse y estirarse en la clase. Al otro extremo, están los niños con sueño o cansados, quienes necesitarían recuperar energía, como hacer ciertos ejercicios en el pupitre (flexiones o poner las manos en el asiento y levantar y bajar el cuerpo). Puede buscar en línea "movimientos adecuados para los descansos en el salón de clases", que dan ideas más específicas. Por otro lado, otros estudiantes se pueden beneficiar de parar de leer y reflexionar sobre lo que han leído, o anotar ideas breves que resuman lo que ya leyeron. Esta última opción apoya la comprensión, que está ligada al grado de interés que tenga el estudiante en la lectura.

Consejos

- ¿Cuánto tiempo crees que puedes leer antes de necesitar un descanso?
- ¿Cuál es tu meta?
- ¿Cuántos minutos marcarás en el cronómetro?
- La última vez pensaste que tomarías un descanso cada ___ minutos. ¿Qué tal te funcionó?
- La última vez pensaste que tomarías un descanso haciendo ___. ¿Qué tal te funcionó hacer eso?
- ¿Qué piensas hacer esta vez?

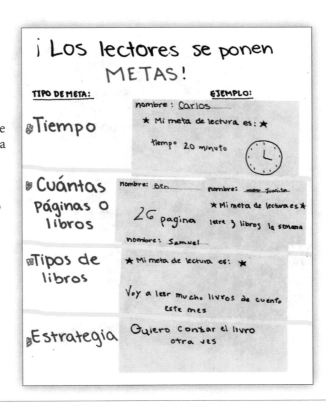

¿Para quién es?

NIVELES DE TEXTO
A–Z+

GÉNEROS /
TIPOS DE TEXTO
todos

DESTREZA
fuerza y persistencia

¿Para quién es?

NIVELES DE TEXTO
A–Z+

GÉNEROS /
TIPOS DE TEXTO
todos

DESTREZAS

concentración, fuerza y persistencia

Estrategia Muestra a la clase cómo actúas cuando no pones atención a la lectura, te distraes o no te enfocas. Después, explica lo que hiciste. Luego, demuestra cómo actúas cuando te concentras y estás interesado en la lectura. Detente y anota las diferencias entre los dos comportamientos. ¿Cuál será tu plan a seguir?

Ejemplo de enseñanza Esta lección se puede modificar para estudiantes menores eliminando el último paso de parar y anotar. Como reemplazo, puede pedir a los niños que hablen con un compañero o con usted sobre las diferencias de comportamiento que notaron, entre ser un lector concentrado y uno distraído. Guíelos a hacer una tabla con fotos de todos en la clase, en la que se muestre el tema del encabezado: "Un lector concentrado se ve y suena así…".

Consejos

- Muestra cómo te ves cuando estás enfocado en la lectura.
- ¿Puedes actuar como si estuvieras leyendo? Ahora di cuál sería la diferencia si de verdad estuvieras enfocado en la lectura.
- Muestra cómo actúas cuando estás distraído y no te enfocas en la lectura.
- ¿En qué se diferencian las dos actitudes?
- ¿Cómo puedes enfocarte más en la lectura? ¿Qué tratarás de cambiar?

¡Me quito el sombrero!
(lectura recomendada):
The Daily 5: Fostering Literacy Independence in the Elementary Grades, segunda edición (Boushey y Moser 2014)

2.10 Escalera hacia la "fiesta"

Estrategia Ponte pequeñas metas a corto plazo (como escribir en notas adhesivas o leer unas pocas páginas cada vez). Mientras lees y a medida que completas cada una de tus metas, sube la flecha de la nota adhesiva un peldaño en la escalera. Cuando llegues a la parte de arriba, es hora de la "fiesta", esa pequeña celebración que tú y yo hemos acordado antes.

Sugerencia para el maestro La idea de esta estrategia es separar, y así acercar, algo que tal vez parezca imposible de alcanzar para los estudiantes a quienes se les dificulta leer durante largos periodos de lectura. La "escalera" divide una lectura larga en metas de fragmentos cortos con un premio al final. Cada avance hacia un nuevo escalón será un premio en sí, ya que es una representación visual del progreso hacia la meta final.

Con el tiempo, a medida que el estudiante domine mejor cada paso de la serie de escalones, es buena idea guiarlo a modificar la herramienta y añadir un nuevo desafío. Por ejemplo, si el plan inicial del niño era ascender un escalón por cada lectura independiente de tres minutos, una vez que alcance esa meta se puede incrementar el tiempo a cinco minutos. O tal vez usted decida que sería mejor añadir otros tres escalones de lecturas de tres minutos para incrementar el tiempo de lectura antes de llegar a la "fiesta".

De cualquier modo, la meta no es crear dependencia del niño de esta escalera para que lea de manera independiente, sino todo lo contrario. La idea es incrementar la cantidad de tiempo o duración de la tarea hasta que llegue a ser solo un paso: leer durante todo el periodo de lectura independiente. En ese momento se puede eliminar por completo la herramienta de la escalera hacia la "fiesta".

Consejos
- ¿Cuánto tiempo crees que puedes leer antes de cambiar de tarea?
- ¿Qué vas a hacer para mantener la concentración? ¿Vas a descansar para estirarte, escribir una nota sobre lo que leíste o hacer un recuento mental?
- Vamos a hacer la escalera juntos.
- Practica conmigo cómo usar la escalera. Pon la nota adhesiva en la parte de abajo y empecemos.
- ¡Sí, así se hace! Te mantuviste enfocado todo el tiempo. Mueve la nota adhesiva y vamos al próximo paso.
- ¿Qué piensas hacer esta vez?

¿Para quién es?

NIVELES DE TEXTO
A–Z+

GÉNEROS /
TIPOS DE TEXTO
todos

DESTREZAS
**fuerza y persistencia,
concentración**

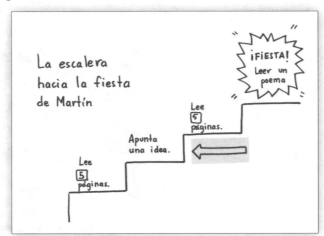

La escalera hacia la fiesta de Martín

Lee 5 páginas.

Apunta una idea.

Lee 5 páginas.

¡FIESTA! Leer un poema

¿Para quién es?

NIVELES DE TEXTO
A–I

**GÉNEROS /
TIPOS DE TEXTO**
todos

DESTREZA
fuerza y persistencia

¡Me quito el sombrero!
(lectura recomendada):
A Curricular Plan for the Reading Workshop, Grade K (Calkins *et al.* 2011a)

Estrategia Decide el propósito para leer cada libro. Elige un libro del lado marcado "Empieza" en tu carpeta. Cuando termines de leer, colócalo en el lado marcado "¡Termina!". Recuérdate otra vez cuál es tu propósito, elige el próximo libro y repite lo que hiciste antes.

Sugerencia para el maestro Debemos asegurarnos de que los "propósitos" para volver a leer sean los mismos ya enseñados. Algunos maestros reservan un ciclo de varios días para la lectura compartida, de manera que los estudiantes vuelvan a leer el mismo texto cada día con una nueva meta. Por ejemplo, el primer día se puede hacer un recorrido visual y una primera lectura del texto, en el segundo se puede dirigir la atención a las palabras de uso frecuente, el tercer día se puede dedicar a la fluidez y así sucesivamente. Como alternativa, se pueden presentar nuevos propósitos durante el periodo dedicado a los grupos pequeños. La estrategia puede variar según el nivel de lectura y otros objetivos ya en mente para cada estudiante.

Ejemplo de enseñanza *Te voy a dar una carpeta con dos etiquetas, "Empieza" y "¡Termina!". (Vea ilustración abajo). En la parte inferior de la carpeta hay rótulos para recordarte algunas cosas que los lectores debemos hacer al leer y volver a leer, por ejemplo: comprender el texto, leer con fluidez, hacer que la voz nos suene como la de un personaje. Al momento de empezar, coloca tus doce libros del lado de esa etiqueta. Después fíjate en los rótulos para ver qué debes hacer mientras lees. Luego, lee un libro entero, poniendo en práctica lo que te indican los rótulos. Cuando termines, mueve ese libro al otro lado. Si lo necesitas, toma un breve descanso para estirarte. Luego empieza a leer el próximo libro siguiendo los mismos pasos y recordando cuál es tu propósito para leer. Después ponlo en el lado opuesto y descansa. ¿Qué debes hacer ahora? Así es, tomar otro libro para empezar a leerlo. Si queda tiempo y ya leíste todos los libros de la primera pila, puedes mover los libros de nuevo al lado que dice "Empieza" y leerlos otra vez, esta vez concentrándote en otro propósito.*

Consejos

- Parece que ya terminaste un libro. ¿Dónde lo vas a colocar?
- Como acabas de terminar de leer, pon ese libro del lado "¡Termina!".
- Estás leyendo mucho más de esta manera.
- ¡Leíste todos los libros! Ahora, vuelve a ponerlos del lado "Empieza".
- Fíjate en tu carpeta. ¿Qué estás poniendo en práctica mientras lees?

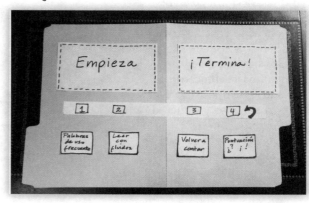

2.12 Haz preguntas para interesarte en el texto

Estrategia Para estimular tu interés en el texto, pon tu mente en acción haciéndote preguntas mientras lees. Si el libro es de ficción, puedes preguntarte: "¿Qué sigue ahora? ¿Por qué hizo eso este personaje?". Si es un libro de no ficción, puedes hacerte preguntas sobre el tema y, al seguir leyendo, encontrarás las respuestas.

Ejemplo de enseñanza *Para leer con la mente alerta y concentrada en un libro, debes sentir curiosidad por el texto. Lee como si estuvieras platicando contigo mismo mientras lees. Puedes hacerte preguntas y responderlas para animarte a seguir leyendo. Si lees un cuento, puedes pensar qué va a pasar, por qué los personajes hacen ciertas cosas o por qué el autor optó por esto o aquello. Si tu libro es de no ficción, tal vez te hagas preguntas sobre el tema. En ambos casos, sigue leyendo para descubrir las respuestas a tus preguntas. Si te sirve de ayuda, haz una pausa, anota algunas preguntas y busca las respuestas a medida que avanzas en la lectura.*

Consejos
- ¿Qué te estás preguntando sobre el libro? ¿Por qué te preguntas eso?
- ¿Ya encontraste la respuesta a tu pregunta?
- ¿Qué te causa curiosidad?
- Empieza con quién, qué, dónde, cuándo y por qué.
- Eso es lo que ya sabes. ¿Qué te preguntas sobre eso?
- Eso es lo que pasó. ¿Qué preguntas tienes sobre eso?
- ¿Cuánto más crees que debes leer para hallar la respuesta a esa pregunta?
- ¿Crees que vas a hallar la respuesta en este libro?
- Describe la conversación que tienes contigo mismo.
- ¿Cuál crees que será la respuesta a tu pregunta?

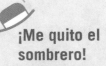

¿Para quién es?

NIVELES DE TEXTO
E–Z+

GÉNEROS / TIPOS DE TEXTO
todos

DESTREZAS
cuestionar, concentración, fuerza y persistencia

¡Me quito el sombrero!
(lectura recomendada):
"Engagement with Young Adult Literature: Outcomes and Processes" (Ivey y Johnston 2013)

2.13 El poder de la mente

¿Para quién es?

NIVELES DE TEXTO
E–Z+

GÉNEROS / TIPOS DE TEXTO
todos

DESTREZAS
atención, concentración

Estrategia A veces ponemos atención y nos interesamos en algo porque así lo decidimos. Si antes de empezar a leer un libro ya estás pensando que no es para ti, es como si apagaras tu mente antes de comenzar. Haz lo contrario y empieza la lectura pensando que te va a gustar aprender nuevas y lindas palabras, o que el tema te va a interesar. Verás cómo cambia tu atención.

Sugerencia para el maestro Lo ideal es guiar al estudiante a reflexionar sobre sus gustos e intereses para que elija el material de lectura adecuado para él o ella. Esta estrategia más bien sirve para situaciones en las que el niño no puede elegir el texto que debe leer, como en un examen o prueba.

Ejemplo de enseñanza *¿Han oído decir que cuando sonreímos, aunque no estemos de buen humor, nos sentimos mejor y nuestra actitud cambia desde dentro hacia fuera? ¡Es cierto! A veces, hacer algo a conciencia puede tener un efecto que por lo general pensamos que es involuntario o fuera de nuestro control. Por ejemplo, la actitud con la que abordemos la lectura puede afectar cuánto entenderemos y la atención que le brindaremos. Si al tomar un libro ya estás pensando que no es para ti, es como si apagaras el cerebro antes de empezar a leer. Haz lo contrario. Intenta leerlo pensando que vas a aprender lindas palabras o que el tema te va a interesar. Verás cómo cambia tu atención.*

Consejos
- Prepara tu mente.
- Lee en voz alta como si fuera lo más interesante que has leído.
- Lee en voz alta como si las palabras fueran lo más hermoso que has leído.
- Continúa leyendo de esa forma en silencio.
- Ya leíste un poco. Ahora di qué cambios notaste en la atención que pusiste al leer.
- ¿Notaste la diferencia en tu atención?
- ¿Qué cambiaste como lector?
- ¿Cómo te ayuda esta estrategia?
- ¿En qué piensas mientras lees?
- Quiero escuchar cómo lees en tu mente.
- ¿Qué es lo que más te gusta de este libro?

¡Me quito el sombrero!
(lectura recomendada):
Building a Reading Life: Stamina, Fluency, and Engagement (Calkins y Tolan 2010a)

Estrategia En tus lecturas diarias, sé consciente de cuándo pones atención y cuándo te distraes. La cantidad de tiempo que dedicas de lleno a la lectura es lo que llamamos persistencia. En una tabla, lleva un registro de la cantidad de texto y de tiempo que puedes leer cada vez. Al inicio de la lectura, establece un objetivo de persistencia según cómo haya sido tu persistencia hasta ahora, y lo que creas que puedes hacer hoy.

Sugerencia para el maestro Esta estrategia para medir la persistencia y otras estrategias similares de este capítulo pueden ser útiles para que cada lector visualice la cantidad de tiempo que dedica a la lectura, y para que aumente sus metas de tiempo. Es importante que los maestros no les inculquemos a los estudiantes que la lectura es algo que requiere de mucho "músculo" o esfuerzo, sino que es algo muy placentero de por sí. Al presentar esta estrategia, tal vez pueda comparar la persistencia que los estudiantes deben usar en la lectura a algo que les es agradable por naturaleza, y por tanto los motiva a superarse y lograr el mejor resultado posible. Por ejemplo, puede hacer una comparación con atletas olímpicos que disfrutan de su deporte y cada vez que compiten tratan de lograr mejores resultados.

Consejos

- Según lo que ya lograste, ¿cuál es tu objetivo de persistencia para hoy?
- Vamos a fijarnos en tu persistencia durante los últimos días.
- ¿Qué notas en tu tabla de persistencia?
- Explica cómo crees que te ayuda llevar un registro de persistencia.

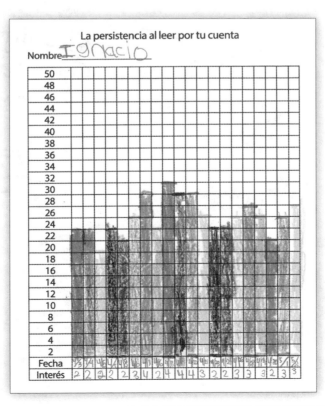

¿Para quién es?

NIVELES DE TEXTO
F–Z+

GÉNEROS / TIPOS DE TEXTO
todos

DESTREZAS
fuerza y persistencia, concentración

¡Me quito el sombrero!
(lectura recomendada):
The Daily 5: Fostering Literacy Independence in the Elementary Grades, segunda edición (Boushey y Moser 2014)

¿Para quién es?

NIVELES DE TEXTO
F–Z+

GÉNEROS / TIPOS DE TEXTO
todos

DESTREZA
elegir libros

Estrategia Los lectores tenemos muchos recursos a mano, como Internet, para hallar el próximo libro que vamos a leer con gusto. En el buscador de la computadora escribe el título de un libro que te haya encantado para ver qué otras recomendaciones te salen. Puedes leer las reseñas y resúmenes mientras piensas en lo que te gusta leer. Luego decide si alguna de esas recomendaciones sería adecuada para ti.

Consejos

- ¿Recuerdas algún libro que te haya encantado? Escribe el título en el buscador.
- Vamos a ver qué otros libros te recomiendan leer.
- ¿Entiendes por qué te sugirieron este libro, similar al que te encantó?
- Vamos a pensar cuál sería el más adecuado para ti.
- Sí, creo que ese libro sería muy adecuado para ti porque…
- Lee el resumen antes de elegir un libro.
- Piensa en lo que más te gustó de tu libro preferido. ¿Cuál de las sugerencias crees que tiene esas mismas cualidades?

¡Me quito el sombrero!
(lectura recomendada):
"Teaching Reading in Small Groups: Matching Methods to Purposes" (Serravallo 2013b)

Estrategia Elegir el libro preciso para ti va más allá de pensar en tu nivel de lectura. En vez de ir a la biblioteca diciendo "Yo soy un lector del nivel ___", ve a la biblioteca diciendo "Me gusta leer libros sobre ___ (tus intereses)". Ten esto en mente: "¿Dónde puedo buscar libros que vayan con mi estilo como lector?".

Ejemplo de enseñanza *A veces escucho a uno de ustedes decir "Soy un lector Q", o sea, alguien que se identifica solo por el nivel en el que lee bien. A veces sus padres también hacen eso, y a veces hasta los mismos maestros lo hacemos. Sin embargo, los libros son los que tienen niveles, no los lectores. Una mejor forma de describirse como lector es según los tipos de libros que les interesan, tales como series, géneros, autores, temas o personajes determinados. Hoy quiero que en vez de decir cuál es su nivel de lectura, piensen y consideren los tipos de libros que disfrutan y luego llenen un cuestionario corto. De esa forma van a declarar quiénes son como lectores. Más tarde, cuando vayan a la biblioteca del salón de clases, piensen en esa identidad de lector, no solo en el nivel al que leen. Tengan esto en mente: "¿Dónde puedo buscar libros que vayan con mi estilo como lector?".*

Sugerencia para el maestro Para los niños en los niveles básicos de lectura, que aún no escriben con rapidez y soltura, tal vez sea buena idea hacerles las preguntas de manera oral, durante una conferencia. Para estudiantes en niveles superiores, puede crear un cuestionario para que lo completen por su cuenta. Estas son algunas preguntas que puede usar:

- Cuenta qué libros has leído que te han encantado. ¿Qué tienen en común?
- Si le pidieras una recomendación a un amigo, ¿qué le dirías de ti para que te sugiriera un libro que te guste?
- ¿Cuáles dirías que son los intereses que te motivan a leer un libro?
- ¿Qué otras cosas te gustan, además de la lectura, para guiarte a elegir libros?
- Según las cosas que te gusta hacer, ¿qué tipos de libros te interesa leer?
- Cuenta qué tipos de series, géneros o autores disfrutas leer.
- ¿Dónde podrías encontrar libros similares a esos?
- ¿Qué buscarás en la canasta de libros marcada con tu nivel de lectura?

> Me gusta leer libros de misterio y libros de
> ciencia ficcion. Mis favoritos son comicos,
> porque muestran la expresion de los
> personajes.

¿Para quién es?

NIVELES DE TEXTO
J–Z+

GÉNEROS / TIPOS DE TEXTO
todos

DESTREZA
elegir libros

¡Me quito el sombrero!
(lectura recomendada):
The Book Whisperer: Awakening the Inner Reader in Every Child (Miller 2009)

2.17 Visualiza para enfocarte en la lectura

¿Para quién es?

NIVELES DE TEXTO
J–Z+

GÉNEROS / TIPOS DE TEXTO
todos

DESTREZAS
visualizar, concentración

Estrategia Hacerte una imagen mental que cambia y se adapta mientras lees es esencial para enfocarte en la lectura. Trata de "leer con los cinco sentidos" todo lo que el autor describe. Lee un poco y haz una pausa. En silencio, pregúntate: "¿Qué veo? ¿Qué oigo? ¿Qué toco? ¿De qué sabor es? ¿Qué huelo?".

Ejemplo de enseñanza *Un lector interesado e involucrado en la lectura comprende todo lo que lee y no solo dice en su mente las palabras que lee. Una buena forma de asegurar la comprensión es hacerse una idea mental de todo lo que el autor describe. Tal vez has oído hablar de "proyectar una película mental" mientras lees. Eso significa que las imágenes se mueven. Si el personaje se mueve de lugar, la imagen también debe cambiar. Si estás leyendo textos informativos, aprendes sobre el tema mientras te imaginas al animal saltando de la manera en que el libro lo describe o ves las placas de la Tierra moviéndose en el libro de Geología. Lee un poco. Detente y piensa sobre lo que leíste. Activa todos los sentidos para ampliar la imagen mental que te has hecho. Piensa: "¿Qué veo? ¿Qué oigo? ¿Qué toco? ¿De qué sabor es? ¿Qué huelo?". De esta manera, comprobarás que estás tan concentrado en la lectura como cuando miras tu programa preferido en la tele.*

Consejos

- ¿Qué ves? ¿Qué oyes? ¿Qué tocas? ¿De qué sabor es? ¿Qué hueles?
- Describe tu imagen mental.
- ¿Cómo cambió tu imagen?
- Si tu imagen no es clara, vuelve a leer el texto.
- Haz que tu imagen mental se mueva.
- *(Haga gestos sin hablar para indicar los diferentes sentidos: señale la nariz, la boca, los ojos).*
- Haz una pausa aquí. Usa los cinco sentidos.
- Eso es lo que ves. Ahora usa otros sentidos.
- Eso es lo que dice el texto. ¿Qué ves en tu imagen mental?

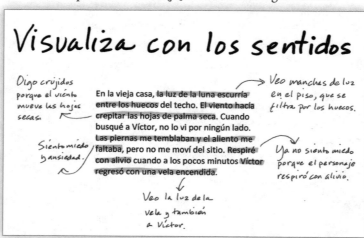

Fragmento de *Where Fireflies Dance / Ahí, donde bailan las luciérnagas* (Corpi 1997)

Estrategia Un registro de lectura es algo más que un documento entre tu maestro y tú. Es una herramienta útil que tú mismo puedes usar para tu beneficio. Si lo llevas de manera fiel, puedes consultarlo para ver tu historial de lectura. Por ejemplo, te puedes preguntar: "¿Cómo se compara mi ritmo de lectura al leer en casa y en la escuela? ¿Qué condiciones tengo que cambiar en el lugar donde leo con menos éxito para mejorar mi ritmo de lectura?".

Sugerencia para el maestro Esta estrategia está dirigida a estudiantes que leen en los niveles K–Z+, cuando ya empieza a ser apropiado que ellos mismos mantengan registros del número de páginas y la cantidad de tiempo que dedican a la lectura. Para niveles básicos podemos pedir a los niños que lleven registros más sencillos, como una tabla donde solo pongan una marca al lado de cada libro que lean. También se puede comparar el volumen de libros leídos en casa y en la escuela, y pedir a los niños que reflexionen sobre dónde y bajo qué condiciones sienten que pueden concentrarse mejor para leer. En los libros *Teaching Reading in Small Groups* o en *The Literacy Teacher's Playbook Series* (Serravallo 2010, 2013a y 2014) hay otros ejemplos de registros de lectura en inglés apropiados para diferentes niveles de lectura.

Consejos
- Miremos tu registro. ¿Qué notas sobre ti mismo como lector?
- Fíjate en tu ritmo de lectura en casa. ¿Crees que allí estás leyendo libros apropiados, a una buena velocidad y en un rincón donde te sientes a gusto?
- Fíjate en tu ritmo de lectura en la escuela. ¿Qué diferencias notas?
- Sí, tus ritmos de lectura son muy diferentes en cada lugar. ¿Por qué será?
- Lees más en ____. ¿Qué podemos hacer para lograr el éxito en ____?

Fecha	Título y apellido del autor	Página inicio	*Página final	Hora al inicio	*Hora al final	*Minutos de	Casa o Escuela	Iniciales de un adulto
4/15/19	duerme todo el invierno	1	29	← Nesesito leer libros mas largos			Casa	
4/16/19	Horrorlandia	1	52				Casa	
4/17/19	Horrorlandia	52	95				Casa	
4/18/19	Horrorlandia	95	139				Casa	
4/19/19	Puedo comopuedo	1	88				Casa	
4/23/19	La tarea me marea	1	88		5:00	20 min	Casa	
4/24/19	Sapo y Sepo todo el año	1	60				Casa	
4/25/19	EL Payaso DE LA Cla	1	37	← Me destroí			Casa	
4/25/19	El Payaso de la Clase	37	82				Casa	
4/26/19	Crisis de talento	9	89				Casa	

Nombre Elijah Thomas **REGISTRO DE LECTURA** Mes de Abril
*Completa estas columnas cuando termines de leer.

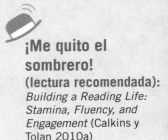

¿Para quién es?

NIVELES DE TEXTO
K–Z+

GÉNEROS / TIPOS DE TEXTO
todos

DESTREZAS
elegir libros, concentración

Estrategia Un lector debe saber contestar la pregunta "¿Quién soy como lector?". Una forma de saberlo es hacer una lista de libros que recuerdes que te gustaron mucho cuando los leíste. Luego haz otra lista de libros que no te gustaron mucho. Fíjate en ambas listas y pregúntate: "¿Qué tienen en común mis libros preferidos? ¿Qué debe tener un libro para que me guste?". Piensa en qué tipos de personajes, temas o géneros te gustan más que otros.

Consejos

- Haz una lista de libros que te gustaron mucho.
- ¿Qué patrones tienen en común?
- ¿Se parecen en algo los personajes (los temas, los géneros) de esos libros?
- Entonces, ¿quién eres como lector?
- ¿Qué tipos de libros crees que elegirás?

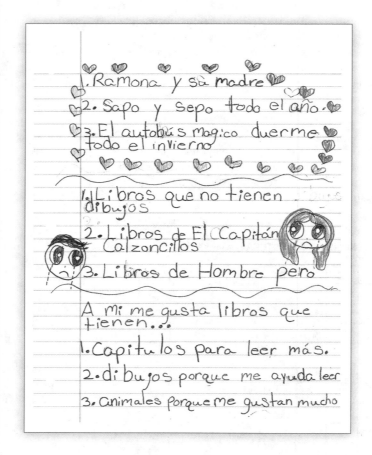

¡Me quito el sombrero!
(lectura recomendada):
The Book Whisperer: Awakening the Inner Reader in Every Child (Miller 2009)

2.20 Reflexiona sobre el pasado y haz tu plan futuro

Estrategia Reflexiona sobre tu historial de lectura antes de hacer tu plan futuro. En tu registro, fíjate en qué lecturas pasadas terminaste y leíste a buen ritmo. Luego pregúntate: "¿Qué tienen esos libros en común?". Toma decisiones sobre los libros que elegirás en el futuro y sobre qué tipo de lector deseas ser.

Ejemplo de enseñanza *A veces es difícil elegir un libro con solo mirar la cubierta y leer el resumen. Es posible que algunos libros que elegiste antes no resultaron adecuados para ti y otros te encantaron. Una manera de comprobar tu concentración pasada mientras leías es fijarte en tu ritmo de lectura. Si divides el número total de páginas leídas entre los minutos que tardaste en leerlas, obtienes tu ritmo de páginas por minuto (ppm). Lo ideal sería .75 o tres cuartas partes de página por minuto. Más lento que eso indicaría que te distrajiste. Vuelve a mirar tu registro y fíjate en los libros que terminaste y leíste a buen ritmo. Decide qué tienen en común esos libros: ¿el tema, un tipo de personaje o el género? Después, busca libros considerando esas preferencias o pide sugerencias similares a tus amigos o a mí. Tu registro también te dará pistas de tu patrón de frecuencia de lectura y dónde prefieres leer. Con toda esa información, en el futuro podrás tomar decisiones inteligentes sobre lo que vas a leer.*

Consejos

- ¿Qué libros leíste a buen ritmo?
- Divide el número de páginas entre los minutos. Ese es tu ritmo de ppm.
- ¿Cómo se compara tu ppm entre estos libros y estos otros?
- ¿Qué libros crees que leíste muy despacio? ¿Recuerdas si te gustaron o no?
- ¿Qué tienen en común esos libros?
- ¿Tienen en común un tema, un tipo de personaje o género?
- ¿Qué fue lo que no te gustó de los libros que leíste muy despacio?
- ¿Qué fue lo que no te gustó de los libros que no terminaste de leer?
- ¿Qué tienen en común los libros que terminaste de leer?
- ¿En qué sección de la biblioteca crees que encontrarás libros como esos?
- ¿Qué series o autores crees que te gustarían?
- Leí ___. Creo que va con tus intereses porque ___.
- Te sugiero que hables con ___ (nombre del estudiante). Lee libros similares a los que te gustan a ti.

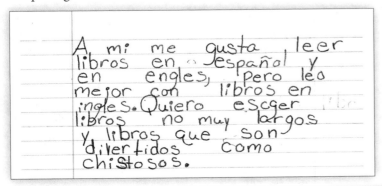

¿Para quién es?

NIVELES DE TEXTO
K–Z+

GÉNEROS / TIPOS DE TEXTO
todos

DESTREZAS
elegir libros, fuerza y persistencia

2.21 Agarra la onda para mantener el interés

¿Para quién es?

NIVELES DE TEXTO
K–Z+

GÉNEROS /
TIPOS DE TEXTO
todos

DESTREZA
**verificar la
comprensión**

Estrategia Una parte importante de ser un lector interesado y motivado es entender bien lo que lees. Así, podrás exclamar: "¡Agarré la onda!". Lee un poco. ¿Pudiste imaginar lo que el autor describía y ahora puedes contarlo, o te distrajiste? Si te parece que no comprendiste y no agarraste la onda al texto, intenta leer un libro más fácil o ajusta el ritmo de tu lectura.

Ejemplo de enseñanza *Hay estudios especializados en la lectura que indican que los niños que consumen "una dieta saludable" de libros fáciles de leer progresan más. Tal vez eso se deba a que es muy importante agarrar la onda o entender el significado cuando leemos, y que los textos más fáciles nos ayudan a persistir para seguir leyendo más en un mismo periodo de tiempo. A veces un libro te puede parecer interesante y quieres leerlo, pero aún no estás listo del todo para leerlo. Tal vez las palabras sean largas y difíciles, o el tema sea un poco elevado para ti o los personajes sean muy complicados. En otras ocasiones te apuras mucho al leer y entonces sacrificas la comprensión a cambio de la velocidad.*

Consejos

- ¿Con qué frecuencia haces pausas?
- Cuando paras de leer, ¿cómo retomas el hilo de la lectura?
- ¿Por qué crees que no estás entendiendo el significado?
- Muestra en qué punto te parece que dejaste de comprender lo que leías.
- ¿Qué te pareció difícil al leer este libro?
- ¿Qué vas a buscar en tu próximo libro?
- Lee un poco y luego te diré que pares para preguntarte cuánto has comprendido.
- Lee un poco y hablemos.
- Lee un poco y para. Veremos si estabas muy concentrado o no.

Monitorear mi perseverancia de lector

- **Llevar el tiempo**: Registra lo que lees cada vez.
  → ¿Cuántas páginas leo en cada bloque de tiempo?
  → ¿Es constante mi esfuerzo?

- **Verificar la comprensión**: Explica lo que acabas de leer.
  → ¿Puedo seguir el texto leyendo a este ritmo?
  → ¿Me hubiera ayudado leer más o menos?

- **Ponerse metas**: Reflexiona sobre esto.
  → ¿Debo esforzarme y leer más la próxima vez?
  → ¿Debo leer más lento y tomar más notas?

¡Me quito el sombrero!
(lectura recomendada):
"Engagement with Young Adult Literature: Outcomes and Processes" (Ivey y Johnston 2013)

Estrategia Habla con algunos compañeros para conocerlos mejor y así poder recomendarles libros según sus gustos. Considera qué tipo de lector es cada uno y qué libros crees que les gustarían. Explica tus recomendaciones de manera convincente, mencionando partes del libro que los puedan enganchar, como personajes, temas y trama.

Ejemplo de enseñanza *Para recomendar los libros adecuados hay que tener varias cosas en cuenta. Primero, debes conocer bien a la persona a quien le haces la recomendación. Es importante que sepas cuáles son sus intereses y el tipo de libros que ha leído. Segundo, debes considerar libros que tú conozcas bien y que se ajusten a los gustos de la otra persona. Por último, debes tratar de convencer a tu amigo o amiga mencionando lo que más te llamó la atención del libro. Piensa en el tipo de libro que más le gusta a tu compañero y cuando recuerdes el título de un libro parecido, explícale las partes del libro que puedan engancharlo, como personajes, temas y trama.*

Consejos

- ¿Qué sabes de tu amigo como lector?
- ¿Qué libros crees que le puedes recomendar?
- ¿Cómo lo vas a convencer de que este es el libro perfecto para él o ella?
- ¿Qué partes del libro quieres destacar?
- ¿Por qué quieres destacar esa parte?
- ¿Qué palabras persuasivas usarías?
- Vamos a practicar. Convénceme de leer el libro que me recomiendas.
- ¿En qué se parece ese libro a otros que tu amigo ya ha leído?

¿Para quién es?

NIVELES DE TEXTO
K–Z+

GÉNEROS / TIPOS DE TEXTO
todos

DESTREZA
recomendar libros

¡Me quito el sombrero!
(lectura recomendada):
Building a Reading Life: Stamina, Fluency, and Engagement (Calkins y Tolan 2010a)

2.23 Ponte metas cortas de páginas

¿Para quién es?

NIVELES DE TEXTO

L–Z+

GÉNEROS / TIPOS DE TEXTO

todos

DESTREZAS

verificar el interés en la lectura, concentración, fuerza y persistencia

Estrategia Si el periodo de lectura te parece muy largo para mantener la concentración, ponte una meta de páginas. Fíjate en tu registro de lectura y piensa: "¿Durante cuántos minutos podré leer sin distraerme?". Separa grupitos de páginas. Marca con una nota adhesiva cada meta donde vas a parar de leer. Cuando alcances las metas, piensa si te pudiste concentrar todo el tiempo que leíste.

Ejemplo de enseñanza *A veces, un periodo de lectura de cuarenta minutos, mientras lees un libro por capítulos, te puede parecer demasiado largo para concentrarte. Por eso, tal vez te ayude ponerte metas más cortas. A mí me gusta mirar mi registro de lectura porque así recuerdo cuánto tiempo puedo leer sin distraerme. Luego pongo notas adhesivas cada tantas páginas para indicarme que debo parar en cada nota. Cuando llego a mis metas marcadas, anoto si leí con concentración. Tal vez al principio tu meta de lectura sea cada dos o tres páginas. Pero la próxima vez puedes ponerte metas de cuatro o cinco páginas. Pronto podrás leer sin interrupción durante todo el periodo de lectura. ¡Solo toma un poco de tiempo adquirir la fuerza y persistencia necesarias para leer!*

Consejos

- ¿Cuántas páginas crees que puedes leer sin descansar?
- Miremos tu registro de lecturas para comprobarlo.
- Está bien tomar descansos frecuentes. Eso te ayudará a leer más.
- Pon una nota adhesiva donde creas que debes parar y descansar.
- ¿Por qué crees que ese es el número ideal de páginas para ti?
- ¿Cuándo fue la última vez que leíste tantas páginas sin descansar?
- Veamos si puedes mantener la concentración sin tomarte un descanso.

Estrategia No solo puedes decidir lo que quieres leer, también puedes decidir cómo quieres mejorar tu concentración y enfocar mejor tu atención. Recuerda las metas que te has puesto como lector. Marca puntos de pausas en la lectura y decide lo que vas a hacer cuando pares.

Ejemplo de enseñanza *¿Adivina qué mantiene a mucha gente concentrada en su trabajo? Ser su propio jefe, la persona que toma las decisiones. Eso es lo que quiero que hagas hoy, que seas tú quien tome las decisiones de cómo vas a leer. Tú y tus compañeros han decidido, en las conferencias conmigo, qué metas de lectura ponerse. Ya saben lo que quieren mejorar como lectores. Ahora cada uno debe decidir cuántas veces quiere parar de leer y pulir algunos puntos en medio de esa lectura. Primero debes decidir cuál es tu meta. Luego debes considerar dónde, cuándo y con qué frecuencia quieres parar de leer y tomar apuntes. Pon notas adhesivas cada cierto número de páginas como recordatorio para parar y poner en práctica lo que debes hacer para llegar a tu meta. Decide qué vas a hacer cada vez que llegues a una nueva nota.*

Consejos

- ¿Cuál es tu meta?
- ¿Cuántas veces crees que debes parar?
- ¿Cuál es tu plan de acción para cada pausa?
- Cuando pares de leer, ¿piensas tomar notas, hacer un recuento mental o dibujar?
- ¿Cómo te lo imaginas?
- Empieza a leer un rato, mientras yo observo cuando paras y haces lo que tenías pensado.
- Me parece un buen plan para tu descanso.
- Si no estás seguro de tu meta, fijémonos en lo que has hecho antes.
- Piensa en cuántas veces tendrás que parar de leer para mantener tu concentración.
- Piensa en las partes de un cuento. Ahora piensa en tu meta. ¿Dónde crees que será mejor parar de leer?
- Veamos cómo está organizado este libro. Ahora piensa en tu meta. ¿Dónde crees que tiene sentido parar de leer?

¿Para quién es?

NIVELES DE TEXTO

L–Z+

GÉNEROS / TIPOS DE TEXTO

todos

DESTREZAS

concentración, fuerza y persistencia

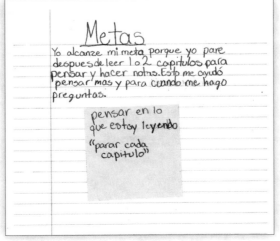

¿Para quién es?

NIVELES DE TEXTO

L–Z+

GÉNEROS / TIPOS DE TEXTO

todos

DESTREZAS

fuerza y persistencia, verificar la comprensión

Estrategia Los lectores necesitamos verificar la velocidad con que leemos porque a veces lo hacemos muy rápido o muy despacio, y otras veces a un ritmo perfecto. Podemos comprobar esto llevando un registro y fijándonos en el número de páginas leídas por minuto (ppm), y en cuántas veces paramos para verificar la comprensión (de forma mental o haciendo apuntes). Después, podemos fijarnos metas: ¿Debo leer más rápido o más despacio? ¿Debo tomar más notas o menos?

Consejos

- ¿Cómo te parece el ritmo al que lees?
- Mira tu registro. ¿Qué te indica?
- ¿Con qué frecuencia haces pausas para verificar la comprensión?
- ¿Qué meta te fijarás?
- ¿Qué meta te fijarás sobre el ritmo al que lees?
- ¿Qué meta tienes para la frecuencia con que escribirás notas sobre tu lectura?

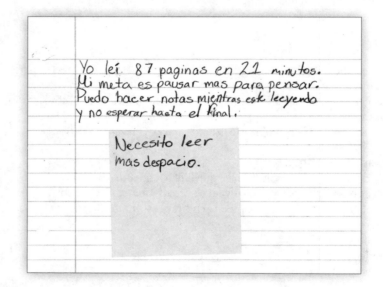

Yo leí 87 paginas en 21 minutos. Mi meta es pausar mas para pensar. Puedo hacer notas mientras este leyendo y no esperar hasta el final.

Necesito leer mas despacio.

Estrategia Lee la primera página del libro. Luego pregúntate: "¿Captó mi atención esta primera página? ¿Quiero seguir leyendo el libro? ¿Puedo imaginarme el tema y la historia? ¿Me interesa saber lo que va a pasar?". Si es así, el libro puede "estar hecho a tu medida".

Consejos
- ¿Cómo te sientes después de leer la primera página?
- ¿Qué captó tu atención?
- ¿Qué te imaginas después de leer solo la primera parte?
- Di por qué te gustaría seguir leyendo.
- ¿Qué te impulsa a leer más de este libro?
- De acuerdo. Según lo que has dicho, creo que este libro "está hecho a tu medida".
- ¿Crees que pusiste toda tu atención al leer la página entera?

Fragmento de *La telaraña de Carlota* (White 2005)

¿Para quién es?

NIVELES DE TEXTO
L–Z+

**GÉNERO /
TIPO DE TEXTO**
ficción

DESTREZA
visualizar

¡Me quito el sombrero!
(lectura recomendada):
*The Art of Slow Reading:
Six Time-Honored Practices
for Engagement*
(Newkirk 2011)

Estrategia Aunque leas en silencio, trata de "escuchar" la historia para mantenerte interesado en la lectura. Lee más despacio de lo acostumbrado, tratando de escuchar la voz del autor o de los personajes. A medida que leas, intenta meterte de lleno en el mundo de la historia, no solo imaginártelo, y trata de escuchar lo que lees en la página.

Ejemplo de enseñanza *Ya sabes que leemos en silencio durante la hora de lectura independiente. Eso no significa que nuestra mente deba estar "en silencio". Si lees una historia solo por encima, leyendo muy rápido, te será difícil tener una imagen completa de lo que lees, incluyendo los sonidos que son parte de la historia. Tal vez por eso te empieces a alejar de la lectura y a distraerte. Entonces intenta leer más despacio, tratando de escucharlo todo. Por ejemplo, si empiezo a leer* Stone Fox y la carrera de trineos, *de John Reynolds Gardiner (2011), quiero prestar atención a quién está narrando la historia y escuchar su voz en mi mente. (Lea en voz alta las dos primeras oraciones). Aún no me queda claro quién narra la historia. Puede ser uno de los personajes, tal vez uno joven porque a alguien más le dicen "abuelo". O tal vez otro narrador. (Lea en voz alta la próxima oración). Ahora noto que se mencionan otros personajes, y eso siempre indica un narrador en tercera persona. Tengo que empezar a oír mentalmente la voz del narrador. Empiezo a hacerme idea de que se trata de una voz masculina, de tono grave, la que me lee estas palabras. Luego, cuando llego al diálogo de la página 4, veo que el pequeño Willy habla. Eso significa que se trata de un niño, por eso empiezo a escuchar un tono de voz más agudo, o alto, que la voz del narrador. A medida que avances en la lectura, intenta captar en tu mente la voz de cada personaje y del narrador. Trata de escuchar la historia como si te la estuvieran leyendo. Recuerda, para hacer esto debes leer un poco más despacio.*

Consejos

- Lee más despacio. Trata de escuchar la historia.
- ¿Puedes escuchar la voz del personaje? Descríbela.
- Describe cómo te suena el narrador.
- ¿Quién dice esta parte, un narrador o un personaje?
- Puedo ver que estás tratando de imaginar y escuchar lo que estás leyendo.
- Léelo para comprobar que lo estás escuchando.

Tal vez usted sea el
maestro más elocuente,
quien mejor facilite las
estrategias en grupo
y el más perspicaz
comunicador al guiar a
sus estudiantes durante la
lectura. Sin embargo, si les
asigna sesiones de lectura
independiente y ellos no
leen, no avanzarán como
usted lo desea
a pesar de todo su esfuerzo.

—*Jennifer Serravallo*

Objetivo

3

Apoyo al proceso lector

Aumentar la precisión e integrar las fuentes de información

◎ ¿Por qué es importante este objetivo?

Para captar el significado preciso de un texto, los niños necesitan leer las palabras correctamente, integrando tres fuentes de información: significado, sintaxis y elementos visuales. El *significado* se refiere a cómo el lector le encuentra sentido a lo que lee, así como al proceso de leer palabras que coincidan con la imagen o con lo que ha pasado en el texto hasta el momento. La *sintaxis* significa que el lector usa su conocimiento sobre la estructura de la oración, la gramática y las partes del discurso para leer palabras que concuerden con la forma escrita del español estándar. Los *elementos visuales* se refieren a las letras de la palabra que el lector mira, usando lo que sabe sobre las palabras para leer una palabra que se parece a la palabra impresa (Escamilla *et al.* 1996, y Clay 2000, 2001).

Cuando los niños están aprendiendo a leer, a veces hacen demasiado énfasis en una o dos fuentes de información o usan cada una de modo irregular. Esto afecta su grado de precisión y, en definitiva, suele limitar su comprensión del texto. Integrar las tres fuentes de información es como un acto de malabarismo en el que hay que hacer girar tres bolas en el aire a la vez.

Esto requiere coordinación, esfuerzo mental y acción estratégica. Habiendo dicho esto, se puede enseñar a los niños a ser más conscientes del proceso y a usar estrategias que los ayuden a descifrar el texto impreso a medida que leen. Lo ideal es que los estudiantes aprendan a buscar y usar las tres fuentes de información. Deben aprender a auto-verificar su propia lectura, y si notan que la palabra que leen no se ve bien, no tiene sentido o no suena como sonaría en el texto, deben verificarla. El objetivo final, escriben Escamilla *et al.* (1996) y Clay (1993), es ayudar a fomentar en los niños un "sistema de auto-expansión", en el que sean "lectores independientes cuya lectura y escritura mejoren cada vez que leen y escriben". Con esto, quieren decir que cada una de las estrategias que enseñamos —como las que veremos en este objetivo— con el tiempo llegarán a ser hábitos firmes que le permitirán al lector concentrarse en cosas como leer con expresión o lograr una comprensión inferencial más profunda.

Las estrategias de este objetivo se enseñan mejor en combinación con un programa de lectura, tal como *Palabras a su paso: El estudio de palabras en acción* (Bear *et al.* 2015). El estudio sistemático de palabras ayudará a los niños a aprender la correspondencia letra-sonido, así como algunas de las reglas y los patrones para entender mejor cómo funcionan las palabras en español. Aprender sobre dígrafos, diptongos, hiatos, acentos y demás, ayudará a los niños a decodificar las palabras en sus libros. Sin embargo, se sabe que la destreza fonética aislada *sin* la lectura de libros reales tiene una efectividad limitada (Pressley y Allington 2015). También habrá ocasiones en que los niños aprenderán cierta característica de una palabra o el sonido que hace una combinación de letras sin que nunca se les haya enseñado esto como tal; los niños captan todo tipo de cosas sobre la lectura si se les ha dado mucho tiempo para leer y escribir (Taberski 2011).

◎ ¿Cómo sé si este objetivo es adecuado para mi estudiante?

La mejor herramienta de evaluación que usted tiene para determinar si este es el objetivo adecuado es un registro de evaluación (Fountas y Pinnell 2012), también conocido como registro progresivo (Clay 2000). Mary Clay (2000, 2001), Irene Fountas y Gay Su Pinnell (2012), así como otros, han desarrollado registros de evaluación de la lectura sencillos y prácticos para anotar lo que un niño lee en un pasaje corto y luego analizar su lectura. Los maestros pueden usar una hoja de papel en blanco para llevar un registro de la lectura de cualquier texto que lea el estudiante, o bien pueden adquirir registros de lectura oral, tales como el *Sistema de evaluación de la lectura* (Fountas y

Pinnell 2012), que brindan mayor apoyo a quienes tienen menos experiencia con este tipo de evaluación. Tenga en cuenta que el proceso lector es complejo, y que aprender a llevar un registro en una hoja de papel en blanco puede darle al maestro más opciones sin los limitantes de un formulario.

Independientemente del recurso que use, es importante observar la evaluación dada y analizar el patrón de errores y de autocorrecciones para determinar cuál de las tres fuentes de información usa el estudiante a veces, consistentemente o nunca. En la Figura 3.A, podrá ver un ejemplo de cómo se lleva y analiza un registro de evaluación progresivo.

Las inserciones y eliminaciones siempre son un "no" para la pregunta de si "se ve bien".

Al momento de cada error, haga tres preguntas: ¿Se ve bien? ¿Suena bien? ¿Tiene sentido? *Hasta* tiene sentido, se ve bien y suena bien en lugar de la palabra *hacia*.

Por cada autocorrección, analice el error inicial, así como la autocorrección.

En cuanto a la "sintaxis/estructura", es importante hacerse la pregunta de si la palabra suena bien en la sintaxis a la que está habituado el estudiante según su procedencia, y no en el modo en que sonaría en un texto formal.

Tan importante como el error cometido por cada individuo, lo es advertir el patrón general. ¿Cuáles parecen ser las fortalezas del niño? ¿Qué tiende a hacer y qué hace a veces? Al tomar una decisión sobre cómo iniciar la instrucción, asegúrese de hacerlo a partir de una de las fortalezas del niño.

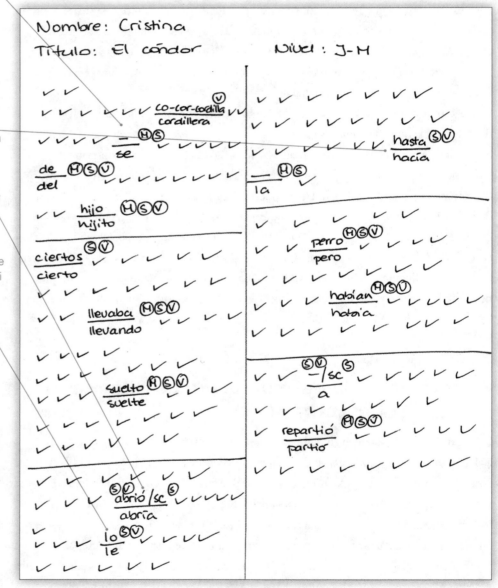

Figura 3.A Análisis del registro de evaluación progresivo

Vistazo a las estrategias de apoyo al proceso lector

Estrategia		Niveles de texto	Géneros/ Tipos de texto	Destrezas
3.1	Usa la imagen como ayuda	A–K	Todos	Integrar fuentes de información
3.2	Señala y lee cada palabra	A–C	Todos	Correspondencia uno a uno
3.3	Usa una palabra que conoces	A–Z+	Todos	Decodificar
3.4	¿Así suena en un libro?	A–Z+	Todos	Integrar fuentes de información
3.5	Sé el entrenador de tu compañero	A–Z+ (aunque los consejos variarán según el nivel de lectura del niño)	Todos	Lectura en parejas, decodificar, integrar fuentes de información
3.6	Prueba esto, eso o aquello	A–Z+	Todos	Decodificar, integrar fuentes de información
3.7	Baja el ritmo para que tenga sentido	A–Z+	Todos	Decodificar, verificar la comprensión
3.8	Piensa… mientras lees las palabras	A–Z+	Todos	Decodificar, verificar la comprensión
3.9	Intenta lo que tiene sentido	A–Z+	Todos	Decodificar, verificar la comprensión, integrar fuentes de información
3.10	¡Haz tres cosas a la vez!	C–Z+	Todos	Integrar fuentes de información
3.11	Aplica lo que sabes sobre las palabras	C–Z+	Todos	Decodificar
3.12	Dos letras que se pronuncian como una sola	D–Z+	Todos	Decodificar
3.13	Fíjate en el principio y en el final	D–Z+	Todos	Decodificar
3.14	¡Adelante! Lee la primera sílaba	D–Z+	Todos	Decodificar
3.15	Tapa el final de la palabra	E–Z+	Todos	Decodificar
3.16	Lee de izquierda a derecha	E–Z+	Todos	Decodificar
3.17	Vocales juntas que se leen juntas	E–Z+	Todos	Decodificar
3.18	Tapa y desliza	E–Z+	Todos	Decodificar
3.19	Divide la palabra y vuelve a unirla	E–Z+	Todos	Decodificar
3.20	Sáltate la palabra y luego regrésate	E–Z+	Todos	Decodificar
3.21	Pronuncia esa sílaba con más fuerza	E–Z+	Todos	Decodificar
3.22	Vocales juntas que se leen por separado	J–Z+	Todos	Decodificar
3.23	Determina lo que "suena bien"	J–Z+	Todos	Decodificar, usar la estructura como fuente de información
3.24	Divide la palabra y vuelve a unirla	L–Z+	Todos	Decodificar

3.1 Usa la imagen como ayuda

¿Para quién es?

NIVELES DE TEXTO
A–K

GÉNEROS / TIPOS DE TEXTO
todos

DESTREZA
integrar fuentes de información

Estrategia Si ves una palabra difícil, fíjate en la imagen, o sea, en el dibujo o la foto de esa página. Además de leer las palabras, ¡lee la imagen! Pregúntate: "¿Qué veo en la imagen? ¿Qué ha pasado en el libro hasta ahora? ¿Qué palabra tiene sentido aquí?".

Sugerencia para el maestro Esta estrategia es esencial para los niños de los niveles A y B, cuando las imágenes y los patrones repetitivos son clave para determinar qué dice el texto. Para los niños del nivel C en adelante, esta podría ser una estrategia complementaria a las estrategias de decodificar la letra impresa, tales como 3.13, 3.17 y 3.18 de este objetivo (Stahl y Miller 1989).

Ejemplo de enseñanza *Este libro tiene imágenes y palabras. Las imágenes nos ayudan a entender un cuento o texto informativo, y además nos ayudan a saber qué dicen las palabras. Cuando leo y encuentro una palabra complicada, lo primero que hago es mirar bien el dibujo o la foto para ayudarme a saber qué palabra podría ir allí. Por ejemplo, al ver esta oración, no sé qué es esta palabra: _____. Entonces veo la imagen y me pregunto: "¿Qué está pasando aquí? ¿Qué palabra tendría sentido?". ¡Ya sé! Creo que la palabra es _____. ¿Te parece que tiene sentido?*

Consejos

- Mira la imagen.
- Piensa en qué palabra tendría sentido con esa imagen.
- Veo que estás mirando la imagen. ¿Qué palabra tendría sentido?
- Di qué ves en la imagen.
- ¿Qué ves en la imagen? ¿Qué acabas de leer? Entonces, ¿cuál crees que podría ser esta palabra?
- Ya viste la imagen y pensaste en lo que podría tener sentido. Trata de leer esa palabra otra vez.
- ¿Qué está pasando?
- ¿Qué ves?
- Según lo que ves en la imagen, ¿cuál podría ser esta palabra?

Estrategia Mientras lees, señala cada palabra por debajo con el dedo. Di una palabra por cada palabra que señales. Si al final dices más palabras de las que hay en una página, o menos palabras de las que hay en una página, vuelve al principio de la página y empieza a leer de nuevo.

Sugerencia para el maestro Los lectores emergentes y principiantes que aún están refinando su comprensión de lo que es una palabra frente a una letra, suelen beneficiarse de seguir el texto con el dedo. Deberán señalar cada palabra con precisión, y su lectura sonará entrecortada a medida que pasan de una palabra a otra. Para el momento en que un lector pase del nivel C al nivel D, es muy probable que ya no tenga que seguir el texto con el dedo y que pueda hacerlo con los ojos. Si continúa señalando cada palabra, es posible que esto afecte su habilidad de leer con fluidez. Así como a un caballo se le ponen anteojeras para que solo mire hacia delante, el dedo dirige al ojo hacia la palabra que se debe leer. Los lectores que leen con fluidez, por otra parte, deben deslizar los ojos por las palabras en lugar de señalar una por una (en el Objetivo 4, estrategias 4.4, 4.5 y 4.14, encontrará más información y estrategias para apoyar la fluidez).

Consejos

- Señala cada palabra por debajo con el dedo.
- Estás tapando la palabra. Trata de señalarla por debajo.
- Levanta el dedo después de cada palabra y ponlo debajo de la siguiente palabra.
- ¡Se te acabaron las palabras! ¿Qué vas a hacer?
- Regresa al principio de la página y vuelve a intentarlo.
- ¡Tú mismo te corregiste! ¿Cómo supiste qué debías hacer?

¿Para quién es?

NIVELES DE TEXTO
A–C

GÉNEROS /
TIPOS DE TEXTO
todos

DESTREZA
**correspondencia
uno a uno**

3.3 Usa una palabra que conoces

¿Para quién es?

NIVELES DE TEXTO
A–Z+

GÉNEROS /
TIPOS DE TEXTO
todos

DESTREZA
decodificar

Estrategia Si hay una palabra que te cuesta trabajo leer, fíjate si tiene alguna parte que sea igual a una palabra que ya conoces. Fíjate también qué parte de la palabra es diferente. Después, trata de leer la palabra completa.

Ejemplo de enseñanza *A veces, cuando estás tratando de leer una palabra, notas que se parece mucho a una que ya conoces. Esa parte puede estar al comienzo, a la mitad o al final de la palabra. Por ejemplo, si estoy tratando de leer la palabra* natación, *me doy cuenta de que el final de la palabra,* -ción, *es igual al de otra palabra que conozco:* canción. *También veo que el comienzo de la palabra es muy fácil de leer:* nata. *Después, pienso en lo que está pasando en el cuento y en el tipo de palabra que se ajustaría bien. Entonces, junto las dos partes de la palabra y pienso si esa palabra tiene sentido en el contexto donde la estoy leyendo. El texto dice: "Nado todos los viernes. ¡Me gusta la natación!". ¡Sí,* natación *tiene sentido!*

Consejos

- (*No verbal: dé un toquecito a la palabra para indicar que hubo un error*).
- ¿Qué puedes intentar?
- ¿Hay alguna parte de la palabra que hayas visto en otras palabras?
- ¿Qué parte de la palabra conoces?
- Tú conoces esta parte de la palabra. Es como en la palabra _____.
- Lee la parte que sabes leer.
- ¿Qué parte de la palabra se ve difícil?
  Piensa en otra palabra que sabes leer que tenga esa parte.
- Veo una parte que tú conoces.
- Tú conoces la palabra _____. (*Diga una palabra que tenga esa misma parte*). ¿Eso te ayudó?
- Voy a escribir otra palabra. (*Escriba en el pizarrón una palabra que tenga una parte igual*).
- Te voy a mostrar una palabra que te va a ayudar. (*Escriba en el pizarrón una palabra que tenga esa misma parte y subraye la parte que es igual*). Lee esta palabra. Ahora lee la palabra en tu libro.

¡Me quito el sombrero!
(lectura recomendada):
"A Compare/Contrast Theory of Mediated Word Identification" (Cunningham 1979)

Estrategia Si lees una palabra y no te suena bien, pregúntate: "¿Así suena en un libro?". Si la respuesta es no, trata de volverla a leer de otro modo.

Sugerencia para el maestro Al aplicar esta estrategia, es importante ser sensible al acento y la entonación propios de los distintos estudiantes hispanoparlantes. Puesto que una misma palabra se puede pronunciar de maneras diferentes según el país de procedencia del niño, hay que evitar comentarios como "Así no se dice" o "Lo estás pronunciando mal" (Delpit 2006). Algunos ejemplos: En España se distingue entre el sonido /s/ y el sonido /z/, mientras que en otros países no se hace esta distinción; en ciertas regiones se suele pronunciar la /ll/ igual que la /y/, lo que se conoce como yeísmo; en algunos países del Caribe la /r/ puede sonar como /l/, lo que resulta en "*amol*", en lugar de *amor*.

Ejemplo de enseñanza *Al leer un cuento, un artículo o un poema, es importante que siempre te escuches a ti mismo. ¡Hay que hacer varias cosas a la vez! Tienes que prestar atención a las letras de la palabra, tienes que pensar si la palabra tiene sentido y tienes que tratar de que la palabra suene como sonaría en un libro. Mientras lees, asegúrate de escucharte a ti mismo. Pregúntate: "¿eso suena como sonaría en un libro?".*

Consejos

- ¿Eso suena bien?
- La palabra que leíste se parece a esa palabra, ¿pero suena como en un libro?
- Eso tiene sentido, pero ¿suena bien?
- Verifiquemos si suena bien.
- Leíste _____. (*Vuelva a leer del modo en que leyó el niño*). ¿Suena eso bien?
- Eso no me suena muy bien. Vuelve a intentarlo.
- Creo que esta es la palabra que no suena bien. (*Señale la palabra*).
- Escucha lo que lees y haz que suene como en un libro.

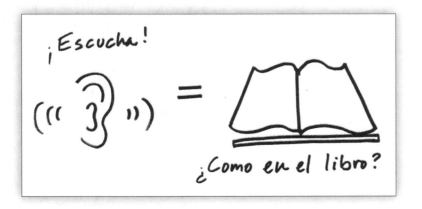

¿Para quién es?

NIVELES DE TEXTO
A–Z+

GÉNEROS /
TIPOS DE TEXTO
todos

DESTREZA
**integrar fuentes
de información**

**¡Me quito el
sombrero!**
(lectura recomendada):
*Instrumento de
observación de los logros
de la lecto-escritura inicial*
(Escamilla *et al.* y Clay
1996)

3.5 Sé el entrenador de tu compañero

¿Para quién es?

NIVELES DE TEXTO
A–Z+ (aunque los consejos variarán según el nivel de lectura del niño)

GÉNEROS / TIPOS DE TEXTO
todos

DESTREZAS
lectura en parejas, decodificar, integrar fuentes de información

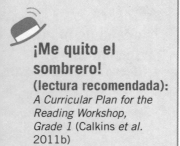

¡Me quito el sombrero! **(lectura recomendada):** *A Curricular Plan for the Reading Workshop, Grade 1* (Calkins *et al.* 2011b)

Estrategia Si ves que tu compañero lee algo incorrectamente, no te limites a decírselo. ¡Sé su entrenador! Piensa en qué palabras usaría un "entrenador de lectura" para corregir ese error y úsalas para ayudar a tu pareja o compañero.

Ejemplo de enseñanza *Leer en parejas es divertido, ¡y además muy útil! Tú y tu compañero pueden leer juntos no solo para compartir un cuento o aprender de un libro informativo, sino también para ayudarse el uno al otro con las palabras. Cuando tu compañero esté leyendo, escucha y presta atención a lo que lee y también fíjate en lo que dice el libro. Si ves que comete un error, interrúmpelo y dile que vuelva atrás y lo intente de nuevo. Si a tu amigo le es difícil la palabra, dale un consejo como: "¡Fíjate en la primera letra!", "¡Lee de izquierda a derecha!" o "¡Piensa en qué tendría sentido!".*

Consejos
- ¿Qué le puedes aconsejar a tu compañero?
- No le digas la palabra, dale un consejo.
- Dile a tu compañero: "¡Fíjate en la primera letra!".
- Dile a tu compañero: "¡Piensa en lo que tendría sentido!".
- Dile a tu compañero: "¡Piensa en lo que suena bien!".
- Dile a tu compañero: "¡Algo no suena bien! Vuelve atrás e inténtalo de nuevo".
- ¿Qué le puedes decir a tu compañero?
- Piensa como un maestro. ¿Qué le diría yo a tu compañero?
- Parece que tu compañero se trabó con esa palabra. Trata de ayudarlo.
- ¡Ese fue un buen consejo!
- Eso ayudó mucho a tu compañero.

Estrategia Si te encuentras con una palabra difícil, ¡no intentes una sola cosa! A veces una estrategia sirve para una palabra, pero no para la otra. Trata de usar más de una estrategia y pregúntate: "¿Qué me puede ayudar a leer esta palabra?".

Sugerencia para el maestro Puede modificar la estrategia y el lenguaje de la lección para que se ajuste a las estrategias que ha enseñado y al nivel del texto que el niño esté leyendo. El ejemplo visual de esta página se usó en un grupo pequeño. Una vez que los estudiantes del grupo practicaron la estrategia, cada niño obtuvo su propia "mini copia".

Ejemplo de enseñanza *Has aprendido muchas estrategias de lectura que te pueden ayudar cuando ves una palabra desconocida. Sabes leer la palabra de izquierda a derecha. Sabes usar la imagen como pista para pensar en qué palabra tendría sentido. Sabes cómo pensar en lo que está pasando en el cuento y usarlo como guía para elegir la palabra correcta. Sabes cómo mirar partes conocidas de una palabra dentro de la palabra completa. ¡Esa es tu caja de herramientas! Cada vez que leas un texto nuevo, saca de tu caja la estrategia que más te sirva. Así como no usarías una sierra para clavar un clavo, no debes usar la estrategia de "fijarse en la imagen" si en el texto no hay imágenes. Otras veces, verás que una estrategia no te funciona y tendrás que probar otra. Así que cuando te encuentres con una palabra complicada, ¡no intentes una sola cosa! Piensa: "¿Qué me ayudará a leer esta palabra?". ¡Usa la estrategia o las estrategias de tu caja de herramientas que crees que te ayudarán más!*

Consejos

- ¿Qué estrategia crees que usarás aquí?
- Miremos esta palabra. Ahora elige la estrategia que usarás.
- Elegiste y usaste bien tu estrategia. ¿Te sirvió? ¿No? Entonces elige otra.
- Piensa en otras estrategias que conozcas.
- ¿Qué más puedes ensayar para leer esa palabra?
- Ya intentaste eso. ¿Qué más puedes hacer?
- ¿Qué crees que te ayudará a leer esta palabra?
- ¿Qué puedes hacer?
- ¿Qué más tienes en tu caja de herramientas?
- ¿Qué te podría ayudar?

¿Para quién es?

NIVELES DE TEXTO
A–Z+

GÉNEROS /
TIPOS DE TEXTO
todos

DESTREZAS
decodificar, integrar fuentes de información

¡Me quito el sombrero!
(lectura recomendada):
Instrumento de observación de los logros de la lecto-escritura inicial (Escamilla *et al.* y Clay 1996)

3.7 Baja el ritmo para que tenga sentido

¿Para quién es?

NIVELES DE TEXTO

A–Z+

GÉNEROS / TIPOS DE TEXTO

todos

DESTREZAS

decodificar, verificar la comprensión

¡Me quito el sombrero!
(lectura recomendada):
Instrumento de observación de los logros de la lecto-escritura inicial (Escamilla *et al.* y Clay 1996)

Estrategia Trata de no leer a toda prisa sin pensar en lo que estás leyendo. Pregúntate siempre: "¿Tiene sentido lo que acabo de leer?". Si tu respuesta es no, vuelve atrás y ¡corrígete a ti mismo!

Sugerencia para el maestro Demuestre cómo leer de distintas maneras: rápidamente (con y sin errores) y lentamente (con y sin errores). Demuestre cómo hacer una pausa para preguntarse: "¿Tiene sentido lo que leí?". Dependiendo del caso, diga: "¡Voy a corregirme!". Al enseñar en grupos pequeños, asegúrese de animar a los niños a hacer una pausa para pensar si su lectura es acertada y tiene sentido, o si han cometido un error que afecta el significado.

Consejos
- Piensa en lo que leíste.
- ¿Tiene sentido?
- Lee más lentamente. Piensa en lo que tiene sentido.
- ¡Veo que supiste cómo corregirlo! ¡Ahora las palabras tienen sentido!
- Sí, tú mismo te diste cuenta de tu error. ¿Cómo lo supiste?
- Tú dijiste _____. ¿Te suena bien?
- ¿Por qué paraste de leer? ¿Qué notaste?

Haz una pausa y piensa

Estrategia A veces te concentras tanto en leer bien las palabras, que no entiendes bien lo que leíste. Si eso te pasa, ¡vuelve atrás y lee de nuevo!

Sugerencia para el maestro Al demostrarle al niño la destreza de verificar la comprensión, podría hacer una distinción entre la "pose de leer" y la "pose de pensar". Para la "pose de pensar", podría poner el libro a un lado, mirar hacia arriba y señalarse la frente. Esto ayudará al estudiante a entender que no está *leyendo* las palabras, sino pensando en voz alta.

Consejos

- Piensa en lo que leíste. ¿Entendiste todo?
- Estás leyendo las palabras... piensa si también entiendes su significado.
- Haz una pausa y fíjate si entiendes bien.
- ¿Estás pensando a la vez que estás leyendo?
- Lee las palabras y luego di qué estás pensando.
- Di en voz alta lo que estás pensando.
- ¡Veo que estás leyendo las palabras *y* pensando a la vez!

¿Para quién es?

NIVELES DE TEXTO
A–Z+

GÉNEROS /
TIPOS DE TEXTO
todos

DESTREZAS
decodificar, verificar la comprensión

Estrategia Si entiendes lo que está pasando en el texto, pero no reconoces una palabra, piensa en algunas opciones que tengan sentido. Usa la información que tienes hasta el momento, así como la información de la oración que estás tratando de leer. Di: "Podría ser esta palabra _____, o esta _____ o esta otra _____". Luego, mira las sílabas de la palabra para ver si coinciden con alguna de las palabras que tendrían sentido en esa oración.

Ejemplo de enseñanza *Te voy a mostrar algo que a veces hago cuando veo una palabra desconocida. Primero pienso en qué palabra podría ser según el contexto. Después, reviso las sílabas para comprobar que se ven bien.* (Leyendo de *Nancy, la elegante*, página 7, por Jane O'Connor):

Luego se me ocurre una idea _____. Es una manera de decir muy buena.

No conozco esta palabra que veo aquí (estupenda). Me pregunto qué será. Voy a leer la segunda oración para ver si encuentro pistas. ¡Ajá! Aquí dice que es otro modo de decir "muy buena". Así que debe ser una idea muy buena. Veo que la palabra comienza con la sílaba "es-". Podría ser especial. *Una "idea especial" tendría sentido. Pero si veo la segunda sílaba de esa palabra, "tu", me doy cuenta de que no va con* especial. *Tengo que pensar en una palabra que empiece con las sílabas "estu-"….. ¡estupenda! ¡Esta palabra tiene sentido y va con las sílabas que veo! La oración completa es:* Luego se me ocurre una idea estupenda.

Consejos
- ¿Cuál puede ser esta palabra?
- ¿Qué más tendría sentido aquí?
- Sí, esas tres opciones tienen sentido. Ahora veamos las sílabas.
- Piensa en lo que tiene sentido y fíjate si *se ve bien*.
- Dijiste _____. Si miras las sílabas, ¿podría ser la palabra correcta? ¿Por qué?

Estrategia Al leer una palabra, no haces una sola cosa. Debes hacer por lo menos tres cosas a la vez: (1) pensar en qué tiene sentido; (2) pensar en cómo suena en un libro y (3) pensar en si se ve bien.

Ejemplo de enseñanza *Cuando te encuentras con una palabra que no conoces, no solo es importante que trates de pronunciarla bien. La palabra que lees también debe tener sentido con lo que ha pasado hasta el momento en el texto. Además, tiene que sonar como sonaría en un libro. Así que cuando te encuentres con una palabra difícil, léela pensando en tres cosas: ¿Qué tiene sentido? ¿Qué suena bien? ¿Qué se ve bien?*

Consejos

- ¿Eso tiene sentido?
- ¿Eso suena bien?
- ¿Eso se ve bien?
- Piensa en lo que está pasando.
- Mira las letras. Mira las sílabas. ¿Qué palabra podría ser?
- Piensa en cómo suena el lenguaje de un libro. ¿Suena así en un libro?
- Vuelve a leer eso.
- ¡Sí! Eso tiene sentido, se ve bien y suena bien.
- ¡Supiste que no sonaba bien! ¿Qué otra palabra puede ser?
- Veo que estás pensando en el sentido (o en el sonido, o en cómo se ve). Ahora, enfócate en el sonido (o en cómo se ve o en el sentido).

¿Para quién es?

NIVELES DE TEXTO

C–Z+

GÉNEROS / TIPOS DE TEXTO

todos

DESTREZA

integrar fuentes de información

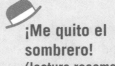

¡Me quito el sombrero!
(lectura recomendada):
"Teaching Reading in Small Groups: Matching Methods to Purposes" (Serravallo 2013b)

3.11 Aplica lo que sabes sobre las palabras

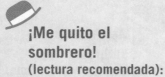
Estrategia ¡Es hora de aplicar lo que has aprendido durante el estudio de palabras! Al ver una palabra, piensa: "¿He visto una palabra como esta o un patrón de letras como este? ¿He aprendido algo sobre este tipo de palabra?". Si es así, usa lo que sabes para leer la palabra.

Sugerencia para el maestro Algunos lectores requieren de una enseñanza explícita del proceso lector para adquirir una buena destreza de decodificación. Por ejemplo, aprender sobre las partes de las palabras (como en el ejemplo de abajo), la raíz de palabras, los prefijos y sufijos, les da buenas herramientas de apoyo a los lectores en desarrollo. Las investigaciones han demostrado que solo aquellos niños que tienen buenas bases para la decodificación fonológica (es decir, entender que las palabras están compuestas de partes, oír las partes de las palabras y distinguir palabras que riman) son capaces de "decodificar por analogía". Por ejemplo, si el niño conoce la palabra *tigre*, le será fácil leer la palabra *vinagre*, porque ambas terminan en -*gre* (Ehri y Robbins 1992.).

Dele un giro a esta lección para que coincida con las características de las palabras que el estudiante ya conoce y con las expectativas para ese nivel de lectura. Por ejemplo, en el nivel C, podría enfocarse en el sonido inicial de las consonantes, mientras que en el nivel D, podría comenzar a repasar con el estudiante las combinaciones de consonantes y los dígrafos. En los niveles E–Z+, podría enfocarse en familias de palabras.

Consejos

- Ya sabes que _____ suena parecido a _____. Usa esto como ayuda para leer la palabra.
- ¿Qué palabra conoces que te podría ayudar a leer esta palabra?
- Piensa en lo que has aprendido durante el estudio de palabras.
- ¡Sí! Ya sabes cómo leer y escribir _____, así que eso te ayudará a leer _____.
- ¿Has visto una palabra como esta antes?
- Usa lo que sabes para ayudarte a leer esta palabra.

Estrategia Además de las letras del abecedario que conoces, hay grupos de dos consonantes que forman un solo sonido. Al leer una palabra que tenga esas dos letras juntas, no mires cada letra por separado. ¡Léelas juntas como si fueran una sola letra!

Ejemplo de enseñanza *Hay palabras que no se pueden leer letra por letra, porque tienen dos letras que van juntas formando un solo sonido. Esos grupos de dos letras se llaman dígrafos. En esta tabla hay algunos ejemplos de palabras con dígrafos.* (Muestre la tabla de dígrafos). *Vamos a decir la palabra que vemos en el dibujo, y luego diremos el sonido del dígrafo aparte.* (Practique algunos o todos los dígrafos de la tabla que creó, leyendo primero la palabra y luego aislando el dígrafo. Por ejemplo: *chile /ch/, carro /rr/ y llave /ll/.* Haga ver que un dígrafo puede estar al comienzo o a la mitad de una palabra, y que una misma palabra puede tener dos dígrafos, como **gu**ita**rr**a). *Después, vamos a leer un libro a ver si nos encontramos con algún dígrafo. Cuando lo veamos, lo vamos a leer como un solo sonido, no uno por uno.*

Consejos

- Mira la tabla.
- Busca el dígrafo en la tabla. ¿Cómo suena? Ahora lee la palabra completa.
- ¿Qué letras van juntas?
- ¿Ves algún grupo de dos letras?
- Estás leyendo una letra a la vez. Trata de leerlas juntas.
- Este es un dígrafo. Lee esas letras juntas.
- ____ y ____ (p. ej.: *c y h*) forman un solo sonido que suena así: ____.
- Ya uniste las dos letras en un solo sonido. Ahora lee la palabra completa.
- Esta palabra tiene el sonido *ll* al comienzo (*llave*). Busca otra palabra que tenga ese mismo sonido en la mitad ____(*caballo*).
- Esta palabra tiene el mismo dígrafo que esta. (*Señale los dos dibujos que tengan ese mismo dígrafo*).
- Mira las palabras *carro* y *perro*. ¿En qué se parecen? ¡Léelas! ¿Qué sonido es igual en ambas palabras?

¿Para quién es?

NIVELES DE TEXTO
D–Z+

GÉNEROS /
TIPOS DE TEXTO
todos

DESTREZA
decodificar

3.13 Fíjate en el principio y en el final

¿Para quién es?

NIVELES DE TEXTO
D–Z+

GÉNEROS /
TIPOS DE TEXTO
todos

DESTREZA
decodificar

Estrategia Fíjate en el principio de la palabra. Ahora fíjate en el final de la palabra. Piensa en qué palabra tendría sentido aquí. Lee la palabra.

Ejemplo de enseñanza *Cuando veas una palabra difícil, es importante que no solo te fijes en el principio de la palabra. ¡Hay miles de palabras que comienzan con la misma sílaba! Si leo la oración "Este es un niño", y solo me fijo en la primera sílaba* (ni) *y en la imagen (un niño con un nido en la mano), podría decir: "Este es un nido", ya que la palabra podría ir con la imagen. Pero si también me fijo en la última sílaba* (ño), *sé que* nido *no es la palabra, porque al final oigo el sonido* /do/ *y no el sonido* /ño/.

Consejos
- Fíjate en el principio.
- Fíjate en el final.
- ¿Qué tiene sentido?
- Te fijaste bien en el principio de la palabra y lo leíste bien. Ahora fíjate en el final y léelo.
- ¡Leíste bien la palabra completa! ¡Eso significa que miraste todas las partes de la palabra!

¡Me quito el sombrero!
(lectura recomendada):
Instrumento de observación de los logros de la lecto-escritura inicial (Escamilla *et al.* y Clay 1996)

Estrategia Cuando veas una palabra desconocida, trata de leer la primera sílaba. Al leer las letras de la primera sílaba, podrás adelantarte para leer después la palabra completa. Luego, podrás tratar de leer el resto de la palabra pensando en algo que tenga sentido, que suene bien y que se ajuste al principio de la palabra.

Sugerencia para el maestro Uso el término "adelante" como un modo de hacerle ver al niño que no debe dejar de leer cuando ve una palabra desconocida. He notado que cuando los niños ven una palabra desconocida, tienden a bajar el ritmo de la lectura y se concentran solo en la primera letra. Si miran la primera parte, o incluso la palabra como un todo, tienen una mayor probabilidad de leerla correctamente. También suelo ver que cuando un niño baja el ritmo de la lectura al ver una palabra desconocida, pierde el sentido del comienzo de la oración y comienza a batallar con la palabra. Entonces, como palabra aislada y sin el apoyo del contexto, se le hace aún más difícil determinar qué palabra es. En general, esta estrategia es un modo de decirle: "¡Ánimo, lee la palabra!".

Dependiendo del nivel del estudiante, podría modificar esta estrategia para que este lea el dígrafo (vea 3.12, página 93), de tal modo que no mire solo la primera consonante sino el par de consonantes que forman el dígrafo, más la vocal que sigue (nivel D, E). Si el niño está decodificando palabras de más de dos sílabas, podría sugerirle que trate de leer las primeras dos sílabas.

Consejos

- ¡Adelante! Lee la primera parte de la palabra.
- Leíste la primera letra. Lee la primera sílaba completa.
- Ahora que ya sabes cómo comienza la palabra, ¡lee la palabra completa!
- ¡Vamos, lee la palabra! Comienza por el principio y deja que tus ojos recorran el resto de la palabra.
- ¡Leíste toda la palabra! Ahora fíjate si lo que leíste tiene sentido.
- Miraste todas las letras de la palabra. Ahora asegúrate de que suene bien y tenga sentido. Piensa en lo que has leído hasta el momento.

¿Para quién es?

NIVELES DE TEXTO

D–Z+

GÉNEROS /
TIPOS DE TEXTO

todos

DESTREZA

decodificar

¿Para quién es?

NIVELES DE TEXTO

E–Z+

GÉNEROS / TIPOS DE TEXTO

todos

DESTREZA

decodificar

Estrategia Si ves una palabra que tiene un final común (como *-ito, -ía, -ido*), tapa con un dedo ese final. Lee la primera parte que ves. Luego, destapa el final y lee la palabra completa.

Ejemplo de enseñanza *Si ves una palabra muy larga, a veces puedes dividirla. Un modo de hacerlo es tapar el final. Hay varios finales comunes de palabras, como* -ito, -mente, -ido *y* -ado. *Esos finales van después de una palabra base. Si tapas el final con el dedo y solo te fijas en el principio de la palabra, tal vez llegues a decir: "¡Ajá, yo conozco esa palabra!". Luego, agregas el final y lees la palabra completa. Por ejemplo, hace poco me encontré esta palabra al leer un libro* (muéstrela, pero no la lea): realmente. *¡Qué montón de letras! Pero entonces me di cuenta de que tiene el final* -mente. *Así que tapé con el dedo el final* "mente", *y quedó una palabra mucho más corta:* ¡real! *Esa palabra la reconocí ahí mismo. Entonces, volví a agregar el final y leí la palabra completa:* realmente.

Consejos

- Tapa el final.
- Lee la parte que está destapada.
- Quita el dedo de la parte tapada. Ahora di la palabra completa.
- Recorre con los ojos toda la palabra.
- Fíjate en el principio y en el final de la palabra antes de leerla.
- Tapa el final común.

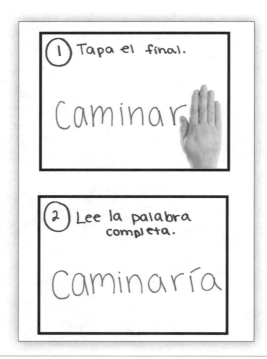

Estrategia Prepara la boca para decir la primera sílaba. Lee la primera parte de la palabra. Luego lee la siguiente parte. Asegúrate de ir parte por parte, de izquierda a derecha.

Ejemplo de enseñanza *Cuando veas una palabra desconocida, fíjate si hay partes de la palabra que conoces. Pero no mires cualquier parte. Mira la palabra de izquierda a derecha buscando partes conocidas. Por ejemplo, al buscar qué partes conozco de la palabra* siquiera *no me serviría de nada fijarme en la última sílaba: -ra. En cambio, debo mirar la palabra de izquierda a derecha. Así veo que tiene dos partes que conozco:* si- *y* -quiera. *Esas son las dos partes que debo unir. Otro ejemplo: si miro la palabra* trabajaría *de izquierda a derecha, veo la palabra* trabajar- *y luego el final* -ía. *Ya he visto ese final en otras palabras, así que puedo juntar ambas partes y leer la palabra completa:* trabajaría.

Consejos

- ¿Cuál es la primera parte que ves?
- Comienza por el principio de la palabra.
- Recorre la palabra, de izquierda a derecha.
- Conoces la parte _____ de la palabra _____.
- Sigue recorriendo la palabra.
- ¿Qué partes estás mirando?
- Veo que dividiste la palabra en partes. ¿Eso te ayudó?
- De acuerdo. Esas son las partes de esa palabra.
- Ahora léela de izquierda a derecha.

NIVELES DE TEXTO

E–Z+

GÉNEROS /
TIPOS DE TEXTO

todos

DESTREZA

decodificar

3.17 Vocales juntas que se leen juntas

¿Para quién es?

NIVELES DE TEXTO
E–Z+

GÉNEROS / TIPOS DE TEXTO
todos

DESTREZA
decodificar

Estrategia Cuando ves una palabra con dos vocales seguidas, ¡léelas juntas en una sola sílaba! Ensaya el sonido de cada vocal por separado. Luego, junta los sonidos y di la palabra completa.

Sugerencia para el maestro Dependiendo del nivel de lectura del niño, puede usar esta estrategia junto con la lección sobre hiatos (3.22). Asegúrese de que el niño comprenda la diferencia entre el diptongo (dos vocales que van juntas y se pronuncian juntas), y el hiato (dos vocales que van juntas y se pronuncian por separado).

Ejemplo de enseñanza *Hay algunas palabras que llevan dos vocales juntas, como* aire, fiesta *o* ruido. *Estas vocales forman un sonido continuo que se llama diptongo. Cuando veo una vocal fuerte (a, e, o) junto a una débil (i, u) o dos débiles que no tienen acento o tilde, sé que debo leer estas dos vocales en una sola sílaba como si fuera un sonido único.*

Consejos
- Mira esta palabra. Tiene dos vocales juntas. ¿Cuáles son?
- ¿Cómo suena cada vocal por separado?
- ¿Cómo suenan las dos vocales juntas?
- Lee la palabra.
- No leíste las dos vocales en una sílaba. Sonó así: _____. ¡Inténtalo de nuevo!

¡Vocales juntas!

Cuando una vocal fuerte (a, e, o) y una vocal débil (i, u) o dos débiles sin acento se unen, forman un diptongo.

ai	ai-re	ia	pia-no
au	au-to	ua	cua-tro
ei	pei-ne	ie	nie-ve
eu	deu-da	ue	a-bue-lo
iu	ciu-dad	ui	jui-cio
oi	boi-na	io	vio-le-ta
uo	mons-truo		

Estrategia Un modo de leer una palabra es tapar con los dedos la parte o sílabas de la palabra que no estás leyendo y enfocarte en la que puedes leer. Luego, vas destapando y leyendo las demás sílabas de la palabra. Al final, unes todas las sílabas y lees la palabra completa.

Ejemplo de enseñanza *Si al principio no reconoces una palabra completa, una estrategia que te puede ayudar es tapar la palabra con los dedos, la mano o un papelito, y luego deslizarlos lentamente de izquierda a derecha para ir mostrando las distintas partes de la palabra. Por ejemplo, para leer la palabra* perdido, *puedes deslizar los dedos hasta mostrar* per-. *Luego sigue y destapa* -di. *Di las dos sílabas juntas:* perdi. *Después continúa con* -do. *Ahora junta todas las sílabas:* perdido.

Consejos
- Tapa todo menos la primera sílaba.
- ¿Cuántas sílabas tiene la palabra?
- Desliza los dedos, mostrando sílaba por sílaba.
- Lee la primera sílaba. Luego la segunda.
- Si son más de dos sílabas, continúa hasta la última.
- Ahora lee todo junto.
- ¿Te ayudó leer la palabra por sílabas?

¿Para quién es?

LEVELS
E–Z+

GÉNEROS /
TIPOS DE TEXTO
todos

DESTREZA
decodificar

3.19 Divide la palabra y vuelve a unirla

¿Para quién es?

NIVELES DE TEXTO
E–Z+

GÉNEROS /
TIPOS DE TEXTO
todos

DESTREZA
decodificar

Estrategia Un lector es como un detective que intenta descubrir el misterio de una nueva palabra. Cuando veas una palabra que no conozcas, no la digas a medias. Intenta la estrategia de dividir la palabra y luego volverla a unir.

Ejemplo de enseñanza *Las palabras largas que vemos en los libros muchas veces están compuestas por partes que conocemos. Algunas partes son comienzos comunes, como* in- *y* des-. *Algunas partes son finales comunes, como* -mente, -aba *y* -endo. *Otras veces vemos que a mitad de una palabra desconocida hay una palabra que aprendimos durante el estudio de palabras. Algo que a veces me sirve para poder leer una palabra muy larga es dividirla, buscar las partes pequeñas que reconozco, y cuando ya sé todas las partes, volver a unir la palabra. Por ejemplo, si me encuentro con la palabra* d-e-s-c-u-i-d-a-d-o, *a primera vista me parece una palabra larga y complicada. Pero entonces trato de buscar las partes que reconozco. Al principio veo una parte que reconozco,* des-; *en la mitad veo la palabra* cuida; *y al final veo una sílaba fácil de leer,* -do. *Ahora vuelvo a unir la palabra:* des-cuida-do. *¡Descuidado!*

Consejos

- ¿Qué puedes intentar?
- Trata de dividir la palabra. ¿Cuál es la primera parte que ves?
- Lee la palabra parte por parte.
- Trata de quitar el final y leer el principio primero.
- ¡Eso no sirvió! Probemos otra estrategia.
- Te esforzaste por leer esa palabra. Usaste todas las estrategias que conoces, ¡y lo lograste!

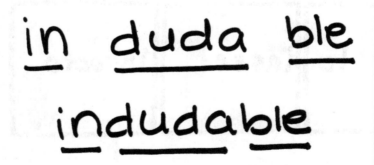

Estrategia Sáltate la palabra difícil. Lee hasta el final de la oración o el párrafo pensando en qué tendría sentido en esa parte que te saltaste. Luego, regrésate al principio de la oración y lee la palabra de nuevo, tratando de determinar qué significa.

Sugerencia para el maestro Esta estrategia debe enseñarse junto con otras estrategias que sirvan para mirar la palabra y decodificarla. No aconsejo enseñar a los niños a saltarse una palabra como estrategia aislada. Como verá, aconsejo integrar tres pasos: saltarse la palabra, pensar en qué tiene sentido y volver a leer.

Ejemplo de enseñanza *Si has usado algunas estrategias para leer una palabra pero todavía no lo logras, podrías saltarte esa palabra y luego regresarte cuando ya tengas más información. Si la palabra difícil está al comienzo de la oración, es muy probable que aún no sepas lo que está pasando o lo que tendría sentido allí. Al seguir leyendo, consigues más datos sobre lo que está pasando y lo que tendría sentido. Por ejemplo, estoy leyendo la siguiente oración:* (Muéstrela, pero no la lea: "Mi papá compra cilantro para darle sabor a la sopa.") *La cuarta palabra de esa oración me parece difícil. Si solo leo hasta ahí, "Mi papá compra..." y pienso en qué palabra tendría sentido, en realidad podría ser cualquier cosa. Por ejemplo: "Mi papá compra cerezas", "Mi papá compra servilletas", "Mi papá compra caramelos". ¡Puede ser cualquier cosa! Pero si me salto esa palabra y leo el resto de la oración, obtengo más información: "...para darle sabor a la sopa". Ahora sí puedo pensar en qué tendría sentido. A ver, ¿qué cosas le pueden dar sabor a una sopa?... sal, pimienta, cebolla.... Pero ninguna de esas palabras se parece a la palabra que me cuesta leer. Voy a ver la primera sílaba de la palabra: ci... Y ahora la última... tro... "¡cilantro!". Sé que el cilantro le da sabor a la sopa y veo que va con las sílabas de la palabra. ¡Tiene sentido, suena bien y corresponde a las sílabas de la palabra!*

Consejos

- Sáltate la palabra y luego regrésate.
- Di "Mmm..." y sigue leyendo hasta el final de la oración.
- Bien, te saltaste la palabra. Ahora regrésate para tratar de determinar qué palabra es.
- Piensa en qué está pasando en la oración. Regrésate y trata de leer esa palabra.

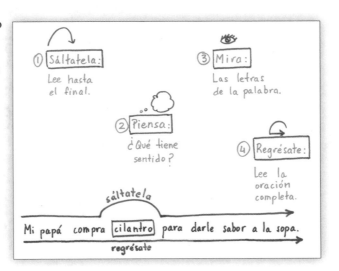

¿Para quién es?

NIVELES DE TEXTO
E–Z+

GÉNEROS / TIPOS DE TEXTO
todos

DESTREZA
decodificar

¡Me quito el sombrero!
(lectura recomendada):
Invitations: Changing as Teachers and Learners, K–12 (Routman 1994)

3.21 Pronuncia esa sílaba con más fuerza

¿Para quién es?

NIVELES DE TEXTO
E–Z+

GÉNEROS / TIPOS DE TEXTO
todos

DESTREZA
decodificar

¡Me quito el sombrero! (lectura recomendada): *Ortografía de la lengua española* (Real Academia Española 2010)

Estrategia Al leer en español, vas a ver palabras que tienen un signo importante: el acento, o tilde. Fíjate en qué sílaba de la palabra está el acento. Al leer la palabra, pronuncia esa sílaba con más fuerza.

Ejemplo de enseñanza *Cuando veo que una palabra tiene acento o tilde en una sílaba, sé que debo pronunciar esa sílaba con más fuerza. Por ejemplo, al leer la palabra* papá, *debo hacer énfasis en la última sílaba, donde está el acento:* pa-**pá**. *Si no tengo en cuenta el acento, leería la palabra como* papa, *y cambiaría el significado. Recuerda que no todas las palabras llevan acento escrito, solo algunas. Las palabras que llevan acento en la última sílaba, como* café *o* bebé, *se llaman* ***agudas***. *Las palabras que llevan acento en la penúltima sílaba, como* cóndor *o* azúcar, *se llaman* ***graves*** *o* ***llanas***. *Las palabras que llevan acento en la antepenúltima sílaba, como* miércoles *o* música, *se llaman* ***esdrújulas***.

Consejos

- Lee la palabra____ en voz alta.
- ¿Cuántas sílabas tiene? ¿En qué sílaba está el acento?
- Al leer la palabra, pronuncia esa sílaba con más fuerza.
- La leíste muy bien, haciendo énfasis en la sílaba que tiene el acento.

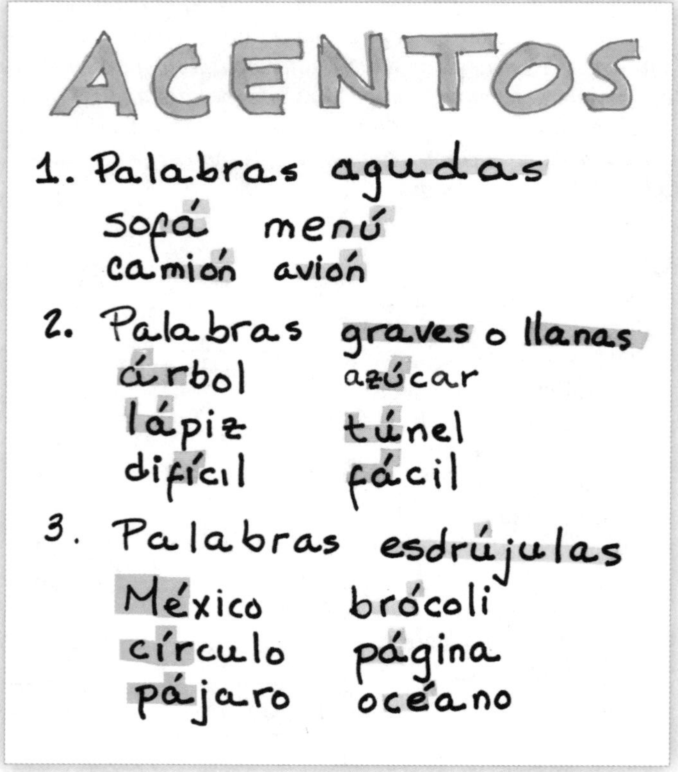

ACENTOS
1. Palabras agudas
sofá menú
camión avión
2. Palabras graves o llanas
árbol azúcar
lápiz túnel
difícil fácil
3. Palabras esdrújulas
México brócoli
círculo página
pájaro océano

Estrategia Al leer en español, verás algunas palabras que tienen dos vocales juntas, pero que se leen por separado, es decir, en dos sílabas diferentes. Ese tipo de vocales juntas se llaman hiatos. Al ver un hiato, debes leerlo en "dos golpes de voz", como si marcaras cada sílaba con tu voz.

Sugerencia para el maestro Es recomendable usar esta lección cuando el estudiante tenga un concepto claro de los diptongos (3.17). Si nota que el estudiante está confundido, comente que el mejor modo de saber cómo pronunciar los diptongos y los hiatos ¡es leer, leer y leer!

Ejemplo de enseñanza *Sé que hay palabras que tienen dos vocales juntas y que las debo leer como una sola sílaba, por ejemplo,* auto. *Pero hay otras palabras que aunque tienen dos vocales juntas, debo leerlas por separado. Esos son los hiatos. Voy a leer una de las palabras de la tabla, para que te des cuenta de cómo se debe pronunciar:* creer. *Fíjate que pronuncié la palabra en dos golpes de voz. Si no hago una pausa muy pequeña entre* cre- *y* -er, *la palabra sonaría como "crer". Mira la tabla de abajo para saber cuáles combinaciones de vocales forman hiatos.*

Consejos
- Mira esta palabra: _____. ¿Tiene dos vocales juntas? ¿Cuáles son?
- Lee la palabra.
- Al leer la palabra, uniste las dos vocales. Sonó así: _____.
- Vuelve a leer la palabra.
- Trata de marcar las dos sílabas.
- Sí, ¡leíste bien la palabra! Ahora sonó así: _____.

Palabras con hiatos

Dos vocales iguales	Dos vocales fuertes
leer (le-er)	poeta (po-e-ta)
creer (cre-er)	caer (ca-er)
	mareo (ma-re-o)

¿Para quién es?

NIVELES DE TEXTO
J–Z+

GÉNEROS / TIPOS DE TEXTO
todos

DESTREZA
decodificar

3.23 Determina lo que "suena bien"

¿Para quién es?

NIVELES DE TEXTO

J–Z+

GÉNEROS /
TIPOS DE TEXTO
todos

DESTREZAS

**decodificar, usar
la estructura como
fuente de información**

Estrategia Al tratar de leer una palabra, te puede ser útil pensar en el tipo de palabra que es. Fíjate en qué parte de la oración aparece la palabra. Fíjate en qué palabra va antes y qué palabra va después. Pensando en todo esto, pregúntate: "¿Qué sonaría bien aquí?".

Sugerencia para el maestro Esta estrategia es más efectiva cuando los niños tienen cierta noción de las distintas funciones de las palabras en la oración, algo que quizá ha enseñado o integrado durante el estudio de palabras o la enseñanza de lectura o de escritura.

Ejemplo de enseñanza *El lugar en el que aparece una palabra en la oración te puede ayudar a entender qué tipo de palabra es. Por ejemplo, si la palabra que estás tratando de leer viene antes de una cosa, probablemente sea una palabra descriptiva (adjetivo). Si te dice qué está haciendo un personaje, entonces será una palabra de acción (verbo). Si sabes qué tipo de palabra es y usas otras estrategias como dividir la palabra y pensar en lo que tiene sentido, te será más fácil leerla.*

Consejos

- Piensa en qué parte está esa palabra en la oración.
- Esa palabra va después de una palabra que es una cosa. ¿Eso te ayuda?
- ¿Crees que esa palabra es un sustantivo, un verbo o un adjetivo?
- Ya sabes qué tipo de palabra es. Ahora usemos otras estrategias.
- ¡Sí! Te fijaste en qué parte de la oración aparece la palabra y usaste eso para determinar qué palabra era.

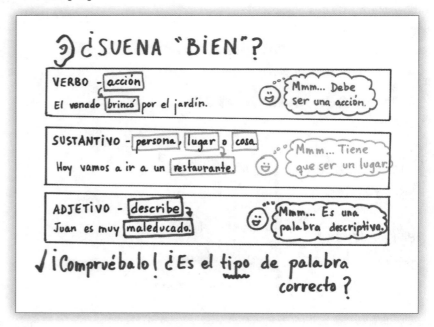

**¡Me quito el
sombrero!**
(lectura recomendada):
"Thinking Intensive
Learning: Close Reading Is
Strategic Reading"
(Harvey 2014)

Estrategia Si ves una palabra dividida en dos renglones y no sabes cómo leerla, haz una pausa. Escribe la palabra completa en una hoja de papel. Mírala como un todo y fíjate si la reconoces. Si no la reconoces, usa una estrategia que conozcas para descifrar palabras de varias sílabas.

Ejemplo de enseñanza *En el libro que estamos leyendo, muchas veces hemos llegado a una palabra al final de un renglón que está dividida por un guion y sigue en el otro renglón. Se ve así* (muestre un ejemplo en un proyector de documentos de un libro que haya leído en voz alta recientemente). *Al principio, una palabra dividida puede parecer difícil de descifrar, porque nuestro cerebro está acostumbrado a ver las palabras completas. Si no reconoces una palabra que está dividida en dos renglones, escribe la palabra completa en una hoja de papel. Por ejemplo, "docu" y "mento" se vuelven* documento. *Al escribir la palabra completa, es muy probable que la reconozcas de inmediato. Si no es así, usa alguna estrategia para leer palabras de varias sílabas, como tapar y deslizar, o ir parte por parte.*

Consejos

- ¿Se te hace difícil leer esa palabra? Vamos a escribirla.
- Mira la palabra como un todo. ¿Qué estrategia usarás para descifrarla?
- ¡Escribir la palabra te ayudó! Al verla completa, la reconociste de inmediato.
- ¿Ves alguna palabra dividida en este renglón?
- Esa no es una palabra completa, es una parte de la palabra. ¿Ves el guion al final del renglón? La palabra continúa en el siguiente renglón.
- ¿Reconoces la palabra al verla completa?

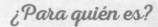

¿Para quién es?

NIVELES DE TEXTO
L–Z+

GÉNEROS /
TIPOS DE TEXTO
todos

DESTREZA
decodificar

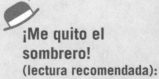

¡Me quito el sombrero!
(lectura recomendada):
"Thinking Intensive Learning: Close Reading Is Strategic Reading" (Harvey 2014)

Enseñar la fluidez

Leer con fraseo, entonación y automaticidad

◎ ¿Por qué es importante este objetivo?

Se dice que existe una estrecha relación entre la fluidez y la comprensión. Al leer a un ritmo apropiado, con el fraseo y la entonación adecuados, con expresión y haciendo énfasis en las palabras correctas, el lector comunica el sentido del texto y a la vez le da sentido a la lectura (Rasinski 2010, Kuhn 2008). Si tratamos de leer un texto de modo entrecortado, palabra por palabra y con un tono monótono, veremos que entendemos y recordamos muy poco de las palabras que leímos en voz alta, si es que recordamos algo.

Sin embargo, hay algunas excepciones a la regla del vínculo intrínseco entre fluidez y comprensión. De tanto en tanto nos encontramos con un niño que lee un texto como si hiciera una prueba de actuación para una obra de teatro, y, al interrumpirlo para hacerle una pregunta sencilla sobre lo que ha leído, no recuerda "ni pío". Es importante que en nuestro afán por enseñar a los niños a leer con fluidez, no enviemos el mensaje de que la lectura en voz alta es simplemente una "actuación".

Estos son algunos puntos relacionados con el objetivo de leer con fluidez:

- fraseo o conexión: unir las palabras en grupos que tengan sentido dentro de una oración
- expresión, entonación o prosodia: leer haciendo que lo que se lee concuerde con el sentimiento del texto, prestando atención a la puntuación y a los guiones de diálogo
- énfasis: poner fuerza en las palabras de la oración para que concuerden con el sentido del autor; prestar atención a las características del texto (por ejemplo: negrita, cursiva o mayúsculas)
- automaticidad: leer las palabras conocidas automáticamente
- cadencia: leer a un ritmo equivalente al modo en que hablamos, sin acelerarse a leer las palabras o leer a un ritmo entrecortado

◎ ¿Cómo sé si este objetivo es adecuado para mi estudiante?

No podemos pretender que los lectores de los niveles básicos (A, B, C) lean con fluidez, puesto que su enfoque debe ser la correspondencia uno a uno (leer una palabra en voz alta por cada palabra escrita), así como señalar cada palabra por debajo con el dedo. Este objetivo no va de la mano con el objetivo de leer de corrido. Sin embargo, para el nivel D, ya podemos esperar que haya cierto fraseo, con un par de palabras en cada frase, y, para el nivel E, también podemos esperar cierta entonación. En los niveles E, F y G es apropiado ayudar a los estudiantes a practicar la fluidez, aunque sin pretender una fluidez perfecta, ya que aún están aprendiendo a integrar las fuentes de información y trabajar en sus estrategias de apoyo al proceso lector (consulte el Capítulo 3).

No soy partidaria de determinar la fluidez como objetivo sosteniendo un cronómetro mientras el niño lee, pues creo que, al principio, los lectores suelen percibir la lectura en voz alta como una actuación sin detenerse a verificar el sentido, invalidando así la evaluación en general, o bien, se sienten presionados y con ansiedad, lo que también afecta sus resultados. En la mayoría de los casos, si el fraseo es apropiado, la cadencia también lo será. Así que, en lugar de usar un cronómetro, recomiendo escuchar mientras el estudiante lee en voz alta para llevar un registro progresivo y anotar sus pausas (trazando una barra cuando ocurre una pausa), así como los momentos de lectura expresiva (haciendo anotaciones). Después puede regresar para evaluar el número de palabras en una frase, en qué puntos se hicieron las pausas y si eran sintácticamente apropiadas, y cuán a menudo el lector presta atención a la puntuación. Vea el ejemplo de registro de lectura oral en la Figura 4.A. Para obtener más información sobre cómo llevar un registro de la fluidez, puede consultar cualquiera de estas dos lecturas: *The Literacy Teacher's Playbook* o *Independent Reading Assessment* (Serravallo).

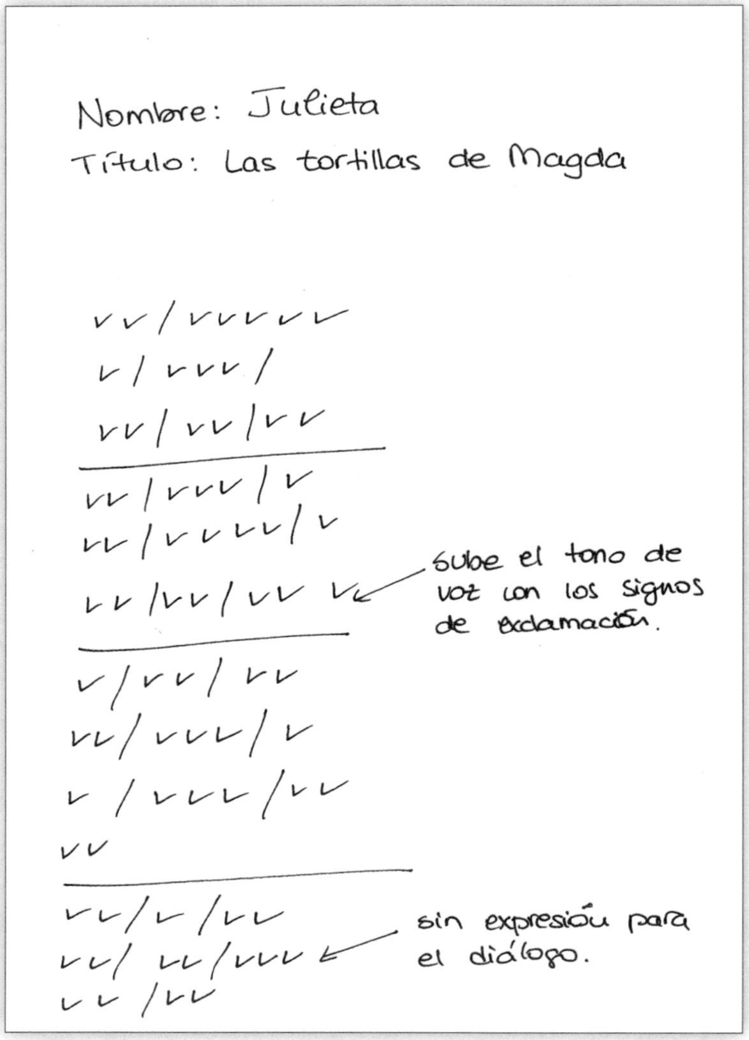

Nombre: Julieta

Título: Las tortillas de Magda

v v / v v v v
v / v v v /
v v / v v / v v
————————————
v v / v v v / v
v v / v v v v / v
v v / v v / v v v ————— Sube el tono de voz con los signos de exclamación.
—————
v / v v / v v
v v / v v v / v
v / v v v / v v
v v
————————————
v v / v / v v
v v / v v / v v v v ————— sin expresión para el diálogo.
v v / v v

Figura 4.A Registro de fluidez en la lectura de un estudiante. Las pausas se indican con barras (/) y las anotaciones sobre expresión aparecen al margen. Según esto, yo diría que el estudiante podría esforzarse en alargar sus frases y fijarse más consistentemente en los signos de puntuación al comienzo y al final de una oración, en favor de la entonación y la expresión.

Vistazo a las estrategias para leer con fluidez

Estrategia		Niveles de texto	Géneros/ Tipos de texto	Destrezas
4.1	¡Lee esa palabra como si la supieras!	A–Z+	Todos	Automaticidad
4.2	Piensa: "¿La he visto en el muro de palabras?"	A–Z+ (aunque las palabras podrían cambiar según el nivel)	Todos	Automaticidad
4.3	Usa una voz de: "¡Qué interesante!"	D–Z+	No ficción	Entonación, expresión
4.4	Lee de corrido, sin tropezar	D–J	Todos	Fraseo
4.5	Deja de leer como un robot	D–Z+	Todos	Fraseo
4.6	Puntuación al principio y al final de una oración	D–Z+	Todos	Entonación, expresión
4.7	Haz un ejercicio de calentamiento	D–Z+	Todos	Fraseo y/o entonación
4.8	Puntuación dentro de la oración	E–Z+	Todos	Fraseo
4.9	¡Juntos leemos mejor!	E–J	Todos	Fraseo
4.10	Guiones de diálogo	E–Z+	Ficción	Entonación, expresión
4.11	Haz que tu voz coincida con el sentimiento	E–Z+	Ficción	Entonación, expresión
4.12	Lee "por teléfono"	E–Z+	Todos	Fraseo
4.13	Ajusta tu voz al significado	E–Z+	Todos	Fraseo, entonación
4.14	Haz que tus ojos se adelanten a las palabras	E–Z+	Todos	Fraseo, entonación
4.15	Practica con frases frecuentes	F–Z+	Todos	Fraseo
4.16	Lee como un narrador de cuentos	F–Z+	Narración	Entonación, expresión
4.17	Mueve los ojos hasta el final del renglón	J/K (o cualquier libro con oraciones de más de un renglón)	Ficción (sobre todo libros por capítulos de nivel inicial)	Fraseo
4.18	Tu compañero puede ser un buen maestro	J–Z+	Todos	Fraseo, entonación, colaboración
4.19	Pasa al siguiente renglón sin parar	J–Z+	Todos	Fraseo
4.20	Haz que la pausa coincida con el significado	M–Z+	Todos	Fraseo
4.21	Lee como te indica el autor (incisos)	M–Z+	Ficción	Entonación, expresión

Estrategia Cuando tienes que hacer una pausa para descifrar una palabra desconocida, regresa al comienzo de la oración y vuelve a leerla. Esta vez, lee la palabra de corrido, como si siempre la hubieras sabido. Leer la oración completa después de haber descifrado cada palabra te ayudará a captar el significado.

Ejemplo de enseñanza *Es muy probable que al leer un texto encuentres una palabra que no reconoces a primera vista. Haz una pausa y usa tus estrategias para descifrar la palabra: divide la palabra en partes, fíjate si hay prefijos o sufijos, mira si hay diptongos o hiatos, o usa cualquier otra estrategia conocida que te pueda servir. Hacer una pausa para descifrar una palabra toma su tiempo y puede desviarte del significado de la oración. ¡Pero el significado es importante! Así que cuando tengas que hacer una pausa para descifrar una palabra, vuelve a leer la oración completa, leyendo la nueva palabra automáticamente y con mucha seguridad… ¡como si la supieras!*

Consejos

- Veo que paraste para descifrar esa palabra. Cuando ya sepas qué palabra es, regresa al comienzo de la oración y vuelve a leerla.
- Regresa y lee la oración completa.
- Ahora que ya sabes la palabra, regresa y vuelve a leer.
- Vuelve a leer usando la palabra que acabas de aprender.
- Asegúrate de que es la palabra correcta; regresa y vuelve a leer la oración completa.
- Vuelve a leer.
- Lee de nuevo.

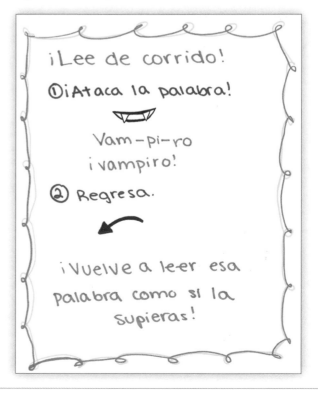

Estrategia Antes de intentar otras estrategias, piensa: "¿He visto esta palabra en el muro de palabras?". Las palabras del muro son las que aparecen en los libros con más frecuencia, y por eso debes tratar de leerlas automáticamente.

Sugerencia para el maestro Algunos estudiantes tienden a aprender las palabras del muro de palabras aisladamente, pero no las reconocen al verlas en un libro. Otros son capaces de escribirlas usando el muro de palabras, pero cuando las ven en un libro, se paralizan. Con el fin de que los estudiantes desarrollen la automaticidad a simple vista, es recomendable que reconozcan las palabras de diversas maneras y en distintos contextos: leyéndolas, escribiéndolas, de manera aislada, en el contexto, etc. Los estudiantes que son buenos candidatos para esta estrategia también podrían "prepararse" leyendo el muro de palabras antes de comenzar la lectura independiente para ese día.

Consejos
- ¿Conoces esta palabra? Fíjate si está en el muro de palabras.
- Creo que está en el muro de palabras.
- Veo esa palabra en el muro de palabras.
- Primero busca esa palabra en el muro de palabras.
- ¿Debes hacer una pausa para descifrar esa palabra?
- ¿Esa palabra está en el muro de palabras?
- ¡Esa es una palabra "instantánea"! Léela rapidito.
- No trates de descifrar esa palabra. Primero fíjate si está en el muro de palabras.

NIVELES DE TEXTO

A–Z+ (aunque las palabras podrían cambiar según el nivel)

GÉNEROS / TIPOS DE TEXTO

todos

DESTREZA

automaticidad

¿Para quién es?

NIVELES DE TEXTO
D–Z+

GÉNERO /
TIPO DE TEXTO
no ficción

DESTREZAS
entonación, expresión

Estrategia Al leer textos informativos, trata de que tu voz suene como la de un maestro y no como la voz de un narrador de cuentos. Lee como si estuvieras enseñando datos interesantes. Sube el tono de tu voz al leer una pregunta.

Ejemplo de enseñanza *Cuando lees textos de no ficción, es fácil hacerlo en un tono de voz monótono y uniforme, diciendo un dato tras otro. En lugar de eso, trata de que la información que estás leyendo suene interesante. Fíjate en la puntuación al principio y al final de las oraciones para saber si vas a dar información (dos puntos, signos de exclamación) o si vas a hacer una pregunta (signos de interrogación). Puesto que el texto te está enseñando algo, puedes leerlo como si estuvieras enseñando.* (Demuestre cómo leer algo con voz monótona y uniforme. Luego vuelva a leerlo con expresión, indicando que la información es interesante).

Consejos
- Haz que suene interesante.
- Usaste un tono de voz desanimado. ¡Intenta que lo que lees suene sorprendente!
- ¡Eso sonó interesante!
- Noté que entendiste lo que acabas de leer por la forma en que lo leíste.
- Dilo como lo diría un maestro.
- Veo signos de interrogación. Haz que tu voz coincida con esos signos.

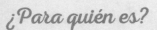

Al leer un texto de NO FICCIÓN...

Uso mi...
- voz de maestro.
- voz de pregunta.

Hago una pausa en...
- las comas. ,
- los guiones. —

Leo...
- varias palabras seguidas.
- hasta la próxima pausa.

4.4 Lee de corrido, sin tropezar

Estrategia A veces es difícil leer de corrido la primera vez, cuando el cuento o la información es nueva y no reconoces muchas palabras. Cuando ya sepas las palabras, regresa al principio de la oración y trata de leerla de corrido, sin tropezar. Haz una pausa después de varias palabras, en vez de hacerla después de cada palabra.

Sugerencia para el maestro Aunque yo enseñaría esta estrategia a lectores de niveles D y E, tenga en cuenta la advertencia que hice en la página 107 sobre qué expectativas de fluidez se pueden tener para lectores de niveles básicos.

Ejemplo de enseñanza *Cuando lees, ¡tu cerebro está tratando de captar muchas cosas a la vez! Una de las cosas que tiene que hacer es recordar todas las letras y el sonido de cada letra. También tiene que recordar qué está pasando en el cuento y llevar el hilo de los sucesos. Y, por si fuera poco, tu cerebro tiene que tratar de leer de corrido, es decir, leer las palabras seguidas, como si estuvieras hablando. ¡Qué cansancio!, ¿verdad? Pero en lugar de tener que hacer todas esas cosas a la vez, te será más fácil leer de corrido si antes reconoces todas las palabras y sabes de qué se trata el cuento.*

Consejos

- Regresa e inténtalo una vez más.
- Ahora que ya conoces todas las palabras, trata de leer de corrido.
- ¿Crees que debes volver a leer eso?
- ¿Cómo te sonó eso?
- Lee varias palabras juntas.
- Lee de corrido.
- Leíste todas las palabras bien. Ahora trata de volver a leer esa oración de corrido.

¿Para quién es?

NIVELES DE TEXTO
D–J

GÉNEROS /
TIPOS DE TEXTO
todos

DESTREZA
fraseo

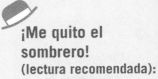

¡Me quito el sombrero!
(lectura recomendada):
The Fluent Reader: Oral and Silent Reading Strategies for Building Fluency, Word Recognition, and Comprehension, segunda edición (Rasinski 2010)

¿Para quién es?

NIVELES DE TEXTO
D–Z+

GÉNEROS /
TIPOS DE TEXTO
todos

DESTREZA
fraseo

Estrategia En lugar de leer palabra por palabra, trata de leer varias palabras seguidas. Léelas sin parar antes de hacer una pausa. Luego, lee las siguientes dos o tres palabras seguidas.

Ejemplo de enseñanza *En lugar de leer palabra por palabra, como si fueras un robot, trata de leer una frase, es decir, dos o tres palabras juntas. Para hacer esto, puedes deslizar el dedo uniendo por debajo las palabras que vas a leer juntas, y luego leerlas de corrido sin parar. Haz una pausa y luego vuelve a leer las siguientes dos o tres palabras juntas. Por ejemplo, en lugar de sonar así: "Este. Es. Mi. Perro. Le. Gusta. Correr. Mucho", deberías sonar así: "Este es… Mi perro…. Le gusta… Correr mucho…"* (Haga un claro contraste entre los dos tipos de lectura: para la primera lectura, señale palabra por palabra; para la segunda lectura, deslice un dedo por debajo de las palabras uniéndolas en una frase al mismo tiempo que las lee).

Consejos

- ¿Cuáles palabras vas a leer seguidas?
- Únelas por debajo con el dedo.
- Ahora lee esas palabras de corrido.
- Vuelve a intentarlo; lee todas esas palabras sin parar.
- Eso sonó palabra por palabra; trata de leerlas de corrido.
- Bien, ahora que ya tienes las palabras, regresa y trata de leer unas cuantas juntas.
- Las leíste seguidas. ¡Bien hecho!
- Voy a unir las palabras con el dedo y tú las lees.
- Repite lo que yo digo. *(Lea frase por frase y pida al estudiante que lea las mismas palabras que usted acaba de leer).*

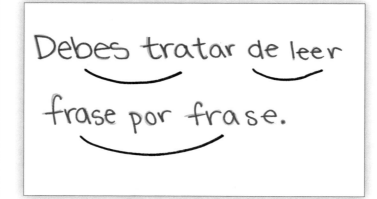

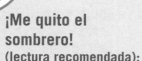

¡Me quito el sombrero!
(lectura recomendada):
Comprehension from the Ground Up: Simplified, Sensible Instruction for the K–3 Reading Workshop (Taberski 2011)

Estrategia Al leer, presta atención a la puntuación. Mira el principio y el final de la oración. Fíjate si hay un punto, signos de interrogación o signos de exclamación. Haz que tu voz coincida con esos signos.

Ejemplo de enseñanza *Cuando leo, me fijo bien en las palabras y también en los signos de puntuación que hay al principio y al final de cada oración. Esos signos me dicen cómo debo leer la oración. Si la oración termina en punto, hago una pausa. Si tiene signos de interrogación, sé que es una pregunta, y la leo subiendo el tono de voz. Si tiene signos de exclamación, sé que expresa una emoción intensa, y la leo con un tono de voz expresivo. Si no leo la oración con el tono correcto, es posible que no exprese bien lo que ocurre en un cuento o lo que el autor de un texto informativo quiere enseñarme.*

Consejos

- Mira la oración antes de leerla. ¿Qué signos de puntuación ves?
- ¿Qué te indican esos signos?
- Haz que el tono de tu voz suene de acuerdo con los signos.
- Este es un punto. Haz una pausa antes de seguir leyendo.
- Estos son signos de interrogación. El tono de tu voz debe subir.
- Estos son signos de exclamación. Usa un tono de voz que indique esa emoción (*ansiedad, sorpresa, alegría*).
- ¡Sí, tu voz coincidió con la puntuación!

FÍJATE en la puntuación al comienzo y al final.

¿Cómo estás?

Fui al parque.

¡Ten cuidado!

*Cambia tu voz.

*Transmite el significado.

¿Para quién es?

NIVELES DE TEXTO
D–Z+

GÉNEROS / TIPOS DE TEXTO
todos

DESTREZAS
entonación, expresión

¿Para quién es?

NIVELES DE TEXTO
D–Z+

GÉNEROS / TIPOS DE TEXTO
todos

DESTREZAS
fraseo y/o entonación

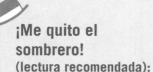

¡Me quito el sombrero!
(lectura recomendada):
Teaching Reading in Small Groups: Differentiated Instruction for Building Strategic, Independent Readers (Serravallo 2010)

Estrategia ¡Haz un ejercicio de calentamiento leyendo libros más fáciles! Comienza por leer un libro fácil que puedas leer con fluidez. Cuando sientas que estás leyendo de corrido, pasa a un libro preciso para ti. Trata de que tu lectura sea tan fluida en el libro preciso como lo fue en el libro más fácil.

Ejemplo de enseñanza *¿Has visto un partido de fútbol o de otro deporte por televisión o en vivo? Antes de que los deportistas salgan a la cancha, hacen ejercicios de calentamiento, es decir, estiran los músculos como preparación para todo el esfuerzo que tendrán que hacer durante el partido. Algo parecido se puede hacer con la lectura. A veces, cuando tienes que esforzarte para leer con fluidez, como ahora, es mejor hacer un ejercicio de calentamiento antes. Para hacerlo, busca un libro que sea fácil para ti: algo con palabras conocidas que puedas leer de corrido sin mucho esfuerzo. Mientras lees, fíjate en cómo tus ojos se adelantan a la palabra que vas leyendo, cómo unes varias palabras en una frase y cómo lees basándote en lo que el personaje está pensando. Después de un rato, podrás hacerlo sin pensar. Entonces, cuando sientas que lees con facilidad y de corrido, pasa a un libro preciso para ti. Trata de que tu voz suene tan fluida como en el libro anterior.*

Consejos (libro fácil)
- Noté que deslizaste los ojos por ese renglón.
- Eso sonó muy bien.
- Tu voz coincidió con lo que estaba pasando.
- ¡Sonaste como el personaje!
- ¡Noté que hiciste una pausa cuando viste un signo de puntuación!

Consejos (libro preciso para ti)
- ¿Recuerdas cómo leíste el libro fácil? Trata de hacer lo mismo con este.
- Leíste todas las palabras bien. Vuelve a leer, esta vez de corrido.
- Fíjate en la puntuación.
- Une estas palabras por debajo con el dedo.

4.8 Puntuación dentro de la oración

Estrategia Fíjate si en la oración hay signos de puntuación que te indiquen dónde hacer una pausa, tales como una coma, un punto y coma, y dos puntos. Lee hasta donde está el signo de puntuación, haz una pausa muy corta y luego lee el siguiente grupo de palabras.

Ejemplo de enseñanza *Ahora que estás leyendo libros más difíciles con oraciones más complicadas, vas a encontrar signos de puntuación no solo al principio y al final de las oraciones, sino también en la mitad. Los signos de puntuación como la coma, el punto y coma, y los dos puntos* (muestre un ejemplo al mencionar cada uno), *te ayudan a leer las oraciones. Entre cada uno de estos signos de puntuación hay una frase, o grupo de palabras, que debes leer seguidas. Al leer una oración larga, fíjate bien en los signos de puntuación. Trata de leer de corrido hasta el signo de puntuación, y luego haz una pausa corta. Después, lee el siguiente grupo de palabras hasta que veas otro signo de puntuación.*

Consejos

- Lee todas estas palabras de corrido hasta la coma (o punto y coma, o dos puntos).
- ¿Hasta dónde leerás antes de hacer una pausa?
- ¿Ves algún signo de puntuación en la mitad de la oración?
- Inténtalo de nuevo, pero esta vez no hagas una pausa hasta que llegues a la coma (o al punto y coma, o a los dos puntos).
- Leíste de corrido todas las palabras de esta frase (señale la frase).
- El modo en que leíste coincidió con la puntuación de la página.
- Noté que hiciste una pausa en la coma (o en el punto y coma, o en los dos puntos).
- Fíjate en el siguiente signo de puntuación.
- No hagas pausas hasta que llegues al siguiente signo de puntuación.

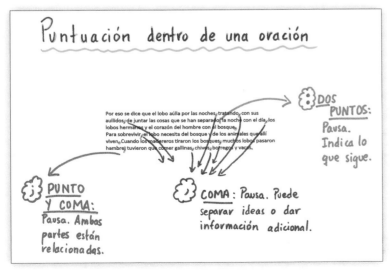

Fragmento de *El lobo mexicano* (Ortega 2000).

¿Para quién es?

NIVELES DE TEXTO
E–Z+

GÉNEROS /
TIPOS DE TEXTO
todos

DESTREZA
fraseo

¿Para quién es?

NIVELES DE TEXTO
E–J

**GÉNEROS /
TIPOS DE TEXTO**
todos

DESTREZA
fraseo

**¡Me quito el
sombrero!
(lectura recomendada):**
*A Curricular Plan for the
Reading Workshop, Grade 1*
(Calkins y colegas 2011b)

Estrategia Leer en voz alta con un compañero puede ayudarlos a leer con fluidez. Lean un libro entre los dos. Miren las palabras, escúchense a sí mismos y escuchen al otro. Traten de leer a la vez, con el mismo tono de voz, haciendo pausas en los mismos lugares y usando la misma expresión.

Sugerencia para el maestro Un modo de animar a los niños a leer en parejas es hacer de "voz fantasma". Susurre al oído del niño una frase o el comienzo de una oración que usted quiere que le repita al compañero. Muy pronto, ambos comenzarán a adquirir ese tipo de lenguaje con naturalidad. Por ejemplo, podría susurrarle a uno de los niños: "Volvamos a intentarlo" o "Eso no sonó muy bien, ¿verdad?" o "¿Lo intentamos de nuevo?", para que el niño se lo repita tal cual a su compañero.

Consejos

- ¿Qué le puedes decir a tu compañero para ayudarlo a que lea con más fluidez?
- Dile a tu compañero: "¡Vuelve a intentarlo!".
- Dile a tu compañero: "¡Eso sonó muy bien, leíste de corrido!".
- Dile a tu compañero: "La forma en que lees me hace imaginar lo que está pasando en el libro".
- ¿Qué te parece?
- ¿Qué le dirías a tu compañero?
- Escucha con atención para que puedas darle un buen consejo a tu compañero.

4.10 Guiones de diálogo

Estrategia Los guiones de diálogo te indican que alguien está hablando en un cuento. Al leer esa parte, hazlo como si fueras el personaje. El texto que hay después del segundo guion de diálogo, o entre guion y guion, es lo que dice el narrador. Al leer esa parte, baja el tono de tu voz, como si fueras el narrador. En los libros en inglés, y algunos en español, se usan las comillas para indicar el diálogo.

Ejemplo de enseñanza *Al leer, me fijo no solo en las palabras, sino en los signos que hay en la página. Los signos de puntuación me dan información importante de cómo debo leer, y, además, ¡me ayudan a entender lo que leo! Por ejemplo, es muy importante saber en qué parte del cuento está hablando el narrador y en qué partes están hablando los personajes. El autor usa guiones de diálogo como estos* (muestre un ejemplo de un libro grande o guiones de diálogo grandes escritos a mano.) *Cuando veas un guion de diálogo, piensa que el personaje está abriendo la boca para comenzar a hablar. Así que, al leer esa parte, cambia de la voz del narrador a la voz del personaje. Luego, al ver un segundo guion de diálogo, sabrás que el narrador está hablando otra vez* (muestre un ejemplo). *A veces, el autor usa varios guiones de diálogo en una misma oración para mostrar que habla el personaje, luego el narrador y luego otra vez el personaje* (muestre un ejemplo). *Al principio, ¡te puede parecer un poco confuso! Pero con la práctica, sabrás cuándo habla el narrador y cuándo habla un personaje. ¡Intentémoslo juntos!*

Consejos

- Señala dónde comienza a hablar el personaje.
- Allí hay un guion de diálogo. ¡Cambia el tono de voz!
- Sé que te fijaste en los guiones de diálogo porque noté una diferencia entre el personaje y el narrador.
- Aquí habla el narrador. Lee como si fueras el narrador.
- Leíste igual la parte del personaje y la parte del narrador. ¡Inténtalo de nuevo!

¡Atención a los guiones de diálogo!

Había una vez una liebre muy veloz que se burlaba de los demás animales porque se creía superior a ellos. El blanco preferido de sus ataques era una lenta tortuga, a la cual no dejaba de ofender.

Habla la liebre. →—¡Qué lenta eres, Tortuga! Cuando llegues a tu destino, ya serás muy vieja. No vayas tan rápido, que te harás daño —le repetía la liebre a la tortuga con ironía.

Cansada de tanta burla, la tortuga un día se atrevió y le dijo a la liebre:
—¿Sabes algo? Estoy segura de que podría ganarte una carrera.

Habla la tortuga.

Fragmento de *La liebre y la tortuga* (fábula de Esopo).

¿Para quién es?

NIVELES
E–Z+

GÉNERO /
TIPO DE TEXTO
ficción

DESTREZAS
entonación, expresión

¿Para quién es?

NIVELES DE TEXTO

E–Z+

GÉNERO /
TIPO DE TEXTO

ficción

DESTREZAS

entonación, expresión

¡Me quito el sombrero!
(lectura recomendada):
Comprehension from the Ground Up: Simplified, Sensible Instruction for the K–3 Reading Workshop
(Taberski 2011)

Estrategia Piensa en cómo se siente el personaje. Piensa en cómo sonarías tú si te sintieras así. Lee el diálogo tratando de que coincida con lo que siente el personaje.

Sugerencia para el maestro Esta estrategia se puede modificar según el nivel de lectura. Para los niveles que cuentan con bastante apoyo de ilustraciones (hasta el nivel J/K, más o menos), podría sugerirle al niño que se fije en la imagen para notar la expresión facial del personaje, y entonces hacer que su voz coincida con lo que el personaje está sintiendo. Para los niveles en los que hay menos apoyo visual (L–Z+), podría indicarle al niño que piense en cómo se podría estar sintiendo el personaje basándose en lo que dijo y en cómo lo dijo. El estudiante entonces podrá prestar atención a los comentarios del narrador y considerar el contexto general para deducir cómo se siente el personaje. Este es un paso cognitivo adicional, puesto que el niño primero tendrá que hacer una inferencia y luego ajustar su entonación. Para obtener más pautas sobre cómo enseñar a los niños a inferir los sentimientos de un personaje, consulte las estrategias 6.1, 6.3 y 6.4 del Capítulo 6.

Consejos

- ¿Cómo se siente el personaje?
- ¿Cómo sonaría ese personaje al hablar?
- ¡Sí! Tu voz sonó (triste, feliz o enojada).
- Regresa al comienzo y vuelve a leer pensando en cómo se siente el personaje.
- Fíjate en la imagen para saber cómo se siente el personaje.
- Fíjate en lo que dice el narrador. ¿Te ayuda a pensar en cómo se siente el personaje? Ahora haz que tu voz lo transmita.
- Haz que tu voz coincida con el sentimiento.

4.12 Lee "por teléfono"

Estrategia Escúchate a ti mismo leer. Puedes leer muy bajito en un lugar donde no molestes a nadie, o usar un "teléfono". Al escucharte, fíjate en cómo suenas. Si notas que tu voz suena muy monótona, o siempre igual, o entrecortada, vuelve a leer para hacer que suene del modo en que hablas normalmente.

Sugerencia para el maestro Este tipo de teléfono, a veces llamado "teléfono de fonética" o "teléfono de susurro", se puede comprar o fabricarse con un tubo de PVC. La idea es que el tubo curvo permita una retroalimentación instantánea mientras el estudiante lee en voz alta, permitiéndole verificar y ajustar su lectura. Aunque lea a un volumen muy bajo, el estudiante se oye a sí mismo leer sin molestar a otros lectores del salón de clases.

Consejos
- Vamos a probar este teléfono. Lee por aquí y trata de escucharte a ti mismo.
- Mientras te escuchas, ¿crees que suena bien lo que lees o quieres volver a leerlo?
- Lee esta página en voz alta para ti mismo usando el teléfono. Luego podemos comentar cómo te sonó.
- ¡Te escuchaste a ti mismo! Noté que volviste a leer para que tu lectura sonara mejor.
- ¡Te estás escuchando a ti mismo!

¿Para quién es?

NIVELES DE TEXTO
E–Z+

GÉNEROS /
TIPOS DE TEXTO
todos

DESTREZA
fraseo

¿Para quién es?

NIVELES DE TEXTO
E–Z+

GÉNEROS / TIPOS DE TEXTO
todos

DESTREZAS
fraseo, entonación

Estrategia Para leer un texto con soltura y fluidez, es importante que te concentres en qué está pasando, qué estás aprendiendo o qué quiere explicarte el autor. Dependiendo del tipo de texto y del tema, tal vez tengas que cambiar el tono de voz. Escucha la vocecita en tu mente que te dice: "¿De qué trata esto?". Entonces, haz que tu lectura se ajuste al significado.

Sugerencia para el maestro El siguiente ejemplo de enseñanza indica cómo ajustar la entonación y la expresión de la voz a las emociones del personaje. Esta lección también se puede ajustar a otros géneros. Por ejemplo, la voz de una persona al leer un texto de no ficción puede transmitir el interés que siente al aprender algo nuevo, como diciendo: "¡Increíble, no sabía eso!". Así mismo, usted podría demostrar la lectura de un texto persuasivo y de un texto narrativo y comentar cómo cambia su entonación según el género. Como verá, algunos de los Consejos se adaptan más a una narración, mientras que otros se adaptan más a textos informativos.

Ejemplo de enseñanza *¿Recuerdas cuando leímos juntos* La gallinita roja *(adaptación del cuento popular de Byron Barton)? Hay una oración en el cuento que dice así: "— Está bien —suspiró la gallinita— yo lo haré". Al principio leímos esta parte de modo muy simple, sin expresión ni emoción, como si no fuera gran cosa. Pero entonces se nos ocurrió que la gallinita seguramente se sentía muy molesta al decir esto. ¡Todos los animales le daban la espalda cuando ella les pedía ayuda! Así que volvimos a leer esa parte con un tono que mostraba la frustración de la gallinita. Entonces, en vez de leer la oración así* (Lea la oración con voz calma), *la leímos de este modo* (Lea la oración transmitiendo la frustración del personaje). *Al leer la oración con este cambio, ajustamos la lectura al significado. Eso es lo que quiero que hagas. Al leer, trata de que tu tono y expresión se ajusten a lo que está pasando.*

Consejos

- ¿Qué está pasando ahora?
- ¿Qué tipo de texto es este? ¿Cómo lo leerías?
- ¿Tu voz se ajustó a eso?
- Piensa en lo que está pasando en el cuento.
- Noté que pensaste en qué tipo de texto es.
- Noté que pensaste en cómo se sentía el personaje.
- ¡El modo en que leíste se ajustó al cuento!

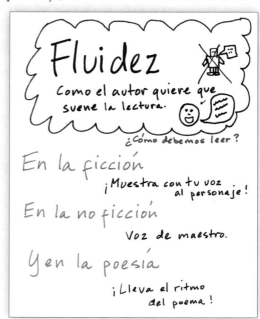

Estrategia Al leer de corrido, tus ojos deben adelantarse a las palabras que siguen. De ese modo, tu cerebro anticipa lo que vendrá después para que así sepas dónde están las pausas naturales. Deja que tus ojos se adelanten al ir leyendo las palabras.

Sugerencia para el maestro Esta es una estrategia difícil de demostrar, de verificar e incluso, de explicar. Sin embargo, las investigaciones demuestran que los lectores que leen con fluidez de hecho se adelantan a ver las palabras que van leyendo. Por experiencia, creo que esto ayuda a acelerar un poco el ritmo de la lectura, lo que a su vez aumenta el número de palabras que el lector lee en una frase. Recomiendo poner en práctica esta estrategia primero con un texto que el estudiante conozca bien, para que así pueda concentrarse en la fluidez. Advierto que esta estrategia no tiene la intención de comunicar la idea de "cuanto más rápido mejor", lo que podría hacer que el niño deje de prestar atención al significado por apresurarse a leer las palabras.

Consejos

- Mira hacia delante de lo que estás leyendo.
- Eso sonó muy bien. ¿Dejaste que tus ojos se adelantaran a lo que viene después?
- Trata de leer toda esta parte de la oración de corrido, y deja que tus ojos se adelanten por el renglón.
- Regresa y trata de leerlo con más fluidez.
- Estás mirando cada palabra mientras lees. Trata de leer este grupo como una frase y a la vez mira qué viene después.

¡Haz que tus ojos se adelanten!

"...están listas..."

Las tortillas están listas para comer.

¿Para quién es?

NIVELES DE TEXTO
E–Z+

GÉNEROS / TIPOS DE TEXTO
todos

DESTREZAS
fraseo, entonación

4.15 Practica con frases frecuentes

tables

¿Para quién es?

NIVELES DE TEXTO
F–Z+

GÉNEROS / TIPOS DE TEXTO
todos

DESTREZA
fraseo

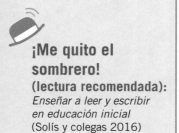

¡Me quito el sombrero!
(lectura recomendada):
Enseñar a leer y escribir en educación inicial
(Solís y colegas 2016)

Estrategia Practica y lee algunas frases frecuentes que aparecen en los libros como una forma de calentamiento. Cuando veas estas frases en un libro, léelas sin hacer pausas.

Sugerencia para el maestro Para ayudar a los niños a desarrollar automaticidad más allá de la palabra individual y determinar cómo agrupar las palabras de una oración en grupos sintácticamente apropiados, es útil hacer que practiquen frases aisladas como calentamiento. Puede buscar en línea listas de frases de uso frecuente o de transición (por ejemplo, el sitio https://bit.ly/2VYnWVA incluye listas de frases cortas basadas en las listas de Fry) y usar las que los estudiantes suelen encontrar en sus propios libros. Elija frases cortas y sencillas para los niveles básicos (como las primeras seis de la tabla de abajo) y frases más sofisticadas para los niveles más altos (como las últimas seis de la tabla).

Consejos

- Lee este grupo de palabras juntas.
- Lee estas frases como calentamiento. Ahora léelas en tu libro.
- Tú conoces esa frase. Léela de corrido.
- *(No verbal: deslice un dedo debajo de la frase para indicar que el niño debe leerla de corrido).*
- Esa palabra es _____ (ej.: *después, en, había*), así que ya sabes que las siguientes palabras irán juntas. Léelas como una sola frase.

| el día siguiente |
| ahora mismo |
| necesito ayuda |
| escribe una oración |
| prepáralo |
| forma dos líneas |
| ¿qué contenía? |
| ya se ha terminado |
| comprueba los hechos |
| hace miles de años |
| menos de una semana |
| explícalo cuidadosamente |
| entre tanto |
| puesto que |
| de acuerdo con |
| mientras tanto |

4.16 Lee como un narrador de cuentos

Estrategia Al leer un cuento, trata de sonar como un narrador de cuentos. Cuando un personaje esté hablando, piensa en lo que está diciendo, cómo lo dice (tono) y qué siente. Cuando el personaje deje de hablar, cambia tu voz para sonar como un narrador.

Sugerencia para el maestro Esta estrategia es una combinación de varias otras. Aconsejo enseñarla cuando los estudiantes ya hayan practicado ajustar la voz según lo que el personaje siente (vea la estrategia 4.13, "Ajusta tu voz al significado") y cuando sepan distinguir cuándo habla el narrador y cuándo habla el personaje (vea la estrategia 4.10, "Guiones de diálogo").

Consejos

- Ajusta tu voz al tono del personaje.
- ¿Quién está hablando, el narrador o el personaje?
- Léelo como un narrador de cuentos.
- ¡Sí! Noté la diferencia entre el personaje y el narrador.
- Usa tu voz de narrador aquí.
- Fíjate en la puntuación. ¿Cómo crees que el personaje dijo eso?

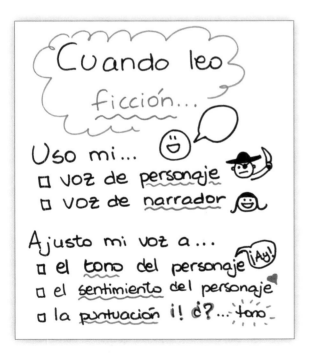

¿Para quién es?

NIVELES DE TEXTO
F–Z+

GÉNERO / TIPO DE TEXTO
narración

DESTREZAS
entonación, expresión

¿Para quién es?

NIVELES DE TEXTO

J/K (o cualquier libro con oraciones de más de un renglón)

GÉNERO / TIPO DE TEXTO

ficción (sobre todo libros por capítulos de nivel inicial)

DESTREZA

fraseo

Estrategia Lee de corrido todas las palabras de un renglón. Luego, mueve los ojos hasta el final del renglón. Baja la vista al siguiente renglón y repite lo que hiciste antes.

Sugerencia para el maestro No todos los libros de los niveles J/K se ajustan a esta estrategia, pero hay muchos tipos de textos que sirven para este fin, como cuentos ilustrados y libros por capítulos de niveles iniciales. Busque libros donde las oraciones largas se partan en dos renglones, y donde el corte del renglón sea una pausa natural para el lector.

Ejemplo de enseñanza *En los libros que leías antes, una sola oración llegaba hasta el final de la página. Ahora que estás leyendo libros con oraciones más largas, verás que la oración se parte en renglones. Esto sucede en parte porque la oración completa no cabe en un solo renglón, y en parte porque los autores que escriben estos libros quieren ayudarte a distinguir las frases, es decir, a saber dónde hacer una pausa en medio de una oración. Así que cuando estés leyendo este tipo de libros, trata de leer de corrido todas las palabras de un renglón, en un solo aliento. Mueve los ojos hasta el final del renglón, mueve la vista al siguiente renglón y haz lo mismo.*

Consejos

- Lee todo esto de corrido.
- Mueve los ojos hasta el final.
- Inténtalo de nuevo. Lee de corrido hasta el final del renglón.
- Haz lo mismo en el siguiente renglón. No has llegado al final de la oración.
- Muéstrame dónde vas a hacer una pausa.
- Oí dos pausas en ese renglón. Inténtalo de nuevo, pero no pares hasta el final del renglón.
- Leíste ese renglón de corrido; ahora pasa al siguiente renglón.
- Di todo esto de corrido.
- Léelo así. *(Lea un renglón y pida al niño que lo repita).*

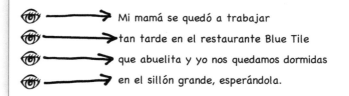

Fragmento de *Un sillón para siempre* (Williams 2009)

4.18 Tu compañero puede ser un buen maestro

Estrategia Los compañeros pueden ayudarse mutuamente, escuchándose entre sí y actuando como maestros. Mientras lees en voz alta, tu compañero de lectura puede escuchar lo que lees. Si en algún momento tu lectura suena entrecortada o con un tono muy monótono, te puede hacer una recomendación, tal como: "Vuelve a leer eso" o "Haz que tu voz transmita el sentimiento". ¡Así lo haría un maestro!

Sugerencia para el maestro La "voz fantasma" también se ajusta muy bien aquí (consulte "¡Juntos leemos mejor!", estrategia 4.9). Los Consejos que aparecen en esta página son adecuados para que usted le susurre al oído al estudiante y este practique decírselo a su compañero. Luego de varios intentos, los compañeros irán adquiriendo ese tipo de lenguaje y lo usarán para "hacer de maestros", sin necesidad de susurrarlo. Es más, el estudiante que está ayudando o enseñando comenzará a prestar atención al tipo de recomendaciones que le hace a su compañero y podría aplicarlas al leer un libro por su cuenta.

Consejos

- Regresa y vuelve a leer eso de nuevo.
- Trata de leer eso de corrido.
- Haz que tu voz coincida con el sentimiento.
- ¡Lo leíste muy bien de corrido!
- Eso sonó igual a como hablas.
- Sonó un poco entrecortado. Prueba otra vez.

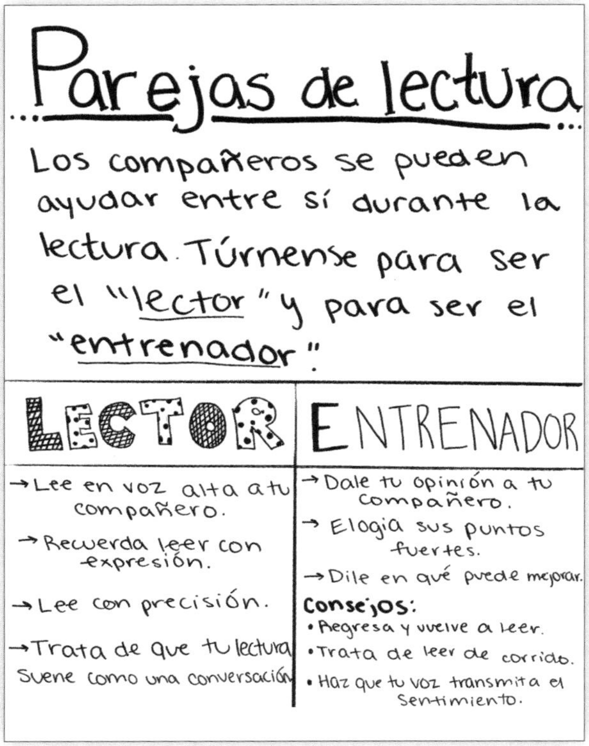

¿Para quién es?

NIVELES DE TEXTO
J–Z+

GÉNEROS / TIPOS DE TEXTO
todos

DESTREZAS
fraseo, entonación, colaboración

NIVELES DE TEXTO
J–Z+

**GÉNEROS /
TIPOS DE TEXTO**
todos

DESTREZA
fraseo

Estrategia Las oraciones no siempre terminan al final de un renglón. Si no ves un signo de puntuación que indique el final de una oración (., !, ?, …), ¡pasa al siguiente renglón sin parar! Haz que tu vista se adelante y trata de leer sin parar entre el final de un renglón y el siguiente. Solo haz pausas cuando veas signos de puntuación.

Ejemplo de enseñanza *Ya estás leyendo libros por capítulos en los que el autor incluye muchas palabras en cada página. No verás muchos espacios en blanco y te darás cuenta de que el autor no siempre termina una oración con un punto, un signo de exclamación o un signo de interrogación al final del renglón.* (En este momento podría mostrarle al niño un libro del nivel G o H, donde el final de un renglón coincide con el final de una oración, y en contraste, mostrarle un libro del nivel L, donde el final de un renglón casi nunca coincide con el final de una oración). *Hay que fijarnos en el final de los renglones de la página en este libro. ¡Casi no hay puntuación final! Eso significa que la oración comienza en un renglón, continúa en el siguiente y termina cerca de la mitad del próximo renglón. Así que cuando no veas un signo de puntuación al final de un renglón, pasa al siguiente para tratar de leer la oración de corrido aun si hay pausas a lo largo del renglón. Por ejemplo, debería sonar así...* (Demuestre cómo leer de corrido una oración que contiene pausas a lo largo de un renglón).

Consejos

- Sigue hasta el final del renglón.
- ¿Viste aquí un signo de puntuación que muestre el final de la oración?
- ¡Me di cuenta de que pasaste al siguiente renglón sin parar!
- Leíste de corrido esa oración completa.
- ¡Hiciste pausas solo al ver un signo de puntuación!

Estrategia El lugar donde haces una pausa dentro de una oración puede cambiar el significado de esa oración. Si el modo en que lees algo no te suena bien o no tiene sentido, vuelve a leer tratando de hacer una pausa en un lugar diferente hasta que suene como crees que debe sonar.

Ejemplo de enseñanza *En su libro* Me como esa coma (2007), *el lingüista José Antonio Millán usa simpáticos e ingeniosos ejemplos para mostrar la importancia de poner y leer la coma en su debido lugar. Al leer una oración, debes hacer la pausa en el lugar correcto. Si haces la pausa en el lugar equivocado o si te comes una coma, ¡el significado de la oración podría cambiar totalmente! Voy a leer tres pares de oraciones para que notes cómo la puntuación puede hacer que una oración cambie.* (Lea las siguientes oraciones en voz alta, haciendo una pausa entre cada par de oraciones y pidiendo al niño que note la diferencia: ¡Vamos a comer, niños!/¡Vamos a comer niños!; No, espere/No espere; Después de cazar, ratones, gatos y leones descansaron/Después de cazar ratones, gatos y leones descansaron). *¿Te diste cuenta de que el significado de la oración cambió por completo según como la leí? Al leer, es importante fijarte en dónde hacer la pausa y pensar si la pausa coincide con el significado del texto. Si lees algo y no te suena bien por haber hecho la pausa en el lugar equivocado, vuelve a leer y haz la pausa en un punto diferente. Sigue tratando hasta que se ajuste a lo que tiene sentido.*

Consejos

- Haz una pausa aquí. (*Señale*). ¿Eso sonó bien?
- Piensa en dónde hiciste la pausa. ¿Crees que coincide con el significado de la oración?
- Haz la pausa en otro lugar. ¿En cuál de los dos lugares sonó bien?
- ¿En qué otro lugar podrías hacer la pausa?
- Fíjate en la puntuación en el medio de la oración para saber dónde hacer la pausa.
- ¡No te comas la coma! Haz una pausa aquí.
- Bien hecho: eso se ajustó al significado del texto.

Los hombres y mujeres ancianos se sentaron en la banca.

**Los ancianos hombres y mujeres /
se sentaron en la banca.**

↓

Tanto los hombres como las mujeres son ancianos. Se sentaron juntos en una banca.

Los ancianos hombres /
y mujeres/
se sentaron en la banca.

↓

Los hombres son ancianos.
Las mujeres podrían ser jóvenes o ancianas.
Todos se sentaron en la banca.

¿Para quién es?

NIVELES DE TEXTO
M–Z+

GÉNERO /
TIPO DE TEXTO
ficción

DESTREZAS
entonación, expresión

Estrategia Cuando veas un diálogo, presta atención no solo a qué dice el personaje, sino a cómo lo dice. A veces, el autor simplemente escribe "dijo". Pero otras veces el autor indica de qué modo lo dice el personaje (susurró, gritó, suplicó). En esos casos, trata de que tu voz se ajuste a ese tono.

Ejemplo de enseñanza *Hace unos días le estaba leyendo un cuento a mi hija. Era un cuento totalmente nuevo para nosotras, así que no sabía de qué se trataba. Llegué a un diálogo y, por lo que había pasado en el cuento hasta ese momento, pensé que el personaje gritaba pidiendo ayuda, así que lo leí así: (lea gritando) "¿Quién me podrá ayudar?". Pero entonces noté que después del guion de diálogo, el autor me indicaba cómo debía leer esa parte. El autor decía: "susurró Juan". Así que le dije a mi hija que me había equivocado al leer esa parte y volví a leerla así: (lea en susurro) "¿Quién me podrá ayudar?". Ese pequeño cambio en el tono de mi voz me hizo transmitir de otro modo cómo se estaba sintiendo el personaje y qué estaba pasando en el cuento en ese momento. Pasó de ser un grito de impaciencia o de enojo a un susurro de súplica o desesperación. Los incisos, o indicaciones del diálogo, son muy importantes para saber cómo está hablando el personaje y así entender mejor el cuento.*

Consejos

- Fíjate en el inciso del diálogo. Ahora léelo como te indica el autor.
- Veo que te fijaste en el inciso. Ahora, ¿qué piensas del personaje?
- El inciso del diálogo dice _____, pero tú lo leíste así _____. Inténtalo de nuevo.
- Dime cómo lo leerías.
- ¡Fijarse en el inciso es una gran ayuda!

Es importante que en nuestro afán por enseñar a los niños a leer con fluidez, no enviemos el mensaje de que la lectura en voz alta es simplemente una "actuación".

—Jennifer Serravallo

Objetivo 5

Apoyar la comprensión de textos de ficción

Entender la trama y el ambiente

◎ ¿Por qué es importante este objetivo?

Para ayudar a los estudiantes a conseguir esa sensación de sumergirse dentro de un libro y vivirlo, y así disfrutar más de la lectura, tienen que entender lo que está pasando o, como otros han dicho antes, ser capaces de "imaginar la película en su mente" (por ejemplo, Wilhelm *et al.* 2001; Harvey y Goudvis 2007; Calkins y Tolan 2010a). Para crear esta película en su mente, los estudiantes deben saber qué está pasando, quién participa en la acción y dónde tiene lugar esa acción. Por ello, en casi todas las evaluaciones de comprensión de lectura, se le pide al estudiante que resuma un texto o que lo vuelva a contar.

El apoyo que el estudiante necesita para comprender la trama y el ambiente puede dividirse en varias partes:

- Entender los problemas/conflictos y las soluciones/resoluciones para determinar lo más importante. Como dice Janet Burroway (2006, 31),

"En un texto hay menos rasgos que en una cara: hay un conflicto, una crisis y una resolución".

- Volver a contar/resumir. Estos términos se suelen confundir, quizá porque algunos los usan como si fueran intercambiables. Por ejemplo, Beers (2002, 152) define el volver a contar como el "resumen oral de un texto basado en una serie de elementos del cuento". Para mí, volver a contar es relatar una secuencia con más detalles que en un resumen que da información esencial sin entrar en detalle. Independientemente de cómo lo llamemos, los estudiantes deben aprender a contar en orden la información más importante de un texto que han leído.
- Visualizar el ambiente, entender cómo el ambiente afecta los sucesos del cuento y darse cuenta de cuándo cambia el ambiente.
- Sintetizar la causa y el efecto, para que el lector sepa claramente qué causó ciertos sucesos y cómo se conectan los sucesos en el cuento.

◎ ¿Cómo sé si este objetivo es adecuado para mi estudiante?

Probablemente todos hemos oído a estudiantes que al volver a contar un texto incluyen hasta el último detalle, mientras que otros dicen muy poco y otros mencionan los sucesos sin saber muy bien cómo están relacionados. Para mí, entender la trama es el objetivo más básico de la comprensión de los estudiantes a la hora de leer ficción, y siempre lo incluyo en mis evaluaciones para asignar el libro adecuado para cada lector, ya sea mientras registro mis observaciones sobre el estudiante o hago una evaluación completa de comprensión de un libro (Clay 2000; Serravallo 2019a, 2019b).

Cuando registro mis observaciones, después de que el estudiante haya leído una sección del texto en voz alta y yo haya anotado los errores que cometió y cómo se autocorrigió, le pregunto: "¿Qué fue lo más importante que pasó? Vuelve a contarme el cuento desde el principio". Conviene transcribir lo que dice el estudiante mientras habla. De esta manera, cuando repase sus notas, verá si volvió a contar el cuento en orden y si incluyó la información más importante.

Cuando los estudiantes ya leen libros con capítulos, recomiendo poner notas adhesivas en las páginas a medida que las leen y pedirles que respondan a las notas por escrito. Puede decir: "Vuelve a contarme los sucesos más importantes que pasaron en este capítulo". "¿Por qué ocurrió este suceso?" "Describe el ambiente. Usa todos los detalles que puedas". Después de que lea unas doce páginas, pregunte: "¿Cuál es el principal problema del personaje?" (Serravallo 2019a).

También puede usar las sesiones de lectura para escuchar cómo vuelven a contar un cuento o para hacerles preguntas. Escuche a los niños cuando hablen sobre lo que leyeron para ver si realmente entendieron la trama clave y los detalles del ambiente.

Independientemente de si está leyendo lo que escribió un estudiante o lo está escuchando, siempre conviene evaluar sus respuestas. Puede encontrar rúbricas para volver a contar, por nivel, para registrar sus observaciones en www.readingandwritingproject.com. El libro *Complete Comprehension: Fiction* (Serravallo 2019a) también tiene rúbricas en inglés para volver a contar, problema/solución, causa/efecto y visualización basadas en los niveles del Gradiente de nivel de los textos de Fountas & Pinnell™ J-W. El libro de Ellin Keene (2006) *Assessing Comprehension Thinking Strategies* tiene rúbricas generales que se pueden usar con cualquier texto. Los que usan el Sistema de evaluación de la lectura de Fountas & Pinnell también pueden encontrar indicadores para volver a contar por niveles.

Vistazo a las estrategias para entender la trama y el ambiente

Estrategia	Niveles de texto	Géneros/ Tipos de texto	Destrezas
5.1 Apóyate en las imágenes	A–K	Ficción	Determinar la importancia, volver a contar
5.2 El poder del título	C–M	Ficción	Determinar la importancia
5.3 Resume lo más importante	E–K	Ficción	Resumir
5.4 ¡Oh, no!... ¡Uf!	F–L	Ficción	Determinar la importancia, volver a contar
5.5 ¿Es un libro con varios cuentos o con un solo cuento?	J y K, mayormente	Ficción	Resumir, verificar la comprensión
5.6 Fíjate en las reacciones para encontrar el problema	J–R	Ficción	Determinar la importancia
5.7 Las series de libros tienen tramas predecibles	J–Q	Ficción	Volver a contar, predecir, determinar la importancia
5.8 ¿Tienes algún problema?	J–Z+	Ficción	Determinar la importancia
5.9 ¿Quién habla?	J–Z+	Ficción	Visualizar, verificar la comprensión
5.10 Deja que el resumen te ayude	J–Z+	Ficción	Determinar la importancia
5.11 Vuelve a contar lo más importante haciendo conexiones con el problema	K–Z+	Ficción	Resumir, volver a contar, determinar la importancia
5.12 Resume la trama desde un ángulo más profundo	L–Z+	Ficción	Resumir, determinar la importancia, inferir
5.13 Resume según lo que quiere el personaje	L–Z+	Ficción	Resumir, determinar la importancia
5.14 Toma apuntes al final de un capítulo	L–Z+	Ficción	Determinar la importancia
5.15 ¿Dónde estoy?	L–Z+	Ficción	Visualizar
5.16 Resume con "alguien… quería… pero… entonces…"	N–Z+	Ficción	Resumir
5.17 Las dos caras de un problema	N–Z+	Ficción	Determinar la importancia
5.18 ¿Tiene que ocurrir el cuento ahí y en ese momento?	P–Z+	Ficción (especialmente ficción histórica)	Visualizar, determinar la importancia
5.19 Los tiempos verbales indican si es una escena retrospectiva o el trasfondo	P–Z+	Ficción	Verificar la comprensión
5.20 No son solo decoraciones en la página	P–Z+	Ficción	Verificar la comprensión, visualizar
5.21 Añade las escenas retrospectivas a una línea de tiempo	P–Z+	Ficción	Verificar la comprensión, visualizar
5.22 Descripciones realistas del ambiente y su impacto en el personaje	P–Z+	Ficción	Determinar la importancia, visualizar
5.23 Haz un mapa	P–Z+	Ficción	Verificar la comprensión, visualizar
5.24 Completa la información con hojas de HPR (Hechos/ Preguntas/Respuestas)	Q–Z+	Ficción (especialmente histórica y fantasía)	Preguntar, sintetizar, inferir, verificar la comprensión
5.25 Montaña de doble trama	R–Z+	Ficción	Verificar la comprensión, visualizar
5.26 Las notas históricas ofrecen conocimientos importantes	R–Z+	Ficción	Verificar la comprensión, visualizar
5.27 Analiza contextos históricos	R–Z+	Ficción histórica	Determinar la importancia, visualizar, inferir
5.28 Sistemas micro-/meso-/macroentorno: Niveles de ambiente	V–Z+	Ficción	Visualizar, determinar la importancia, inferir

5.1 Apóyate en las imágenes

NIVELES DE TEXTO
A–K

GÉNERO /
TIPO DE TEXTO
ficción

DESTREZAS
**determinar
la importancia,
volver a contar**

Estrategia Toca la página, mira la imagen y cuenta lo que pasó. Pasa la página, mira y toca la siguiente página, cuenta lo que pasó. Haz lo mismo con el resto del libro.

Ejemplo de enseñanza *Cuando terminas de leer un libro y quieres contarle el cuento a un compañero, a veces es difícil recordar lo que pasó en cada parte y en qué orden pasó. Para ayudarte a recordar, fíjate en las imágenes. Mirar las imágenes mientras vuelves a contar el cuento te ayuda a asegurarte de que cuentes las partes más importantes en el orden en el que sucedieron. Regresa al principio del libro, toca la página y cuenta con pocas palabras lo que pasó. Después, pasa la página y cuenta lo que pasó después, entonces y luego.*

Consejos
- ¿Qué pasó al principio?
- Toca la página.
- Mira la imagen para acordarte.
- Oí que contaste en pocas palabras lo que pasó en esa página.
- Pasa la página para contar qué pasó después. Asegúrate de que lo que cuentas esté relacionado con lo que acabas de contar.
- Usa "después…", "entonces…" "y luego…".
- Puedes saltarte una página si no pasó nada importante.
- ¿Qué pasó después que era importante? Pasa las páginas hasta que encuentres esa parte.

Estrategia Lee el título. Piensa en el título mientras lees el libro. Piensa en qué sucesos de la historia se relacionan con el título.

Ejemplo de enseñanza *El título es una parte del libro que se elige con mucho cuidado. El autor tiene que usar pocas palabras (¡a veces solo una!) para resumir lo más importante del libro. En algunos libros, como en la serie* Yo, el Gran Fercho, *el título revela claramente el problema principal. Por ejemplo, el libro* Yo, el Gran Fercho y la lista perdida *(Adler 2018) trata sobre un problema (misterio) con una lista perdida. Los sucesos más importantes pasan cuando Fercho encuentra las pistas que lo ayudan a resolver el misterio. Es importante recordar el título mientras lees, porque eso te puede ayudar a saber cuál es el problema o las partes más importantes.*

Consejos
- Lee el título. ¿Cuál es la conexión entre el título y el cuento?
- Piensa en el título. ¿Cuál es el problema?
- ¿Cuál es la conexión entre el problema del personaje y el título?
- ¿En qué parte del cuento encontraste el problema? Comprobemos si el problema está relacionado con el título.
- Vuelve a contar el cuento pensando en el título.
- Piensa en el título. ¿Qué es lo más importante en esta parte del cuento?

Título del libro	Problema
NANCY la elegante	Nancy quiere que su familia sea elegante como ella.
¿Seguiremos siendo amigos?	Ámbar no quiere que su amigo se mude de ciudad.
Harry Potter y la piedra filosofal	Harry es un niño huérfano que no sabe que es mago.

¿Para quién es?

NIVELES DE TEXTO

C–M

GÉNERO / TIPO DE TEXTO

ficción

DESTREZA

determinar la importancia

5.3 Resume lo más importante

Estrategia Cuando resumas, recuerda que debes contar lo más importante. Cuéntalo en el orden en el que sucedió. Cuéntalo de manera que tenga sentido. Intenta no contar demasiado.

Ejemplo de enseñanza *Resumir es contar en pocas palabras lo que acabas de leer. Cuando estés listo para resumir, tienes que pensar en las partes del cuento que vas a contar. Tu resumen debe incluir suficiente información para que lo entienda alguien que no haya leído el libro. Eso significa que tu resumen debe mostrar claramente cómo un suceso llevó a otro. Primero tienes que pensar en las cosas más importantes que pasaron en el cuento: si hay un problema, conecta el problema con el cuento o cuenta lo que quiere el personaje. Después, tienes que contar los sucesos más importantes que ocurren en el desarrollo, o en el medio del cuento, y que están relacionados con el problema o con lo que quiere el personaje. Es importante contar los sucesos del medio en orden. Después, piensa en cómo termina el cuento y cuenta el final. Intenta contar cada parte con oraciones cortas y sencillas.*

Consejos

- Cuenta el principio en pocas palabras. Cuéntame solo lo más importante.
- ¿Cómo se conecta ese suceso con lo que me acabas de contar?
- ¿Puedes contarlo con menos palabras?
- Me contaste cinco cosas que pasaron en el medio. De esas cinco, ¿cuáles son las dos o tres más importantes?
- Ve al final. ¿Qué fue lo más importante que pasó al final?

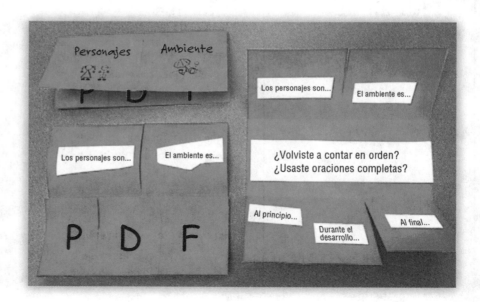

Estrategia Cuando vuelvas a contar algo, piensa en el problema (¡oh, no!), cómo empeora el problema (¡OH, NO!) y cómo se resuelve el problema (¡uf!). Usa un organizador gráfico, como la montaña de sucesos, para volver a contar cada una de esas partes. Mientras lo haces, toca las partes de la montaña.

Ejemplo de enseñanza *Un cuento va así.* (Dibuje una montaña de sucesos). *¡Oh, no! (el problema), OH, NO (el problema empeora), ¡OH, NO! (el problema empeora aún más) y el problema se resuelve (¡uf!). Si yo tuviera que contar* Cam Jansen y el misterio de los diamantes robados *(Adler 2005), empezaría con el ¡oh, no!, es decir, el problema. En este cuento, el problema es que alguien robó unos diamantes de la joyería de un centro comercial. El problema empeora —OH, NO y ¡OH, NO!— cuando Cam y Eric salen a buscar al ladrón y se encuentran en una situación peligrosa frente a la casa de los ladrones. La situación empeora todavía más cuando el bebé empieza a llorar y los meten en la casa. Pero entonces aparece la policía (¡uf!) que atrapa a los ladrones y se los lleva.*

Consejos

- Vamos a volver a contar. Empecemos por el ¡oh, no! ¿Cuál es el problema?
- Piensa en cómo empeora el problema.
- ¿Dónde estás ahora según la montaña de sucesos del cuento? Señálalo.
- Me estás dando muchos detalles. Si tuvieras que contarme el problema en pocas palabras, ¿qué dirías?
- De todos los detalles que me diste, ¿cuál es el más importante?

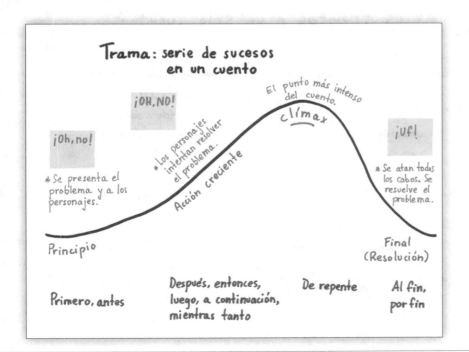

¿Para quién es?

NIVELES DE TEXTO
F–L

GÉNERO /
TIPO DE TEXTO
ficción

DESTREZAS

**determinar
la importancia,
volver a contar**

5.5 ¿Es un libro con varios cuentos o con un solo cuento?

NIVELES DE TEXTO

J y K, mayormente

GÉNERO /
TIPO DE TEXTO

ficción

DESTREZAS

**resumir, verificar
la comprensión**

Estrategia Después de leer el primer capítulo, piensa: "¿Se resolvió el problema?". Si es así, en el siguiente capítulo habrá un nuevo cuento con los mismos personajes, pero con un nuevo problema y una nueva solución. Si la respuesta es "no", entonces el cuento seguramente continuará en el siguiente capítulo, y el problema no se resolverá hasta el final.

Ejemplo de enseñanza *¡Estás leyendo libros con capítulos! Mira estos:* Cam Jamsen *(Adler),* Sapo y Sepo *(Lobel),* Henry y Mudge *(Rylant). ¡Cuántas series buenas para leer! Ahora que vas a leer estos libros, quiero comentar algo contigo que a veces resulta complicado. Como lector, es importante saber cómo está organizado un libro. A veces en un libro por capítulos hay varios cuentos. Otras veces, solo hay un cuento dividido en varias partes.*

Consejos

- ¿Cuál es el problema en este cuento?
- Llegaste al final de este capítulo. ¿Se resolvió el problema?
- Estás empezando un nuevo capítulo. ¿Continúa el cuento o es un cuento nuevo?
- Dime cómo lo sabes.
- ¡Sí! Hay un problema nuevo, lo que significa que es un cuento nuevo.

¿**Varios** cuentos o un **solo** cuento?

Sapo y Sepo son amigos (Lobel)

1. Primavera.
2. El cuento.
3. Un botón perdido.
4. Un baño.
5. La carta.

"En cada capítulo hay un problema diferente: un cuento de miedo, un botón perdido". —Sara

Henry y Mudge y el mejor día del año (Rylant)

1. El primero de mayo.
2. Una mañana llena de color.
3. Galletas caídas del cielo.
4. El mejor día del año.

"Todos los capítulos están conectados al tema principal: el cumpleaños de Henry". —Pedro

Estrategia Para encontrar el problema, fíjate en las reacciones y los sentimientos del personaje. El personaje puede verse enojado (o triste o preocupado) en la imagen. El autor puede decirte cómo se siente con palabras. El personaje también puede decir cosas, como "¡Oh, no!", que te ayudan a saber si está sintiendo una emoción intensa.

Consejos
- ¿Cómo reacciona el personaje?
- Dime cómo crees que se siente el personaje.
- Fíjate en la cara del personaje en la imagen.
- ¿El personaje dice algo que te ayuda a saber cómo se siente?
- Sí, eso es lo que dice el personaje. ¿Qué te dice su reacción sobre sus sentimientos?

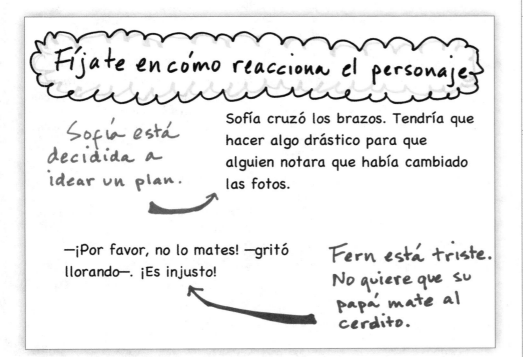

Fíjate en cómo reacciona el personaje

Sofía está decidida a idear un plan.

Sofía cruzó los brazos. Tendría que hacer algo drástico para que alguien notara que había cambiado las fotos.

—¡Por favor, no lo mates! —gritó llorando—. ¡Es injusto!

Fern está triste. No quiere que su papá mate al cerdito.

Fragmentos (de arriba *abajo*): *Sofía Martínez: Mis aventuras en familia* (Jules 2017); *La telaraña de Carlota* (White 1980)

¿Para quién es?

NIVELES DE TEXTO
J–R

GÉNERO / TIPO DE TEXTO
ficción

DESTREZA
determinar la importancia

5.7 Las series de libros tienen tramas predecibles

¿Para quién es?

NIVELES DE TEXTO
J–Q

GÉNERO /
TIPO DE TEXTO
ficción

DESTREZAS
**volver a contar,
predecir, determinar
la importancia**

Estrategia Cuando empieces a leer un nuevo libro de una serie, piensa: "Después de leer otros libros de esta serie, ¿qué sé que podría pasar en este libro?". Piensa en los tipos de problemas y/o en cómo los resuelve el personaje. Intenta predecir lo que va a pasar en el nuevo libro de la serie.

Sugerencia para el maestro Organizar el salón de clases en clubes de lectura ayuda a los estudiantes a entender los patrones en las series de libros. La tabla de esta página fue el resultado de una conversación de un club de libros sobre los patrones que encontraron en una serie.

Ejemplo de enseñanza *Una de las grandes ventajas de leer una serie es que en todos los libros se repiten muchas cosas. Leer un nuevo libro de la serie es como encontrarse con un viejo amigo. Aparecen los mismos personajes y las tramas siguen patrones similares. Cuando leas un libro nuevo de una serie, intenta usar lo que ya conoces de la serie para ayudarte. Por ejemplo, si lees un libro de* La casa del árbol *(Osborne), sabes que todos los libros empiezan con Jack y Annie leyendo en la casa del árbol, después viajan en el tiempo a algún lugar y al final, tienen que buscar la manera de regresar a la casa del árbol. Si lees un libro de* Cam Jansen *(Adler), sabes que vas a leer sobre su memoria fotográfica, que habrá un nuevo misterio y que Cam va a recopilar pistas para resolver el misterio. Saber cómo va la trama te ayuda a entender en qué parte del cuento estás. Esto te ayudará a identificar lo más importante, a volver a contar lo que has leído y a predecir lo que pasará después.*

Consejos

- ¿Qué sabes sobre los libros de esta serie?
- ¿Se repetía el mismo patrón en la trama de los otros libros que leíste de esta serie?
- Basándote en lo que sabes sobre cómo se resuelven los problemas de esta serie, ¿qué crees que podría pasar en este libro?
- Basándote en lo que sabes sobre cómo terminan los libros de esta serie, ¿qué crees que podría pasar en este libro?
- ¿Qué tienen en común todos los libros de esta serie? Muy bien, ahora cuéntame las partes más importantes.

¡Serie del Diario del Greg!

- Greg siempre quiere ser popular

- El autor pone el mes y los días cuando pasan las cosas en el libro. Esto continúe en cada libro de serie.

- Cada libro empieza bien, pero luego hay un problema que Greg tiene que resolver. Hay veces cuando no resuelve el problema. Si esto pasa, Greg lo resuelve el problema en el libro segente.

Estrategia Una manera de encontrar el problema o los problemas de un cuento es pensar en los elementos del cuento. Piensa en un problema que haya entre dos personajes. Piensa si la causa del problema es el ambiente. Piensa si la causa del problema es que el personaje quiere algo y no lo puede conseguir. Piensa si el problema está conectado con el tema general del cuento o con los asuntos sociales dentro del cuento.

Sugerencia para el maestro Esta lección se puede modificar para niveles de lectura más bajos (J-M) donde los problemas suelen ser unidimensionales y sencillos, y con estudiantes que leen a un nivel más alto, donde los problemas suelen ser complejos y multidimensionales. El ejemplo de la tabla es de la novela de Pam Muñoz Ryan (2002), *Esperanza renace,* que tiene un nivel V: final de quinto/principio de sexto grado.

Consejos
- ¿Dónde y cuándo sucede el cuento? ¿Es eso parte del problema?
- ¿Cuál podría ser el tema del cuento? ¿Está relacionado con el problema del personaje?
- Nombra un personaje. ¿Contribuye ese personaje al problema?
- ¿Hay más de un problema? Piensa en el ambiente, el personaje y el tema.
- Mencionaste un problema. Vamos a ver si hay otro.
- Ese problema está relacionado con el ambiente. ¿Hay algún problema con los personajes?
- ¡Ese personaje tiene un montón de problemas! Pensaste en el ambiente, el tema y los otros personajes para aprender más sobre el personaje.

¿Tienes algún problema?

LIBRO:	PROBLEMA:	¿Con qué está conectado?
"Esperanza renace"	Esperanza y su mamá se quedan sin dinero y tienen que empezar una nueva vida en California.	<u>Personaje</u>: el padre se muere; el tío se aprovecha de la situación. <u>Ambiente</u>: en esa época, en California, los mexicanos no tenían muchas oportunidades. <u>Tema</u>: ya tienes lo que necesitas; la familia es importante.

¿Para quién es?

NIVELES DE TEXTO
J–Z+

GÉNERO /
TIPO DE TEXTO
ficción

DESTREZA
**determinar
la importancia**

¿Para quién es?

NIVELES DE TEXTO

J–Z+

GÉNERO / TIPO DE TEXTO

ficción

DESTREZAS

visualizar, verificar la comprensión

Estrategia Intenta imaginarte la escena con los personajes para saber quién está hablando. Cuando una persona habla, otra le responde. Fíjate en el párrafo nuevo y los guiones de diálogo que indican que está hablando otra persona.

Ejemplo de enseñanza *Algunos de ustedes empezaron a leer libros por capítulos en los que aparecen varios personajes en una misma escena o en la misma página. A veces nos encontramos con diálogos entre los personajes. Esto es lo que vemos cuando ocurre eso* (muestre una página con diálogos, alguno sin inciso del narrador). *En los libros que están leyendo, ¡el autor no siempre nos dice quién está hablando! No estamos acostumbrados a eso. Por ejemplo, no siempre añade "dijo Simón" después de lo que dice. Como lectores, debemos averiguar quién lo dijo. Tienen que buscar la última vez que el autor indicó quién había hablado para deducir quién está en la escena. Después, cuando alguien hable, imagínenlo hablando con los otros. Si hay un párrafo nuevo que empieza con guiones de diálogo, eso significa que está hablando otra persona. Así pueden deducir quién está hablando. Aunque el autor no indique quién lo dijo, pueden averiguarlo si se fijan en estos detalles.*

Consejos

- ¿Quién dijo esto? ¿Cómo lo sabes?
- Describe cómo te imaginas la escena. ¿Te imaginas a dos personas hablando? ¿Quién está hablando aquí?
- Vamos a buscar el último inciso del narrador. Mira, aquí. ¿Quién crees que habla ahora?
- Esta es una conversación entre dos personas. ¿Quién dice esto?

Fragmento de Sergio *salva el partido* (Rodríguez 2010)

Estrategia Lee el resumen de la contraportada para saber de qué trata el libro. Pregúntate: "¿Cuál es la estructura de este texto? ¿Cuáles son los temas más importantes del libro? ¿Qué problemas tendrá el personaje principal?".

Sugerencia para el maestro Para apoyar a los estudiantes con las lecturas de no ficción, puede modificar esta lección y comentar que la contraportada de un libro informativo suele dar todo tipo de información sobre el contenido del libro y la posible perspectiva del autor.

Ejemplo de enseñanza

Estructura del texto	Averigua qué tipo de libro estás leyendo. Si dice "cinco cuentos increíbles…", sabes que el libro tendrá varios cuentos distintos. Si es el resumen de un cuento, sabes que en el libro solo habrá un cuento.
Problema principal	Busca oraciones clave que indiquen cuál es el problema o los problemas, como "Descubre qué hará (el personaje) cuando…" o "(El personaje) tiene muchos motivos para estar enojado… lo cual indica problema(s)".
Tema	A veces, el resumen de un libro (o las reseñas) te indica claramente cuáles podrían ser las ideas principales: "Un cuento entrañable sobre (tema) y (tema)".

Consejos

- Lee el resumen.
- ¿Qué información del resumen te ayudará?
- ¿Cuál será la estructura del libro según lo que leíste en el resumen?
- ¿Tienes una idea del problema principal que el personaje debe enfrentar?
- Vamos a pensar cuál será el tema de este libro según lo que dice el resumen.
- ¡El resumen de la contraportada de este libro te da mucha información!

¿Para quién es?

NIVELES DE TEXTO
J–Z+

GÉNERO /
TIPO DE TEXTO
ficción

DESTREZA

**determinar
la importancia**

¿Cómo te ayuda el resumen?

Brian debe superar muchos problemas cuando el avión en el que viaja se estrella. (PROBLEMA)

EL HACHA
GARY PAULSEN

(TRAMA, PERSONAJE)
"El drama y el suspenso hacen que quieras leer más…".

"Te dan ganas de animar a Brian para que sobreviva…".

"Historia de supervivencia" (GÉNERO)

¿Para quién es?

NIVELES DE TEXTO
K–Z+

GÉNERO / TIPO DE TEXTO
ficción

DESTREZAS
resumir, volver a contar, determinar la importancia

Estrategia Busca la página o las páginas donde está el problema. Explica el problema principal del personaje. Busca la página o las páginas donde el personaje intenta resolver el problema. Vuelve a contar esas páginas. Busca la solución final al problema. Explica la conexión que hay entre la solución y el problema.

Sugerencia para el maestro Hasta los niveles M/N, los personajes suelen tener un solo problema que se resuelve al final; por ejemplo, *Días con Sapo y Sepo* (Lobel 2016). En este texto de nivel K, Sapo no puede volar su cometa, pero al final del cuento lo consigue, ¡problema resuelto! En los niveles M/N y superiores, los personajes suelen tener varios problemas, tanto internos como externos, y al final los superan en lugar de resolverlos. Por ejemplo, en *Seguiremos siendo amigos* (Danziger 2015), el mejor amigo de Ámbar se tiene que mudar a otra ciudad. Su amigo se muda al final, pero Ámbar aprende a aceptarlo: esa es la superación del problema. Use estos conocimientos sobre la complejidad de un texto y ajuste el lenguaje de esta sugerencia para que lo pueda entender el lector con el que esté trabajando. Use los consejos de la lista de abajo que también están relacionados con la complejidad de un texto.

Consejos

- ¿Cuál es el problema principal?
- Busca el problema principal. ¿Hay algún otro problema?
- ¡Sí! Eso seguro que es un problema. Hay un capítulo entero sobre eso y el personaje siente emociones muy intensas.
- En este capítulo, ¿qué hace el personaje que se conecta con el problema?
- Explica cómo termina el cuento. ¿Qué conexión hay entre el final y el problema?
- ¿Crees que el problema es interno (de adentro) o externo (de afuera)?
- ¿Se resuelve o se supera el problema?

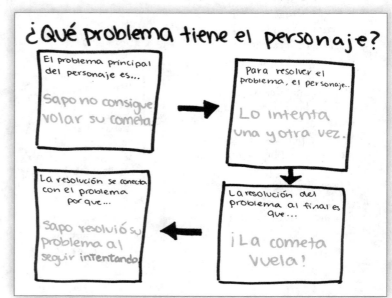

Estrategia Para resumir solo la información más importante, debes detenerte y pensar: "¿De qué trata realmente el cuento?". La respuesta a esa pregunta será la idea principal o la afirmación. Después puedes contar los sucesos que apoyan esa idea esencial, o más profunda.

Sugerencia para el maestro Para escribir este tipo de resumen, los estudiantes deberán poder identificar un mensaje, una lección o un tema. El Objetivo 7 ofrece ideas para ayudar a los estudiantes a hacer esto con textos de diferentes niveles de dificultad.

Consejos

- Empieza a contar de qué trata *realmente* el cuento.
- ¿Cuál es tu idea esencial sobre el cuento?
- ¿Qué partes del cuento apoyan esa idea? Cuéntalas en orden.
- ¿Pasó algo más que crees que es importante?
- Sí, pasó eso, pero ¿apoya tu idea?
- Cuenta solo las partes que apoyan tu idea.

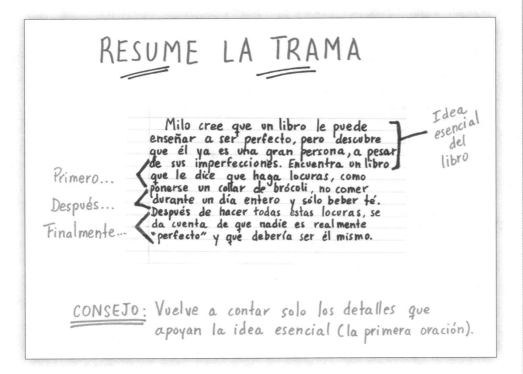

¿Para quién es?

NIVELES DE TEXTO
L–Z+

GÉNERO /
TIPO DE TEXTO
ficción

DESTREZAS
resumir, determinar la importancia, inferir

¡Me quito el sombrero!
(lectura recomendada):
A Curricular Plan for the Reading Workshop, Grade 4
(Calkins *et al.* 2011c)

¿Para quién es?

NIVELES DE TEXTO
L–Z+

**GÉNERO /
TIPO DE TEXTO**
ficción

DESTREZAS
**resumir, determinar
la importancia**

**¡Me quito el
sombrero!
(lectura recomendada):**
*Complete Comprehension:
Fiction*
(Serravallo 2019a)

Estrategia Piensa en lo que el personaje quiere realmente. Después, piensa en el suceso más importante de cada capítulo que está conectado con lo que quiere el personaje. Resume contando los sucesos en orden.

Ejemplo de enseñanza *Es difícil resumir los sucesos más importantes en los libros con capítulos ¡porque hay muchos! Para ayudarte a resumir con un mejor enfoque, piensa en lo que quiere el personaje principal de la trama. Por ejemplo, en* El maullido de la gata *(Soto 1995), Graciela descubre que su gata sabe hablar inglés y quiere descubrir cómo aprendió a hablar. En el Capítulo 2, pienso: "¿Qué sucesos están relacionados con lo que quiere Graciela?". Graciela va con su gata a la casa de su amiga para que la ayude a resolver el misterio, pero la gata se niega a hablar. Después vuelve a su casa y sus padres le dan una pista: el señor Medina fue dueño de la gata antes que ellos. En el Capítulo 3, la gata le empieza a contar a Graciela que el señor Medina le enseñó a hablar. En todos los capítulos hay muchos sucesos, pero me centro en los que están conectados con lo que quiere el personaje. Así puedo enfocar mi resumen mejor.*

Consejos

- ¿Cuál es el suceso principal de este capítulo?
- ¿Puedes volver a contarlo desde el principio?
- ¿Qué quiere este personaje?
- Cuéntame un suceso de este capítulo.
- Regresa al principio y vuelve a contarlo.
- Me estás contando todo. ¿Qué es lo más importante?
- Me estás hablando de un capítulo. Conecta todos los capítulos.
- Sí, eso es lo que quiere el personaje. ¿Se ve en todo el libro?
- Ese es el suceso principal que está conectado con ese capítulo.
- Me gusta cómo leíste los títulos de los capítulos y pensaste en lo que era más importante.

Estrategia En cada capítulo hay al menos un suceso importante. Al final del capítulo, para y anota cuál fue el suceso más importante. Para ayudarte, usa el título del capítulo. Escribe el suceso en una hoja de papel o una nota adhesiva. Cuando tomes el libro para seguir leyendo, lee tus apuntes para recordar por dónde ibas.

Sugerencia para el maestro Para esta estrategia, entregue a los estudiantes notas adhesivas, un cuaderno o un papel con espacios asignados para tomar apuntes después de leer cada capítulo, como en el ejemplo del trabajo de los estudiantes que se incluye en esta página. Algunos maestros prefieren que los estudiantes pongan las notas adhesivas en las páginas donde ocurrió lo que describen. Esto ayuda a los maestros a releer rápidamente lo que escribió el estudiante en el contexto de esa página. Otros prefieren hojas de papel porque las pueden juntar fácilmente y revisar antes de la lección del día siguiente. Otros prefieren un cuaderno para que los estudiantes tengan sus trabajos en un mismo sitio, de forma ordenada. ¡Use el método que se adapte mejor a su estilo!

Consejos

- Verifica el título del capítulo.
- ¿Qué es lo más importante que pasó?
- Si tuvieras que contar lo más importante en una oración, ¿qué dirías?
- Cuenta lo más importante en pocas palabras, para que quepan en una nota adhesiva.
- Vuelve a leer tus notas adhesivas para recordar el suceso más importante de cada capítulo.
- Usa las notas adhesivas para ayudarte a recordar.

¿Para quién es?

NIVELES DE TEXTO
L–Z+

GÉNERO / TIPO DE TEXTO
ficción

DESTREZA
determinar la importancia

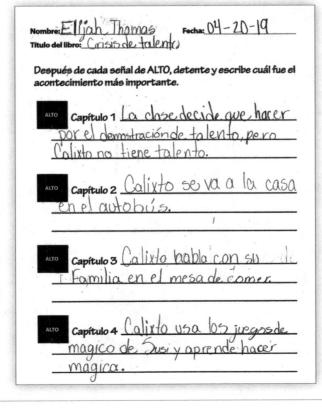

Nombre: Elijah Thomas   Fecha: 04-20-19
Título del libro: Crisis de talento

Después de cada señal de ALTO, detente y escribe cuál fue el acontecimiento más importante.

ALTO Capítulo 1 La clase decide que hacer por el demostración de talento, pero Calixto no tiene talento.

ALTO Capítulo 2 Calixto se va a la casa en el autobús.

ALTO Capítulo 3 Calixto habla con su familia en el mesa de comer.

ALTO Capítulo 4 Calixto usa los juegos de magico de Susi y aprende hacer magica.

¿Para quién es?

NIVELES DE TEXTO
L–Z+

GÉNERO /
TIPO DE TEXTO
ficción

DESTREZA
visualizar

¡Me quito el sombrero!
(lectura recomendada):
Shades of Meaning:
Comprehension and
Interpretation in Middle
School (Santman 2005)

Estrategia Lee con atención las primeras oraciones del capítulo y observa las imágenes que pueden indicar dónde ocurre la acción o cuál es el ambiente. Cuando empieces un nuevo capítulo, piensa en cómo pasó el personaje del ambiente donde estaba en el capítulo anterior a donde está ahora.

Ejemplo de enseñanza *En los libros con capítulos que estás leyendo ahora, verás que los personajes pueden estar en distintos lugares de un capítulo a otro. Para saber dónde está tu personaje y qué está pasando, lee despacio el principio del capítulo, observa las imágenes (si las hay) y busca las palabras que te den pistas acerca de dónde está y cómo llegó ahí. Por ejemplo, en el segundo párrafo del primer capítulo* De cómo tía Lola vino de visita a quedarse *(Álvarez 2011), se lee: "Mañana llega a visitarlos a su nueva casa en Vermont la tía de la República Dominicana". Eso te indica dónde están los personajes: están en Vermont. El capítulo 2 empieza con "¡Miguel no puede creer cuánto equipaje ha traído su tía de la República Dominicana", lo que indica que su tía ya ha llegado a su casa de Vermont. En el capítulo 3, la primera oración dice: "En la escuela, Miguel empieza a pasar más tiempo con Dean y Sam en el recreo". Aquí vemos que Miguel ya no está en su casa, sino en la escuela. A veces los autores indican el lugar donde están los personajes de una forma clara, como en estos ejemplos. Otras veces, lo tienes que inferir y pensar en qué tiene más sentido con el resto del cuento.*

Consejos

- Vuelve a leer la primera página. ¿Hay algún detalle que te indique dónde o cuándo ocurre este capítulo?
- ¿Cómo crees que llegaron los personajes de ahí hasta aquí?
- ¿Hay alguna imagen en la página que te ayude?
- ¿Hay alguna oración que te hable del ambiente?
- Ahora sabes dónde ocurre la escena. ¿Cómo te imaginas ese sitio?
- Explica el cambio de ambiente. ¿Qué tendría sentido?
- ¡Noté que leíste las pistas al principio del capítulo con atención para identificar el ambiente!

Estrategia Primero piensa: "¿Quién es el personaje principal?". Luego: "¿Qué quiere el personaje principal?". Después: "¿Qué se interpone en su camino?". Y, por último: "¿Cómo termina?". Asegúrate de que el final esté conectado de alguna manera con el problema.

Ejemplo de enseñanza *Todos leímos el libro de Pat Mora,* Tomás y la señora de la biblioteca *(1997). Mírame mientras resumo este cuento pensando en "Alguien quería… pero… entonces…". Alguien… el personaje principal es Tomás, un niño mexicano que va a Iowa con su familia para trabajar en el campo unos meses. ¿Qué quería? Quería leer libros. Pero, ¿cuál era el problema? Su familia no podía comprarlos. Podía ir a la biblioteca, pero no se atrevía a entrar. ¿Entonces? ¿Qué pasó? La señora de la biblioteca lo invitó a pasar y le ofreció libros. Tomás ahora podía llevar los libros a su casa y leer los cuentos que lo llevaban a otros sitios y con los que vivía aventuras. ¿Y cómo terminó? Un día, Tomás tuvo que regresar a México y llevó consigo un libro. Ahora tengo que relacionar el final con lo que Tomás quería (leer libros) y el problema (su familia no tenía mucho dinero y solo iban a estar ahí un tiempo). Al final, la señora de la biblioteca le regaló un libro a Tomás y él se lo llevó a México. Tomás se sintió muy agradecido.*

Consejos

- ¿Quién es el personaje?
- ¿Qué quiere el personaje?
- ¿Qué obstáculos tiene que superar para conseguir lo que quiere?
- Cuenta cómo termina el cuento.
- Conecta el final con lo que quiere el personaje.
- Esa parte que me contaste está en medio del libro, por lo que no puede ser el final. Vuelve a leer la última parte.
- Eso suena a que pudo superar el obstáculo.
- Ese final conecta claramente con lo que quiere el personaje.

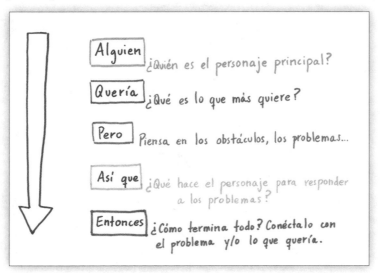

¿Para quién es?

NIVELES DE TEXTO
N–Z+

GÉNERO / TIPO DE TEXTO
ficción

DESTREZA
resumir

¡Me quito el sombrero!
(lectura recomendada):
When Kids Can't Read— What Teachers Can Do: A Guide for Teachers 6-12
(Beers 2002)

5.17 Las dos caras de un problema

¿Para quién es?

NIVELES DE TEXTO

N–Z+

GÉNERO /
TIPO DE TEXTO

ficción

DESTREZA

determinar
la importancia

Estrategia Piensa en el problema principal del cuento y en cómo se siente el personaje a causa de ese problema. Esto te ayudará a ver las diferentes caras del problema principal. Pregúntate: "¿Cómo se relacionan los problemas internos y externos?" "¿Cómo ayudan a que el cuento avance?".

Ejemplo de enseñanza *En* Seguiremos siendo amigos *(Danziger 2008), el problema principal del cuento es que el mejor amigo de Ámbar se va a mudar a otra ciudad. Sabemos que es el problema principal por la manera en la que Ámbar actúa y piensa. Por ejemplo, intenta convencer a la nueva familia de que no compre la casa de Justo. Más adelante, Ámbar habla con su mamá y le cuenta cómo se siente. Su mamá la ayuda a entender que aunque Justo se mude, pueden seguir siendo amigos y hablar por teléfono. Al final de la historia, no se resuelve el problema principal. Justo se muda, pero Ámbar lo termina aceptando. Su manera de aceptarlo y cómo cambiaron sus sentimientos se conectan con la resolución del cuento.*

Consejos

- ¿Cuál es el problema principal?
- Describe la reacción del personaje ante el problema.
- Esos son los sucesos. ¿Cuál es la reacción del personaje?
- ¿Cómo se relacionan ambos problemas?
- ¿Qué sucesos han ocurrido debido a esos problemas?

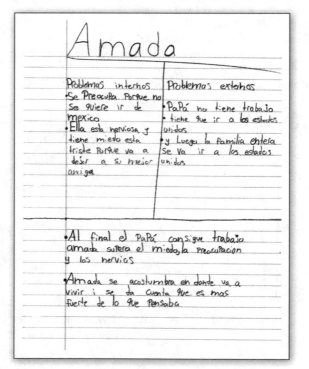

Estrategia Piensa en el ambiente del cuento. Piensa en si el ambiente es solo un detalle o si juega un papel importante en el cuento. Una manera de hacer esto es pensando: "Si el cuento sucediera en otro lugar o en otro momento, ¿cómo cambiaría?". Después, piensa: "¿Cómo afecta al cuento el ambiente que eligió el autor?".

Ejemplo de enseñanza *Para los autores, a veces el ambiente o el lugar donde sucede un cuento es casi tan importante como los personajes. El ambiente tiene un significado y juega un papel decisivo en el cuento. El ambiente puede afectar a los personajes e incluso puede ser simbólico. Por ejemplo, en el libro de Yuyi Morales,* Soñadores (2018), *la autora decidió que la segunda parte del cuento tendría lugar en una biblioteca. ¿Por qué en una biblioteca? La biblioteca es el lugar donde la protagonista y su hijo se sienten felices, donde pueden "soñar", rodeados de tantos libros de otras vidas, otros sitios y otros idiomas distintos. El concepto de soñar está relacionado con el título "Soñadores". Otro ejemplo es el libro* La Osa Menor: Una historia del ferrocarril subterráneo *(Monjo 2001), sobre Harriet Tubman y el ferrocarril subterráneo. Este es un libro de ficción histórica, y la historia solo pudo haber ocurrido durante un periodo de tiempo determinado. Por lo tanto, los detalles sobre el ambiente de esa época son muy importantes para el cuento.*

Consejos

- Describe el ambiente.
- Imagínate el cuento en otro ambiente. ¿Qué sucedería?
- ¿Piensas que el ambiente tiene algún simbolismo?
- ¿El ambiente es un lugar histórico o está basado en una época determinada?
- ¿Qué importancia tiene el ambiente?

¿Para quién es?

NIVELES DE TEXTO
P–Z+

GÉNERO /
TIPO DE TEXTO
ficción (especialmente ficción histórica)

DESTREZAS
visualizar, determinar la importancia

Ambiente...
¿Qué importancia tiene?

CONSIDERA...

→ Época, lugar, tiempo, cultura de un cuento.

→ ¿Dónde tiene lugar el cuento?

→ ¿Cuándo ocurre el cuento?

→ ¿Por qué es importante el ambiente del cuento?

→ ¿Por qué eligió el autor ese ambiente?

→ Si el ambiente cambiara, ¿cómo afectaría la trama?

5.19 Los tiempos verbales indican si es una escena retrospectiva o el trasfondo

¿Para quién es?

NIVELES DE TEXTO

P–Z+

**GÉNERO /
TIPO DE TEXTO**

ficción

DESTREZA

**verificar
la comprensión**

Estrategia Fíjate en los tiempos verbales. Si los verbos cambian del presente al pasado, sabes que la historia está sucediendo en otro momento. Piensa: "El autor me está dando más información sobre los personajes?" y "¿Esta escena sucedió en el pasado? Si es así, ¿hace cuánto tiempo?".

Ejemplo de enseñanza *Hablamos de los tiempos verbales cuando escribimos nuestros cuentos y comentamos que siempre debemos usar el mismo tiempo verbal. Sin embargo, a veces, los autores cambian los tiempos verbales a propósito. Lo hacen para contar algo que ocurrió antes. A veces el autor pone una escena retrospectiva en medio de otra historia para contar un recuerdo del personaje. Otras veces, el narrador quiere dar el trasfondo, información sobre lo que pasó antes, para ayudarte a entender lo que está pasando ahora. Por ejemplo, en el libro* Mi diario de aquí hasta allá *(Pérez 2009), cuando la protagonista escribe en su diario, lo hace en presente y describe lo que está pensando o sintiendo en ese momento: "Querido diario: Sé que debería estar durmiendo, pero no puedo dormir". Cuando describe lo que hizo durante el día, escribe con tiempos verbales en pasado: "Hoy, durante el desayuno, Mamá lo explicó todo". Otras veces, la acción pasó hace más tiempo, como en el libro* De cómo tía Lola vino de visita *a quedarse (Álvarez 2011), el narrador dice: "Es el último día de enero. Hace cuatro semanas...se mudaron...". Como lector, tengo que tener esto en cuenta para poder seguir la trama y saber que a veces el autor está hablando del presente y otras veces está describiendo lo que pasó antes.*

Consejos

- Muéstrame los verbos en esta oración.
- ¿Los verbos están en presente o en pasado?
- ¿Crees que describe un recuerdo o algo que está pasando en ese momento?
- Dime por qué piensas que es un recuerdo.
- ¿Qué pistas te dicen en qué momento tiene lugar este suceso?

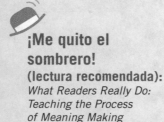

¡Me quito el sombrero!
(lectura recomendada):
*What Readers Really Do:
Teaching the Process
of Meaning Making*
(Barnhouse y Vinton 2012)

Estrategia Fíjate en el espacio en blanco, los guiones, asteriscos y símbolos que aparecen dentro de una página y dentro de un capítulo. Estos detalles a veces indican que ha pasado el tiempo o ha cambiado el ambiente de la historia. Prepárate para imaginar el nuevo ambiente o la nueva época.

Sugerencia para el maestro Esta estrategia se puede enseñar junto con otra que ayude a los lectores a visualizar el ambiente y/o inferir cómo llegan los personajes de un lugar a otro. Mire, por ejemplo, la estrategia 5.15, "¿Dónde estoy", de este objetivo.

Consejos

- Echa un vistazo al capítulo para ver si va a cambiar el ambiente.
- Lee lo que aparece justo antes de los asteriscos.
- ¿Dónde están ahora?
- ¿Cuánto tiempo ha pasado? ¿Cómo lo sabes?
- ¿Esto ocurre en el mismo lugar o en otro?

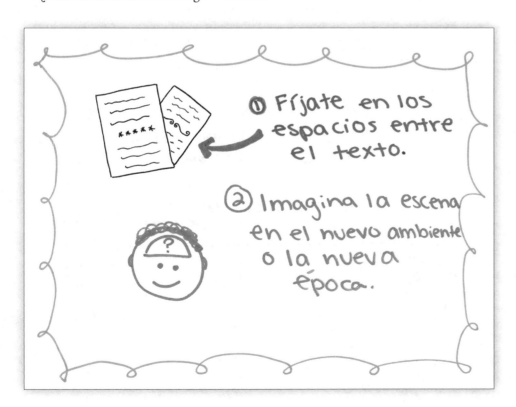

¿Para quién es?

NIVELES DE TEXTO
P–Z+

GÉNERO /
TIPO DE TEXTO
ficción

DESTREZAS
verificar
la comprensión,
visualizar

5.21 Añade las escenas retrospectivas a una línea de tiempo

¿Para quién es?

NIVELES DE TEXTO
P–Z+

GÉNERO /
TIPO DE TEXTO
ficción

DESTREZAS

**verificar
la comprensión,
visualizar**

Estrategia Las escenas retrospectivas nos dan información importante sobre quiénes son los personajes y los sucesos que los afectan. Fíjate en cuándo se cambia de tiempo y se empieza a hablar de un recuerdo. Piensa qué revela ese recuerdo sobre el personaje o los personajes. Añade los sucesos a una línea de tiempo para saber que aunque una escena aparezca más adelante en la historia, pudo haberle sucedido al personaje antes que otros sucesos.

Sugerencia para el maestro Esta estrategia se puede combinar con la estrategia 5.19, "Los tiempos verbales indican si es una escena retrospectiva o el trasfondo", de este objetivo. Los lectores deben saber cuándo cambia el tiempo y el ambiente para poder contextualizar ese cambio con el resto de los sucesos del cuento.

Consejos

- Muéstrame dónde empieza la escena retrospectiva.
- Resume lo que aprendiste sobre el personaje según esa escena retrospectiva.
- ¿Dónde lo pondrías en la línea de tiempo?
- ¿Es esta parte la continuación del cuento o una escena retrospectiva que te da más información?
- Piensa en lo que sabes del personaje a partir de esa escena retrospectiva. ¿Cómo cambia tu manera de pensar en lo que pasó?

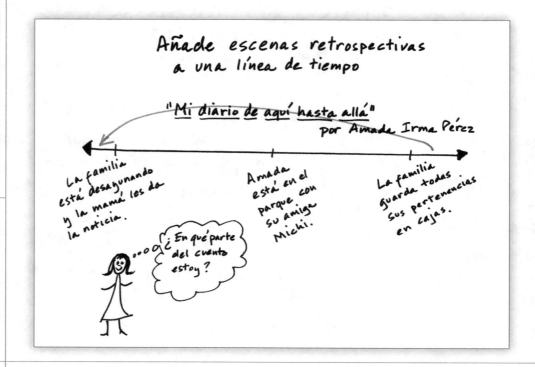

Estrategia Cuando te encuentres con una descripción muy realista, lee más despacio. Visualiza los detalles que el autor da sobre el tiempo y el espacio. Fíjate en qué pasa, cuándo y dónde ocurren los sucesos y, al mismo tiempo, fíjate en qué piensa o siente el personaje. Pregúntate: "¿Qué impacto tiene este ambiente en el personaje?".

Sugerencia para el maestro Seleccione un cuento que tenga descripciones vívidas y realistas, y que cause un impacto en el lector, como *A la deriva*, de Horacio Quiroga. Comente con los estudiantes el ambiente (selva, agua, clima, etc.) y cómo se puede sentir el personaje en ese ambiente (sintió una mordedura de víbora y más tarde se moría de sed). Luego hablen del problema que tiene el personaje (un animal venenoso lo mordió y no sabía si iba a sobrevivir).

Consejos
- Muéstrame en qué parte el autor describe el ambiente con gran detalle.
- Repite los detalles que has aprendido sobre el ambiente.
- ¿Cómo actúa el personaje en ese ambiente?
- ¿Por qué el ambiente puede ser importante?
- Describe la imagen en tienes en la mente.

A LA DERIVA

Ambiente:
El hombre se va de la selva y llega a su rancho para poder salvarse.

Problema:
Una víbora yaracacusú muerde a un hombre en una selva y este no sabe si sobrevivirá.

El hombre pisó algo blancuzco, y en seguida sintió la mordedura en el pie. Saltó adelante, y al volverse con un juramento vio una yaracacusú que, arrollada sobre sí misma, esperaba otro ataque…

El hombre echó una veloz ojeada a su pie, donde dos gotitas de sangre engrosaban dificultosamente, y sacó el machete de la cintura. La víbora vio la amenaza, y hundió más la cabeza en el centro mismo de su espiral; pero el machete cayó de lomo, dislocándole las vértebras…

Llegó por fin al rancho y se echó de brazos sobre la rueda de un trapiche. Los dos puntitos violeta desaparecían ahora en la monstruosa hinchazón del pie entero. La piel parecía adelgazada y a punto de ceder, de tensa. Quiso llamar a su mujer, y la voz se quebró en un ronco arrastre de garganta reseca. La sed lo devoraba.

Reacción del personaje:
Su cuerpo reacciona al veneno de la víbora y su pie tiene una terrible hinchazón. El veneno también hace que le dé una sed tremenda.

Fragmento de *A la deriva* (Quiroga s.f.)

5.23 Haz un mapa

¿Para quién es?

NIVELES DE TEXTO

P–Z+

**GÉNERO /
TIPO DE TEXTO**

ficción

DESTREZAS

**verificar
la comprensión,
visualizar**

Estrategia Cuando un personaje viaja mucho de un lugar a otro, haz un mapa y sigue la pista de los movimientos del personaje. Dibuja el mapa basándote en los detalles que da el autor sobre cada lugar. Consulta el mapa mientras lees e imagínate al personaje yendo de un lugar a otro. Piensa por qué el autor eligió esos lugares para el cuento y cómo afecta cada ambiente al personaje.

Consejos

- Piensa en los lugares sobre los que leíste. Haz un mapa con todos esos lugares.
- ¿Dónde está este lugar en comparación con este otro?
- Señala en tu mapa dónde está el personaje en esta escena.
- Muéstrame cómo va el personaje de un lugar a otro desde este capítulo hasta este otro.
- Mira el mapa y describe la importancia de cada lugar. ¿Por qué es importante? ¿Cómo afecta al personaje?

Estrategia A veces puedes sentirte confundido con la trama de una historia. Cuando te pase esto, piensa: "¿Qué hechos conozco? ¿Qué preguntas tengo?". Después, sigue leyendo e intenta responder a esas preguntas o expresa tu opinión basándote en lo que leíste en el texto.

Ejemplo de enseñanza *Cuando lees textos más complejos que ocurren en lugares inventados (lo que suele ser la verdadera ficción de fantasía) o en un momento histórico determinado (como en la ficción histórica), es posible que no entiendas algunas cosas. A veces el autor da por hecho que sabes algo o te ofrece más información a medida que avanza la historia. Esto quiere decir que no tienes toda la información por adelantado y tendrás que ir buscándola. Llevar un registro de lo que sabes y hacerte preguntas te ayudará a saber qué partes no entiendes y cuáles tienes claras. A medida que sigas leyendo, deberías poder responder a más preguntas con la información que te da el texto.*

Consejos

- ¿Qué sabes del lugar y el momento?
- ¿Qué detalles te dio el autor? ¿Qué sigues intentando entender?
- ¿Qué preguntas tienes?
- Piensa en qué información es importante saber y qué no has aprendido todavía.
- Escribe las partes confusas.
- Vi que hiciste más preguntas después de pensarlo. ¡Eso te ayudará a entender el texto!
- Sí, ahora tienes más información y puedes responder a la pregunta.

Título: *¿Quién cuenta las estrellas?*   Nombre: *Gabriela*

Autor: *Lois Lowry*

Hechos:	Preguntas:	Respuestas:
Annemarie, Ellen y Kirsti se encontraron con unos soldados que hablaban en alemán. Estaban en cada esquina.	¿Qué hacen los soldados? ¿Por qué les tienen miedo?	Los soldados son de otro país y son parte de los nazis.
En Copenhague ya no habrá ni café auténtico ni pasteles.	¿Cuándo tendrán café, té y pasteles?	Tienen que esperar hasta que se vayan los soldados. Sin émbalos
La mamá de Annemarie quema el periódico (los daneses libres) después de leerlo.	¿Por qué quema el periódico?	Su mamá quiere ocultar que está de acuerdo con los que luchaban en la resistencia (en contra los nazis).

¿Para quién es?

NIVELES DE TEXTO

Q–Z+

GÉNERO / TIPO DE TEXTO

ficción (especialmente histórica y fantasía)

DESTREZAS

preguntar, sintetizar, inferir, verificar la comprensión

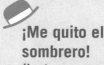

¡Me quito el sombrero!
(lectura recomendada):
Strategies That Work: Teaching Comprehension for Understanding and Engagement, segunda edición
(Harvey y Goudvis 2007)

¿Para quién es?

NIVELES DE TEXTO
R–Z+

GÉNERO / TIPO DE TEXTO
ficción

DESTREZAS
verificar
la comprensión,
visualizar

Estrategia Sigue la pista de dos tramas que ocurren simultáneamente. Dibuja dos organizadores gráficos con forma de montaña y tenlos a mano mientras lees. Cuando llegues a un suceso nuevo o importante, piensa en cuál de las dos tramas ocurre. Añádelo a la montaña.

Ejemplo de enseñanza *La novela* Joey Pigza se tragó la llave *de Jack Gantos (2004) es compleja y explora la experiencia del personaje principal, Joey, y los retos a los que se enfrenta por tener Trastorno por Déficit de Atención e Hiperactividad o TDAH (ADHD en inglés). Los sucesos principales de la historia suceden en dos tramas diferentes y paralelas. Podemos seguir tramas distintas si pensamos en la vida de Joey en la escuela (un ambiente) y su casa (otro ambiente con distintos personajes). Cada vez que llegue a un suceso nuevo en la historia, pensaré: "¿Dónde ocurrió este suceso? ¿Con cuáles personajes?". Después, añado los sucesos a esa línea de tiempo. Hay partes en la historia donde las dos líneas se cruzan. Por ejemplo, cuando la mamá de Joey va a la escuela para hablar con su consejero. Este momento es interesante desde la perspectiva del personaje, ya que sus dos mundos están en choque.*

Consejos

- ¿Cuál crees que es el enfoque de la trama principal?
- Cuéntame qué ha pasado en la historia que estás leyendo. ¿Es eso parte de la trama principal o de la trama secundaria? ¿Cómo lo sabes?
- Piensa en un suceso que esté conectado con este nuevo suceso.
- Añade el suceso a tu montaña.

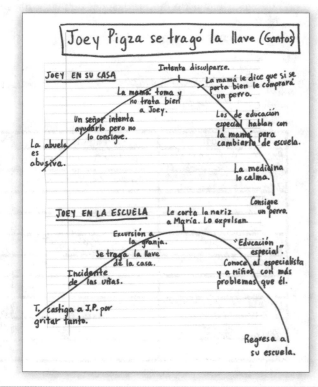

¡Me quito el sombrero!
(lectura recomendada):
Falling in Love with Close Reading: Lessons for Analyzing Texts—and Life
(Lehman y Roberts 2014)

Estrategia A veces, las novelas de ficción histórica tienen una sección de "notas históricas" al principio o al final del libro. Búscala y léela antes de empezar a leer el libro y otra vez después de leer el libro para tener más información sobre el ambiente.

Ejemplo de enseñanza *Una historia de ficción histórica puede estar basada en un periodo de tiempo que todavía no hemos estudiado en la escuela. Como es histórica, sucede en una época que tú no viviste y es posible que tampoco hayas visto ninguna película o serie de televisión sobre esa época. Cuando no tienes conocimientos previos sobre un periodo de tiempo, puedes conseguir información en las notas históricas del libro. Pueden estar al principio o al final del libro y te dan información general sobre ese periodo de tiempo y la información que necesitas saber para entender la historia. La sección de notas de* Sadako y las mil grullas de papel *(Coerr 2018) nos da mucha información en tan solo unos párrafos. Aprendemos sobre el contexto principal (la guerra), el lugar donde sucede (una ciudad de Japón), la época (1943-1955) y más. Estos detalles nos ayudan a entender mejor la historia.*

Consejos

- ¿Qué aprendiste con las notas históricas que te ayuda a entender mejor el ambiente de la novela?
- Después de leer la novela, ¿qué preguntas tienes? Lee las notas históricas para ver si responden a tus preguntas.
- ¿Qué aprendiste específicamente sobre esa época? ¿Y sobre ese lugar?
- Piensa en los sucesos de la novela. ¿Cómo te ayudan los detalles que leíste en las notas a imaginarte la historia?
- ¡Esa información que leíste en las notas históricas te va a ayudar mucho!

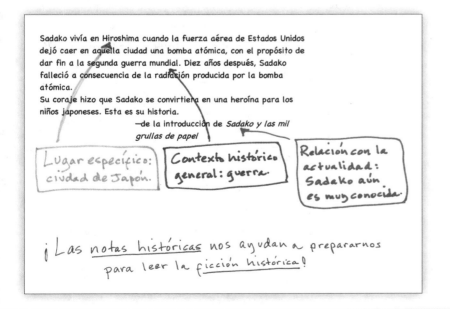

¿Para quién es?

NIVELES DE TEXTO
R–Z+

GÉNERO /
TIPO DE TEXTO
ficción

DESTREZAS
**verificar
la comprensión,
visualizar**

Estrategia Piensa en el ambiente del cuento teniendo en cuenta el lugar y la época histórica. Considera los detalles sobre el ambiente social, económico y político de ese momento y lugar. Considera cómo afecta el entorno al personaje o los personajes.

Ejemplo de enseñanza *Cuando lees un libro de ficción histórica, es importante entender el entorno histórico. No debemos limitarnos a la información general como "en el noroeste de Estados Unidos, 1942". Es importante profundizar un poco más y pensar en los distintos aspectos de la vida en esa época para entender mejor a los personajes y entender por qué hacen lo que hacen. Debes considerar el entorno social. Piensa en los problemas sociales, como el racismo, o los roles de género. Piensa en el entorno económico. ¿Qué tipo de trabajos había? ¿Qué significaba en aquella época pertenecer a una clase social diferente? Piensa en la situación política de la época. ¿Quién estaba en el poder y cómo pensaban que debían gobernar el lugar? ¿Qué leyes existían y cómo afectaban a los personajes? Cuando un autor escribe ficción histórica, considera meticulosamente todos los aspectos del entorno. ¡Es importante que tú, como lector, también lo hagas!*

Consejos

- ¿Qué sabes sobre este lugar y esta época?
- ¿Puedes obtener información en el texto, las notas históricas o el prólogo?
- Quizá deberías investigar un poco para aprender más sobre este lugar y esta época.
- Piensa en los asuntos sociales. ¿Qué problemas había?
- ¿Qué detalles conoces sobre la política o la economía de esa época?

Estrategia Piensa y nombra distintos aspectos del entorno de un personaje. Puedes nombrarlos basándote en la información que te dio el autor o puedes inferirlos basándote en los detalles del texto. Después, piensa en cuáles son importantes según los problemas a los que se enfrenta el personaje.

Ejemplo de enseñanza *El primer nivel de "ambiente" que afecta a un personaje se conoce como* microsistema *e incluye a las personas y los lugares más cercanos al personaje: sus padres, sus amigos, la comunidad local, la escuela, la iglesia. El siguiente nivel es menos inmediato y se llama* mesosistema. *Incluye al gobierno, los medios de comunicación y la geografía más allá de la comunidad. El nivel más global y abstracto es el* macrosistema, *que incluye, por ejemplo, las relaciones internacionales o los cambios climáticos globales. Si pienso, por ejemplo, en el libro* Tomás y la señora de la biblioteca *(Mora 1997), veo que hay distintos niveles de entorno. El nivel inmediato, el microsistema, es su nuevo hogar en Iowa, su familia, la bibliotecaria y la biblioteca. El mesosistema es la geografía de Iowa, que es distinta a la de México y la necesidad de trabajadores agrícolas en diferentes estaciones del año y diferentes lugares. El macrosistema es la situación de los trabajadores agrícolas mexicanos que van a trabajar a Estados Unidos todos los años, debido a la falta de trabajo en su país o la cantidad de dinero que pueden sacar al hacer este trabajo duro.*

Consejos

- Describe el ambiente local del personaje: su casa, la escuela, la comunidad.
- ¿Qué opinas sobre el ambiente?
- Vamos a pensar de una manera más amplia. Describe el ambiente externo.
- ¿Cómo afecta el ambiente al personaje?
- ¿Qué información conoces sobre el entorno global o político?

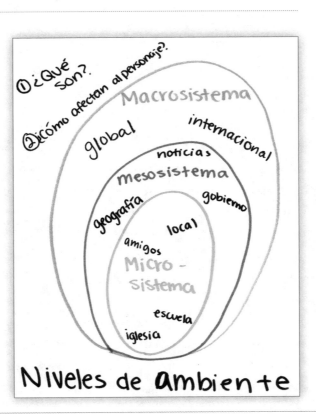

① ¿Qué son?
② ¿cómo afectan al personaje?

Macrosistema
global
internacional
noticias
mesosistema
geografía
gobierno
local
amigos
Micro-sistema
escuela
iglesia

Niveles de Ambiente

¿*Para quién es?*

NIVELES DE TEXTO
V–Z+

GÉNERO / TIPO DE TEXTO
ficción

DESTREZAS
visualizar, determinar la importancia, inferir

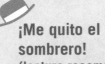

¡Me quito el sombrero!
(lectura recomendada): *Fresh Takes on Teaching Literary Elements: How to Teach What Really Matters About Character, Setting, Point of View, and Theme* (Smith y Wilhelm 2010)

Objetivo 6

Apoyar la comprensión de los textos de ficción

Pensar sobre los personajes

◎ **¿Por qué es importante este objetivo?**

El desarrollo de los personajes a menudo va entrelazado con el desarrollo de la trama. Los personajes son los actores que conectan lo que pasa en la historia y, en gran medida, ayudan a los lectores a mantenerse interesados en la lectura. Los personajes pueden convertirse en nuestros amigos, ayudarnos a aprender sobre otros estilos de vida, a pensar de manera diferente sobre las personas que conocemos, o a entenderlas mejor.

El mayor reto para comprender a los personajes es que, a diferencia de las personas, los personajes literarios han sido creados y los lectores tienen que prestar atención a los detalles que incluye el autor para averiguar quién es el personaje. Algunos detalles que el autor puede incluir son:

- qué aspecto tienen los personajes, cómo se visten, qué posesiones tienen
- qué dicen los personajes, y cómo lo dicen

- qué es lo que no se dice
- los pensamientos del personaje que se revelan a través del narrador
- los estados de ánimo y las emociones del personaje
- los actos de un personaje
- cómo responden los personajes a los sucesos y a los demás personajes
- el trasfondo y las creencias del personaje
- las opiniones que otros personajes tienen sobre el personaje principal
  (*Independent Reading Assessment: Fiction*)

Una vez que los lectores hayan recopilado estos detalles, deberán hacer lo siguiente para comprender mejor a los personajes:

- Hacer inferencias sobre los sentimientos del personaje y sintetizar los cambios en esos sentimientos.
- Hacer inferencias sobre los rasgos de personalidad del personaje y sintetizar distintas partes del texto para explicar un cambio en esos rasgos.
- Sintetizar las ideas sobre los personajes para crear teorías o interpretaciones sobre los personajes.
- Comprender no solamente al personaje principal, sino también a los personajes secundarios.
- Hacer inferencias para explicar las relaciones entre los personajes.

◎ ¿Cómo sé si este objetivo es adecuado para mi estudiante?

Según la definición general de "comprensión de la ficción", considero que la *trama* y el *ambiente* son lo primero —saber qué está pasando y dónde está pasando— y el *personaje* viene inmediatamente después. Yo evaluaría la capacidad del lector de comprender a los personajes si el estudiante parece ser capaz de:

- volver a contar los sucesos más importantes de un cuento
- comprender por qué pasan los sucesos
- determinar el problema y la solución
- visualizar el ambiente

Puede pedir al estudiante que lea un texto breve o un libro entero y que anote sus respuestas a medida que lea, o puede leerle en voz alta y pedirle que haga lo mismo. En el caso de estudiantes más jóvenes, cuyo nivel de escritura no permite saber si han comprendido el texto o no, es importante que haga preguntas durante las conferencias con el estudiante o sesiones individuales de lectura y escuche las conversaciones sobre los personajes que tienen con sus compañeros.

Independientemente de cómo decida recopilar las ideas de sus estudiantes acerca de los personajes, necesitará una rúbrica o pauta de calificación para evaluar sus respuestas. Considero que lo que más ayuda es entender las expectativas de comprensión de acuerdo con la complejidad del nivel (*Independent Reading Assessment: Fiction*).

Por ejemplo, en los libros de primer grado (niveles E–J), los personajes tienden a ser simples, con sentimientos ilustrados y a veces directamente expresados en la narración. Al pedirle al estudiante que describa a un personaje, deberá ser capaz de decir: "Está triste" o "Le gusta jugar baloncesto".

Alrededor de los niveles J/K, los sentimientos de los personajes podrán cambiar, pero sus rasgos de personalidad permanecen iguales. El lector deberá ser capaz de decir: "Es perezoso" o "Estaba enojado, pero ahora está contento porque ordenó su cuarto y ya puede jugar".

A partir del nivel N, los personajes suelen ser más complejos, con rasgos de personalidad "buenos" y "malos" y, al final del cuento, solemos descubrir otra cara del personaje. El lector deberá ser capaz de decir: "Ámbar es buena amiga de Justo, y es buena en ortografía, pero también puede ser celosa y enojona".

Al inicio del cuarto grado, o sea, alrededor del nivel P, los lectores deberán ser capaces de agrupar varios rasgos de personalidad y proponer una teoría (aunque es posible hacer esto en niveles más básicos, como el N). El lector deberá ser capaz de hacer una afirmación sobre un personaje, por ejemplo: "Silvia es muy simpática, pero ocultar sus sentimientos le puede causar problemas".

Los personajes secundarios van cobrando importancia y, a partir de los niveles Q/R, tienden a estar bien desarrollados y a tener un impacto importante sobre el personaje principal. El lector deberá ser capaz de decir que "todas las personas del nuevo pueblo de India Opal son importantes para ella. No solo como amigos, sino porque juntos parecen sumar todas las cualidades de la mamá que ella extraña".

En resumen, usted debe saber cuál es el nivel del texto para saber qué puede esperar de las reacciones del lector. Por ejemplo, si tiene un estudiante que está describiendo a India Opal en *Gracias a Winn-Dixie* (DiCamillo 2011; un texto de nivel R) como un personaje que "es bueno con los animales", eso indicaría que el estudiante necesita ayuda para comprender la complejidad del personaje. Un estudiante que diga eso sobre el personaje principal de *Mi amigo el dragón* (Sánchez 2016; un texto de kindergarten) es un lector que está usando el nivel de pensamiento que yo esperaría en ese nivel.

Vistazo a las estrategias para pensar sobre los personajes

Estrategia		Niveles de texto	Géneros/ Tipos de texto	Destrezas
6.1	¿Cómo se siente el personaje?	C–Z+	Ficción	Inferir
6.2	¿Qué hay en la burbuja?	C–M	Ficción	Inferir
6.3	Imita la cara del personaje	C–M	Ficción	Visualizar, inferir
6.4	Los sentimientos cambian	F–M	Ficción	Inferir, determinar la importancia
6.5	Luces, cámara, ¡acción!	F–M	Ficción	Visualizar, inferir, determinar la importancia
6.6	Respalda las ideas que tienes sobre los personajes con evidencia	F–Z+	Ficción	Apoyar ideas con evidencia
6.7	Actúa como el personaje para entenderlo mejor	F–N	Ficción	Inferir, visualizar, fluidez
6.8	Busca un patrón	H–M	Ficción	Inferir, sintetizar
6.9	Relaciona las pistas del texto con tus conocimientos sobre el tema	H–Z+	Ficción	Inferir
6.10	¿Quién cuenta la historia?	H–Z+	Ficción	Verificar la comprensión
6.11	Compara personajes	J–Z+	Ficción	Comparar y contrastar, inferir, determinar la importancia
6.12	Usa tu empatía para entender	J–Z+	Ficción	Inferir, determinar causa y efecto
6.13	Sí, pero ¿por qué?	L–Z+	Ficción	Inferir, sintetizar
6.14	Las interacciones nos ayudan a hacer inferencias	M–Z+	Ficción	Inferir, determinar causa y efecto
6.15	Las palabras y las acciones como ventanas	M–Z+	Ficción	Inferir
6.16	Cambio en el comportamiento habitual del personaje	N–Z+	Ficción	Inferir, sintetizar
6.17	¿Qué afecta al personaje?	N–Z+	Ficción	Determinar causa y efecto, inferir
6.18	Personajes complejos	N–Z+	Ficción	Inferir, comparar y contrastar
6.19	Más de un punto de vista	N–Z+	Ficción	Inferir
6.20	El conflicto trae complejidad	N–Z+	Ficción	Inferir, sintetizar
6.21	Reúne rasgos de personalidad para crear teorías	N–Z+	Ficción	Inferir, sintetizar, interpretar
6.22	Piensa en tu personaje en el contexto de la historia	P–Z+	Ficción histórica, biografía	Determinar la importancia, inferir
6.23	¿Qué hay en el corazón del personaje?	R–Z+	Ficción	Inferir, sintetizar, determinar la importancia, comparar y contrastar
6.24	Puntos débiles	R–Z+	Ficción	Inferir, interpretar, sintetizar

6.1 ¿Cómo se siente el personaje?

¿Para quién es?

NIVELES DE TEXTO
C–Z+

GÉNERO / TIPO DE TEXTO
ficción

DESTREZA
inferir

Estrategia Una manera de llegar a conocer bien a nuestros personajes es asegurándonos de que nos importa cómo se sienten, hablan, actúan y piensan. Imagínate a ti mismo en esa situación, o recuerda un momento en que estuviste en una situación similar, y piensa en cómo te sentiste o cómo te sentirías. Luego, elige una palabra para describir ese sentimiento; usa una tabla si crees que te va a ayudar.

Ejemplo de enseñanza *Los personajes de nuestros cuentos tienen sentimientos, lo mismo que las personas reales. A veces esos sentimientos son positivos, como cuando los personajes están contentos, alegres o asombrados. A veces esos sentimientos son negativos, como cuando están nerviosos, tristes o preocupados. Pensar en cómo se sienten los personajes nos ayudará a conocerlos mejor. Después de observar la manera en que actúan, hablan o piensan, podemos asegurarnos de usar las palabras correctas para describir cómo se sienten.*

Consejos

- Mira la imagen. ¿Te da alguna pista sobre cómo se siente el personaje?
- ¿Cómo se siente el personaje?
- Fíjate en cómo habla el personaje. ¿Cómo crees que se siente?
- Dime cómo habla el personaje. ¿Qué piensas acerca de cómo se siente?
- ¿Crees que el sentimiento es positivo o negativo?
- Usa una palabra para describir el sentimiento.

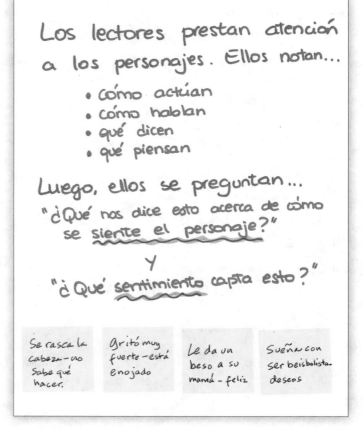

¡Me quito el sombrero!

(lectura recomendada):
Talk about Understanding: Rethinking Classroom Talk to Enhance Comprehension (Keene 2012)

6.2 ¿Qué hay en la burbuja?

Estrategia Haz una pausa y piensa: "¿Qué está pensando aquí mi personaje?" o "¿Qué podría estar diciendo aquí mi personaje?". Aun cuando el texto no lo diga, podemos imaginarlo, fijándonos en lo que ha pasado hasta el momento. Haz una pausa en la página y pon una nube de pensamiento o una burbuja de diálogo encima del personaje en la imagen y di lo que podría estar pensando o diciendo.

Sugerencia para el maestro Con niños de niveles C–H, trate de mantener el "para y anota" a un mínimo posible (vea el Objetivo 13 para más información acerca de escribir sobre la lectura); dígales que señalen las páginas con notas adhesivas o que usen símbolos simples para acordarse de lo que pensaron. Esta estrategia se puede adaptar para los estudiantes de estos niveles y para los estudiantes de los niveles I–L, quienes podrán tomar más notas. Para los niveles más básicos, puede poner burbujas de diálogo y nubes de pensamiento en palitos de paleta, e invitar a los niños a usarlos de manera independiente o en parejas. A los niños que estén listos para detenerse y anotar una frase o una oración, podrá darles notas adhesivas con burbujas para que las peguen a la página y anoten lo que el personaje podría estar pensando o diciendo. En las imágenes de abajo verá diversas variaciones de esta estrategia.

Consejos

- ¿Qué acaba de pasar? Así que, ¿qué crees que estará pensando tu personaje?
- Antes de seguir, haz una pausa y piensa en lo que el personaje podría estar pensando.
- Dibuja tu nube de pensamiento en la página.
- Eso es lo que está pasando. ¿Qué crees que estará pensando el personaje?
- ¡Sí! Ese pensamiento corresponde a lo que ha pasado hasta el momento.
- Detenerte aquí te ayudará a pensar en lo que está pensando el personaje.

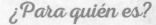

¿Para quién es?

NIVELES DE TEXTO
C–M

GÉNERO / TIPO DE TEXTO
ficción

DESTREZA
inferir

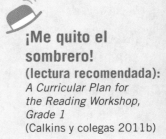

¡Me quito el sombrero!
(lectura recomendada):
A Curricular Plan for the Reading Workshop, Grade 1
(Calkins y colegas 2011b)

¿Para quién es?

NIVELES DE TEXTO
C–M

**GÉNERO /
TIPO DE TEXTO**
ficción

DESTREZAS
visualizar, inferir

¡Me quito el sombrero!
(lectura recomendada):
"Teaching Reading in Small Groups: Matching Methods to Purposes" (Serravallo 2013c)

Estrategia Presta mucha atención a la imagen. Mira la expresión de la cara del personaje. Trata de hacer la misma cara. Piensa: "¿Cómo se siente el personaje?".

Ejemplo de enseñanza *A veces los maestros te dicen "ponte en el lugar del personaje" cuando quieren que trates de sentir lo mismo que el personaje. Pero los sentimientos no están en cualquier lugar. Los sentimientos se muestran en tu cara y tu cuerpo. Cuando estás feliz, sonríes: sonríe conmigo. Cuando estás enfadado, frunces el ceño: pon cara de enfadado. Bueno, los personajes de tus libros también tienen sentimientos. Cuando no puedes describir enseguida lo que están sintiendo, trata de imitar la cara del personaje y piensa en cómo te sientes tú cuando pones esa cara. De este modo sabrás cómo se siente el personaje. Mira la tabla "¿Cómo se sienten?" para ver qué cara corresponde mejor a la que estás poniendo, y así encontrarás qué palabra usar para describir ese sentimiento.*

Consejos

- Observa la cara del personaje en la ilustración.
- Pon la cara igual a la cara que ves.
- ¿Cómo te sientes cuando pones esa cara?
- Veo que tu cara cambió. ¿Qué sentimiento estás mostrando?
- ¿Cómo estará sintiéndose tu personaje?
- Muéstramelo con tu cara.
- Mira la tabla de sentimientos para encontrar la palabra que corresponda a ese sentimiento.

¿Cómo se sienten?

feliz   triste   asombrado   asustada

sorprendida   adormilado   decepcionado   disgustada

preocupada   enojado   confundido   nerviosa

sola   aburrido   celoso   molesto

Estrategia Observa lo que le pasa al personaje a lo largo del libro, y cómo eso hace que sus sentimientos cambien. Piensa en cómo se siente el personaje en un momento del cuento. Piensa: "¿Es un sentimiento positivo o negativo?". Usa una palabra o haz un dibujo rápido para describirlo. Ahora, mira cómo se siente el personaje más adelante. Piensa: "¿Es un sentimiento positivo o negativo?". Anota el nuevo sentimiento. Repasa tus notas para explicar cómo cambiaron los sentimientos.

Ejemplo de enseñanza *Cuando te pasa algo que es divertido —te hacen una fiesta de cumpleaños o aprendes a andar en bicicleta— lo más probable es que estés sonriendo y sintiéndote feliz. Pero cuando algo sale mal —te enfermas o alguien se burla de ti— lo más probable es que te sientas mal. En los cuentos, a los personajes también les pasan cosas buenas y cosas malas. Estos cambios afectan sus sentimientos. Cuando veas un sentimiento nuevo, puedes parar y anotar una palabra para describir el sentimiento del personaje o hacer un dibujo de cómo se ve su cara. Luego, cuando te reúnas conmigo o con tu compañero, puedes explicar cómo cambiaron los sentimientos, y por qué cambiaron.*

Consejos

- Piensa en lo que está pasando ahora. ¿Es eso bueno o malo para el personaje?
- ¿Cómo podría sentirse el personaje aquí?
- ¿El sentimiento es el mismo, o es diferente?
- Explica qué causó el cambio.
- Ya sabes cuál es el sentimiento del principio. ¿Qué siente el personaje al final?
- Observaste con cuidado las palabras y las ilustraciones para saber cuál era el sentimiento.
- ¿Cómo ha cambiado el sentimiento?

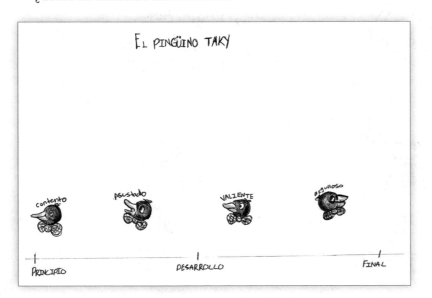

¿Para quién es?

NIVELES DE TEXTO
F–M

GÉNERO /
TIPO DE TEXTO
ficción

DESTREZAS
inferir, determinar la importancia

6.5 Luces, cámara, ¡acción!

¿Para quién es?

NIVELES DE TEXTO
F–M

GÉNERO / TIPO DE TEXTO
ficción

DESTREZAS
visualizar, inferir, determinar la importancia

Estrategia Después de reunirte con tu compañero, uno hará el papel de director y el otro será el actor. Mientras el actor lee, el director le dice cómo debe leer y comportarse. Luego, el actor y el director conversan sobre el personaje al final de la escena. Hablen sobre las ideas que tienen acerca del personaje según lo que este dijo e hizo.

Ejemplo de enseñanza *Actuar como actúa el personaje puede ayudarte a conocerlo mejor. Las parejas pueden jugar a ser actor/director. El actor puede decir lo que dice el personaje y hacer lo que hace el personaje. El director puede decirle al actor cuándo tiene que volver a representar la escena porque no corresponde al libro. Después de actuar, el actor y el director hablan de lo que aprendieron y de lo que piensan del personaje ahora. Si quieren volver a representar la escena, pueden actuar de manera diferente. Tal vez el personaje puede decir algunos diálogos de manera diferente, o mover el cuerpo de otra manera. Puedes pensar no solo en lo que dice y hace el personaje, sino también en cómo lo dice y cómo lo hace. Representarlo te ayudará a verlo mejor.*

Consejos

- Asegúrate de que tu voz corresponda al personaje.
- Fíjate en lo que aparece en el libro y luego actúalo de la misma manera.
- Piensa en lo que hace el personaje y cómo lo hace.
- Ahora que ya actuaste como el personaje, ¿qué piensas de él o ella?
- ¿Tienes algún pensamiento nuevo acerca del personaje?

¡Me quito el sombrero!
(lectura recomendada):
A Curricular Plan for the Reading Workshop, Grade 1
(Calkins y colegas 2011b)

Estrategia Céntrate en una idea. Escribe la idea en una nota adhesiva o trata de recordarla. Vuelve a leer para encontrar una línea donde el personaje haga o diga algo que tenga relación con esa idea. Explica cómo esa línea comprueba tu idea.

Sugerencia para el maestro Algo que escucho a menudo en las clases dedicadas al estudio de los personajes es: "Respalda tus ideas con evidencia". Esta estrategia busca ayudar a los estudiantes a aprender cómo hacerlo, en vez de simplemente decirles qué hacer. Estoy de acuerdo con que enseñar a los niños a respaldar sus ideas con evidencia es importante porque es una manera de contrastar sus pensamientos con el texto. También les permite defender sus ideas cuando hablan con sus amigos o con el maestro, y es una destreza muy importante para la vida en general. Sin embargo, siempre les digo a los maestros que no se centren demasiado en la evidencia. Es importante prestar igual o mayor atención a la calidad de la idea como tal. Vea otras lecciones de este objetivo para hallar otras formas de apoyo para desarrollar una idea.

Consejos

- ¿Cuál es la idea?
- ¿Qué dijo o hizo tu personaje?
- Vuelve a leer para buscar la parte que te dio esa idea.
- Explica cómo se conectan.
- Eso es lo que pasó, pero ¿cuál es la idea?
- Esa explicación tiene sentido. Conectaste la idea con una evidencia de forma clara.
- Eso se conecta con tu idea porque _____.

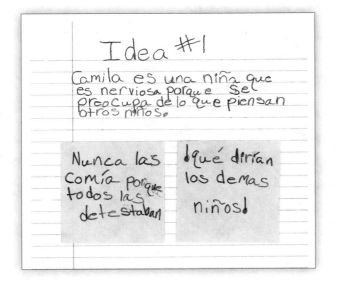

¿Para quién es?

NIVELES DE TEXTO
F–Z+

GÉNERO /
TIPO DE TEXTO
ficción

DESTREZA
apoyar ideas con evidencia

¡Me quito el sombrero!
(lectura recomendada):
On Solid Ground: Strategies for Teaching Reading, K–3
(Taberski 2000)

¿Para quién es?

NIVELES DE TEXTO
F–N

GÉNERO / TIPO DE TEXTO
ficción

DESTREZAS
inferir, visualizar, fluidez

Estrategia A veces, la mejor manera de conocer a nuestros personajes es ponerse en su lugar: hacer lo que ellos hacen, decir lo que ellos dicen y actuar como ellos. Elige una escena con un compañero. Representa la escena con títeres u otros objetos. Trata de hablar con la voz del personaje y mueve el títere como lo haría el personaje. Cuando termines, habla de lo que piensas acerca de los personajes.

Sugerencia para el maestro Muchos autores de cuentos infantiles a veces tienen sitios web donde ofrecen figuras de sus personajes que se pueden imprimir para hacer los títeres (consulte, por ejemplo, http://www.patmora.com, www.yuyimorales.com, www.duncantonatiuh.com o www.kevinhenkes.com). Otra opción es invitar a los niños a hacer sus propios títeres durante el tiempo de libre elección o en una actividad de grupo. Consulte también *A Quick Guide to Boosting English Language Acquisition Through Choice Time, K-2* (Porcelli y Tyler 2008) para obtener más ideas sobre cómo usar el tiempo de libre elección para apoyar la comprensión y el disfrute de las historias.

Consejos

- ¿Cómo actuaría tu personaje?
- Haz que el títere hable con la voz de tu personaje.
- Ahora que el títere habló como el personaje, ¿cómo crees que se sintió?
- Ahora haz que el títere actúe como el personaje, ¿qué tipo de persona crees que es?
- ¿Qué hizo o dijo el personaje ahora? ¿Cómo puedes mostrar eso con tu títere?

¡Me quito el sombrero!
(lectura recomendada):
The Common Core Lesson Book, K–5: Working with Increasingly Complex Literature, Informational Text, and Foundational Reading Skills (Owocki 2012)

6.8 Busca un patrón

Estrategia Muchas veces notamos un rasgo de personalidad, es decir, cómo es un personaje, por el modo en que se comporta una y otra vez. Trata de observar al personaje en varias partes del cuento. Piensa: "¿Qué acciones, pensamientos o diálogos se repiten? ¿Dónde veo un patrón?". Usa este patrón para nombrar uno o dos rasgos de personalidad del personaje.

Sugerencia para el maestro A menudo, en los textos de los niveles más básicos de educación primaria, una buena forma de enseñar a los niños a distinguir entre los rasgos y los sentimientos de un personaje (términos que a menudo se confunden) es explicarles que los sentimientos cambian, mientras que los rasgos de personalidad se quedan iguales. El reto es que alrededor del nivel N, empezamos a observar nuevos rasgos al final del cuento. Por ejemplo, en *Cocorí* (Gutiérrez 1947), el personaje principal se dirige a la selva, confiando en que los animales responderán a sus preguntas sobre la duración de la vida de una flor. En ese momento, Cocorí se muestra como un personaje alegre, motivado y optimista. Sin embargo, al regresar de su viaje, el personaje se muestra frustrado ya que no ha encontrado las respuestas que buscaba, y deja de confiar en la sabiduría de la madre naturaleza, lo que nos ayuda a crear una imagen más compleja del personaje. Puesto que los personajes se van volviendo más complejos hacia el nivel N, recomiendo esta estrategia hasta el nivel M.

Consejos

- Describe cómo es el personaje al comienzo.
- Describe cómo es el personaje ahora.
- Revisa tu lista de rasgos de personalidad. ¿Qué palabras describen al personaje?
- ¿Ves un patrón?
- ¿Cómo se comporta el personaje una y otra vez?
- ¿Qué sigue siendo igual de una página a otra o de una parte a otra?

¿Para quién es?

NIVELES DE TEXTO
H–M

GÉNERO /
TIPO DE TEXTO
ficción

DESTREZAS
inferir, sintetizar

¿Para quién es?

NIVELES DE TEXTO
H–Z+

GÉNERO / TIPO DE TEXTO
ficción

DESTREZA
inferir

Estrategia Puedes averiguar lo que siente un personaje y aprender sobre el tipo de persona que es a través de lo que sabes de las personas en la vida real. Presta atención a las pistas del texto sobre el personaje. Luego, piensa: "¿Qué sé de este tipo de personas?". Por último, estos conocimientos que tienes sobre el tema te pueden ayudar a hacer inferencias. Las inferencias son cosas que no se dicen abiertamente en el texto, pero que puedes averiguar relacionando las pistas del texto con tu conocimiento sobre el tema.

Ejemplo de enseñanza *Cuando leí* Charlie y la fábrica de chocolate *(Dahl 2011), sentí que el abuelo Joe me resultaba muy familiar. Me recordó mucho a mi propio abuelo, quien se emociona cuando está con sus nietos y no puede dejar de hablar. En el libro, el abuelo Joe cuenta todas esas historias sobre Willy Wonka y el príncipe Pondicherry. Le presta mucha atención a Charlie y ambos parecen estar muy unidos. Sé que muchos abuelos son así; cuidan mucho de sus nietos y les encanta contar historias de los viejos tiempos. Esto me hace pensar que el abuelo Joe quiere mucho a su nieto, disfruta mucho cuando están juntos y se siente joven de nuevo cuando está con él. ¿Ves?, pensar en las personas que conozco en la vida real me ayudó a comprender mejor a los personajes del libro.*

Consejos

- ¿Qué sabes del personaje?
- ¿Qué detalles te da el autor?
- ¿En qué aspectos de tu propia vida te hace pensar?
- Explica cómo esta relación te ayuda a entender mejor al personaje.
- ¿Qué ideas te vienen a la mente?
- Esto es algo que te dijo el autor. ¿Qué piensas sobre eso?

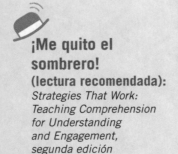

¡Me quito el sombrero!
(lectura recomendada):
Strategies That Work: Teaching Comprehension for Understanding and Engagement, segunda edición (Harvey y Goudvis 2007)

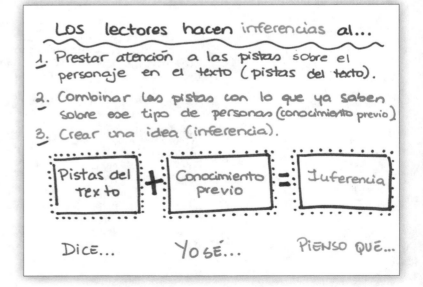

Los lectores hacen inferencias al...

1. Prestar atención a las pistas sobre el personaje en el texto (pistas del texto).
2. Combinar las pistas con lo que ya saben sobre ese tipo de personas (conocimiento previo)
3. Crear una idea (inferencia).

Pistas del texto + Conocimiento previo = Inferencia

Dice... / Yo sé... / Pienso qué...

Estrategia Los lectores se preguntan: "¿Quién está contando la historia?", "¿Es un narrador o uno de los personajes de la historia?". Presta mucha atención a la narración y a los incisos, o intervenciones, del narrador. Si un personaje está contando la historia, verás las palabras "yo", "nosotros", "mi". Si es un narrador el que está contando la historia, verás "él", "ella", "ellos" y "ellas" y los nombres de los personajes. Saber quién está contando la historia te ayudará a seguir los sucesos y a entender mejor a los personajes.

Ejemplo de enseñanza *El narrador es una parte muy importante de la historia. Al describir a los personajes, el narrador puede darnos información importante sobre ellos. Si el narrador es uno de los personajes, también puedes aprender sobre sus pensamientos y sentimientos. Es importante saber quién es el narrador de la historia para saber qué tipo de información vamos a obtener. Vamos a ver un ejemplo del libro* Mi hermano Charlie *(Peete y Peete 2011). El libro comienza:*

> Mi hermano Charlie y yo siempre hemos estado juntos, hasta en la barriga de mi mami.

Tal y como sospechaba por el título, descubro que el narrador del cuento es uno de los personajes. En la oración veo las palabras "mi" y "yo", lo que me hace pensar que el narrador está contando la historia en primera persona, por lo que sé que forma parte de la historia. Con solo leer la primera frase, supe que el narrador es un personaje, y no solo eso, sino que es el hermano de Charlie.

Consejos

- ¿Sabes quién es el narrador?
- Busca algunos pronombres para darte pistas.
- Observa los incisos del diálogo. Averigua cuál es la relación entre la persona que habla y el narrador.
- El narrador es el que cuenta la historia. Busca un lugar donde haya una descripción.
- Sí, así es; los pronombres "él", "ella", "ellos" y "ellas" quieren decir que no es el protagonista el que cuenta la historia.

¿Para quién es?

NIVELES DE TEXTO
H–Z+

GÉNERO / TIPO DE TEXTO
ficción

DESTREZA
verificar la comprensión

EL NARRADOR
"él"
"ella"
"ellos"
"ellas"
nombres

EL PERSONAJE
"yo"
"nosotros"
"mi"

¿Para quién es?

NIVELES DE TEXTO
J–Z+

GÉNERO / TIPO DE TEXTO
ficción

DESTREZAS
comparar y contrastar, inferir, determinar la importancia

Estrategia Piensa en dos personajes. Piensa en qué categorías usarás para hacer las comparaciones. (Algunas ideas: rasgos de personalidad, gustos, intereses, cambios, lección que han aprendido). Explica lo que es similar y diferente entre los dos personajes en cada categoría.

Ejemplo de enseñanza *Para comparar dos personajes es útil pensar en categorías. En la mayoría de los cuentos, los autores crean personajes con rasgos de personalidad que los hacen diferentes del resto y, a menudo, deben enfrentar situaciones de las cuales aprenden una lección de vida. Escribir sobre los rasgos de los personajes, uno al lado del otro, te ayudará a conocerlos mejor. Puedes hacerlo con dos personajes del mismo libro o de libros diferentes. Por ejemplo, si quisiera comparar los dos personajes del libro* Querido primo *(Tonatiuh 2010), Charlie y Carlitos, podría empezar con las siguientes categorías: dónde viven, qué les gusta hacer durante su tiempo libre y qué aprenden de su relación. Carlitos vive en un rancho en el campo y su vida es tranquila. En cambio, Charlie vive en la ciudad donde hay muchos rascacielos y coches. A Carlitos le gusta jugar fútbol en el recreo de la escuela, Charlie prefiere jugar baloncesto; los dos son muy buenos deportistas. Carlitos y Charlie tienen una bonita relación; los dos saben que, a pesar de tener vidas diferentes y vivir en lugares distintos, nada puede romper su amistad. Pensar en categorías realmente me ayudó a conocer mejor a los personajes, ¿no crees?*

Consejos

- Piensa en las palabras que usarías para describir a tu personaje.
- ¿A qué problema se enfrenta tu personaje?
- ¿En qué se parecen y en qué se diferencian físicamente tus personajes?
- ¿Qué intereses tiene cada uno?
- Piensa en las categorías que podrías usar para compararlos.
- Compara los dos personajes cuando se enfrentan a un problema. ¿Cómo reaccionan?
- Describe en qué se parecen y en qué se diferencian tus personajes.
- De todo lo que escribiste, ¿qué crees que es lo más importante al comparar estos personajes?

¡Me quito el sombrero!

(lectura recomendada):
The Common Core Lesson Book, K–5: Working with Increasingly Complex Literature, Informational Text, and Foundational Reading Skills (Owocki 2012)

6.12 Usa tu empatía para entender

Estrategia Observa lo que le sucede al personaje. Piensa, por ejemplo, en cómo otros personajes lo tratan o en qué le va bien o mal en la vida. Intenta averiguar cómo se siente el personaje e imagina cómo reaccionarías tú si estuvieras en su lugar.

Ejemplo de enseñanza *Para entender a un personaje, trata de imaginar su situación y pensar en qué harías tú si estuvieras en su lugar. Puedes prestar atención a lo que pasa en el cuento, cómo los otros personajes lo tratan, cómo responde el personaje y puedes tratar de sentir lo que crees que está sintiendo el personaje. A veces, puede ser útil pensar en tus propias experiencias que puedan ser parecidas a las del personaje. Aunque no hayas vivido nada similar, igualmente puedes tratar de imaginar por lo que el personaje está pasando. Por ejemplo, al comienzo del libro* Gracias a Winn-Dixie *(DiCamillo 2011), Opal tiene que dejar su hogar para mudarse a Florida con su papá. Opal está triste ya que tiene que abandonar a sus amigos. Cuando llega a Florida, se da cuenta de que ahí la gente es diferente y se pone aún más triste al pensar que nunca podrá volver a hacer amigos. Opal se siente perdida, echa de menos su antiguo hogar y a su mamá, quien murió hace unos años. Para realmente entender los sentimientos de Opal, debes tener empatía y tratar de imaginar cómo te sentirías tú si estuvieras en su lugar.*

Consejos

- ¿Cómo tratan los otros personajes a tu personaje?
- Eso es lo que está pasando. ¿Cómo afecta al personaje?
- Dime lo que otros personajes han dicho o hecho.
- ¿Cómo se siente el personaje?
- ¿Cómo te sentirías o responderías si estuvieras en su situación?
- Di: "En su situación, yo sentiría o actuaría ___, así que creo que mi personaje es o será ___".
- Acabas de decirme que el personaje ___. ¿Sientes empatía hacia tu personaje?
- Trata de ponerte en el lugar del personaje.
- ¿Puedes entender por qué el personaje actúa de este modo? ¿Por qué crees?

¿Para quién es?

NIVELES DE TEXTO
J–Z+

GÉNERO /
TIPO DE TEXTO
ficción

DESTREZAS
**inferir, determinar
causa y efecto**

¡Me quito el sombrero!
(lectura recomendada):
*Following Characters
into Meaning: Building
Theories, Gathering
Evidence*
(Calkins y Tolan 2010b)

Estrategia Entender las motivaciones del personaje (por qué hace lo que hace) te ayuda a comprender mejor el tipo de persona que es. Cuando hables sobre el personaje, no te limites a decir lo que él o ella dice o piensa, también trata de añadir tus propios pensamientos sobre por qué lo hace, dice o piensa. A veces, el por qué aparece antes en la historia, otras veces tendrás que seguir leyendo y otras veces tendrás que inferirlo.

Ejemplo de enseñanza *Piensa en ti mismo o misma. Si te acercas a tu mamá y le das un abrazo, habrá una razón para ello, ¿verdad? Si te enojas con tu hermanita, no será sin ningún motivo. Si estudias mucho para un examen en la escuela y yo te pregunto por qué lo haces, puedes darme una respuesta, ¿no? Bueno, los personajes son como las personas en la vida real: tienen motivos para hacer lo que hacen. Una de nuestras tareas como lectores que intentan comprender a los personajes es ir un paso más allá y no solo decir lo que hacen, sino por qué lo hacen. Ahora, lo difícil es que el personaje pocas veces nos dice: "La razón por la que estoy haciendo esto es…", al igual que nosotros no siempre explicamos por qué hacemos las cosas si no nos lo preguntan. Eso significa que, como lectores, debemos juntar la información de la historia, hacer inferencias y tratar de averiguar los motivos de los personajes.*

Consejos

- Nombra lo que el personaje hace o dice. Ahora piensa, ¿por qué lo hizo?
- Piensa en la motivación del personaje.
- Me has dicho lo que hizo, me pregunto *por qué* hizo eso.
- ¿Tienes alguna pista que te ayude a saber por qué?
- Usa las palabras *tal vez porque…* para explicar la motivación del personaje.
- Esa motivación tiene sentido según los detalles de la historia que me contaste.

Estrategia Busca un momento donde un personaje secundario esté interactuando con el personaje principal. Piensa en cómo las acciones del personaje secundario hacen sentir, pensar y actuar al personaje principal. Cambia tu punto de vista. Observa cómo las acciones y palabras del personaje principal hacen sentir, pensar y actuar al personaje secundario. ¿Qué ideas tienes sobre los personajes y la relación que tienen?

Ejemplo de enseñanza *Gracias a Winn-Dixie (DiCamillo 2011) es un libro en el que aparecen muchos personajes que interactúan en diferentes situaciones a lo largo de la historia. Este es un buen ejemplo para comprender la visión del personaje y observar las interacciones que tiene con otros personajes para aprender más sobre cada uno de ellos. Pensemos por un momento en la conversación entre India Opal y su papá, la noche en la que Opal le pide que le hable sobre su mamá. Si observo esta escena desde los ojos de Opal, pienso que se siente emocionada por saber de su mamá. Es probable que también se sienta triste, ya que su mamá no está junto a ella y algunas de las cosas que le cuenta su papá no son agradables. Aun así, el hecho de que su papá confíe en ella seguramente la hace sentir adulta y madura. Ahora, si adopto la visión del papá, diría que probablemente se siente nervioso y también triste. Es difícil recordar momentos dolorosos. Probablemente también se está dando cuenta de que no puede proteger a Opal de la verdad por siempre, y puede que se sienta triste al ver que su hija ya no es una niña. Cuando pienso en ambos personajes, creo que esta escena muestra la fuerte relación que están creando, y que probablemente no sea solo una relación entre un papá protector y una hija inocente, ya que Opal ya no es una niña.*

Consejos

- Busca un lugar donde los personajes estén interactuando.
- ¿Cómo (nombre del personaje) está tratando a (nombre del personaje)?
- Esta es una idea sobre un personaje. ¿Qué piensas sobre su relación?
- Explica cómo (nombre del personaje) está haciendo sentir a (nombre del personaje).

> Personaje: Timmy Tittlebottom
> Libro: Las manzanas del Sr. Peabody
>
> Tommy Tittlebottom notó que el Sr. Peabody se llevó una manzana sin pagar y le contó a los otros niños. Los niños no fueron al partido. Tommy se enteró que el Sr. Peabody pagó por la manzana y no era un ladrón. Se sintió mal. —No debería haber dicho lo que dije, pero parecía que no pagaba la manzana— El Sr. Peabody sabía que Tommy estaba arrepentido.

¿Para quién es?

NIVELES DE TEXTO
M–Z+

GÉNERO / TIPO DE TEXTO
ficción

DESTREZAS
inferir, determinar causa y efecto

¡Me quito el sombrero!
(lectura recomendada):
Fresh Takes on Teaching Literary Elements: How to Teach What Really Matters About Character, Setting, Point of View, and Theme (Smith y Wilhelm 2010)

6.15 Las palabras y las acciones como ventanas

¿Para quién es?

NIVELES DE TEXTO
M–Z+

GÉNERO /
TIPO DE TEXTO
ficción

DESTREZA
inferir

Estrategia Observa cómo actúa el personaje mientras habla. Presta atención a los diálogos, a los incisos del narrador y a sus acciones. Usa una lista mental o una lista en un papel de los rasgos de su personalidad. Pregúntate: "¿Qué tipo de persona actúa o habla así?".

Ejemplo de enseñanza *Prestar atención a lo que dice el personaje y cómo lo dice nos ayuda a conocerlo mejor. Veamos un ejemplo del cuento* Las tres preguntas *(Muth 2003, p. 5):*

> —Quiero ser una buena persona —les dijo a sus amigos—, pero a veces no sé cuál es la mejor manera de hacerlo.
> Sus amigos lo comprendían y querían ayudarlo.
> —Si encontrara la respuesta a mis tres preguntas —continuó Nikolai—, siempre sabría lo que debo hacer.

En este diálogo, el autor nos da mucha información sobre la personalidad y cómo habla el personaje. El tono de Nikolai es sereno, con lo que podemos inferir que es calmado y paciente. Nikolai tiene una pregunta y, en lugar de frustrarse o ponerse nervioso, se mantiene sereno e intenta buscar una solución. Podemos aprender otras cosas sobre su personalidad en la siguiente página (p. 11):

> "Ya sé —pensó —, le preguntaré a Liev, la tortuga. Ha vivido muchos años y sin duda conocerá las respuestas que busco".

Ahora Nikolai está pensando, es decir, está hablando consigo mismo. Igualmente, el pensamiento del personaje nos dice que no se da por vencido, que seguirá buscando hasta encontrar las respuestas a sus preguntas mientras sigue mostrándose calmado y optimista.

Consejos

- ¿Puedes señalar un inciso de diálogo?
- ¿Cuál es la acción del personaje ahora?
- Nombra un rasgo de personalidad que muestre su comportamiento.
- Eso es lo que pasó; ¿cómo lo describirías?
- Eso es un sentimiento; ¿cuál es el rasgo de personalidad?
- Ese es un rasgo de personalidad del personaje a lo largo del cuento.
- Ese inciso muestra de qué forma el personaje dijo algo.

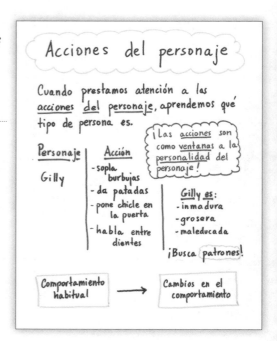

Estrategia Observa los momentos en que un personaje se comporte de un modo poco habitual. Compara lo que el personaje dice o hace ahora, con lo que dice o hace en escenas de antes o después. Presta atención a cómo el personaje actúa después y averigua si este cambio de comportamiento es temporal o si es un cambio real. Desarrolla una idea o una teoría sobre el personaje basándote en lo que más te sorprendió de este.

Ejemplo de enseñanza *Un significado de la palabra* carácter *es "cualidades distintivas de una persona". En los libros que lees, es probable que los personajes muestren las mismas cualidades durante casi toda la historia. Pero puede que de pronto notes que el personaje actúa de forma diferente. Es importante que averigües si este cambio de comportamiento es temporal o si realmente la manera de ser del personaje ha cambiado. Por ejemplo, en* Esperanza renace *(Muñoz Ryan 2002), el personaje principal es una niña que ha crecido en un ambiente privilegiado y rico. Eso la convierte en una niña acomodada y consentida, que nunca ha tenido que esforzarse por conseguir algo. Sin embargo, cuando su padre es asesinado, ella y su madre deben abandonar su vida en México y huir a Estados Unidos, donde tendrán que empezar de cero y sobrevivir como puedan. Esperanza ha dejado de tener las comodidades con las que ha crecido, y eso la obligará a convertirse en una niña responsable y luchadora. ¿Crees que la personalidad de Esperanza ha cambiado? Pienso que la situación de Esperanza la ha hecho madurar de golpe: ha dejado de ser consentida y ahora sabe lo que significa el esfuerzo. Sin embargo, su personalidad sigue siendo la misma. Dejar atrás su vida privilegiada no significa que haya cambiado su "carácter", sino que ha aprendido que la vida no siempre es fácil y que "más allá de su rancho privilegiado", hay muchas personas que luchan cada día por sobrevivir.*

Consejos

- ¿Qué tiene de inusual el comportamiento del personaje en esta parte?
- ¿Qué tiene de diferente la forma en la que el personaje está actuando?
- ¿Crees que el personaje ha cambiado o tan solo está actuando de forma diferente ahora?
- ¿Qué teoría tienes sobre el personaje?
- Con base en lo que sabes ahora, propón una teoría.
- ¿Por qué crees que está pasando esto?

> En el libro Me llamo María Isabel María no dice lo que piensa aunque este molesta. Pero después María Isabel le escribe una carta a su maestra diciendole lo que siente. ¡Ella cambió de nerviosa a valiente!

¿Para quién es?

NIVELES DE TEXTO
N–Z+

GÉNERO /
TIPO DE TEXTO
ficción

DESTREZAS
inferir, sintetizar

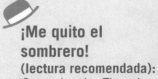

¡Me quito el sombrero!
(lectura recomendada): *Comprehension Through Conversation: The Power of Purposeful Talk in the Reading Workshop* (Nichols 2006)

6.17 ¿Qué afecta al personaje?

Estrategia Piensa en todo lo que afecta al personaje: los problemas que enfrenta, los personajes con quienes se relaciona y el ambiente de la historia. Presta atención a cómo el personaje se comporta y responde a todo esto. ¿Qué efecto tienen en el personaje los problemas, los otros personajes y el ambiente, en diferentes momentos de la historia?

Ejemplo de enseñanza *Prestar atención a cómo actúan los personajes en diferentes situaciones te ayuda a entenderlos mejor y a verlos como personajes reales, con sus fortalezas y debilidades. Si quisiera hablar sobre las cosas que afectan a María a lo largo del libro* Me llamo María Isabel *(Ada 1996), hablaría, por un lado, de la maestra de su escuela, quien decide llamarla Mary en lugar de su nombre, María. Por otro lado, hablaría de las raíces latinas de la protagonista, de las cuales se siente muy orgullosa y es la principal causa de que se ponga triste cuando su maestra no la llama por su nombre. También, hablaría del hecho de que a María le cuesta acostumbrarse a su nuevo nombre y no siempre responde cuando su maestra la llama Mary, lo que hace que su maestra crea que no presta atención a la lección, y eso mete en problemas a la protagonista. El modo en el que María responde a todo esto me hace comprender mejor su personaje y me ayuda a imaginarla como si fuera una persona real, con todos sus rasgos característicos. (Cree un diagrama como el de esta página y continúe poniendo ejemplos).*

Consejos

- Piensa primero en los personajes. ¿Qué influencia tienen en tu personaje?
- Piensa en el ambiente. Nombra cómo afecta al personaje.
- Piensa en otros elementos del cuento para ayudarte a saber qué afecta al personaje.
- Explica cómo reacciona el personaje.
- Estoy de acuerdo con que este personaje (lugar o suceso) influye en el personaje, ya que hemos visto un cambio en él.
- Pensaste en un montón de cosas que afectan a tu personaje. ¡Estás leyendo con mucha atención!

6.18 Personajes complejos

Estrategia Los personajes no son solo de una manera. Observa cómo actúa un personaje en una situación o escena. Compáralo con un momento en el que el personaje actúe o piense diferente. Trata de usar varias palabras que tengan diferentes significados para describir al personaje.

Sugerencia para el maestro Para apoyar a los lectores con esta estrategia, trate de ofrecer una lista de rasgos de personalidad que sean diferentes entre sí y muestren diferentes tipos de carácter. Por ejemplo, para los lectores más jóvenes o niños que tengan un nivel de lectura más básico, puede crear una tabla de dos caras, con rasgos "buenos" y rasgos "malos". Para los niños que estén listos para usar una herramienta con más palabras de vocabulario, puede crear una lista de unas veinticinco palabras, con encabezados como "agradable", "malvado", "valiente" y escribir sinónimos debajo de cada palabra.

Sugerencia para el maestro Puede crear un muro en el salón de clase donde cuelgue copias de las portadas de lecturas que hayan hecho en el pasado y escribir una lista de rasgos de personalidad que aparecen en los libros. Anime una conversación durante la lectura en voz alta para ayudar a los niños a pensar en los personajes de varias maneras, crear una lista de los diferentes rasgos de su personalidad y por qué y cómo actúan de ese modo. Esto puede ser útil, no solo para recordar que los personajes son complejos, sino también como un "muro de palabras" que les sirva como referencia para describir a los personajes de los libros que están leyendo de manera independiente.

Consejos

- ¿En qué rasgo de personalidad estás pensando?
- ¿Qué clase de persona actúa así?
- ¿Puedes encontrar un rasgo de personalidad en esta lista?
- Revisa la lista. ¿Qué otra palabra puedes usar para describir al personaje?
- Encuentra un lugar donde estés aprendiendo algo sobre tu personaje.
- Esos rasgos son similares. ¿Hay algún otro lugar que te muestre otra forma de ser del personaje?
- Ese es un sentimiento; ¿cuál es el rasgo de personalidad?
- Eso es lo que está pasando; ¿qué tipo de persona hace eso?
- Sí, ese es un rasgo de personalidad porque dice qué tipo de persona es él o ella.

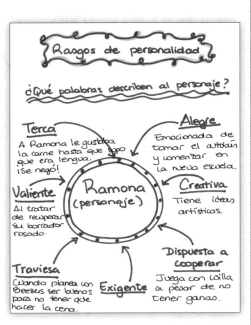

¿Para quién es?

NIVELES DE TEXTO
N–Z+

GÉNERO /
TIPO DE TEXTO
ficción

DESTREZAS
inferir, comparar y contrastar

¡Me quito el sombrero!
(lectura recomendada):
Following Characters into Meaning: Building Theories, Gathering Evidence
(Calkins y Tolan 2010b)

¿Para quién es?

NIVELES DE TEXTO

N–Z+

**GÉNERO /
TIPO DE TEXTO**
ficción

DESTREZA

inferir

Estrategia Intenta nombrar muchos rasgos de personalidad que el personaje haya mostrado a lo largo del cuento, especialmente aquellos que muestra en diferentes situaciones. Haz una lista de los rasgos de personalidad y clasifícalos en dos categorías: rasgos útiles y rasgos conflictivos. Escribe oraciones para describir a tu personaje, mostrando sus diferentes formas de ser. Usa uno de estos modelos si te resulta útil:

- "A veces, mi personaje ___, pero cuando ___, ella o él actúa ___".
- "A menudo mi personaje parece ___, pero a veces ___".
- "Mi personaje es ___. Pero él o ella se muestra diferente cuando ___".

Consejos

- Piensa en tu personaje al inicio. Descríbelo.
- El rasgo de personalidad que acabas de decir es ___. Piensa si le ayuda.
- El rasgo de personalidad que acabas de decir es ___. ¿Actuar de esa manera le trae problemas?
- Busca en otra parte del libro. Tal vez encuentres otro rasgo de personalidad.
- ¡Parece que este rasgo de personalidad es conflictivo!
- El rasgo de personalidad que encontraste definitivamente es diferente al que mencionaste antes. ¿En qué columna va?
- ¿Sientes que estás observando a tu personaje desde diferentes puntos de vista?
- Explica cómo es tu personaje en una oración completa.

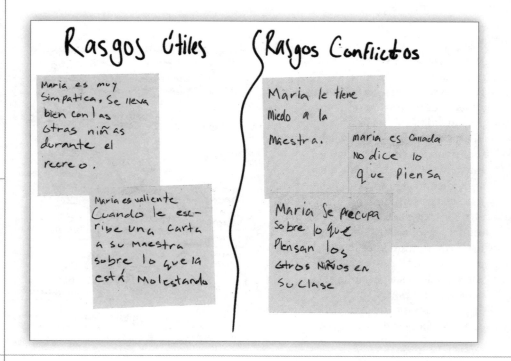

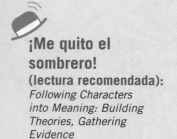

¡Me quito el sombrero!
(lectura recomendada):
Following Characters into Meaning: Building Theories, Gathering Evidence
(Calkins y Tolan 2010b)

Estrategia Piensa en un momento de la historia en el que haya conflicto. Fíjate si el personaje actúa de manera diferente antes y después del conflicto. Describe al personaje de modo que muestre la complejidad del personaje, o sus diferentes formas de ser.

Ejemplo de enseñanza *A lo largo de cualquier historia, los personajes se enfrentan a obstáculos, o cosas en su camino que les hacen más difícil conseguir lo que quieren. También se enfrentan a conflictos o momentos en los que tienen problemas con otro personaje o situación. La manera en que el personaje se enfrenta a estos conflictos o resuelve estos obstáculos puede ayudarnos a conocerlo de una manera más profunda. Por ejemplo, puedes pensar en* Harry Potter y la piedra filosofal *(Rowling 1999). Al inicio de la historia, Harry se enfrenta a un conflicto en su propia casa: sus tíos lo maltratan mientras malcrían a su primo Dudley. Para conocer mejor a Harry, podemos observar cómo reacciona. Suele ser reservado y saca lo mejor de su situación (vive en un dormitorio debajo de las escaleras). Más tarde, en Hogwarts, cuando se enfrenta a situaciones misteriosas que pueden ser peligrosas, Harry responde con curiosidad y valentía. Estos son solo dos ejemplos de un libro mucho más largo, pero ambos nos muestran diferentes rasgos del personaje. A lo largo del libro, recoger este tipo de detalles sobre el personaje en situaciones de conflicto te ayudará a entender las complejidades del personaje.*

Consejos

- Habla sobre un momento en la historia donde haya conflicto.
- ¿Dónde encuentra el personaje el problema?
- ¿Cómo era el personaje antes de esto?
- ¿Cómo es el personaje después?
- Describe al personaje mostrando los dos lados de su carácter.
- ¿Cómo nos muestra este conflicto un rasgo del personaje?

¿*Para quién es?*

NIVELES DE TEXTO
N–Z+

GÉNERO /
TIPO DE TEXTO
ficción

DESTREZAS
inferir, sintetizar

¿Para quién es?

NIVELES DE TEXTO
N–Z+

GÉNERO / TIPO DE TEXTO
ficción

DESTREZAS
inferir, sintetizar, interpretar

Estrategia Reúne toda la información que tengas y crea una teoría sobre tu personaje. Observa los rasgos de personalidad del personaje, sus deseos y las cosas que quiere hacer y crea una teoría sobre quién es realmente el personaje o qué es lo que más quiere, no solo en un momento del cuento, sino como un patrón a lo largo de toda la historia.

Ejemplo de enseñanza *En libros más complejos, los personajes también son más complejos. En una escena o momento del libro, el personaje puede mostrar un lado de su personalidad, lo que te ayudará a hacerte una idea sobre qué tipo de persona es. Sin embargo, puede que más tarde actúe de modo diferente. Al reunir todos estos pensamientos, podrás hacer una teoría más completa sobre el personaje. Por ejemplo, en La Gran Gilly Hopkins (Paterson 2005), conocemos a Gilly, una niña grosera y difícil de tratar. Habla mal a los adultos y asusta a algunas personas. Más adelante, vemos cómo extraña a su madre y cómo su carácter se vuelve más dulce. Hacia el final del libro, Gilly cuida a Trotter y William Earnest, cuando ellos están enfermos de gripe. Recopilemos estos detalles sobre el personaje para crear una teoría. ¿Cuándo actúa de una manera? ¿Cuándo actúa de modo diferente? Parece que Gilly es grosera porque quiere alejar a las personas de su lado. Quiere protegerse a sí misma, así que prefiere estar sola antes de que vuelvan a lastimarla. Podemos pensar que como a Gilly la abandonó su mamá, no quiere que vuelvan a romperle el corazón. Actúa de este modo para protegerse a sí misma, pero en el fondo tiene un gran corazón.*

Consejos

- Di algunos rasgos de personalidad que tu personaje muestre en diferentes momentos.
- Ese es un sentimiento; nombra un rasgo de personalidad.
- Esos dos rasgos son muy similares. Di otro.
- Sí, creo que esos rasgos muestran diferentes formas de ser del personaje.
- ¿Cuál es tu teoría?
- Reúne todos los rasgos de personalidad. Piensa sobre ellos. ¿Cuál es tu teoría?

¡Me quito el sombrero!
(lectura recomendada):
Independent Reading Assessment: Fiction series (Serravallo 2012)

> **Personaje**
>
> Isadora
>
> **Rasgo**
> imaginativa
> Ella imagina que esta bailando en una lluvia de petalos de rosa. Quiere ser una bailarina.
>
> **Rasgo**
> protectora
> Cuando no encuentra a Pinky, se preocupa mucho. No para hasta encontrarla.
>
> **Rasgo**
> simpatica
> Isadora escuchó que Tatiana Tutú estaba llorando y la ayudó.
>
> **Teoría**
> Mi teoría de Isadora es que aunque le encanta el baile y la atención, no se le olvida pensar en los demás. Se preocupa por los sentimientos de Tatiana Tutú y protege a Pinky.

Estrategia Cuando lees sobre personajes de la historia, debes tener en cuenta el contexto en el que vivieron. Mientras lees, piensa en quién era el personaje, dónde estaba, qué le estaba pasando y por qué. A medida que leas, junta las pistas que creas más importantes y prepárate para comentarlas en tu club de lectura. Durante la conversación, te darás cuenta de cuáles son los detalles más importantes para ayudarte a comprender mejor al personaje.

Ejemplo de enseñanza *Al leer* Los Watson van a Birmingham – 1963 *(Curtis 2016), puedes juntar muchas pistas sobre los personajes y pensar en lo que es más importante en el contexto de esa época. Tratemos de hacerlo con el hermano mayor, Byron. Sabemos que el personaje tiene una gran autoestima. Su hermano pequeño lo llama un "delincuente juvenil", ya que siempre se mete en líos. Siempre da la cara por su hermano cuando alguien se burla de sus ojos. Al nombrar estos rasgos, podría fácilmente tratarse de un personaje de trece años en una novela actual. Sin embargo, algunos detalles lo sitúan en el periodo de tiempo al que perteneció. Como cuando usa un alisador de pelo o la manera como reacciona al bombardeo de la iglesia; de algún modo, este suceso lo hace mostrar su lado más amable y cariñoso. Si fuera a reunirme con mi club de lectura, juntaría todas estas pistas para que juntos construyamos una teoría sobre qué tipo de persona es, a través de los detalles de esa época histórica y otros detalles que podrían ser similares a los de un niño de trece años de hoy en día.*

Consejos

- ¿Qué aprendiste sobre el personaje en esta parte?
- ¿Qué detalles notaste sobre lo que le estaba pasando a tu personaje debido al contexto histórico?
- ¿Qué hace único a tu personaje en su contexto histórico?
- ¿Cómo encaja tu personaje en su contexto? ¿Cómo actúa?
- ¿Qué pistas ayudarían a tu club a conocer mejor al personaje?
- ¿Qué crees que sea lo más importante de tu personaje?

¿Para quién es?

NIVELES DE TEXTO
P–Z+

GÉNEROS / TIPOS DE TEXTO
ficción histórica, biografía

DESTREZAS
determinar la importancia, inferir

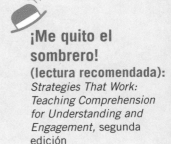

¡Me quito el sombrero!
(lectura recomendada): *Strategies That Work: Teaching Comprehension for Understanding and Engagement,* segunda edición (Harvey y Goudvis 2007)

Estrategia Fíjate en si las acciones de los personajes encajan con su forma de pensar. Piensa en qué dice esto sobre su forma de ser y lo que el personaje piensa o siente. Pregúntate: "¿Mi personaje actúa tal y como piensa?" "¿Quién querría ser mi personaje?".

Ejemplo de enseñanza *En el capítulo 10 del libro* Con cariño, Amalia *(Ada 2013), Amalia, disgustada, le confiesa a su abuela que está muy arrepentida de algo que hizo: robar unos DVD de la escuela. Me pregunto: ¿por qué Amalia robó esos DVD aun sabiendo que no estaba bien? ¿Va este comportamiento acorde con lo que ella piensa? Creo que no, ya que Amalia ahora se siente triste y avergonzada. Amalia está arrepentida porque ha actuado mal; ella sabe que robar está mal y aun así decidió tomar los DVD. Pero Amalia está dispuesta a decir la verdad y pedir perdón: "Se dio cuenta de que había confiado en que su abuela iba a resolver el problema, pero eso no iba a pasar. El problema era suyo. Y ella iba a tener que resolverlo". La lección que aprende Amalia de esto es que siempre debemos actuar tal y como pensamos, y escuchar a nuestro corazón.*

Consejos

- ¿Hay algún momento en el cuento donde el personaje hace algo que contradiga lo que dice?
- Señala una escena que muestra los pensamientos internos del personaje.
- Fíjate en sus pensamientos y en sus acciones.
- Fíjate en lo que dice el personaje y cómo lo dice.
- ¿Cómo es el personaje? ¿Sus acciones contradicen su forma de ser?
- Veo que entendiste la diferencia entre los pensamientos y las acciones.
- Sí, en esa parte se muestran las verdaderas intenciones del personaje.

6.24 Puntos débiles

Estrategia A veces, las historias las cuenta un narrador que no es el personaje principal. Este narrador nos cuenta lo que sabe el protagonista, y lo que no sabe. Lo que el personaje principal no sabe, es decir, sus "puntos débiles", nos ayudan a conocerlo mejor y entender sus decisiones. Pregúntate: "¿Cuáles son los puntos débiles del personaje?", "¿Cómo lo afectan?". Observa bien estos puntos débiles como una manera de interpretar quién es realmente el personaje.

Ejemplo de enseñanza *En* La vida útil de Pillo Polilla *(Mansour Manzur 2000), Policarpo le pide a Pillo que se aventure a un riesgoso viaje en busca de un libro que responderá a sus preguntas sobre por qué existen las polillas. Pillo acepta y abandona la comodidad de su biblioteca para comenzar la aventura. Lo que Pillo no sabe es que Policarpo sabe que no va a encontrar el libro. Este "punto débil" empuja al personaje a querer esforzarse por lograr su objetivo, aunque este sea inalcanzable. La ignorancia de Pillo, eso que él no sabe, pero que sí sabe Policarpo, hace que el personaje no se dé por vencido al buscar las respuestas sobre quién es él. Lo más probable es que si Pillo lo hubiera sabido desde un principio, nunca habría comenzado este viaje y tampoco habría encontrado las respuestas a sus preguntas. Este punto débil me ha ayudado a conocer mejor al personaje, pues ahora sé que Pillo es una polilla decidida, luchadora y que nunca se da por vencida.*

Consejos

- ¿Qué crees que sabe el personaje?
- ¿Qué crees que no sabe el personaje?
- ¿Qué información te dan los puntos débiles del personaje sobre su personalidad?
- Muy bien, eso es un punto débil. Ahora dime qué piensas del personaje.
- ¿En qué te hace pensar esto?

¡PUNTOS DÉBILES!

① Identifica los puntos débiles:
¿Qué puedo ver yo que no vea el personaje? ¿Qué sé yo que el personaje no sepa?

② Piensa en la importancia:
¿Por qué crees que son importantes esos puntos débiles?

③ Interpreta al personaje:
¿Cómo crees que es la personalidad del personaje?

¿*Para quién es?*

NIVELES DE TEXTO
R–Z+

GÉNERO /
TIPO DE TEXTO
ficción

DESTREZAS
inferir, interpretar, sintetizar

Apoyar la comprensión de textos de ficción

Entender temas e ideas

◎ ¿Por qué es importante este objetivo?

La riqueza de los libros de ficción consiste en que están llenos de ideas y temas, muchos de los cuales no siempre saltan a la vista del lector de inmediato. Se requiere usar la imaginación, inferir, determinar el grado de importancia y sintetizar todo lo que sucede en una historia para entender las ideas que esconde. Stephanie Harvey y Anne Goudvis (2000) lo explican de este modo: "Los mensajes de los libros son las ideas, moralejas o enseñanzas subyacentes que le dan a la historia su textura y profundidad, o sea, su significado. Los mensajes o lecciones casi nunca se expresan de manera explícita en la historia. Debemos deducirlos o inferirlos. Esos mensajes nos pueden hacer sentir enojo, tristeza, culpa, alegría, miedo. A los niños les decimos que los debemos sentir como 'un presentimiento en el estómago'" (109).

Sin embargo, algunos opinan que el texto tiene un tema, aquel intencionado por el autor, y que es la tarea del lector descifrarlo. Yo más bien tiendo a compartir la idea de los seguidores del teórico literario Rosenblatt (1978) en cuanto a la cuestión de interpretar temas. En mi opinión, la interpretación debe fundarse en los detalles del texto, pero lo más importante es la interacción del lector con el texto. Esto significa que dos lectores que leen la misma historia pueden interpretar el tema de manera diferente debido a que sus conocimientos previos y sus experiencias personales son únicas.

¿Por qué es importante entonces enseñar a los niños a pensar sobre temas, ideas y simbolismos? Cuando enseñamos a los niños a pensar sobre la lectura con más profundidad, aprenden a darle más importancia a la acción de leer. Ya no solo se trata de ponerle atención al próximo suceso que sigue en la trama de la historia, sino que la lectura se convierte en otra manera de ver el mundo que nos rodea, de sentir diferentes emociones e incluso de cuestionar nuestras propias creencias.

Aunque en los niveles primarios los temas pueden ser muy accesibles ("los amigos son importantes"), a medida que los estudiantes lean textos de niveles más elevados, los temas se acercarán más y más a la vida real: multidimensional, contradictoria y desordenada. El uso de simbolismos empieza a aparecer alrededor de los niveles P/Q; en esos niveles, los estudiantes podrán entender mejor el texto si consideran que las personas, los lugares y los objetos representan algo más que su simple descripción física.

Dicho de otro modo, aunque pensar en profundidad sobre el texto puede ser agradable cuando leemos literatura, también se puede decir que si no entendemos los mensajes, las ideas, el simbolismo y los temas sociales que aparecen en el texto, podemos malinterpretar o incluso perdernos gran parte de la trama de la historia.

◎ ¿Cómo sé si este objetivo es adecuado para mi estudiante?

Al igual que con otros objetivos de comprensión, al evaluar a los estudiantes es importante tener en cuenta la confluencia entre la tarea (determinar cuál es el tema o interpretar los símbolos) y el texto en sí (el nivel de lectura).

Por ejemplo, en muchos textos de primaria, o hasta los niveles K/L, las lecciones están visiblemente conectadas con lo que aprende el personaje y, con frecuencia, el tema incluso se declara de forma explícita en el texto. Los maestros deben observar si los estudiantes saben dónde buscar el tema y si pueden describirlo con el mismo lenguaje que usa el autor.

Al llegar a los niveles de lectura apropiados al finalizar el segundo grado y el tercer grado (M–P), es posible que el tema ya no sea explícito y los lectores tengan que averiguarlo por su cuenta. Al leer esos textos más complejos, siempre pido a los estudiantes que traten de decirlo en una oración completa (por ejemplo: "Podemos crear nuestra propia familia rodeándonos de personas que nos quieren") y no solo por medio de una sola palabra (por ejemplo: "familia").

A partir de los niveles R/S, los textos suelen tener varios temas. Entonces, puedo guiar a los estudiantes preguntándoles "¿Qué más ves?" o "¿Tienes alguna otra idea?" para verificar si están captando otros asuntos que van más allá del mensaje principal.

En todos los niveles, creo que es importante considerar si la interpretación del tema por parte del estudiante abarca toda o la mayor parte de la historia, o si solo se basa en algo que sucedió en una página o pasaje particular (los temas que toman en cuenta todo el libro muestran una comprensión más profunda). A los niños que leen a los niveles del principio del cuarto grado (P/Q) les preguntaría sobre el simbolismo que ven en la historia e intentaría determinar si pueden explicar cómo un objeto concreto puede representar una idea abstracta (Fountas y Pinell 2010b; Serravallo 2018, 2019).

Para evaluar si los estudiantes entienden los temas y las ideas, me ayuda mucho hacerles preguntas sobre un texto que ellos hayan elegido y leído durante el periodo de lectura independiente. Esto se puede hacer durante conferencias (sesiones individuales de lectura), o durante lecturas en voz alta o lecturas individuales en silencio. Algunas preguntas que incluyo son:

- ¿Sobre qué crees que trata este texto *en verdad*?
- ¿Qué tema/lección puedes sacar de esta historia?
- ¿Qué aprendiste al leer esta historia?
- ¿Qué crees que simboliza el/la ___?

Es muy posible que no estemos evaluando solo temas e ideas, sino que este proceso sea parte de una evaluación más holística sobre la comprensión de los textos de ficción. Por lo tanto, yo seleccionaría este objetivo para estudiantes que han demostrado con regularidad la habilidad para comprender los conceptos de trama, ambiente, personaje y vocabulario, y que ya puedan razonar y analizar de manera crítica los cuentos que leen.

Vistazo a las estrategias para entender temas e ideas

Estrategia		Niveles de texto	Géneros / Tipos de texto	Destrezas
7.1	Fíjate en el patrón y da consejos	D–K	Libros con personajes y patrones repetitivos	Inferir, sintetizar
7.2	La diferencia entre trama y tema	G–Z+	Ficción	Inferir, determinar la importancia
7.3	Aprende de cómo los personajes se tratan entre sí (y dales consejos)	I–Z+	Ficción	Inferir, determinar la importancia
7.4	¿Qué nos pueden enseñar los personajes?	J–Z+	Ficción	Inferir, determinar la importancia
7.5	Observa qué aprende un personaje de otro	J–Z+	Ficción	Inferir, determinar la importancia
7.6	¿Qué lección has aprendido?	J–Z+	Ficción	Inferir, determinar la importancia
7.7	Los errores sirven de lecciones	J–Z+	Ficción	Inferir, determinar la importancia
7.8	Los sentimientos nos ayudan a aprender	J–Z+	Ficción	Inferir, determinar la importancia
7.9	Compara lecciones entre los libros de una serie	J–Z+	Ficción	Inferir, determinar la importancia, comparar y contrastar
7.10	Acciones, resultados y reacciones	J–Z+	Ficción	Inferir, determinar la importancia, sintetizar
7.11	Conexiones entre libros	K–Z+	Ficción	Inferir, sintetizar
7.12	Busca a fondo los temas importantes	K–Z+	Ficción	Inferir, determinar la importancia, sintetizar
7.13	De las semillas al tema	K–Z+	Ficción	Inferir, interpretar
7.14	Busca pistas del tema en la contraportada	K–Z+	Ficción	Inferir, determinar la importancia, sintetizar
7.15	El mundo real en mi libro	N–Z+	Ficción	Inferir, determinar la importancia
7.16	Leer nos enseña sobre la vida real	N–Z+	Ficción	Inferir, determinar la importancia
7.17	Los lectores se hacen preguntas	N–Z+	Ficción	Inferir, determinar la importancia
7.18	Los cambios de los personajes revelan lecciones	N–Z+	Ficción	Inferir, determinar la importancia
7.19	Los símbolos se repiten	N–Z+	Ficción	Inferir, determinar la importancia
7.20	Reacciona ante los temas que se repiten	N–Z+	Ficción	Inferir, determinar la importancia
7.21	El momento ¡ajá!	N–Z+	Ficción	Inferir, sintetizar, determinar la importancia
7.22	Identificadores, identidad e ideas	Q–Z+	Ficción	Inferir, determinar la importancia
7.23	Personajes secundarios sabios	Q–Z+	Ficción	Inferir, determinar la importancia
7.24	Los títulos revelan mucho	R–Z+	Ficción	Inferir, determinar la importancia

¿Para quién es?

NIVELES DE TEXTO
D–K

GÉNERO /
TIPO DE TEXTO
libros con personajes
y patrones repetitivos

DESTREZAS
inferir, sintetizar

Estrategia Fíjate en lo que el personaje hace una y otra vez. Piensa: "¿Este personaje debe hacer eso?". Dale consejos al personaje. Luego piensa si seguir ese mismo consejo también te sería de utilidad en tu vida.

Ejemplo de enseñanza *En el libro* La hora de acostarse *(Newkirk 2012), un niño no quiere irse a la cama y hace todo lo posible para evitarlo. ¿Lo recuerdas? El niño quiere pararse de cabeza, saltar en la cama y jugar con su osito. Una y otra vez, finge que es hora de jugar y no de acostarse. Yo le aconsejaría: "Ya es hora de dormir. Ya no debes jugar más, debes irte a la cama. Es importante dormir y descansar". Ese sería un buen consejo para este personaje, pero también me sería útil con mi hija, quien nunca quiere acostarse temprano y al día siguiente está muy cansada. De hecho, ¡le voy a leer este cuento para que aprenda por qué debe acostarse temprano!*

Consejos

- ¿Qué hace el personaje una y otra vez?
- ¿Cuál es el patrón?
- ¿Qué le dirías a ese personaje?
- Dale un consejo.
- Empieza diciéndole: "Creo que debes/no debes ___".

¡Me quito el sombrero!
(lectura recomendada):
What Readers Really Do:
Teaching the Process
of Meaning Making
(Barnhouse y Vinton 2012)

Estrategia Si quieres determinar uno de los mensajes de un cuento, puedes parar de leer y anotar un suceso importante de la trama. Luego, hazte una pregunta para inferir: "¿Cuál es la idea importante que se relaciona con ese suceso?".

Ejemplo de enseñanza *La trama es lo que sucede en un cuento, y el tema, o mensaje, representa las ideas importantes o principales del cuento. La trama se compone de todos los sucesos a los que les puedes seguir la pista en el texto que lees. El mensaje casi nunca se anuncia claramente, sino que debes inferirlo. Podemos decir que el cuento* Sorpresa de mudanza *(Stolberg 2003) es sobre un niño que está nervioso porque se va a mudar a un nuevo apartamento y cree que va a extrañar mucho a sus amigos de la escuela. Sin embargo, al final del cuento, se entera de que solo se va a mudar a un apartamento más grande en el mismo edificio, así que las cosas no cambiarán tanto como temía. Los sucesos importantes del cuento componen la trama. Para saber cuál es el tema, o mensaje, es necesario pensar más allá de los sucesos. Yo diría que el mensaje es sobre lo difícil que es hacer cambios. Tal vez hasta pueda decir: "A veces nos preocupamos sin razón". Incluso, diría: "Una buena sorpresa es agradable". Esas son ideas que se me ocurren a mí, pero que no son sucesos que pasan en el cuento. Sin embargo, para tener esas ideas, tengo que pensar en las cosas que sí pasan en el cuento.*

Consejos
- ¿Qué está pasando?
- ¿Qué es lo más importante de todo lo que me acabas de decir?
- ¿Qué piensas de lo que está pasando?
- ¿Qué otra idea importante se te ocurre?

¿Qué está pasando?	Ideas importantes sobre lo que sucede
Un niño se va a mudar a un nuevo apartamento. Está preocupado porque va a extrañar a sus amigos.	· Los cambios son difíciles.
Sapo le deja una nota a Sepo. Le dice que quiere estar solo. Sepo se preocupa y va en busca de Sapo.	· A veces nos preocupamos sin razón.
	· A veces los amigos necesitan estar solos, pero siguen siendo amigos.

¿Para quién es?

NIVELES DE TEXTO
G–Z+

GÉNERO / TIPO DE TEXTO
ficción

DESTREZAS
inferir, determinar la importancia

¡Me quito el sombrero!
(lectura recomendada): *Strategies That Work: Teaching Comprehension for Understanding and Engagement,* segunda edición (Harvey y Goudvis 2007)

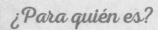
¿Para quién es?

NIVELES DE TEXTO
I–Z+

GÉNERO / TIPO DE TEXTO
ficción

DESTREZAS
inferir, determinar la importancia

Estrategia Presta atención a cómo los personajes interactúan y se tratan entre sí, en especial cuando su comportamiento te sorprende. ¿Qué le aconsejarías a un personaje que hiciera o no hiciera? Puedes darle consejos y decirle: "Debes…". Tu consejo también puede ser una enseñanza o lección que sacas de la historia para ti.

Ejemplo de enseñanza *A veces, la forma como los personajes de un libro tratan a otros nos sorprende, tal vez porque nosotros no trataríamos así a nadie en la vida real. Ese elemento de sorpresa puede ser algo bueno (si el personaje actúa de manera bondadosa, valiente o con empatía) o algo malo (si el personaje actúa de manera egoísta, desagradable o descortés). Por ejemplo, piensa en el personaje de Sharon, del libro* Jugo de pecas *(Blume 2016). Tal vez te sorprendió que Sharon le mintiera a Andrew para que le comprara el jugo desagradable que supuestamente lo iba a ayudar a tener pecas. ¡Sharon lo engañó cuando él más confiaba en ella! Eso me hace querer entrar en la historia y decirle a esa niña: "Sharon, piensa en cómo se van a sentir tus amigos por tus acciones". O tal vez: "Sharon, a veces necesitamos un amigo con quien hablar, no alguien que nos mienta y nos engañe". Y hasta le diría: "Sharon, deberías ayudar a Andrew para que entienda que está muy bien tal y como es, y que no necesita tener pecas". El consejo que le darías a un personaje de la historia te puede servir de lección a ti también.*

Consejos

- Busca una parte donde el personaje hizo algo que te sorprendió.
- Observa cómo trata ese personaje a otro.
- ¿Qué consejo le darías a ese personaje?
- Según ese consejo, ¿qué podrías aprender tú de esta historia?

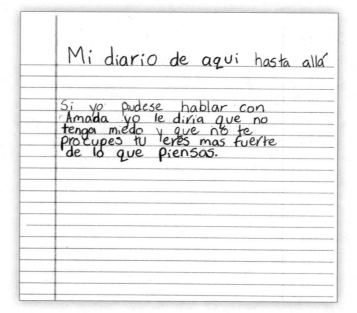

Estrategia Haz una lista de las características positivas de un personaje de tu libro. Piensa en qué momentos el personaje actúa de esa manera y por qué. Luego, hazte esta pregunta: "¿Qué me puede enseñar este personaje sobre la vida real para que yo también pueda ser una mejor persona?".

Ejemplo de enseñanza *En la vida nos encontramos con personas que admiramos. Tal vez porque demuestran valentía, aun cuando la situación sea difícil. Tal vez son muy generosas sin tener mucho que dar, o son personas tranquilas y pacientes en momentos en que otros se frustran o se alteran. Esas personas son modelos que nos inspiran a ser mejores. En los libros, algunos personajes pueden tener ese mismo efecto. Al igual que las personas de la vida real, ellos también tienen características positivas. Al leer, nos debemos fijar en situaciones donde aparecen esas características y pensar en cómo nos pueden afectar. Por ejemplo, en el libro ¿Seguiremos siendo amigos? (Danzinger 2016), Ámbar y Justo son amigos de toda la vida, pero ahora tienen que separarse. Ámbar se frustra mucho pensando que Justo está contento de mudarse y alejarse de ella. Justo también se frustra porque no sabe cómo decirle a Ámbar lo que de verdad siente ante ese gran cambio en su vida. Ambos se enojan y no se hablan por unos días, pero cuando hacen las paces, deciden ser valientes y hablar sinceramente. Justo le pide perdón a Ámbar y le regala algo especial que la hace muy feliz. Si pienso en esta característica, podría decir: "Hay que tener valor para hablar con los amigos y resolver los problemas con la verdad".*

Consejos

- Busca una parte donde el personaje muestra una característica positiva.
- ¿Cómo describirías el modo en que está actuando el personaje?
- ¿Qué te puede enseñar ese personaje?
- ¿Qué estás aprendiendo de ese personaje?
- Puedes decir: "___ me enseñó que si ___, debo ___".
- Puedes decir: "___ hizo ___, por eso yo aprendí que ___".
- Piensa sobre esa característica. ¿Qué puedes aprender?

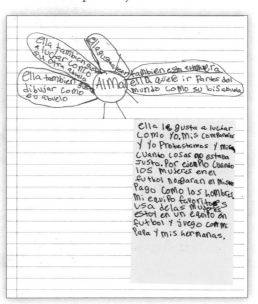

¿Para quién es?

NIVELES DE TEXTO
J–Z+

GÉNERO / TIPO DE TEXTO
ficción

DESTREZAS
inferir, determinar la importancia

¡Me quito el sombrero!
(lectura recomendada):
Reading with Meaning: Teaching Comprehension in the Primary Grades, segunda edición (Miller 2012)

¿Para quién es?

NIVELES DE TEXTO
J–Z+

**GÉNERO /
TIPO DE TEXTO**
ficción

DESTREZAS
inferir, determinar la importancia

Estrategia Los personajes secundarios de un libro pueden enseñarle una lección al personaje principal. Mientras lees, busca un lugar donde un personaje intente explicarle algo a otro. Luego piensa: "¿Qué aprendió el personaje principal?". Trata de explicar la lección en tus propias palabras.

Ejemplo de enseñanza *En los libros por capítulos, a menudo un personaje le enseña una lección a otro personaje. En el último cuento de* Días con Sapo y Sepo *(Lobel 2016), Sepo se sorprende y se preocupa cuando Sapo decide irse para estar solo. Al verlo de nuevo, Sapo se da cuenta de que Sepo estaba preocupado por él y le dice: "Esta mañana cuando me desperté me sentí muy bien porque el sol brillaba… Y me sentí bien porque te tenía como amigo. Quería pensar en lo bonito que es todo". Entonces, Sepo le contesta: "Oh. Creo que es una razón muy buena para querer estar solo". Ahí mismo, un personaje le enseña algo importante al otro. Yo también puedo aprender algo de esa escena, por ejemplo: "Si una amiga quiere estar sola, eso no significa que no quiera ser mi amiga". O: "De vez en cuando, todos necesitamos estar solos".*

Consejos

- ¿Hay en el cuento una escena donde un personaje le enseña una lección a otro?
- Fíjate en cómo termina el cuento.
- En tus propias palabras, di lo que aprendiste.
- Eso es lo que dijo el personaje. ¿Qué dirías tú?

Estrategia Vuelve a leer el último párrafo o página de tu libro. Considera qué quiere enseñarte el autor. Fíjate en las últimas palabras del narrador o de un personaje del libro. Resúmelo con tus propias palabras, como una lección.

Ejemplo de enseñanza *El final del libro es donde el autor ata los cabos sueltos de todo lo que ha pasado en la historia. Todos los problemas se resuelven, nos enteramos de qué pasa con el personaje principal y también, si prestamos atención, hallamos una lección en las últimas palabras. A veces las dice el narrador, otras veces las dice un personaje, pero siempre se declara algo que nos ayuda a pensar en el tema de la historia. Por ejemplo, en el libro* Eva y Beba *(Barrows 2015), la historia concluye cuando las dos niñas, que al principio del libro no querían ni verse, se despiden con un "hasta mañana" mutuo —Beba lo piensa y Eva lo dice—, deseando verse mañana y pasado mañana y todos los días después, porque ya sienten que son buenas amigas. Yo soy una lectora que no se apresura a leer las últimas palabras de un libro. Prefiero detenerme para pensarlas, para ver si guardan alguna lección. Lo que sucede al final de este libro es que las dos amigas se comprometen a verse mañana, y al día siguiente y al siguiente. Son las mismas personas que no querían hacer nada juntas al principio del libro. Por eso, esas últimas palabras me dejan la lección de que es posible que dos personas muy diferentes lleguen a tener una gran amistad.*

Consejos

- Vuelve a leer el final.
- Fíjate otra vez en el último párrafo o página. ¿El narrador nos da alguna lección?
- Eso es lo que dice el final. Intenta decir la lección que aprendiste con tus propias palabras.
- ¿Qué es lo último que piensas después de leer el final del libro?
- Explica cómo concluye la historia. Entonces, ¿cuál es la lección o mensaje?
- Explica cómo se resolvió el problema. Entonces, ¿cuál es la lección o mensaje?

¿Para quién es?

NIVELES DE TEXTO

J–Z+

GÉNERO /
TIPO DE TEXTO

ficción

DESTREZAS

inferir, determinar la importancia

7.7 Los errores sirven de lecciones

¿Para quién es?

NIVELES DE TEXTO

J–Z+

GÉNERO / TIPO DE TEXTO

ficción

DESTREZAS

inferir, determinar la importancia

Estrategia Piensa en los errores que cometió el personaje. Luego considera qué lección aprendió ese personaje de sus errores. Puedes empezar tus oraciones así:

- "Cuando tú (o alguien) ___, debes (debe) aprender o no aprender ___".
- "No tienes que ___ para ___".
- "Se necesita ___ para ___".
- "Trata de (o no trates de) ___ cuando ___".

Consejos

- ¿Qué errores cometió el personaje?
- Busca una parte donde ese personaje se siente mal por lo que hizo. Eso te dará una pista sobre lo que hizo mal.
- Piensa en cómo actuó ese personaje después de hacer eso.
- ¿Crees que el personaje aprendió algo?
- Intenta decirlo como una lección.
- Intenta decirlo como una lección que se aplica a la vida en general, no solo al libro.

Los errores sirven de **lecciones**

Título	Error del personaje	Posibles lecciones
La liebre y la tortuga (Esopo)	La liebre se burla de la tortuga. Piensa que va a ganar porque es más veloz.	"Nunca debemos burlarnos de otros y sentirnos superiores a ellos."
¿Seguiremos siendo amigos? (Danzinger)	Ámbar deja de hablarle a su amigo Justo porque está enojada con él.	"Cuando nos enojamos con un amigo, debemos intentar hablar con él y aclarar lo que pasó."
Alexander y el día terrible, horrible, espantoso, horroroso (Viorst)	Alexander tiene un mal día, lleno de errores y horrores por todas partes.	"No nos podemos desanimar si las cosas no salen bien un día. Mañana nos irá mejor."

7.8 Los sentimientos nos ayudan a aprender

Estrategia Haz una pausa cuando cambien los sentimientos de un personaje. ¿Qué hace que los sentimientos del personaje cambien? ¿Qué aprendió ese personaje en ese momento del cuento?

Ejemplo de enseñanza *Cuando los sentimientos de un personaje cambian, de peor a mejor o al revés, a menudo sucede algo que nos enseña una lección. Con frecuencia el personaje aprende algo que también nosotros, los lectores, podemos aprender. Por ejemplo, en* El valiente Teo *(Dietl 2012), Teo es un niño que le tiene miedo a todo. Un día decide comprarse una máscara para no estar solo con sus miedos. Teo piensa que con la máscara puesta puede hacerlo todo y superar sus miedos. Pero un día se ve en el espejo con la máscara y se da un gran susto. ¡Ese no es él, Teo! Entonces decide recortar la máscara y dejar solo un antifaz, como el de un héroe valiente. Podemos decir que, al igual que Teo, aprendemos que hay que dar la cara para enfrentar nuestros miedos. Eso es algo que todos podemos aprender.*

Consejos

- ¿Qué siente el personaje al principio? ¿Cuándo cambia de parecer?
- Busca la parte donde los sentimientos del personaje cambian para bien o para mal.
- Vuelve a leer esa parte donde cambian los sentimientos del personaje.
- ¿Qué crees que aprendió el personaje?
- ¿Qué podrías aprender tú?

¿Para quién es?

NIVELES DE TEXTO
J–Z+

GÉNERO /
TIPO DE TEXTO
ficción

DESTREZAS
inferir, determinar la importancia

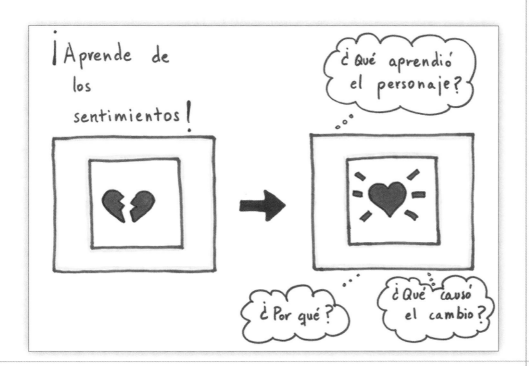

¿Para quién es?

NIVELES DE TEXTO
J–Z+

**GÉNERO /
TIPO DE TEXTO**
ficción

DESTREZAS
inferir, determinar la importancia, comparar y contrastar

Estrategia En una serie de libros, los personajes suelen ser los mismos, pero las lecciones que aprenden varían en cada libro. Compara la lección que aprende un personaje en un libro de una serie, con las que aprende en otros libros de esa misma serie.

Ejemplo de enseñanza *Ya sabemos que los libros de una misma serie tienen muchas cosas en común, como los personajes principales y, a veces, también los secundarios. La trama de cada libro puede seguir un patrón de un libro a otro. Sin embargo, casi siempre las enseñanzas y lecciones son diferentes. Una forma de averiguar más es comparar las lecciones que nos deja cada libro que hemos leído de una serie. Por ejemplo, en la serie de* Clementina *(Pennypacker 2018), podemos aprender a enfrentar problemas en la familia, con un hermanito bebé, en la escuela o entre amigos, y hasta la tristeza de perder a un maestro favorito, entre muchos más.*

Consejos

- Pon lado a lado dos libros de una misma serie.
- ¿Qué diferencias notas en las lecciones que el personaje aprende en cada libro?
- ¿Qué crees que el personaje aprendió en este libro? ¿Y en este?
- Habla de qué trata cada libro. ¿Qué aprende el personaje en cada libro?

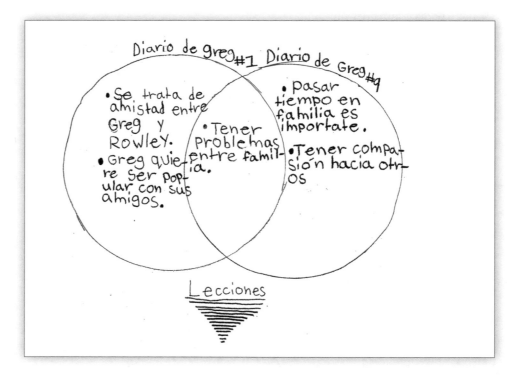

Estrategia Las acciones de un personaje pueden afectar a los otros personajes. Piensa en las acciones del personaje y su resultado. Pregúntate: "¿Cómo reaccionan los otros personajes? ¿Qué aprendemos de eso?".

Ejemplo de enseñanza *Mientras leía ¿Seguiremos siendo amigos? (Danzinger 2016), de la serie del personaje Ámbar Dorado, noté algo importante. Ámbar (el personaje principal) está enojada porque su amigo Justo (el personaje secundario) parece feliz de mudarse lejos de ella, y ella sabe que lo va a extrañar mucho. Cuando Justo bota a la basura la bola que hicieron entre ambos con chicles usados (acción), Ámbar piensa que "esa es la gota que desborda el vaso" y decide no volverle a hablar nunca más (reacción). Pasan los días y los amigos se encuentran de nuevo en la fiesta de despedida de Justo. Ambos deciden hablar y hacer las paces. Antes de irse, Justo le dice a Ámbar que la va a extrañar mucho y le da un regalo: ¡una caja con la bola de chicles usados! Todo eso me hace pensar que siempre debemos hablar con nuestros amigos para aclarar y resolver los problemas. Nunca sabemos cómo se sienten y qué piensan de verdad, por eso no debemos suponer nada. Esa es una buena lección para mí también.*

Consejos

- ¿Cómo afecta un personaje al otro?
- Nombra dos personajes que interactúan con frecuencia. ¿Cómo crees que un personaje afecta al otro?
- Nombra las acciones del personaje.
- Di qué efecto tuvieron esas acciones en el otro personaje.
- ¿Qué lección podrías aprender de cómo se tratan estos personajes?
- Haz el intento. Di: "(Nombre de personaje) actúa como (describe el comportamiento) con (nombre de otro personaje) y eso me enseña que…".

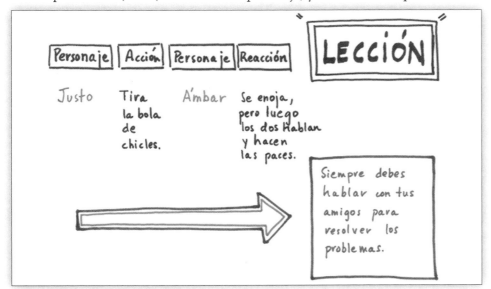

¿Para quién es?

NIVELES DE TEXTO

J–Z+

GÉNERO /
TIPO DE TEXTO

ficción

DESTREZAS

inferir, determinar la importancia, sintetizar

7.11 Conexiones entre libros

¿Para quién es?

NIVELES DE TEXTO
K–Z+

GÉNERO /
TIPO DE TEXTO
ficción

DESTREZAS
inferir, sintetizar

Estrategia Piensa en otros libros similares que te vengan a la mente mientras lees. Recuerda lo que aprendiste de esos libros. Considera si alguna de las lecciones que aprendiste de esos libros se aplica al libro que estás leyendo ahora.

Ejemplo de enseñanza *Cuando termino de leer un libro, la historia se me queda dando vueltas en la cabeza. Pienso en los personajes y cómo cambiaron, en los problemas y las soluciones, y en todos los sucesos del libro. También me quedo pensando en lo que aprendí. Eso me ayuda a aplicar el mensaje o la lección del libro a mi propia vida. Otra cosa que hago es tratar de recordar otros libros que me dejaron una lección parecida. Por ejemplo, cuando terminé de leer* Oliver Button es una nena *(dePaola 2010), enseguida pensé en otro libro,* Olivia y las princesas *(Falconer 2012). Olivia la cerdita, el personaje de* Olivia y las princesas, *piensa que tiene una crisis de identidad porque no quiere ser una princesa rosa como todas sus amigas, sino ser y hacer cosas diferentes y más interesantes. En el otro libro, el personaje de Oliver Button es un niño al que no que le gustan los deportes como a los otros niños; él prefiere bailar ballet. Sus amigos se burlan de él porque no le gustan las cosas que otros dicen que son apropiadas para los niños varones. Cuando primero leí sobre Olivia anoté que "este cuento trata sobre ser tal y como somos, y no preocuparnos sobre lo que piensen los demás". Ahora que leo la historia de Oliver Button, pienso que este texto también nos deja esa misma lección. Al final de los dos libros, los dos personajes logran aceptarse tal y como son, y los otros personajes también terminan apoyándolos. La lección que me dejan ambos libros es que debemos ser auténticos con nosotros mismos.*

Consejos

- Fíjate en la tabla. ¿Qué otros libros tienen temas similares?
- ¿A qué libros te recuerda este libro? Explica por qué.
- Recuerda las lecciones que aprendiste de esos libros.
- ¿Qué lecciones de ese libro se aplican a este otro libro?
- ¿Qué conexiones puedes hacer entre las lecciones de cada libro?

Títulos de lecturas en voz alta	"TEMAS"	
El día en que descubres quién eres	Los amigos vienen de todas partes.	Debemos respetarnos y apreciarnos unos a otros.
Esos Zapatos	Lo que necesitas es más importante que lo que <u>deseas</u> tener.	Los amigos siempre van antes que las cosas materiales.
Días con Sapo y Sepo	Aunque seamos diferentes, podemos ser amigos.	La comunicación entre amigos es importante.
Marisol McDonald no combina	Defiende lo que eres y lo que crees.	Acepta quién eres.

¡Me quito el sombrero!
(lectura recomendada):
Complete Comprehension: Fiction (Serravallo 2019)

Estrategia Para determinar el tema general de una historia, primero debemos hacer una lista de algunos temas (ideas, asuntos o conceptos) que se puedan expresar con una sola palabra. Es muy posible que en una historia se mencionen varios temas importantes conectados con el mensaje. Las dificultades o apuros por los que pasa un personaje, el final de la historia o su título nos pueden guiar a encontrar esas ideas o conceptos importantes.

Sugerencia para el maestro Es muy útil modelar esta estrategia durante el periodo de lectura en voz alta en la que participa toda la clase y luego hacer una tabla como la de abajo como referencia para los estudiantes. Es posible que los niños se refieran a estos temas expresados en una sola palabra como mensajes, pero yo prefiero enseñarles que un mensaje se enuncia o se dice en una oración entera, como una afirmación u oración temática. Puede referirse a la estrategia 7.13 para ampliar este concepto.

Esta estrategia, como otras, se puede adaptar según el nivel de lectura. Por ejemplo, en una tabla para estudiantes de segundo grado que leen entre los niveles K–M, podemos usar las palabras *amistad* y *soledad*, mientras que para estudiantes de octavo usaríamos tal vez *inocencia* y *autoridad*.

Consejos

- ¿Se te ocurre una palabra que describa la historia?
- Piensa en el problema de los personajes. Si tuvieras que decirlo en una sola palabra, ¿cuál usarías?
- Mira la tabla de palabras que contiene mensajes comunes en los libros. ¿Alguna coincide con esta?
- Explica el razonamiento de tu respuesta.
- Puedes decir: "Creo que puede ser ___ (concepto) porque ___".
- Piensa en el final de la historia. ¿En qué te quedas pensando?

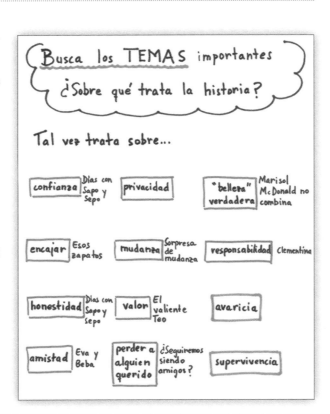

¿Para quién es?

NIVELES DE TEXTO
K–Z+

GÉNERO / TIPO DE TEXTO
ficción

DESTREZAS
inferir, determinar la importancia, sintetizar

7.13 De las semillas al tema

¿Para quién es?

NIVELES DE TEXTO
K–Z+

GÉNERO / TIPO DE TEXTO
ficción

DESTREZAS
inferir, interpretar

Estrategia Piensa en los temas importantes que surgen en los libros que estás leyendo. Menciónalos primero con una sola palabra (la semilla). Luego, pregúntate: "¿Qué dice el autor sobre esta idea importante?". Usa la palabra del tema en una oración completa. Usa la tabla para ayudarte a decir el tema.

Sugerencia para el maestro Si a los estudiantes se les dificulta la primera parte de esta estrategia, consulte primero la estrategia 7.12.

Ejemplo de enseñanza *La mayoría de los libros pueden tratar sobre muchas cosas. Por eso, para definir el tema, a veces es buena idea empezar con una sola palabra, como si esa palabra fuera la "semilla" del mensaje. Por ejemplo, podríamos hablar del libro ¿Estás ahí Dios? Soy yo, Margaret (Blume 2012) usando estas (¡y muchas más!) palabras semillas: cambio, adolescencia, mudanza, amistad, encajar, religión, celos. Recuerda, esas palabras son solo las semillas del mensaje. Por eso me pregunto: "¿Qué dice el autor sobre estas cosas?" e intento decir el mensaje en una oración completa. Por ejemplo: "Muchas chicas adolescentes sienten mucha presión, si se sienten diferentes a otras de su edad, para encajar en ciertos grupos de amistades".*

Consejos

- Haz una lista de los temas (ideas, asuntos o conceptos) que surgen en tu libro.
- Fijémonos en la tabla de temas comunes. ¿Cuáles aparecen en tu libro?
- Pensemos en lo que el autor dice sobre este tema.
- ¿Cuál crees que es la lección que el autor quiere enseñarnos?
- Usa la palabra del tema de la lección que aprendiste del libro.

Tema: mensaje o lección que aprendes de una historia.

Temas comunes:

- valor	- igualdad	- honestidad	- hacer lo correcto
- sueños	- esperanza	- amor	
- bondad	- diferencias	- familia	- aceptación
- miedos	- amistad	- celos	- paz
- ser uno mismo	- esfuerzo	- no darse por vencido	

Pregúntate:
- ¿Qué aprendieron los personajes?
- ¿Cómo cambiaron o maduraron los personajes?
- ¿Por qué actuaron de ese modo?

Di en una oración cuál es el MENSAJE:
- Piensa: ¿Qué me indica el tema?

¡Me quito el sombrero!
(lectura recomendada):
Strategies That Work: Teaching Comprehension for Understanding and Engagement, segunda edición (Harvey y Goudvis 2007)

Estrategia Lee la nota en la contraportada del libro. Si la lees antes de empezar el libro, te dará ideas sobre uno o dos temas que encontrarás en la historia. Si la lees después o durante tu lectura, puedes pensar sobre lo que pasa en la historia y cómo se conecta esto con la nota. Luego pregúntate: "¿Qué me enseña esta historia?".

Ejemplo de enseñanza *Las notas en la contraportada de un libro nos dan una idea general sobre la historia, solo lo justo para que tengamos ganas de leerla y descubrir más. Escucha parte de lo que dice la nota en la contraportada de* Me llamo María Isabel *(Ada 2012):*

> Para María Isabel Salazar López, lo más difícil de ser la alumna recién llegada a una nueva escuela es que la maestra no la llama por su nombre. …
>
> Pero a María Isabel la llamaron así en recuerdo de la madre de su padre y de Chabela, su querida abuelita puertorriqueña. ¿Podrá hacerle comprender a la maestra que perder su nombre es perder la parte más importante de sí misma?

¿Les suena como una historia interesante? A mí sí, por eso quiero saber más sobre María Isabel y cómo va a convencer a su maestra de llamarla por su nombre completo. Me interesa esta historia porque es importante respetar otras culturas y costumbres. María Isabel es un nombre compuesto muy común en países hispanoparlantes. Para ella, su nombre completo es un orgullo de su cultura y de su familia. Creo que en este libro varios personajes van a aprender esa lección.

Consejos

- Lee la nota de la contraportada.
- ¿Qué crees que el personaje principal aprenderá de la historia?
- Piensa cuál podría ser un problema que encuentras en la historia. ¿Cuál crees que será la lección?
- Explica cómo se conecta la nota con la historia completa. ¿Qué es lo más importante?

¿Para quién es?

NIVELES DE TEXTO
K–Z+

GÉNERO /
TIPO DE TEXTO
ficción

DESTREZAS
inferir, determinar la importancia, sintetizar

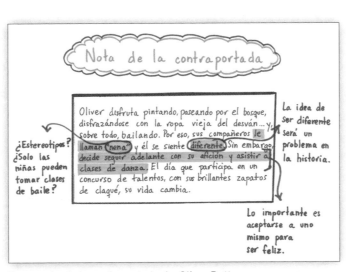

Nota de la contraportada

Oliver disfruta pintando, paseando por el bosque, disfrazándose con la ropa vieja del desván... y, sobre todo, bailando. Por eso, sus compañeros le llaman "nena" y él se siente diferente. Sin embargo, decide seguir adelante con su afición y asistir a clases de danza. El día que participa en un concurso de talentos, con sus brillantes zapatos de claqué, su vida cambia.

¿Estereotipos? ¿Solo las niñas pueden tomar clases de baile?

La idea de ser diferente será un problema en la historia.

Lo importante es aceptarse a uno mismo para ser feliz.

Fragmento de la contraportada de *Oliver Button es una nena* (dePaola 2010)

7.15 El mundo real en mi libro

¿Para quién es?

NIVELES DE TEXTO
N–Z+

**GÉNERO /
TIPO DE TEXTO**
ficción

DESTREZAS
**inferir, determinar
la importancia**

**¡Me quito el
sombrero!**
(lectura recomendada):
*Comprehension Through
Conversation: The Power
of Purposeful Talk in the
Reading Workshop*
(Nichols 2006)

Estrategia Mientras leemos, podemos descubrir asuntos y temas importantes que suceden en la vida real y usar lo que leemos en los libros para reflexionar sobre nuestra propia vida. Podemos pensar en qué aspectos del mundo real quiere el autor que tengamos en cuenta y qué nos quiere decir al respecto, y luego decidir qué asuntos son importantes y por qué.

Ejemplo de enseñanza *Con frecuencia, los escritores escriben sobre el mundo real y los temas sociales que afectan a las personas en su vida diaria, como la inmigración, los estereotipos de raza y género o las clases sociales, entre otros. Cuando nos topamos con este tipo de temas en los libros que leemos, podemos fijarnos en cómo escribe el autor sobre ellos y qué ideas nos ofrece el texto. Por ejemplo, en Lola (Díaz 2018), la protagonista nació en la República Dominicana, pero su familia tuvo que salir de la isla cuando era muy pequeña. Cuando su maestra le pide que escriba sobre su país de origen, ¡no recuerda nada! Todos los compañeros de Lola están entusiasmados con el proyecto y orgullosos de sus países de origen. Lola decide hablar con distintas personas de su comunidad y no solo aprende sobre cómo es su país, sino que también se da cuenta de lo mucho que esas personas lo extrañan. Su abuela al final le dice: "Que no recuerdes ese lugar, no significa que no sea parte de ti". Pienso que este libro nos habla de cómo se sienten las personas que han emigrado de su país, quienes, a pesar de estar felices en el nuevo lugar, siempre extrañan sus raíces.*

Consejos

- ¿Qué asuntos o temas importantes que suceden en la vida real encuentras en tu libro?
- Según lo que pasa en la historia, ¿qué crees que el autor quiere decir?
- ¿Qué piensas de este tema social según lo que pasa en tu libro?
- Nombra otro asunto. Vamos a hablar juntos sobre eso.
- Eso también sucede. Piensa en cómo se conecta con este otro tema social.

Título	¿Cuál es el tema del mundo real?	¿Qué podemos hacer al respecto?
Mi última clase	Inmigración / Divorcio / División de familias	Ser tolerante y comprensivo con las personas de otras culturas.
La tarjeta de Antonio	Tolerancia / Diferencias / Familias no tradicionales	Ser tolerante. Las diferencias hacen que el mundo sea más interesante.

Estrategia Piensa en uno o varios asuntos o temas sociales (diferencias y problemas de clase, raza o género) que puedan estar presentes en un texto. Luego, pregúntate: "¿Qué está aprendiendo el personaje en relación con este asunto? ¿Qué puedo aprender yo?".

Ejemplo de enseñanza *Cuando los personajes aprenden una lección, es un punto importante en la lectura del libro y hay que estar atentos. Cuando el personaje aprende algo, los lectores pueden hacerlo también. Por ejemplo, desde el principio hasta el final del libro* La gran Gilly Hopkins *(Paterson 2016), Gilly, el personaje principal, experimenta un gran cambio en su actitud negativa hacia las personas que no son de raza blanca (como el vecino y su maestra) y hacia personas con problemas de aprendizaje (como su hermano de acogida y otros niños de su clase). Al final, se da cuenta de que todas esas personas son amables y bondadosas con ella, y no debe tenerles miedo. Eso ablanda su actitud y termina apreciándolas. Podríamos decir: "Pensando en lo que Gilly aprendió, sé que yo también he juzgado a otras personas sin conocerlas bien basado en algún rasgo o característica. Ahora sé que no debo juzgar a nadie solo por las apariencias".*

Consejos

- ¿Qué asuntos o problemas surgen en tu libro?
- ¿Qué estás aprendiendo?
- ¿Qué está aprendiendo el personaje?
- Vuelve a leer la última página.
- Busca la parte donde el personaje se enfrenta a un gran problema.
- Regresa a la parte donde el personaje aprende algo.
- Eso es lo que sucede. Lo que quiero saber es qué aprendió el personaje.
- Ese es el problema social. ¿Qué piensas sobre eso?
- Estoy de acuerdo. Esa es la lección del personaje.
- Me gusta cómo expresaste la lección, porque así se puede aplicar a otros libros.

¿Para quién es?

NIVELES DE TEXTO
N–Z+

GÉNERO / TIPO DE TEXTO
ficción

DESTREZAS
inferir, determinar la importancia

¡Me quito el sombrero!
(lectura recomendada):
For a Better World: Reading and Writing for Social Action (Bomer y Bomer 2001)

7.17 Los lectores se hacen preguntas

¿Para quién es?

NIVELES DE TEXTO

N–Z+

GÉNERO /
TIPO DE TEXTO

ficción

DESTREZAS

inferir, determinar la importancia

Estrategia Como lector, debes ir más allá de lo superficial de una historia para hallar ideas y significados más profundos. Para eso, debes hacerte preguntas y ¡luego debes contestarlas! Puedes hacer una pausa antes, durante o después de la lectura para preguntarte:

- ¿Lo que está pasando en esta historia es justo?
- ¿Desde qué perspectiva se cuenta esta historia?
- ¿Qué perspectiva falta en esta historia? ¿Qué haría, diría o pensaría esa persona sobre la situación?
- ¿Quién tiene "el poder" en esta historia? ¿Qué impacto tiene ese poder?
- ¿Quién me hace enojar en esta historia? ¿Cuál es la raíz de ese sentimiento?

Consejos

- ¿Qué te preguntas o cuestionas?
- ¿Qué pregunta te puedes hacer sobre el texto para pensar sobre el tema con más detalle?
- Fíjate en la tabla. ¿Qué pregunta se aplicaría en este caso?
- Hazte una pregunta.
- Trata de hacerte y contestarte una pregunta sobre la igualdad o la justicia.
- Trata de hacerte y contestarte una pregunta sobre el poder.
- No te preocupes de que tu respuesta sea la "correcta", pero tu inferencia debe basarse en los detalles de la historia.

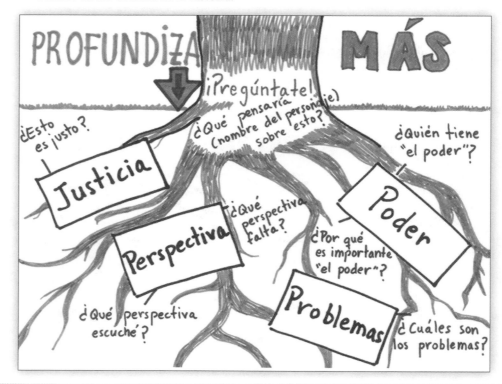

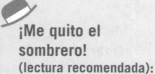

¡Me quito el sombrero!
(lectura recomendada):
For a Better World: Reading and Writing for Social Action (Bomer y Bomer 2001)

¿Para quién es?

NIVELES DE TEXTO
N–Z+

GÉNERO /
TIPO DE TEXTO
ficción

DESTREZAS
inferir, determinar la importancia

Estrategia Piensa en el personaje y en sus rasgos de personalidad o características al principio del libro. Luego piensa en el mismo personaje al final del libro. Pregúntate: "¿Cómo ha cambiado este personaje? ¿Qué le hizo cambiar? ¿Qué estoy aprendiendo (sobre un tema, idea o mensaje) basándome en cómo él o ella ha cambiado?".

Ejemplo de enseñanza *Cuando los personajes cambian, revelan algo nuevo sobre ellos por medio de sus acciones, pensamientos o palabras o, a veces, hacen algún descubrimiento importante sobre ellos mismos. Si prestamos atención, ese cambio nos puede revelar significados más profundos en la historia. Tomemos como ejemplo el personaje del libro* Esperanza renace *(Muñoz Ryan 2012). Al principio, Esperanza vive en México y es una niña rica que tiene los mejores vestidos, juguetes y hasta sirvientes. Una tragedia hace que Esperanza y su mamá se tengan que ir a California durante la Gran Depresión, una época muy difícil en Estados Unidos. Allí tienen que vivir y trabajar en un rancho, junto a otros mexicanos pobres, como lo son ahora Esperanza y su mamá. Después de pasar por varias pruebas duras, Esperanza comprende el significado del dicho mexicano "Es más rico el rico cuando empobrece, que el pobre cuando enriquece". O sea, Esperanza se da cuenta de que la verdadera riqueza no está en las cosas materiales, sino en las personas que enriquecen nuestra vida.*

Consejos

- ¿Qué pensabas al principio del libro?
- ¿Qué pensaste al final del libro?
- ¿Qué tipo de persona es este personaje?
- ¿Qué aprendió el personaje?
- Piensa en lo que sucedió.
- Cuando trato de hallar ideas importantes, me digo: A pesar de ___, debes ___.
- ¿Quieres decir ___? ¿Qué tipo de persona haría eso?
- Sí, esa es tu idea, pero no es una idea del libro.

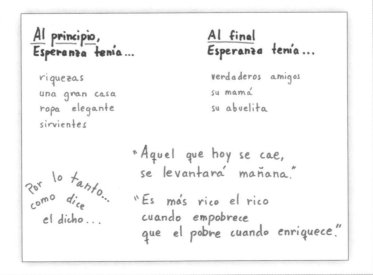

Al principio, Esperanza tenía...
riquezas
una gran casa
ropa elegante
sirvientes

Al final Esperanza tenía...
verdaderos amigos
su mamá
su abuelita

Por lo tanto... como dice el dicho...

"Aquel que hoy se cae, se levantará mañana."

"Es más rico el rico cuando empobrece que el pobre cuando enriquece."

¡Me quito el sombrero!
(lectura recomendada): *Complete Comprehension: Fiction* (Serravallo 2019)

¿Para quién es?

NIVELES DE TEXTO
N–Z+

GÉNERO / TIPO DE TEXTO
ficción

DESTREZAS
inferir, determinar la importancia

Estrategia Fíjate en algo que se repite: un objeto, una persona o el ambiente. Pregúntate qué idea o concepto puede simbolizar o representar el objeto físico que se repite.

Ejemplo de enseñanza *Cuando leas en voz alta el libro* Esos zapatos *(Boelts 2018), para de leer y pregúntate en voz alta por qué se repite tanto la frase "esos zapatos" y qué crees que simbolizan. Puedes pensar: "Mmm... La autora menciona 'esos zapatos' una y otra vez. También lo usó como título y el personaje principal actúa como si los zapatos fueran lo más importante de todo. Tal vez debo pensar en qué representan esos zapatos. Puede ser que representen dinero y riqueza porque son caros y, como el niño es pobre, no están a su alcance. O tal vez representen la presión de querer ser y tener lo mismo que sus amigos. Él ve que todos tienen esos zapatos y él también los quiere. Sé que puede pasar que algunos amigos nos presionen a vestir como ellos, pero tal vez los zapatos representen otro tipo de presión para encajar y no ser diferente a la mayoría". Aunque los zapatos son un objeto material y son muy importantes en la historia, también puedo pensar sobre otras ideas relacionadas con ellos para considerar lo que puedan simbolizar o representar.*

Consejos
- ¿Qué se repite?
- ¿Qué quisieras saber sobre esas repeticiones?
- ¿Qué pregunta tienes?
- ¿Qué puede representar ese objeto?
- Fíjate en lo que se repite.
- Dime cuál es tu pregunta.
- Formula una pregunta de lo que quisieras saber.
- Eso es lo que sucedió. ¿Qué pregunta tienes sobre eso?
- Esa es la pregunta. Trata de responderla.
- Me gustó que notaras que algo se repetía.
- Esa es una buena pregunta. Hasta este punto, no hay respuesta en el texto.

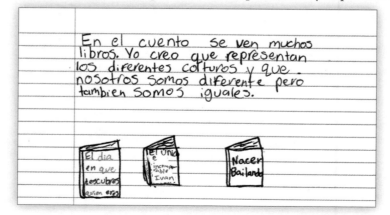

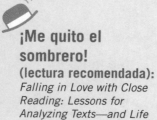

¡Me quito el sombrero!
(lectura recomendada):
Falling in Love with Close Reading: Lessons for Analyzing Texts—and Life (Lehman y Roberts 2014)

Estrategia Piensa en un asunto o tema social que esté presente en varios o todos los capítulos del libro (diferencias raciales, de idioma, de clase o de género, intimidación en la escuela, desigualdad). Piensa en lo que los personajes y el narrador dicen sobre ese tema. Piensa: "¿Qué parece que quiere decir el autor sobre este asunto?".

Ejemplo de enseñanza *En el libro de Margarita Engle,* Todo el camino hasta La Habana *(2018), veo que se repiten muchas descripciones sobre el carro que está en la posesión de la familia desde hace mucho tiempo. Esto me hace pensar en qué significado podría tener ese carro para el protagonista: "Hmm. Parece que el carro, Cara Cara, es algo muy importante para el niño. Ayuda a su padre a repararlo y se siente orgulloso cuando finalmente logran que arranque. A lo mejor, el carro significa algo más que un medio de transporte para él. A lo mejor, para el protagonista, el viejo carro de la familia representa una clase social". Cuando llegan a La Habana, el niño compara a Cara Cara con otros carros que ve en las calles, algunos mejores y otros peores. Al final del libro, llega a la conclusión de que, a pesar de ser viejo y ruidoso, el carro pertenece a su familia desde que nació su abuelo y es más importante este lazo familiar y el esfuerzo conjunto de repararlo que tener un carro mejor. Si reúno todos estos detalles que tienen que ver con el tema del carro viejo del protagonista, creo que la autora podría estar diciendo que, sin importar las circunstancias, la familia es la posesión más importante que tenemos en la vida.*

Consejos
- ¿Qué asunto o tema social notas que se repite?
- ¿Qué crees que quiere decir el autor?
- Nombra un asunto o tema social que se repite.
- Expresa tu respuesta.
- Anótalo.
- Eso es lo que hace el personaje. ¿Qué asunto hay detrás de lo que hizo?
- Esa es una idea importante relacionada con la historia.
- Sí, eso es un asunto o tema social, y me diste un detalle de apoyo.
- Eso tiene sentido. Es lo que el autor dice del tema basándose en cómo actúa el personaje.

Asunto	Lo que parece decir el autor	Mi respuesta
Familia	Que haveses unas familias se pueden mudar y que la familia tiene que estar juntos.	Pienso que la familia tiene que estar juntos porque son una familia.
Inmigración	Haveses las familias se separan cuando se van a un lugar a otro.	Pienso que es dificil dejar a tu familia.
Identidad	Los momentos dificiles nos ayudan aprender sobre nosotros.	Pienso que de verdad los momentos dificeles nos ayudan aprender.

¿Para quién es?

NIVELES DE TEXTO
N–Z+

GÉNERO /
TIPO DE TEXTO
ficción

DESTREZAS
inferir, determinar la importancia

¡Me quito el sombrero!
(lectura recomendada):
Shades of Meaning: Comprehension and Interpretation in Middle School (Santman 2005)

¿Para quién es?

NIVELES DE TEXTO

N–Z+

GÉNERO /
TIPO DE TEXTO

ficción

DESTREZAS

**inferir, sintetizar,
determinar la
importancia**

Estrategia Busca un pasaje, casi siempre al final del libro, donde el personaje hace una reflexión. Vuelve a leer esa parte. Pregúntate: "¿Qué mensaje puede tener este pasaje? ¿Cómo se relaciona este mensaje con el tema general del libro?".

Ejemplo de enseñanza *A veces el autor nos permite entrar en la mente del personaje. Cuando la historia se narra en primera persona —uso de yo, nosotros, mi, mío, nuestro, mí—, podemos ver con más claridad los pensamientos del personaje. En libros como esos, el autor a veces incluye una parte donde el personaje dice lo que piensa sobre lo que ha sucedido en la historia. Esa parte casi siempre está al final del libro, después de la resolución de un problema o cuando notamos un cambio en la actitud del personaje. Durante esos momentos de reflexión del personaje, podemos captar mejor algunas de las lecciones de la historia.*

Consejos

- ¿Encontraste un punto donde el personaje hace una reflexión?
- Vuelve a leer esa parte donde el personaje reflexiona.
- ¿Sobre qué reflexiona el personaje? ¿En qué te hace pensar eso?
- Según esa reflexión, ¿qué mensajes se te ocurren?
- Conecta esa idea con el tema general del libro.

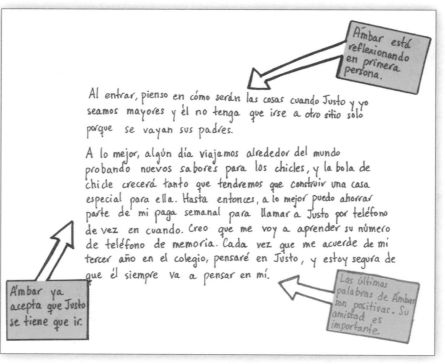

Fragmento de *¿Seguiremos siendo amigos?* (Danzinger 2016)

¡Me quito el sombrero!
(lectura recomendada):
*Notice and Note:
Strategies for Close
Reading* (Beers
y Probst 2012)

¿Para quién es?

NIVELES DE TEXTO
Q–Z+

GÉNERO /
TIPO DE TEXTO
ficción

DESTREZAS
inferir, determinar la importancia

Estrategia Piensa en la identidad de uno de los personajes. Considera cómo esa identidad está relacionada con los problemas que tiene o con lo que aprende el personaje en la historia. En términos generales, di cuál puede ser el tema.

Ejemplo de enseñanza *Cualquier personaje o persona en tu vida pertenece a un grupo determinado que podemos identificar por ciertas características o aspectos. Esas características que determinan la identidad hacen que nuestro mundo sea diverso y sus habitantes muy diferentes unos de otros. Mientras lees, ten en cuenta que el autor creó a propósito unos personajes que pertenecen a ciertos grupos y pueden identificarse de diferentes maneras.. Saber esto nos ayuda a hallar algunos de los posibles mensajes o lecciones de la historia. Vamos a hablar de August, del libro* Wonder: La lección de August *(Palacio 2019). ¿Qué sabemos sobre este personaje? Vamos a considerar estas categorías:*

- habilidad
- edad
- grupo étnico
- género
- raza
- religión
- orientación sexual
- nivel socioeconómico
- imagen corporal (prejuicio por la apariencia)
- nivel de educación
- logros académicos/ sociales
- tipo de familia
- origen geográfico/ regional
- lengua/idioma
- aprendizaje
- creencias (políticas, sociales, religiosas)
- globalismo/ internacionalismo

(Continúe la conversación en grupo y pensando en voz alta.) *Hay más de una dimensión que considerar cuando hablamos de la identidad, tanto de personajes como de personas reales. Es cierto que en el caso de August existe una característica física prominente debido a la desfiguración de su rostro, pero hay mucho más sobre August que también cuenta. Es importante saber, por ejemplo, que él está en la secundaria, porque uno de los temas de la historia es cómo interactúan y se tratan los estudiantes a ese nivel. También es importante que August es muy inteligente y que su mamá ya no puede seguir educándolo en casa, y que él entiende muy bien las señales sociales de los demás.* (Mientras dirige la conversación, piense en voz alta sobre cualquier aspecto que se les escape a los estudiantes, guiándolos a considerar cada categoría de la lista).

Consejos

- Pensemos en la identidad del personaje.
- ¿Por qué es importante este aspecto de la identidad del personaje para la historia?
- ¿Se te ocurre un tema que surge en la historia debido a ese aspecto de la identidad del personaje?
- ¿Se te ocurre otro aspecto?
- ¿Qué más sabemos sobre ese personaje? ¿Por qué eso es importante?
- Ese es un mensaje basado en la identidad del personaje. ¿Se te ocurre otro mensaje?

¡Me quito el sombrero!
(lectura recomendada):
"Sample Cultural Identifiers" (National Association of Independent Schools 2010)

¿Para quién es?

NIVELES DE TEXTO
Q–Z+

GÉNERO / TIPO DE TEXTO
ficción

DESTREZAS
inferir, determinar la importancia

Estrategia Busca un pasaje donde un personaje secundario, que es mayor o tiene más experiencia, le habla al personaje principal. Pregúntate: "¿Qué le enseña el personaje mayor al más joven?". Luego, con tus propias palabras, expresa lo que tú, el lector, debes aprender de esa lección.

Ejemplo de enseñanza *Tal vez haya alguien mayor en tu vida que te da buenos consejos. Puede ser tu mamá o papá, abuelo o abuela, o uno de tus maestros. En los libros de literatura infantil y juvenil hay personajes que cuentan con otros que les ofrecen consejos. Mientras leemos y notamos que un personaje aconseja a otro, debemos prestar mucha atención para captar ese consejo y aprender también. Por ejemplo, en el libro* La rebelión del tigre *(DiCamillo 2016), Willie May, el ama de llaves del motel donde vive Rob, le cuenta una historia sobre Grillo, su periquito verde. Ella lo liberó, pero su papá se enojó y le dijo que con eso no ayudó al pájaro, sino que solo le había dado de cenar a una serpiente. Cuando en un libro corto el autor le dedica tanto espacio a un personaje secundario para hablar, podemos pensar: "Willie May está tratando de advertirle a Rob que debe considerar todo lo que puede implicar la libertad", o incluso que lo que le cuenta es un presagio de lo que le puede pasar al tigre.*

Consejos
- En esta historia, ¿quién es el personaje mayor y sabio?
- ¿Alguien aconseja a otro personaje en este libro?
- Trata de recordar en qué otra parte del libro interactuaron estos personajes.
- ¿Qué puedes aprender de esa interacción?
- Di con tus propias palabras el consejo que da ese personaje.
- ¿Qué lección puedes aprender de esto?
- Sí, esa es una manera general de decirlo, sin referirte a un libro en concreto.

El papá de Alma le enceñia como obtuvo su nombre mirando fotos y el papá le explica la hisoria de su familia.

Es importante escuchar a las historias que te cuentan tus mayores

7.24 Los títulos revelan mucho

Estrategia Vuelve a leer el título de tu libro. Piensa en lo que indica. Considera cómo el título se relaciona con varios aspectos del libro, como sus personajes, ambiente o mensaje. Menciona una idea que parezca ser un tema central o un hilo conductor a lo largo de la historia y que se refleje en el título.

Ejemplo de enseñanza *Cuando terminé de leer el libro* Esperanza renace *(Muñoz 2012), me fijé otra vez en el título y me dije: "Este título tiene mucho sentido. De cierta manera, el personaje de Esperanza vuelve a nacer, o a renacer". Es una idea que puedo comprobar volviendo a leer los sucesos del libro, pero pienso que la autora también habría podido elegir otro título, como* Dejar atrás el rancho *o* Comenzar de nuevo. *Sin embargo, sé que los títulos tienden a indicar el significado más importante de un libro. Por eso, trato de analizar el significado de "renacer" en el título y conectarlo con lo que sucede en la historia. La vida de Esperanza cambia de repente. Tiene que empezar de nuevo en un lugar lejano, bajo otras circunstancias y con otras personas. Todos esos sucesos simbolizan que Esperanza tuvo que "renacer" porque ya no era la misma persona que antes. O sea, tuvo que dejar atrás su vida pasada, llena de lujos, para darse cuenta de muchas cosas y aceptarlas. Al "renacer", ya puede apreciar lo más importante que tiene ahora, su familia y sus verdaderos amigos, y ese es el tema principal de la historia.*

Consejos

- ¿Cuál puede ser el hilo conductor de la historia?
- ¿Qué ideas se conectan con el título?
- Esa idea se conecta con uno de los elementos de la historia. ¿Cómo se conecta con otro?
- Esa idea va muy bien con la historia. ¿Qué otra idea tienes?
- Trata de agregar "o tal vez…".
- Trata de decir: "También puede ser que…".

¿Para quién es?

NIVELES DE TEXTO
R–Z+

GÉNERO /
TIPO DE TEXTO
ficción

DESTREZAS
inferir, determinar la importancia

> Alma y cómo obtuvo su nombre
>
> El autor problemente escogio el título porque quiso explicar porque es tan largo su nombre. Cada parte de su nombre repesenta una persona de su familia. Alma se da cuenta que es aventura y valiente como ellos. Se siente contenta al final porque entiende porque su nombre es tan largo.

Objetivo 8

Apoyar la comprensión de textos de no ficción

Determinar temas e ideas principales

◎ ¿Por qué es importante este objetivo?

Los textos de no ficción escritos con gracia y habilidad y atractivos para los niños, suelen incluir datos curiosos o asombrosos. Cuando les preguntamos a los lectores qué aprendieron de todo un libro, algunos tienden a mencionar un dato curioso, como por ejemplo: "¿Sabías que la población de hipopótamos en el Congo disminuyó de 22,000 a 400 en menos de veinte años?". Y cuando les pedimos que agreguen algo más, muchas veces no pueden hacerlo. El hecho es que, por mucho que les gusten los datos o hechos curiosos, los niños tienden a aprender y recordar más cuando pueden crear archivos mentales, almacenando y organizando la información dentro de categorías más generales (Calkins y Tolan 2010c). Estas categorías pueden ser temas, subtemas y/o ideas principales de un texto. Aprender a entender de qué trata una sección o un texto en su mayoría es fundamental para la comprensión.

El acto de comprender el contenido más importante variará según la complejidad del texto. Los textos de los niveles que normalmente leen los estudiantes de primer y segundo grado (niveles C–L) tienden a ser más bien una recolección de información sobre un tema (por ejemplo, los animales africanos) o un subtema (por ejemplo, los elefantes). Al llegar a los niveles de tercer grado (niveles M–P), el texto suele contener una idea principal (por ejemplo, los elefantes son criaturas interesantes), con suficiente apoyo para que el lector pueda determinarla con facilidad: una introducción en la que se destaca la idea principal y/o títulos y oraciones temáticas que la explican claramente. Hacia el cuarto grado y comienzos del quinto (niveles Q/R–Z+), los textos suelen contener varias ideas principales dentro de cada uno. Estas ideas múltiples pueden mostrar más de una perspectiva o punto de vista sobre un tema, o pueden explorar distintos aspectos del tema (por ejemplo, las personas son la causa y a la vez la posible solución del problema de la caza furtiva de animales en África). Las ideas en los textos de este nivel a menudo tienen que ser inferidas

El trabajo del lector se hace más complejo a medida que los textos se vuelven más complejos, y la tarea de determinar la importancia se hace aún más difícil cuando el tema no coincide con los conocimientos previos del estudiante. Los estudiantes de cualquier grado suelen necesitar apoyo adicional en forma de estrategias. Un estudio concluyó que aunque algunos lectores son capaces de determinar la idea principal automáticamente, los lectores expertos a menudo necesitan seguir un proceso mental y aplicar estrategias con el fin de articular la idea principal (Afflerbach 1990).

◎ ¿Cómo sé si este objetivo es adecuado para mi estudiante?

Para determinar si sus estudiantes pueden identificar las ideas importantes en textos de no ficción, puede realizar una evaluación de su comprensión de un texto corto o de un libro entero. Después de que los estudiantes hayan leído una parte de un texto o un texto completo, usted puede pedirles que respondan a preguntas por escrito o en voz alta. Algunas de las preguntas o indicaciones que usted puede hacerles son:

- ¿De qué trata en general este texto (o capítulo o libro)?
- ¿Cuál es la idea principal?
- Por favor, resume lo que has leído hasta el momento. Incluye la idea principal y los detalles de apoyo.

En cuanto a los estudiantes más jóvenes, se suelen obtener evaluaciones más precisas sobre su comprensión durante una conferencia o sesión individual de lectura, pidiéndoles que expresen el tema y/o la idea principal en voz alta. Hacia el segundo grado, y/o cuando el niño esté leyendo en el nivel J/K, más o menos, se pueden seleccionar textos cortos, por ejemplo, un artículo de la revista *Time for Kids en español,* y pedirle que escriba la idea principal o un resumen que contenga la idea principal y los detalles clave. Para observar cómo los estudiantes acumulan los datos en partes más largas del texto, usted puede elegir un libro de no ficción y pegar notas adhesivas dentro del libro, pidiendo al estudiante que determine la idea principal de una sección o de todo el libro (Serravallo 2018, 2019). Además de estas evaluaciones informales, también se pueden encontrar en línea fichas de comprensión de lectura (https://bit.ly/2Jpv3Fj) para ayudar a los niños a determinar la idea principal o a resumir.

Independientemente de cómo decida reunir muestras que plasmen el pensamiento de sus estudiantes para evaluar qué tan bien pueden determinar temas, subtemas o ideas principales, usted necesitará una pauta de calificación para juzgar sus respuestas. Una buena regla es que el tema o la idea principal debe tener en cuenta la *mayor parte* del texto, si no todo, y debe concordar con el nivel de complejidad del texto. En otras palabras, un estudiante de quinto grado que lee un texto del nivel correspondiente a su grado debe ser capaz de mencionar varias ideas principales en un texto, y un estudiante de segundo grado debe ser capaz de mencionar el tema principal (Serravallo 2018, 2019).

Vistazo a las estrategias para determinar temas e ideas principales

Estrategia		Niveles de texto	Géneros/ Tipos de texto	Destrezas
8.1	Un texto, varias ideas (o temas)	A–Z+	No ficción	Sintetizar, determinar la importancia
8.2	Fíjate en qué se repite	A–I	No ficción	Determinar la importancia
8.3	Tema/Subtema/Detalles	J–Z+	Texto expositivo de no ficción	Resumir, volver a contar
8.4	Haz preguntas para formarte ideas	J–Z+	No ficción	Determinar la importancia, preguntar
8.5	Recuadros y viñetas	J–Z+	Texto expositivo de no ficción	Sintetizar, determinar la importancia
8.6	Examina el texto	J–Z+	Texto expositivo de no ficción	Sintetizar, determinar la importancia
8.7	Parafrasea secciones y vuelve a unirlas	L–Z+	No ficción (artículo)	Determinar la importancia, parafrasear, sintetizar
8.8	Haz bosquejos de cada sección	L–Z+	No ficción (artículo)	Sintetizar, determinar la importancia, visualizar
8.9	Más importante… ¿para quién?	M–Z+	Texto expositivo o narrativo de no ficción	Determinar la importancia, resumir
8.10	¿Qué dice el autor? ¿Qué dices tú?	M–Z+	Texto expositivo o narrativo de no ficción	Comparar y contrastar, sintetizar, inferir, determinar la importancia
8.11	Conecta los detalles para determinar la idea principal	M–Z+	Texto expositivo de no ficción	Determinar la importancia, resumir
8.12	Busca pistas de opinión en las soluciones	M–Z+	Texto expositivo de no ficción	Determinar la importancia, sintetizar
8.13	Opinión–Razones–Evidencia	M–Z+	Texto expositivo de no ficción	Determinar la importancia, sintetizar
8.14	Periodos de tiempo = Partes	M–Z+	Texto narrativo de no ficción	Resumir, determinar la importancia
8.15	¿Por qué es importante esta historia?	M–Z+	Texto narrativo de no ficción	Determinar la importancia, sintetizar
8.16	¿De qué trata?... ¿y qué más?	M–Z+	No ficción	Determinar la importancia, sintetizar
8.17	Busca pistas en la oración temática	M–Z+	Texto expositivo de no ficción	Determinar la importancia
8.18	Reduce el texto con tu compañero	M–Z+	No ficción	Resumir, determinar la importancia
8.19	Ten en cuenta la estructura	M–Z+	No ficción	Sintetizar
8.20	Determinar el propósito y el punto de vista del autor	O–Z+	No ficción	Determinar la importancia
8.21	¿Cuál es la perspectiva sobre el tema?	O–Z+	No ficción	Determinar la importancia
8.22	Los trucos de la persuasión	P–Z+	No ficción	Determinar la importancia, inferir
8.23	Perspectiva, posición, poder	P–Z+	No ficción	Determinar la importancia, inferir, analizar con criterio

8.1 Un texto, varias ideas (o temas)

¿Para quién es?

NIVELES DE TEXTO
A–Z+

GÉNERO / TIPO DE TEXTO
no ficción

DESTREZAS
sintetizar, determinar la importancia

Estrategia Cuando leas la primera sección, segmento o capítulo de un libro, di en una oración (o en una palabra para los lectores hasta el nivel M) de qué trata esa parte en general. Al seguir leyendo, fíjate si la siguiente parte ofrece más información sobre la misma idea, o si el autor pasó a hablar de otra cosa. Reúne cada nueva idea principal (o tema principal para los lectores hasta el nivel M) a medida que sigues leyendo. Al final de la lectura (para los niveles R–Z+), puedes unificar las distintas ideas principales en un solo enunciado más complejo.

Sugerencia para el maestro Esta estrategia se puede usar para textos de cualquier nivel con algunos ajustes en el lenguaje. Los libros de niveles más básicos (hasta el nivel M) suelen contener una sola idea principal. Hacia el nivel R en adelante, aconsejo incluir la última oración en la estrategia, ofreciendo la opción de sintetizar varias ideas en una idea compleja. Haga los ajustes necesarios en el lenguaje teniendo en cuenta la complejidad a medida que lee las lecciones de este capítulo.

Ejemplo de enseñanza *Hay un libro que me gusta mucho que se llama ¡Insectos! (Dussling 2003). Cuando comencé a leerlo, vi que la autora enuncia la idea principal en la primera página. Dice que aunque los insectos pueden dar miedo, en realidad solo son peligrosos para otros insectos, pero no para las personas. Pensé: "¡Ah!, de eso debe tratar todo el libro, puesto que lo dice en la introducción". A veces, eso es cierto: lo que se enuncia en la introducción es de lo que trata todo el libro. Pero hay que seguir poniendo atención. Al leer cada página, hay que pensar si se ajusta a esa misma primera idea, o si el autor ha pasado a una nueva idea. Más adelante, en ese mismo libro, la autora menciona cómo la mantis religiosa y la libélula cazan a otros insectos para comer. Eso también va con la primera idea principal. Pero hacia la mitad del libro, la autora dice que algunos insectos cazan otros insectos no para alimentarse, sino para alimentar a sus crías. Allí parece cambiar un poquito la idea. En la siguiente página insiste en que no hay por qué tener miedo a los insectos. Así que este libro en realidad tiene dos ideas principales: que no debemos tener miedo a los insectos y que los insectos cazan para alimentarse a sí mismos y a sus crías.*

¡Me quito el sombrero!
(lectura recomendada): *Navigating Nonfiction in Expository Text: Determining Importance and Synthesizing* (Calkins y Tolan 2010c)

Estrategia Para determinar de qué trata un libro en su mayoría, es útil prestar atención a la palabra o las palabras que ves una y otra vez. En cada página, fíjate en qué se repite. Piensa: "¿Esta palabra me dice de qué trata el libro en general?".

Sugerencia para el maestro Hasta el nivel J, los libros no suelen tener una "idea" principal, sino un "tema principal". Es la diferencia entre decir que un libro es sobre "el maíz" (tema) y el libro es sobre "la importancia del maíz como alimento y tradición cultural" (tema + idea). En el caso de niños más pequeños de niveles básicos, pedirles que determinen la idea principal puede ser muy difícil considerando la complejidad del texto.

Consejos

- ¿Qué palabras se repiten en cada página?
- ¿Qué imágenes se repiten en cada página?
- ¿De qué trata este libro en general?
- Di cuál es el tema principal.
- Fíjate en qué es igual.
- Señala con el dedo las palabras que son iguales en estas dos páginas.
- ¡Encontraste una palabra que se repite! Entonces, ¿cuál es el tema?

El avestruz pone sus huevos en un nido sobre el pasto. El nido está al lado de la mamá avestruz.

Los avestruces comparten un nido con otros avestruces.

¡Fíjate en qué se repite!

nido

Un avestruz pone de 7 a 10 huevos.

¿Para quién es?

NIVELES DE TEXTO
A–I

GÉNERO /
TIPO DE TEXTO
no ficción

DESTREZA
determinar la importancia

8.3 Tema/Subtema/Detalles

¿Para quién es?

NIVELES DE TEXTO
J–Z+

GÉNERO / TIPO DE TEXTO
texto expositivo de no ficción

DESTREZAS
resumir, volver a contar

Estrategia Primero, busca el tema, es decir, de qué trata la sección o el capítulo en general. Después, busca un subtema, o una parte más pequeña del tema. Por último, haz una lista de los detalles que aprendiste relacionados con el tema y el subtema.

Ejemplo de enseñanza *En los textos de no ficción, es importante tener una idea sobre la estructura general y saber qué información apoya qué temas. A veces los temas se dividen en subtemas, con información que apoya esas partes más pequeñas. A veces esos temas y subtemas se separan con encabezados y subencabezados. Haz una tabla o toma apuntes de la información que va presentando el autor.*

Consejos
- Fíjate en los encabezados o subencabezados.
- ¿Cuál es el *tema* de esta sección?
- ¿Cuál es el *subtema* de esta página?
- Di de qué trata esta parte en general.
- ¿Qué detalles apoyan ese subtema?
- Los encabezados tienen una letra más grande que los subencabezados.

Tema	Subtema	Detalles
Cactus	Animales les gustan vivir en cactus.	• Cada año animales hacen hogares nuevos. • Diferentes animales como ratas, pájaros y murcielagos viven en el cactus
cactus	Los cactus son muy grandes	• Los cactus crecen a 108 pies en alto • Más de 50 animales pueden vivir en un cactus

🎩

¡Me quito el sombrero!
(lectura recomendada):
Strategies That Work: Teaching Comprehension for Understanding and Engagement, segunda edición (Harvey y Goudvis 2007)

Estrategia Al leer, pregúntate y cuestiona. Lee activamente para responder a tus preguntas. Reúne tus preguntas y respuestas a medida que lees. Basándote en todas estas preguntas y respuestas, piensa: "¿De qué parece tratar este texto en general?".

Ejemplo de enseñanza *Antes de comenzar a leer* El Día de los Muertos: Historia y costumbres *(Dickins de Girón 2019), sabía que este es un día que se celebra en México y que se ha extendido a varias ciudades de Estados Unidos, pero me preguntaba cómo se celebra y si es un día triste o alegre. Después de leer la primera sección, aprendí que en este día las familias preparan altares en honor de sus seres queridos muertos y los decoran con flores, fotos, velas y comida. Al seguir leyendo, aprendí que al final del día las familias se trasladan al panteón, o cementerio, donde celebran a sus antepasados con música, baile y una gran fiesta. Si repaso mis preguntas y las respuestas que obtuve en esta primera parte, veo un patrón que me servirá para saber cuál es la idea principal de esta sección: el Día de los Muertos es una celebración en la que se festeja con alegría a los seres queridos que ya murieron.*

Consejos
- Anota las cosas que te preguntas.
- Repasa tus preguntas.
- Vuelve a leer tus preguntas. ¿Hay un patrón? ¿De qué trata el texto en general?
- Trata de buscar respuestas a tus preguntas.
- Mira todo lo que has anotado. ¿Cuál es la idea principal?

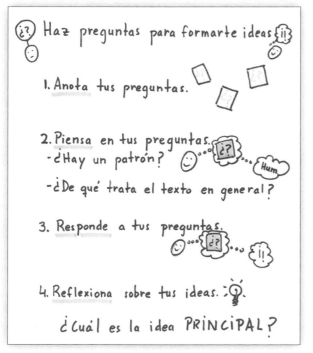

¿Para quién es?

NIVELES DE TEXTO
J–Z+

GÉNERO /
TIPO DE TEXTO
no ficción

DESTREZAS
determinar la importancia, preguntar

¡Me quito el sombrero!
(lectura recomendada):
Comprehension Through Conversation: The Power of Purposeful Talk in the Reading Workshop (Nichols 2006)

8.5 Recuadros y viñetas

¿Para quién es?

NIVELES DE TEXTO
J–Z+

GÉNERO / TIPO DE TEXTO
texto expositivo de no ficción

DESTREZAS
sintetizar, determinar la importancia

Estrategia En una nota adhesiva o en un cuaderno, dibuja un recuadro y varias viñetas o puntos. Al ir leyendo, piensa en la información que acabas de leer. Pregúntate: "¿Esta oración dice de qué trata esta parte en general (recuadro), o es un detalle (viñeta)?". Al leer, escribe o anota mentalmente la información que vas aprendiendo en un organizador gráfico.

Sugerencia para el maestro Esta es otra estrategia que se puede modificar para adaptarla a temas y detalles (por debajo del nivel M) o a la idea principal y detalles (hacia los niveles M–Z+).

Ejemplo de enseñanza *Los textos expositivos de no ficción tienen una arquitectura, es decir, la estructura con la que fueron escritos. Cuando un autor está tratando de enseñarte algo nuevo, es común que presente temas e ideas generales. A veces, la idea principal aparece primero y luego siguen los detalles. Otras veces, hay que leer todos los detalles y luego aparece la idea principal en la conclusión. A veces, la idea principal está en algún punto en la mitad del texto. Para que comprendas mejor lo que lees, puedes organizar la información, determinando cuáles de las oraciones son "viñetas" —es decir, detalles de apoyo o datos— y cuáles son "recuadros", es decir, ideas principales o temas.*

Consejos

- Repite la información que acabas de leer.
- ¿Crees que la información es la idea principal o un detalle?
- ¿Cómo sabes que es la idea principal o un detalle?
- Fíjate si el resto de la información de esta página es parte de esa oración.
- Fíjate si esa oración apoya el resto de la información de esta página.

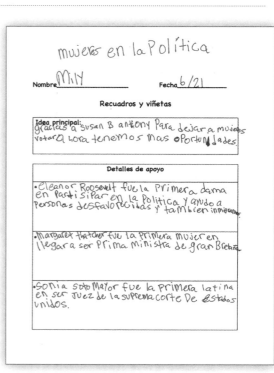

¡Me quito el sombrero!
(lectura recomendada):
Navigating Nonfiction in Expository Text: Determining Importance and Synthesizing (Calkins y Tolan 2010c)

Estrategia Examina el texto y fíjate en las cosas que saltan a la vista: encabezados títulos y elementos visuales. Pregúntate: "¿De qué parece tratar este texto en general?". Luego, vuelve atrás y lee el texto con esa idea principal en mente. Revisa los datos que aprendiste para ver si en realidad se ajustan a la idea principal que enunciaste. Cuando termines de leer, repasa la idea principal basándote en la información que tienes ahora.

Sugerencia para el maestro Para ayudar a los estudiantes a sintetizar una sección del texto más amplia (un libro completo), enséñeles a examinar la tabla de contenido antes de comenzar a leer. También puede ajustar la lección para enfocarse ya sea en la idea principal o en el tema principal dependiendo del nivel del texto.

Consejos
- Dale un vistazo a toda la página. Di qué ves.
- Si unes todos los elementos visuales, ¿de qué crees que trata este texto en general?
- ¿Qué tienen en común la mayoría de las características del texto (tema o idea)?
- Verifica los datos para asegurarte de que esa es la idea principal.
- Después de leer los datos, ¿quieres cambiar algo en la idea principal que enunciaste?
- Mmm… parece que esto no se ajusta muy bien. Revisa tu idea.
- ¡Uniste los elementos visuales para determinar de qué trata el texto en general!

¿Para quién es?

NIVELES DE TEXTO
J–Z+

GÉNERO /
TIPO DE TEXTO
texto expositivo de no ficción

DESTREZAS
sintetizar, determinar la importancia

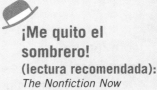

¡Me quito el sombrero!
(lectura recomendada):
The Nonfiction Now Lesson Bank, Grades 4–8: Strategies and Routines for Higher-Level Comprehension in the Content Areas (Akhavan 2014)

¿Para quién es?

NIVELES DE TEXTO
L–Z+

GÉNERO / TIPO DE TEXTO
no ficción (artículo)

DESTREZAS
determinar la importancia, parafrasear, sintetizar

Estrategia Haz una pausa después de cada párrafo o sección corta. Piensa: "¿Cómo puedo decir lo que acabo de aprender con mis propias palabras?". Haz anotaciones en los márgenes del artículo. Al terminar de leerlo, repasa tus notas y piensa: "Entonces, ¿de qué trata este artículo en general?".

Sugerencia para el maestro Para muchos lectores que pasan de leer cuentos a leer textos expositivos de no ficción, parte del desafío es que el ritmo de lectura tiene que disminuir. Estrategias como esta, en la que se le pide al lector que haga pausas y divida la información a medida que lee, le ayudarán a disminuir el ritmo y verificar su comprensión antes de seguir leyendo. Esta estrategia también apoyará su habilidad de sintetizar la información al hacer pausas a lo largo del texto para extraer secciones más pequeñas de información, en lugar de leer el texto completo antes de detenerse a pensar en las ideas principales.

Consejos

- Haz una pausa aquí. Haz una anotación.
- ¿Qué es lo más importante de lo que acabas de leer?
- Dilo con tus propias palabras.
- No repitas lo que escribió el autor; piensa y trata de decirlo con tus propias palabras.
- Repasa tus notas.
- ¿De qué trata *todo* el artículo?
- ¡La idea principal que enunciaste toma en cuenta la mayor parte de la información que acabas de leer!
- Parece que leer más despacio te está ayudando a pensar en la idea principal.

¡Me quito el sombrero!
(lectura recomendada):
Strategies That Work: Teaching Comprehension for Understanding and Engagement, segunda edición (Harvey y Goudvis 2007)

Estrategia Haz una pausa después de cada párrafo o sección corta. Piensa: "¿Qué imagino o veo en mi mente?". Haz un bosquejo o dibujo rápido. Al final del artículo, repasa tus bosquejos y pregúntate: "Entonces, ¿de qué trata este artículo en general?".

Ejemplo de enseñanza (Lea en voz alta el segundo párrafo de "La selva" (Biblioteca digital del ILCE: https://bit.ly/20CMyPb). *Al leer este párrafo, imagino árboles muy altos y flores de muchos colores. Voy a hacer un bosquejo de esto.* (Lea el siguiente párrafo en voz alta). *Ahora voy a dibujar unos pájaros que se esconden detrás de las ramas. Tengo que mostrar que son pequeños y casi no se ven. Ahora voy a trazar una línea y leer el siguiente párrafo para saber qué imagino.* (Lea el siguiente párrafo en voz alta). *¿Cómo puedo representar que en la selva viven muchísimos animales y plantas? Voy a hacer un dibujo rápido de una selva con una flecha que va hacia varios árboles y animales. Ahora, al repasar mis bosquejos, puedo decir: "En general, este artículo es sobre la gran variedad de seres vivos que hay en la selva".*

Consejos

- Haz una pausa aquí. ¿Qué estás imaginando?
- Para y haz bosquejos de lo que te estás imaginando.
- Revisa tus bosquejos. ¿De qué trata el artículo en general?
- Decide hasta dónde leerás antes de volver a hacer un bosquejo.
- Ya veo por qué hiciste ese bosquejo. Eso coincide con la información de la página.

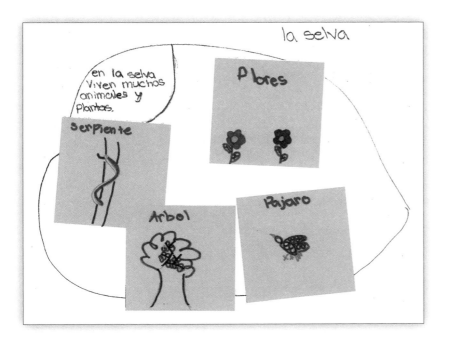

¿Para quién es?

NIVELES DE TEXTO
L–Z+

GÉNERO /
TIPO DE TEXTO
no ficción (artículo)

DESTREZAS
sintetizar, determinar la importancia, visualizar

¡Me quito el sombrero!
(lectura recomendada):
Reading Nonfiction: Notice & Note Stances, Signposts, and Questions (Beers y Probst 2016)

¿Para quién es?

NIVELES DE TEXTO
M–Z+

GÉNERO / TIPO DE TEXTO
texto expositivo o narrativo de no ficción

DESTREZAS
determinar la importancia, resumir

¡Me quito el sombrero!
(lectura recomendada):
Strategies That Work: Teaching Comprehension for Understanding and Engagement, segunda edición (Harvey y Goudvis 2007)

Estrategia Las concepciones del lector y del autor sobre cuál es la idea más importante no siempre coinciden. Primero, escribe la idea que te parece más importante. Después, anota cuál crees que es la idea más importante según el autor. Repasa el texto para ver cuál de las dos ideas tiene más detalles de apoyo.

Consejos
- ¿Cuál te parece la idea más importante? ¿Qué datos apoyan esa idea?
- ¿El autor o la autora enuncia la idea principal (en un título u oración temática, o en la introducción)? Haz una lista de los detalles de apoyo.
- ¿Qué detalles se ajustan a esa idea?
- Veamos si eso es de lo que este texto trata *en general.* ¿La *mayoría* de los detalles apoyan esa idea?
- ¿Qué diferencia hay entre tu idea y la que crees que es la idea del autor? ¿Cómo puedes verificar cuál de las dos ideas es de lo que habla en general esta sección o página del libro?

Yo pienso que la idea mas importante es que el pingüino emperador tiene características físicas para sobrevivir. El autor piensa que el pingüino está preparado para vivir en el oceano.

Detalles

1. El pingüino usa sus patas palmeadas para moverse en el agua.

2. El pingüino tiene dos capas de plumas para mantenerse caliente.

3. Tiene un capa de grasa para no sentir frio.

Estrategia Busca un par de libros sobre el mismo tema en los que los autores tengan distintas perspectivas. Organiza las ideas de cada autor. Después, responde a la lectura basándote en esta pregunta: "¿Qué pienso sobre las ideas presentadas?". Quizá decidas que uno de los argumentos es más convincente, persuasivo o lógico, o quizá te formes tus propias ideas basadas en una combinación de las ideas que presentan ambos autores.

Ejemplo de enseñanza *Acabo de leer estos dos libros:* Tiburones fabulosos *(Simon 2004) y* Los secretos de los tiburones *(Vadon 2007). Antes de comenzar a leer, al igual que mucha gente, pensaba que los tiburones eran animales muy peligrosos. Pero al leer estos dos libros, me di cuenta de que los dos autores, de distintas maneras, tratan de demostrar que los tiburones no son tan peligrosos como lo imaginamos. Simon comienza por decirle al lector que en realidad hay muy pocos ataques de tiburones a seres humanos cada año, y que la mayoría de las víctimas sobrevive. Luego nos dice que en lugar de tener miedo a los tiburones, debemos sentir fascinación hacia estas criaturas sorprendentes. El libro de Vadon, por otra parte, comienza por mostrar cómo el tiburón, a través de la historia, el cine y la literatura, ha sido visto como un monstruo marino que asesina a los navegantes y bañistas. La autora nos explica cómo las observaciones científicas de los tiburones durante muchos siglos estuvieron mezcladas con leyendas fantásticas sobre este animal. Más adelante, Vadon da otros datos para mostrar que el tiburón, lejos de ser un monstruo asesino, es un animal muy importante para el equilibrio de la vida en los océanos. Entonces, si analizo estos dos enfoques sobre el mismo tema, puedo formar mis propias ideas sobre los tiburones. ¿Qué pienso yo? Al tener en cuenta la información que aprendí sobre los tiburones, tiendo a estar más de acuerdo con Simon: ¡los tiburones son fascinantes! Este autor logró convencerme con todos los detalles que da en su libro, tales como… (Continúe dando detalles específicos para demostrar cómo las ideas deben ser apoyadas con evidencia del texto).*

Consejos

- ¿Cuál es la perspectiva sobre el tema en este libro? ¿Y en ese otro?
- ¿En qué se diferencian las ideas que los autores presentan en cada libro?
- ¿Cuál es tu respuesta a cada una de las ideas?
- ¿Qué idea crees que es más lógica, persuasiva o convincente?
- ¿Qué idea puedes apoyar con la mayor cantidad de datos?

A favor de los murciélagos	En contra de los murciélagos	Mi opinión
• Los murciélagos se alimentan de insectos • No atacan a la gente • No se meten en tu pelo • Son criaturas tímidas • El autor incluye una parte sobre cómo construir una casa para los murciélagos	• Se esconden en los techos de casa • Pueden transmitir enfermedades a los humanos • Hay que tener cuidado si encuentras un murciélago cerca de un bebé o una mascota • Si se siente atacado puede intentar morder para defenderse	• Los murciélagos pueden transmitir enfermedades pero raro que ataquen a la gente. • ¡No te acerques a un murciélago! • No molestar a las personas. • Nos ayudan porque comen insectos

¿Para quién es?

NIVELES DE TEXTO
M–Z+

GÉNERO /
TIPO DE TEXTO
texto expositivo o narrativo de no ficción

DESTREZAS
comparar y contrastar, sintetizar, inferir, determinar la importancia

8.11 Conecta los detalles para determinar la idea principal

NIVELES DE TEXTO

M–Z+

GÉNERO /
TIPO DE TEXTO

texto expositivo de no ficción

DESTREZAS

determinar la importancia, resumir

Estrategia Enfócate en una sección. Lee varios párrafos. Anota algunos de los datos que parecen conectarse. Con tus propias palabras, ¿de qué trata esta sección en general? Al seguir leyendo y reunir más datos, quizá tengas que revisar tu idea principal.

Ejemplo de enseñanza *En el libro* El ciclo de vida de los insectos *(Garofano 2019), la sección titulada "¿Qué son los insectos?" contiene muchos datos. Después de leer esta sección, los datos que parecen ir juntos son: todos tienen seis patas, el cuerpo está formado por tres partes, tienen alas, un exoesqueleto, y todos nacen de huevos. Teniendo en cuenta todos estos datos, podría decir que la idea principal de esta sección es: "Los insectos tienen varias características en común".*

Consejos

- ¿Qué aprendiste al leer estos párrafos?
- ¿Cuáles son tres datos o hechos que van juntos?
- ¿Cómo se relacionan?
- ¿Cuál crees que es la idea principal?
- ¿Qué tienen en común todos estos datos?
- Vuelve atrás y lee de nuevo.
- Menciona tres datos que se relacionan.
- Expresa eso con tus propias palabras.
- Ese es el tema. ¿Cuál es la idea principal?
- Ese es un dato. Trata de unir varios datos.
- Enunciaste bien la idea principal. Explicaste "qué" y "qué más".
- Sí, esos tres datos van juntos; esa palabra se repite en los tres.

Estrategia Si el texto está escrito con una estructura de problema-solución, identifica primero el problema que presenta el autor. Luego, identifica la solución que presenta. Piensa: "¿En qué se diferencia esta solución de otras posibles soluciones? ¿Cuál parece ser el argumento del autor?".

Ejemplo de enseñanza *En la revista* Muy Interesante Junior *(https://bit. ly/2U0mg0P) leí un artículo titulado "A un año del terremoto del 19/S" (2018), que habla sobre el gran terremoto que sacudió a México el 19 de septiembre de 2017. En el artículo, la autora relata cómo un fotógrafo captó las escenas de la tragedia mostrando no solo la destrucción y las muertes, sino el modo en que los mexicanos se unieron para rescatar a las víctimas, ayudar a las personas que quedaron sin techo y ser solidarios con todos los que estaban sufriendo. Teniendo en cuenta la solución a la tragedia que presenta la autora, puedo concluir que la idea principal del artículo es: "En momentos trágicos es importante que las comunidades se unan y se ayuden unas a otras". Enfocarse en la solución también nos puede ayudar a identificar el argumento del autor. Creo que en este ejemplo la autora considera que cuando hay desastres naturales como el terremoto de México, la ayuda de todos y cada uno es de gran importancia.*

Consejos
- Identifica el problema.
- ¿En qué parte buscarás la solución que plantea el autor o la autora?
- Ahora que sabes la solución, di de qué trata esta sección en general.
- Piensa en cuál es el argumento que da el autor.

¿Para quién es?

NIVELES DE TEXTO
M–Z+

GÉNERO /
TIPO DE TEXTO
texto expositivo de no ficción

DESTREZAS
determinar la importancia, sintetizar

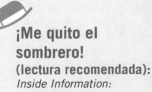

¡Me quito el sombrero!
(lectura recomendada):
Inside Information: Developing Powerful Readers and Writers of Informational Text Through Project-Based Instruction (Duke 2014)

8.13 Opinión–Razones–Evidencia

¿Para quién es?

NIVELES DE TEXTO

M–Z+

GÉNERO /
TIPO DE TEXTO
texto expositivo de no ficción

DESTREZAS

determinar la importancia, sintetizar

Estrategia Fíjate en cómo está organizado el texto. Piensa: "¿El autor expresa una opinión y luego la apoya? ¿O da detalles y luego concluye con una opinión?". Determinar la estructura te ayudará a identificar la idea principal.

Ejemplo de enseñanza *Presta atención a los tres niveles de información que presenta el autor o la autora. Al ir pasando de la evidencia a las razones y a la opinión, podrás determinar la idea principal. O, si la opinión es clara, puedes hallar las razones que apoyan la opinión, así como la evidencia que apoya las razones. Según como esté organizado el texto, tiene sentido partir de una idea o una opinión, o bien apoyar la opinión con la información.*

Consejos

- ¿Cuál es la opinión del autor?
- ¿Qué razones apoyan la opinión?
- ¿Qué evidencia apoya las razones?
- Resume la información que aprendiste en esta sección.
- Ahora que conoces todos los datos, úsalos para concluir cuál es la razón.
- Los datos apoyan esa opinión.

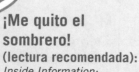

¡Me quito el sombrero!
(lectura recomendada):
Inside Information: Developing Powerful Readers and Writers of Informational Text Through Project-Based Instruction (Duke 2014)

Estrategia En los textos narrativos de no ficción, tales como las biografías, el texto sigue teniendo un tema central (por ejemplo, una persona) con subtemas (como su infancia, su juventud y los éxitos de su madurez). Puedes considerar cada periodo de tiempo importante como una parte o sección y preguntarte: "¿De qué trata esta parte?". Es muy probable que puedas formar una idea acerca de esa parte de la historia. Luego, puedes unir las diferentes partes o secciones y sacar una idea general sobre el texto completo.

Sugerencia para el maestro La mayoría de las estrategias de este capítulo ayudan a los lectores en la comprensión de textos expositivos de no ficción, pero esta estrategia es una excepción. Parte de la razón por la cual incluyo pocas estrategias para textos narrativos de no ficción es que suelo emplear las estrategias usadas en textos literarios para ayudar a los lectores con los textos narrativos de no ficción. Por ejemplo, al leer una biografía, la persona puede ser vista como un personaje de ficción, con características o rasgos de personalidad, motivaciones y obstáculos. En tal caso, aplicaría las estrategias del Objetivo 6. Otra estrategia que podría ayudar al lector de biografías es volver a contar los sucesos importantes en la vida de la persona, tomando prestadas algunas de las estrategias que aparecen en el Objetivo 5. Si necesita otras estrategias para usar con textos narrativos de no ficción, consulte los capítulos dedicados a la lectura de textos de ficción.

Consejos

- ¿Cuál es la primera parte?
- Usa los capítulos como guía para determinar las partes.
- Pensando solo en esta parte de la vida de la persona, ¿cuál parece ser la idea principal?
- ¿Cuál parece ser la idea principal de esta parte de la vida de la persona?
- Une todas las ideas principales. ¿Cuál es la idea principal de toda la biografía?

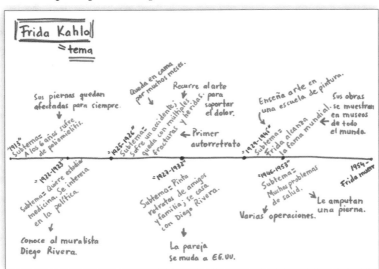

¿Para quién es?

NIVELES DE TEXTO
M–Z+

GÉNERO /
TIPO DE TEXTO
texto narrativo de no ficción

DESTREZAS
resumir, determinar la importancia

¿Para quién es?

NIVELES DE TEXTO

M–Z+

GÉNERO /
TIPO DE TEXTO

texto narrativo de no ficción

DESTREZAS

determinar la importancia, sintetizar

¡Me quito el sombrero!
(lectura recomendada):
The Rhetoric of Teaching: Understanding the Dynamics of Holocaust Narratives in an English Classroom (Juzwik 2009)

Estrategia En los textos narrativos de no ficción, es decir, textos con información verdadera en forma de relato, la idea principal puede ser una pregunta sobre qué es lo más importante en la historia como un todo. Después de leer una historia real, te puedes preguntar: "¿Qué lecciones aprendió esa persona a través de sus éxitos o de su lucha?" o "¿Qué aprendí sobre los rasgos de personalidad de esa persona?" o "¿Por qué el autor piensa que las experiencias de esta persona merecen ser relatadas en una historia? ¿Qué podemos obtener de esta lectura?".

Ejemplo de enseñanza *En* César Chávez: Héroe migrante *(Scott 2019), el autor cuenta la historia de un hombre que dedicó gran parte de su vida a luchar por los derechos de los agricultores migrantes en California. El autor relata las acciones de Chávez —huelgas, boicots, creación de sindicatos— con el fin de que los trabajadores del campo y sus familias recibieran un trato más justo y tuvieran una vida más digna. El autor concluye el texto con estas palabras sobre César Chávez: "Su lucha por la dignidad de toda la gente inspiró a millones de estadounidenses a trabajar por la justicia social en todo el mundo". Basándome en todo esto, creo que una cosa que el autor quiso mostrar es todo lo que una sola persona puede hacer para defender los derechos humanos.*

Consejos

- ¿Qué es importante sobre esta historia?
- ¿Por qué crees que el autor contó esta historia?
- Busca un tema o mensaje al final, así como lo encontrarías en un cuento de ficción.
- ¿Qué importancia tiene esta persona o esta historia?
- Explica qué lección o mensaje te dejó esta historia.

> **Al leer una biografía, haz esto:**
>
> Dale un vistazo al texto
> - Piensa: ¿Qué _sé ya_ sobre esta persona?
> - Piensa: ¿En qué _detalles_ me debo enfocar? ¿Qué se ⟨relaciona⟩ con la _gran victoria o la gran lucha_?
>
> Lee con atención
> - Identifica ⟨rasgos⟩ de personalidad que _coincidan con_ la evidencia.
>
> Busca el significado implícito
> - Pregúntate: ¿Cuál fue la _gran decisión_ del personaje?
> - Pregúntate: ¿Qué fue lo que mi personaje _decidió_ **NO HACER**?
> - Pregúntate: ¿Qué puedo **aprender** de su _decisión_?

Estrategia La idea principal va más allá del tema. Para enunciar la idea principal, es importante saber de qué trata el texto (el tema) y luego poder decir "¿y qué más". Ese "y qué más" puede ser el ángulo, idea o perspectiva que el autor le da al tema.

Ejemplo de enseñanza *La idea principal de un texto va más allá del tema o de lo que trata el texto. Por ejemplo, podemos decir que este libro es sobre ballenas, o ese otro sobre la adaptación animal, o aquel sobre las celebraciones en Centroamérica. ¡Es muy probable que puedas identificar el tema sin tener que leer el libro! Muchas veces, el título te revela el tema. Pero para identificar la idea principal hay que pensar un poco más. Tu trabajo como lector es reunir toda la información, identificar sobre qué escribe el autor y fijarte en cómo lo escribe. Luego, debes apartarte un poco del texto para preguntarte: "¿Y qué más?". La respuesta a esta pregunta puede estar en por qué el autor escribió sobre este tema; o qué ángulo le está dando al tema; o por qué, entre todos los libros sobre el tema, este es único. Por ejemplo, en el libro* Hormigas increíbles *(Buyok 2019), el título me dice que el tema son "las hormigas". Sin embargo, me pregunto: "¿Por qué el autor piensa que las hormigas son increíbles? Entre los miles de libros que hay sobre las hormigas, ¿qué tiene de especial este? ¿Cuál es el ángulo del autor?" Pues bien, el autor explica que a pesar de ser tan pequeñitas, las hormigas han sobrevivido durante miles de años gracias a sus agudos sentidos y al modo en que viven y trabajan. Hace énfasis en el sistema de organización dentro de las colonias donde cada tipo de hormiga tiene ciertas tareas. Así que si reúno toda esta información y me fijo en el ángulo que el autor le da al tema, puedo decir lo siguiente: "Las hormigas son insectos asombrosos por la forma en que sobreviven, trabajan y se organizan".*

Consejos

- ¿Cuál es el tema del libro? Verifica el título.
- ¿De qué trata esta sección principalmente?
- Ese es el tema. ¿Cuál es la idea principal?
- ¿Cuál es el ángulo o la perspectiva del autor?
- ¿Qué crees que el autor está tratando de decir sobre ese tema?

Una idea principal va **más allá** del tema.

Qué: Triceratops
¿Y qué más?: Los científicos siguen estudiando los fósiles para saber más.

Qué: Zorro ártico
¿Y qué más?: Los Z.A. tienen muchas maneras de sobrevivir en el Ártico.

¿Para quién es?

NIVELES DE TEXTO
M–Z+

GÉNERO / TIPO DE TEXTO
no ficción

DESTREZAS
determinar la importancia, sintetizar

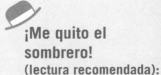

¡Me quito el sombrero!
(lectura recomendada):
Complete Comprehension: Nonfiction
(Serravallo 2019)

¿Para quién es?

NIVELES DE TEXTO
M–Z+

GÉNERO / TIPO DE TEXTO
texto expositivo de no ficción

DESTREZA
determinar la importancia

Estrategia Busca una oración que resuma de qué trata toda la página (o una parte o una sección) en general. Esto puede estar al comienzo, al final o en algún punto en la mitad del texto. Cuando creas haber encontrado esa oración, fíjate en otros datos que apoyen la idea principal. No todos los datos apoyan la idea principal, pero la mayoría sí. Si crees que la mayoría de los datos no apoyan la oración, intenta con otra.

Ejemplo de enseñanza *En la mayoría de las secciones de los libros de no ficción hay una oración que te indica claramente cuál es la idea principal del texto. Aunque este tipo de oración se llama "oración temática", indica mucho más que el tema: expresa una idea sobre el tema. Por ejemplo, en el libro* Cómo duermen los animales *(Freed 2019), la introducción contiene una oración temática que dice: "Los animales tienen muchas maneras diferentes de dormir que los ayudan a estar a salvo". En esa misma sección, hay otras oraciones que apoyan esa oración temática y hacen ver que el modo de dormir de los animales los protege de otros animales. No siempre encontrarás la idea principal al comienzo del libro, pero muchas veces hay una oración temática en cada sección que te puede ayudar a identificar la idea principal.*

Consejos

- Busca la oración que indique de qué trata esta sección en general.
- De acuerdo, todos los detalles se relacionan con esta oración. ¡Encontraste la oración temática!
- ¿Cuál de las oraciones parece ser una idea principal?
- Ahora sigue leyendo y verifica que cada oración se relacione con la idea principal.

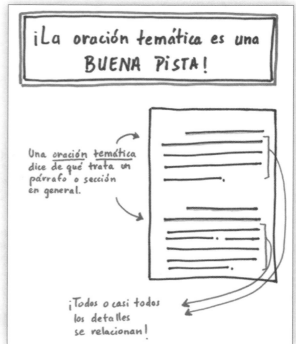

¡La oración temática es una BUENA PISTA!

Una oración temática dice de qué trata un párrafo o sección en general.

¡Todos o casi todos los detalles se relacionan!

8.18 Reduce el texto con tu compañero

Estrategia Lee una parte del texto con tu compañero o compañera. Decidan juntos cuál es la idea principal del texto y traten de reducir lo que acaban de leer a una oración. No se limiten a estar de acuerdo con lo primero que diga el otro. Piensen de manera crítica y asegúrense de que puedan apoyar su idea con detalles del texto. Lean otra parte del texto y repitan estos mismos pasos.

Sugerencia para el maestro Después de que los estudiantes practiquen varias veces esta estrategia con un compañero, usted podrá guiarlos a que la practiquen de manera independiente, animándolos a seguir el mismo patrón de hacer una pausa después de una sección, comentarla (¡esta vez consigo mismos!) y apoyarla antes de seguir con la próxima sección.

Consejos
- Lean una parte del texto.
- Decidan juntos cuál es la idea principal.
- Traten de decirla con menos palabras. Resúmanla en una sola oración.
- Están dando datos; traten de identificar la idea principal.
- ¿Estás de acuerdo con tu compañero? ¿Cómo podrían replantear la idea?
- Trabajaron juntos para plantear una idea principal clara y concisa.

¿*Para quién es?*

NIVELES DE TEXTO
M–Z+

GÉNERO /
TIPO DE TEXTO
no ficción

DESTREZAS
resumir, determinar la importancia

¡Me quito el sombrero!
(lectura recomendada):
The Nonfiction Now Lesson Bank, Grades 4–8: Strategies and Routines for Higher-Level Comprehension in the Content Areas (Akhavan 2014)

8.19 Ten en cuenta la estructura

¿Para quién es?

NIVELES DE TEXTO
M–Z+

GÉNERO / TIPO DE TEXTO
no ficción

DESTREZA
sintetizar

Estrategia Lee el texto una vez y piensa: "¿Cómo se presenta esta información? ¿Cuál es la estructura general?". Luego, vuelve a pensar en la información que aprendiste. Escribe una idea principal que tenga en cuenta todo el texto, así como su estructura.

Sugerencia para el maestro Esta lección se debe enseñar después de haber enseñado los diferentes tipos de estructuras del texto mediante una serie de lecciones individuales. Para presentar cada estructura, usted puede señalar palabras clave dentro de un texto, o presentar algún tipo de organizador gráfico para mostrar a los niños cómo representar gráficamente la estructura. Vea las tablas que aparecen en estas dos páginas como ejemplos de palabras clave y organizadores gráficos que se pueden usar. Tenga en cuenta que un organizador gráfico no es una estrategia en sí, sino un modo de "desempacar" y organizar la información. Así que, por ejemplo, una estrategia para ayudar a los niños a navegar por un texto con una estructura de problema-solución podría ser algo como la estrategia 8.12, "¿Qué soluciones se presentan?".

Ejemplo de enseñanza *Muchas veces te será más fácil determinar la idea principal de un texto si primero determinas cuál es la estructura del texto que usa el autor. Por ejemplo, si el texto está organizado en una estructura de comparar y contrastar, la idea principal debe tener en cuenta ambos temas o ideas que se comparan. Digamos que el libro compara las ballenas y los delfines. Si en la idea principal que enuncio solo hablo de ballenas, tan solo estaré presentando una parte de la idea. Más bien, mi enunciado debe ser algo así: "Las ballenas y los delfines comparten características similares porque ambos son mamíferos, pero su modo de alimentarse y su tamaño son diferentes". Si la estructura del texto es narrativa, la idea principal podría ser una lección o mensaje que he aprendido, y entonces podrían servirme algunas de las estrategias del objetivo sobre temas e ideas. Si el libro o artículo está escrito en una estructura de causa-efecto —por ejemplo, por qué se forman los huracanes y qué daños causan—, debo incluir tanto la causa como el efecto en mi enunciado de la idea principal.*

¡Me quito el sombrero!
(lectura recomendada):
Navigating Nonfiction in Expository Text (Calkins y Tolan 2010c); *Navigating Nonfiction in Narrative and Hybrid Text* (Calkins y Tolan 2010d)

Consejos

- Dijiste "causa y efecto". Asegúrate de mencionar en la idea principal ambas cosas: por qué pasó y qué pasó.
- Dijiste "narración". Piensa en qué sabes sobre cómo identificar un tema o lección.
- ¿Qué relación hay entre la información que se presenta?
- ¿Cómo está organizada la información?
- Fíjate en los organizadores gráficos. ¿Cuál representa el modo en que la información está organizada?

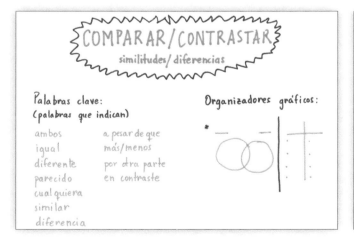

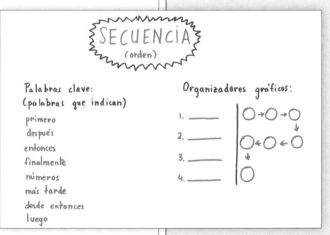

8.20 Determinar el propósito y el punto de vista del autor

¿Para quién es?

NIVELES DE TEXTO
O–Z+

GÉNERO / TIPO DE TEXTO
no ficción

DESTREZA
determinar la importancia

Estrategia Ten en cuenta la razón del autor para escribir y fíjate si el texto refleja alguna inclinación o sesgo que puede venir de eso. Primero, aprende sobre el autor (en la biografía del autor que aparece en el libro). Después, considera qué interés podría tener en el tema basándote en sus antecedentes. Al leer, ten presente qué datos se incluyen y se excluyen. Fíjate si hay "palabras que expresen opinión" junto a la información real.

....

Ejemplo de enseñanza *El libro* La Amazonia de Colombia *(Rivera Ospina 2008) a primera vista parece informar al lector sobre cómo es la selva tropical de Colombia mediante datos concretos y fotografías a color. Pero me pregunto si el autor tendrá una perspectiva particular sobre el tema que lo llevó a incluir cierto tipo de información. Al leer su biografía, veo que es biólogo y especialista en ecosistemas, lo que me indica que es experto en el tema que trata. También ha sido profesor universitario en el área de ecología, y que siempre ha tratado de transmitir la importancia de conservar los ecosistemas. Basándome en todo esto, creo que en este libro el autor mostrará su punto de vista sobre la conservación y protección de la región del Amazonas. Voy a ver si encuentro algo que pruebe esto. En la página 36, el autor dice: "…La pérdida de las selvas tropicales, uno de los ecosistemas más ricos del mundo… representa un problema de importancia global". Y en la página 54, el autor vuelve a manifestar su inquietud: "Actualmente la humanidad se enfrenta al gran desafío de evitar el daño del ecosistema más diverso y complejo del planeta". En estas oraciones, se ve claramente que el autor está en contra de la explotación de la selva. Además de mostrar cómo es esta región del mundo, también busca que el lector se haga consciente de la necesidad de proteger las selvas del mundo.*

....

Consejos

- ¿Qué sabes sobre el autor o la autora?
- ¿Qué te dicen los antecedentes del autor sobre cualquier posible inclinación o sesgo?
- Piensa en los datos que da el libro. ¿Por qué crees que el autor los incluyó?
- ¿Ves alguna palabra que exprese una opinión?
- ¿Cuál es el interés o punto de vista del autor?
- ¿Qué datos van con ese interés o punto de vista?

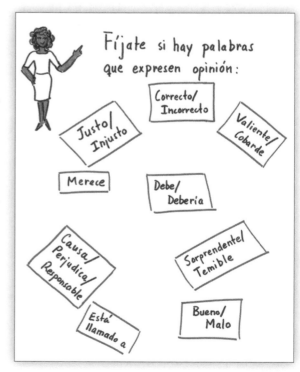

¡Me quito el sombrero!
(lectura recomendada):
Comprehension Through Conversation: The Power of Purposeful Talk in the Reading Workshop (Nichols 2006)

Estrategia Lee el título e identifica el tema. Lee el primer y el último párrafo. Piensa: "¿Cuál es la perspectiva del autor o de la autora? ¿Qué está diciendo?". Lee todo el artículo (o libro), reuniendo datos y detalles que se relacionen con la idea principal. Revisa la idea principal si es necesario.

Consejos

- ¿Cuál crees que es la perspectiva del autor sobre el tema?
- ¿Cómo lo sabes?
- ¿Qué palabras te dan una pista sobre la perspectiva?
- Lee el primer párrafo.
- Piensa en todos los detalles hasta el momento.
- Ese es el tema. Di una idea sobre el tema.
- Me gusta cómo replanteaste la idea principal después de haber reunido más información.
- Sí, esos detalles se ajustan a la idea principal.

¿Para quién es?

NIVELES DE TEXTO
0–Z+

GÉNERO /
TIPO DE TEXTO
no ficción

DESTREZA
determinar la importancia

8.22 Los trucos de la persuasión

¿Para quién es?

NIVELES DE TEXTO
P–Z+

GÉNERO /
TIPO DE TEXTO
no ficción

DESTREZAS
determinar la importancia, inferir

¡Me quito el sombrero!
(lectura recomendada):
Inside Information: Developing Powerful Readers and Writers of Informational Text Through Project-Based Instruction (Duke 2014)

Estrategia Los textos de no ficción no siempre se limitan a presentar datos o hechos. A veces, el autor también está tratando de que cambies de idea. Para determinar la idea, presta mucha atención a los trucos de la persuasión (consulta la tabla). Al leer, no te fijes solo en la información que se presenta, sino en cómo se presenta, especialmente la elección de palabras y la voz que usa el autor.

Consejos

- ¿Ves algo que no parece ser un dato o hecho?
- ¿Cómo se presenta esta información?
- Fíjate en la elección de palabras.
- Ese es un dato. Menciona palabras que expresen opiniones.
- Fíjate por qué o por quién se inclina el autor.
- El autor no siempre expresa su idea de manera obvia; quizá tengas que inferirla.

Estrategia Una vez que captes la idea principal, considera la perspectiva que tuvo el autor o la autora al incluir esa idea principal en su texto. Luego, piensa en tu posición sobre esa idea (acuerdo o desacuerdo; desde adentro o desde afuera) y el poder inherente del texto (¿a quién se representa y a quién se excluye de la perspectiva?).

Sugerencia para el maestro Esta estrategia incluye el pensamiento crítico en la lectura de los textos de no ficción. Elegir esta estrategia significa enseñarles a los niños que no tienen por qué creer todo lo que leen. Como lectores, tienen el poder de considerar la información que el autor incluyó y omitió, el grupo o los grupos a los que pertenece y su posición frente al tema. Además, tienen el poder de pensar cuál es su propia posición con respecto a la información presentada, ya sea desde el punto de vista de alguien que mira el tema desde afuera o desde adentro, o de alguien que está de acuerdo o en desacuerdo con lo que se ha incluido en el texto. Esta estrategia es particularmente apropiada para analizar con criterio artículos y reportajes de no ficción.

Consejos

- ¿Qué sabes sobre el autor (o la autora)? ¿Por qué es importante esto para el tema?
- Piensa desde qué perspectiva se relata esto.
- ¿Cuál es tu posición sobre este tema?
- ¿Ves esta información desde adentro, es decir, desde el punto de vista de alguien a quien afecta el tema? ¿O lo ves desde afuera? ¿Qué te hace pensar eso sobre este texto?
- ¿Quién parece tener el poder aquí? ¿Qué te hace pensar eso sobre el tema?

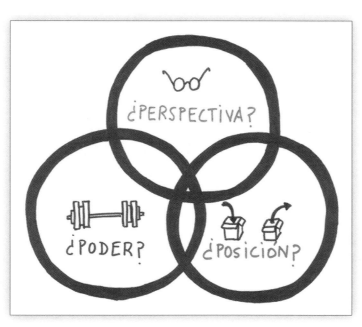

¿Para quién es?

NIVELES DE TEXTO
P–Z+

GÉNERO /
TIPO DE TEXTO
no ficción

DESTREZAS
determinar la importancia, inferir, analizar con criterio

¡Me quito el sombrero!
(lectura recomendada):
Girls, Social Class, and Literacy: What Teachers Can Do to Make a Difference (Jones 2006)

Objetivo 9

Apoyar la comprensión de textos de no ficción

Determinar los detalles clave

◎ ¿Por qué es importante este objetivo?

Hay una diferencia entre leer para buscar *detalles* y leer para buscar *detalles clave*. La diferencia está en la capacidad del lector de determinar su importancia. Al hacerlo, el lector debe buscar los detalles que apoyan o se conectan con el tema o la idea principal.

En su libro *Strategies That Work*, Harvey y Goudvis (2000) escriben: "Determinar la importancia significa decidir cuál es la información más importante al leer, destacar las ideas esenciales, identificar los detalles de apoyo y leer para buscar información específica. Los maestros deben ayudar a los lectores a buscar y clasificar la información y a decidir qué información deben recordar y qué información pueden ignorar" (117). Los lectores no solo deben entender de qué trata el texto *en general* (vea las páginas 218–215), sino que además deben analizar toda la

248

información e identificar qué hechos se relacionan con la idea principal. O, como dicen Harvey y Goudvis: "Para poder aprender algo sobre un texto de no ficción, el lector debe decidir y recordar qué es importante de lo que ha leído" (118).

Determinar los detalles clave es como usar un marcador para resaltar únicamente los hechos relacionados con el propósito de la lectura o con lo que el autor está intentando decir en lugar de resaltar todas las palabras de un texto.

Hay que tener en cuenta que, a medida que los textos se vuelven más complejos, es más difícil usar los detalles para apoyar una idea o un tema. En los libros de primero y segundo grado, el texto suele ser muy cohesivo y resultaría difícil encontrar un detalle clave que se aleje del tema principal del libro. A medida que los textos se vuelven más complejos, la densidad de la información aumenta, lo que significa que hay más información en cada página. En los libros de estos niveles, no todos los detalles están relacionados con la idea principal. En los libros de cuarto y quinto grado, los textos suelen ser lo suficientemente complejos para contener varias ideas principales, hay más palabras en cada página y las características del texto añaden información complementaria a la del texto principal, lo que significa que el lector debe analizar más hechos o datos en distintas partes del libro.

¿Cómo sé si este objetivo es adecuado para mi estudiante?

Algunos estudiantes abordan el texto como un todo y después sus partes; mientras que otros abordan las partes y después el texto como un todo. Es decir, algunos son capaces de resumir en una sola oración la esencia o idea principal del texto o de la selección que han leído. Estos lectores pueden respaldar esa idea principal mediante "evidencias", "apoyo" o "pruebas". Otros, al hablar de lo que han leído, empiezan por dar un montón de información hasta concluir: "Creo que el libro trata sobre…". En otras palabras, no indican cuál es la idea principal del texto hasta haber mencionado todos los detalles. En ambos casos, es importante observar cómo conectan los estudiantes la idea principal (o el tema) con los detalles. Este objetivo es especialmente útil para los estudiantes que:

- Solo ofrecen un detalle para apoyar la idea principal (o el tema principal) y hay que pedirles que digan más.
- Solo usan una parte del texto (por ejemplo, al fijarse solo en una fotografía) para apoyar la idea o el tema principal.

- Mencionan una serie de datos sueltos para apoyar la idea principal (o el tema), algunos relacionados con la idea o el tema y otros, no.
- Pueden decir cuál es la idea principal o "lo esencial" de un texto después de haberlo leído, pero hay que pedirles que apoyen la idea o el tema con información específica.
- Necesitan apoyo para entender cuáles son los detalles más importantes del texto.

Conviene tener alguna manera de evaluar la capacidad del estudiante para determinar los detalles del texto que se relacionan con el tema o la idea principal. Por ejemplo, pida al niño que lea un libro o un texto corto, como un artículo. Después, durante una conferencia (sesión individual de lectura), pídale que diga o escriba de qué trata el texto en general y qué detalles lo apoyan. Evalúe tanto la *calidad* de los detalles que ofrece el estudiante como la *cantidad*. Idealmente, un estudiante debería ofrecer varios detalles de distintas secciones o partes de un texto que tengan una fuerte conexión con la idea o el tema principal. Encontrará rúbricas de evaluación en inglés para los niveles J–W en *Complete Comprehension: Nonfiction* (Serravallo 2019a).

Vistazo a las estrategias para determinar los detalles clave

Estrategia	Niveles	Géneros/ Tipos de Texto	Destrezas
9.1 Compara lo nuevo con lo que ya sabes	A–Z+	No ficción	Activar los conocimientos previos, visualizar
9.2 Prepárate para leer y asombrarte	A–Z+	No ficción	Verificar la comprensión
9.3 Sabes, piensas y te preguntas	A–Z+	No ficción	Activar los conocimientos previos
9.4 ¡Detente y piensa!	A–Z+	No ficción	Verificar la comprensión
9.5 Recolecta los datos	A–Z+	No ficción	Sintetizar, verificar la comprensión
9.6 Pregúntate: "¿Cómo lo sé?"	A–Z+	Texto expositivo de no ficción	Determinar la importancia, resumir
9.7 "¡Sí!" o "¿Qué?"	A–Z+	No ficción	Verificar la comprensión
9.8 Lee, tapa, recuerda y cuenta	A–Z+	No ficción	Resumir/Volver a contar, verificar la comprensión
9.9 Genérico, no específico	A–J	No ficción	Verificar la comprensión
9.10 Observa y planea	J–Z+	Texto expositivo de no ficción	Secuenciar, planear, proceso lector
9.11 Codifica un texto	L–Z+	No ficción	Verificar la comprensión
9.12 Convierte los símbolos en palabras	L–Z+	No ficción	Determinar la importancia, resumir
9.13 Importante o interesante	L–Z+	No ficción	Determinar la importancia
9.14 Piensa en lo que te dicen las cifras	M–Z+	No ficción	Visualizar, verificar la comprensión
9.15 Fíjate en las analogías	M–Z+	No ficción	Verificar la comprensión, visualizar
9.16 Analiza lo más importante (Biografías)	M–Z+	Biografía	Determinar la importancia, resumir
9.17 Sigue las instrucciones	M–Z+	Texto de procedimiento	Verificar la comprensión, determinar la importancia
9.18 Responde a tus preguntas	M–Z+	No ficción	Preguntar, inferir
9.19 Conecta los sucesos	P–Z+	Narración de ficción	Entender la causa y el efecto, secuenciar, resumir
9.20 Estadísticas y opinión	P–Z+	No ficción	Determinar la importancia, analizar con criterio, inferir

Estrategia Al leer, no te limites a recolectar datos. Trata de entender lo que estás leyendo. Para hacerlo, compara o conecta la información que te da el autor con lo que ya sabes. Crea una imagen mental de la información que has aprendido.

Ejemplo de enseñanza *Algunos piensan que leer textos de no ficción consiste en recolectar y memorizar un montón de datos. Hay niños que leen libros de no ficción con un bolígrafo en la mano y van copiando en notitas todos los datos que han aprendido. Pero copiar no significa entender. En lugar de memorizar los datos o hacer una lista, hay que tratar de captar lo que dice el autor. Para hacerlo, intenta conectar lo que ya sabes con lo que acabas de leer y crea una imagen mental de lo que has aprendido. Por ejemplo, cuando estaba leyendo un libro sobre tiburones, leí que los tiburones tienen varias filas de dientes. No sabía eso, así que para mí era información nueva. Conecté esa información con lo que ya sabía sobre la boca de las personas, porque he visto la marca de una mordedura de persona y sé que nosotros tenemos una fila de dientes arriba y otra abajo. De este modo, pude crear una imagen mental de la mordedura de tiburón con varias filas de dientes arriba y abajo. Al conectar lo que leo con lo que ya sé y crear una imagen mental de la nueva información, sé que estoy entendiendo el texto.*

Consejos
- Piensa en lo que ya sabes.
- Piensa en lo que estás aprendiendo.
- ¿En qué se parecen?
- ¿En qué se diferencian?
- Crea una imagen mental de lo que has aprendido.

Algo nuevo + Algo que ya sé = ¡LO ENTIENDO!

Algo nuevo + Algo que ya sé = ¡LO ENTIENDO!

Estrategia Antes de leer un texto, ¡piensa que vas a aprender un montón! Cuando veas datos, cifras, fotos o diagramas, haz una pausa para tratar de captar la nueva información. Si algún dato te sorprende, expresa tu asombro diciendo: "Guau, no sabía que…".

Ejemplo de enseñanza *Leer con curiosidad e interés te ayuda a aprender y recordar la información nueva. La actitud al leer un texto de no ficción es un poco diferente de la actitud al leer un texto de ficción. Cuando lees un texto de no ficción tienes que entender los datos, las cifras o números, la información visual y mucho más. Mientras lees, intenta captar la información y piensa si responde a tus preguntas o sacia tu curiosidad. Cuando leas algo nuevo que te cause mucho interés o asombro, ¡coméntalo!*

Consejos
- ¿Qué aprendiste que no sabías antes?
- Comenta lo que aprendiste. Empieza con: "Guau, no sabía que…".
- ¿Qué información pudiste captar?
- ¿Qué crees que no entendiste bien?
- Si no puedes contarlo, intenta volver a leerlo.

¿Para quién es?

NIVELES DE TEXTO
A–Z+

GÉNERO /
TIPO DE TEXTO
no ficción

DESTREZA
verificar la comprensión

¡Me quito el sombrero!
(lectura recomendada):
Comprehension Through Conversation: The Power of Purposeful Talk in the Reading Workshop (Nichols 2006)

NIVELES DE TEXTO

A–Z+

GÉNERO / TIPO DE TEXTO

no ficción

DESTREZA

activar los conocimientos previos

¡Me quito el sombrero! (lectura recomendada): *Reading for Real: Teach Students to Read with Power, Intention, and Joy in K–3 Classrooms* (Collins 2008)

Estrategia Antes de leer, comenta o escribe lo que ya sabes, lo que crees que sabes con seguridad y lo que te preguntas. Después, lee y prepárate para aprender información nueva.

Ejemplo de enseñanza *Para asegurarte de que estás entendiendo los detalles clave que te enseña el autor, es importante que no te dejes llevar por las ideas erróneas o las suposiciones que tienes. Antes de leer, puedes anotar o comentar lo que sabes sobre un tema, lo que crees que sabes y las preguntas que tienes sobre el tema. A veces, si lees un libro pensando que sabes algo —por ejemplo, todas las arañas tienen seis patas—, y después lees un dato que dice "Las arañas tienen ocho patas", es posible que no te des cuenta de que lo que creías que sabías no era correcto.*

Consejos

- Para empezar, puedes pensar: "No estoy seguro, pero creo que…".
- ¿Qué sabes con seguridad? ¿Por qué estás seguro?
- ¿Qué preguntas tienes sobre este tema?
- ¿De qué sabes un poco? ¿Sobre qué quieres aprender más?
- ¿Qué aprendiste después de leer esta parte?

Estrategia Si no entiendes la información que acabas de leer, detente. Después, vuelve a leer el texto y piensa por qué no lo entendiste. ¿Leíste mal el dato? ¿Se contradice la información con lo que tú ya sabías sobre ese tema? Cuando vuelvas a leer, prepárate para cambiar tu forma de pensar.

Ejemplo de enseñanza *Un texto de no ficción presenta mucha información a la vez. Muchos lectores leen más despacio los textos de no ficción para que su cerebro tenga tiempo de procesar lo que ha aprendido y también para verificar la comprensión. Si no entiendes lo que lees, en realidad no estás leyendo. Si algo te parece confuso, vuelve a leerlo. Intenta determinar por qué no lo entendiste y aclara esa confusión antes de seguir leyendo.*

Consejos
- ¿Qué parte te resulta confusa?
- ¿Por qué ese dato es confuso?
- Vuelve a leerlo.
- Basándote en lo que acabas de leer, ¿qué piensas sobre lo que creías antes?
- Basándote en lo que acabas de leer, ¿crees que lo leíste incorrectamente la primera vez?

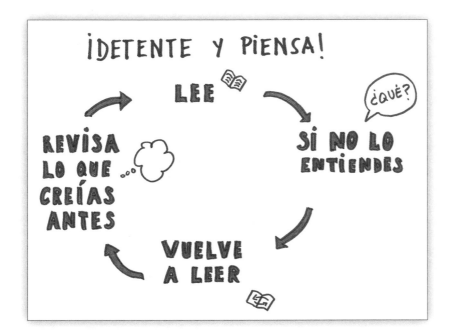

¿Para quién es?

NIVELES DE TEXTO
A–Z+

GÉNERO /
TIPO DE TEXTO
no ficción

DESTREZA
verificar la comprensión

¡Me quito el sombrero!
(lectura recomendada):
Reading for Real: Teach Students to Read with Power, Intention, and Joy in K–3 Classrooms (Collins 2008)

9.5 Recolecta los datos

¿Para quién es?

NIVELES DE TEXTO
A–Z+

GÉNERO / TIPO DE TEXTO
no ficción

DESTREZAS
sintetizar, verificar la comprensión

Estrategia Después de leer una parte de un libro (o un libro completo, o un artículo, si son cortos), es importante pensar en lo que leíste y tratar de recordar la información. Anota los datos o hechos en una lista. Empieza con: "En esta página (o parte del libro), aprendí que…".

Ejemplo de enseñanza *En un libro de no ficción, los datos son como un chaparrón. ¡Te caen encima a toda velocidad! Es importante tomar nota de todo lo que has aprendido. Una manera de hacerlo es detenerte y tratar de recordar todos los datos que aprendiste. Mira cómo leo esta sección y me detengo. No paso rápidamente a la siguiente parte del libro, sino que me detengo para ver si soy capaz de repetir todos los datos que acabo de leer. Algunos datos los puedo explicar con mis propias palabras para comprobar si realmente los entendí. Otros los puedo repetir usando las mismas palabras que usó el autor.*

Consejos
- Haz una lista de los datos que aprendiste.
- ¿Qué aprendiste en esta parte?
- Haz una lista de lo que recuerdas.
- Eso es un dato. Intenta recordar otros.
- ¡Sí! Todos los datos que mencionaste están en esta parte.

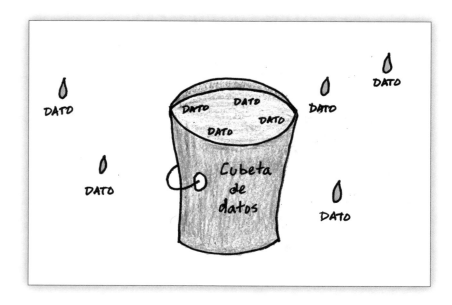

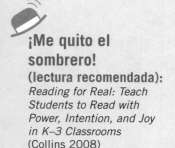

¡Me quito el sombrero!
(lectura recomendada):
Reading for Real: Teach Students to Read with Power, Intention, and Joy in K–3 Classrooms (Collins 2008)

Estrategia Ten en cuenta todos los detalles del texto y decide cuáles están relacionados con las ideas más importantes. Cuando termines de leer un libro o una sección de un libro, tócate la palma de la mano y piensa: "¿Cuál es la idea principal?". Después, pregúntate: "¿Cómo lo sé?". Vuelve al texto y busca los datos que se relacionan más con esa idea. Enuméralos con los dedos.

Sugerencia para el maestro Esta lección se puede modificar para los estudiantes que leen libros de los niveles A–L. En lugar de hablar de los detalles que apoyan la "idea principal", pídales que hablen sobre los detalles que apoyan el "tema".

Ejemplo de enseñanza *Creo que en el libro* Grecia *(Bargalló 2004), la sección que se titula "Un pozo de sabiduría" trata sobre los conocimientos de los antiguos griegos* (Tóquese la palma de la mano). *¿Cómo lo sé? El texto dice que fundaron distintas escuelas* (Levante un dedo). *También dice que sus conocimientos sentaron las bases del pensamiento y la ciencia occidentales* (Levante otro dedo). *La democracia nació en Grecia* (Levante otro dedo). *Todos estos datos están conectados con la idea principal.*

Consejos
- Di la idea principal.
- Nombra los detalles que apoyan esa idea.
- Explica cómo lo sabes.
- ¿Cómo se conecta ese detalle con la idea principal?
- Explica la conexión.

¿Para quién es?

NIVELES DE TEXTO
A–Z+

GÉNERO /
TIPO DE TEXTO
texto expositivo de no ficción

DESTREZAS
determinar la importancia, resumir

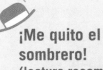

¡Me quito el sombrero!
(lectura recomendada):
Inside Information: Developing Powerful Readers and Writers of Informational Text Through Project-Based Instruction (Duke 2014)

¿Para quién es?

NIVELES DE TEXTO
A–Z+

GÉNERO /
TIPO DE TEXTO
no ficción

DESTREZA
**verificar la
comprensión**

Estrategia Cuando termines de leer una oración, piensa si la entendiste ("¡sí!") o si te resulta confusa ("¿qué?"). La lectura debería ser un "sí, sí, sí". Cuando llegues a un "¿qué?", regresa y vuelve a leer para asegurarte de que lo has entendido.

Consejos

- ¿Entendiste eso?
- Comprueba que lo entendiste antes de seguir leyendo.
- ¿Tiene sentido? ¿Sí?
- ¿No lo entendiste? Vuelve a leerlo.
- ¡Asegúrate de que lo entiendes!
- Piensa mientras lees.

**¡Me quito el
sombrero!**
(lectura recomendada):
*Reading & Writing
Informational Text in the
Primary Grades* (Duke y
Bennett-Armistead 2003)

Estrategia Lee todo el texto que puedas tapar con la mano o con una nota adhesiva. Tapa el texto que acabas de leer. Intenta recordar lo que leíste (¡no tienes que decirlo en voz alta!). Después, cuenta lo que recuerdas (¡puedes mirar el texto!). Repite.

Sugerencia para el maestro Esta es una de las estrategias que más me gusta enseñar a los estudiantes que están empezando a investigar, aunque también es útil cuando quiero que los niños se detengan y verifiquen su comprensión. Muchas veces, cuando los estudiantes investigan, se limitan a copiar la información sin entenderla. Si les pide que tapen la información antes de contarla (o de tomar notas), conseguirá que lean con más atención para así poder explicar lo que han leído con sus propias palabras. También he comprobado que los estudiantes prestan más atención y se concentran más en su lectura si saben que después de leer van a tener que contar lo que han aprendido sin mirar el texto.

Consejos

- Lee. Ahora, tápalo.
- Cuenta lo que leíste.
- ¡Puedes mirarlo!
- ¿No estás seguro? Mira el texto y vuelve a leerlo. Cuando creas que lo has entendido, vuelve a taparlo.
- Piensa mientras lees para asegurarte de que lo entiendes.
- Cuéntalo.

¿Para quién es?

NIVELES DE TEXTO
A–Z+

GÉNERO /
TIPO DE TEXTO
no ficción

DESTREZAS
resumir/volver a contar, verificar la comprensión

¡Me quito el sombrero!
(lectura recomendada):
Revisit, Reflect, Retell: Time-Tested Strategies for Teaching Reading Comprehension (Hoyt 2008)

¿Para quién es?

Estrategia Cuando un autor menciona algo en un texto de no ficción, suele referirse a un grupo de cosas, no a una en particular. Lee y piensa en cómo se usan los sustantivos en el texto para explicar o describir la información general.

Ejemplo de enseñanza *Si en un cuento ves, por ejemplo, la palabra León, lo más probable es que el texto hable de un león en concreto que se llama León, como ocurre en la fábula "El león y el ratón". Sin embargo, si esa misma palabra —león o leones— aparece en un libro de no ficción, el autor no se refiere a un león específico, sino a todos los leones en general. Por ejemplo, la oración "Los leones cazan con otros miembros de su manada", no se refiere a un grupo específico de leones, sino que describe a cualquier grupo de leones o a todos los leones en general.*

Consejos
- Explica qué te enseña este dato.
- ¿Sobre qué cosa o animal trata este dato?
- ¿A qué cosa(s) se refiere este dato?
- ¿Esa palabra se refiere a algo en particular o a un grupo en general?
- ¿Qué te imaginas cuando ves esta palabra? *(Señale un sustantivo).*

ENTENDER LOS SUSTANTIVOS
EN TEXTOS DE NO FICCIÓN:

GENÉRICO

ESPECÍFICO

**¡Me quito el
sombrero!**
(lectura recomendada):
*Inside Information:
Developing Powerful
Readers and Writers of
Informational Text Through
Project-Based Instruction*
(Duke 2014)

9.10 Observa y planea

Estrategia Primero, observa cómo está organizada la información en una página o una sección. Después, planea cómo vas a leer la información. Por último, léela siguiendo tu plan. Cuando termines, piensa si tu plan te ayudó a entenderla y, según el resultado, planea cómo vas a leer la siguiente sección o el siguiente libro.

Ejemplo de enseñanza *Algunos libros de no ficción tienen páginas repletas de cosas. Hay rótulos en un lado, imágenes en otro, un diagrama por aquí y un mapa por allá. ¡Es como un laberinto! Si no tienes un plan, te será difícil saber por dónde empezar. En este caso, observa la página y piensa qué vas a leer primero. A algunos lectores les gusta empezar por la información visual y después leen el texto. Otros prefieren leer los títulos para decidir qué sección o secciones leerán antes porque ahí está la información que buscan. Otros leen el texto y miran las imágenes a medida que leen. Hagas lo que hagas, intenta planear qué partes leerás primero. Una vez que hayas puesto en práctica tu plan, piensa si te fue bien y, si es así, planea cómo vas a leer la siguiente parte del libro.*

Consejos

- ¿Qué vas a leer primero? ¿Por qué?
- Tu plan es mirar primero las imágenes. Cuando leas el texto, vuelve a mirar las imágenes.
- Lee esta parte primero. Vamos a ver si tu plan te resulta bien.
- Terminaste de leer esta sección. ¿Piensas leer la siguiente de la misma manera?

¿Para quién es?

NIVELES DE TEXTO
J–Z+

GÉNERO /
TIPO DE TEXTO
texto expositivo de no ficción

DESTREZAS
secuenciar, planear, proceso lector

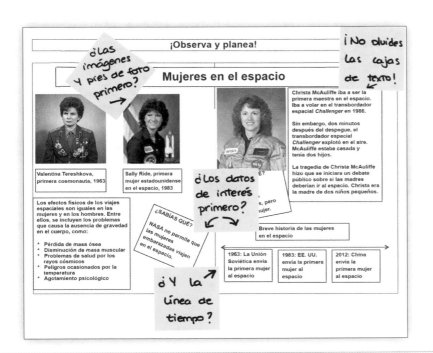

¡Me quito el sombrero!
(lectura recomendada):
Reading for Real: Teach Students to Read with Power, Intention, and Joy in K–3 Classrooms (Collins 2008)

9.11 Codifica un texto

¿Para quién es?

NIVELES DE TEXTO
L–Z+

GÉNERO /
TIPO DE TEXTO
no ficción

DESTREZA
**verificar la
comprensión**

Estrategia Lee un fragmento. Piensa: "¿Qué acabo de leer? ¿Qué notas podrían ayudarme a recordarlo?". Después, codifica el texto, o inventa un código de símbolos para marcar las palabras del autor o de la autora. Estos símbolos te ayudarán cuando tengas que regresar al texto y buscar rápidamente la información, lo cual es importante en los textos de no ficción que suelen tener mucha información.

Sugerencia para el maestro Puede sugerir un código de símbolos a los estudiantes o dejar que ellos mismos inventen uno. Base su decisión en la edad y el nivel de sus estudiantes, así como en lo acostumbrados que estén a tomar notas.

Consejos

- Piensa en lo que acabas de leer. ¿Qué símbolo te ayudaría a recordarlo?
- Mira la tabla de símbolos. ¿Cuál pondrías en esta parte?
- ¡Asegúrate de leer solo un fragmento! Detente y escribe un símbolo.
- Piensa en las palabras que usó el autor. ¿Qué símbolos usarías para recordarlas?
- Regresa y mira los símbolos. Recuerda lo que leíste.
- Asegúrate de que entiendes lo que leíste antes de seguir leyendo.

**¡Me quito el
sombrero!**
(lectura recomendada):
*Comprehension
Intervention: Small-
Group Lessons for the
Comprehension Toolkit*
(Harvey, Goudvis y Wallis
2010)

Estrategia Regresa a un texto en el que hayas usado tu código (ver la estrategia 9.11, "Codifica un texto", página 262.) Usa los símbolos como punto de partida para escribir. Piensa por qué usaste ese código o símbolo. Después, piensa en una palabra u oración que te gustaría escribir para recordar lo que pensaste.

Ejemplo de enseñanza (Muestre a los estudiantes cómo regresar a un símbolo como el asterisco y pensar en voz alta). *Mmm. ¿Por qué me pareció que esta parte era importante?* (Escriba una oración breve para recordar por qué es importante. Después, busque otro símbolo, como el signo de interrogación). *Aquí tenía una pregunta. Al seguir leyendo pude contestarla. Voy a escribir la información importante que aprendí al hacerme esa pregunta.*

Consejos

- Mira tus símbolos. ¿Qué puedes escribir ahora?
- Fíjate en el símbolo y conviértelo en una oración.
- No escribas todo lo que dijo el autor. Escribe solo la información más importante.
- ¿Qué información importante escribirías aquí?
- Muy bien. Escribiste lo que piensas en una sola oración.

¿Para quién es?

NIVELES DE TEXTO
L–Z+

GÉNERO /
TIPO DE TEXTO
no ficción

DESTREZAS
determinar la importancia, resumir

¡Me quito el sombrero!
(lectura recomendada):
Comprehension Intervention: Small-Group Lessons for the Comprehension Toolkit (Harvey, Goudvis y Wallis 2010)

¿Para quién es?

NIVELES DE TEXTO
L–Z+

GÉNERO /
TIPO DE TEXTO
no ficción

DESTREZA

determinar la importancia

Estrategia Después de leer un dato, detente y piensa: "¿Este dato apoya la idea principal de la página (o sección o libro)?". Si no es así, es posible que el autor haya incluido un dato interesante, pero no necesariamente importante, para entender la idea principal de la página (o libro).

Ejemplo de enseñanza *Para que un detalle sea clave, debe estar relacionado con la idea principal que presenta el autor. En la mayoría de los libros de no ficción, el autor presenta un montón de información importante (o clave) en todas las páginas, pero también incluye datos curiosos o asombrosos para captar la atención del lector. Ese tipo de información hace que sigamos interesados en la lectura. Sin embargo, a la hora de resumir un texto, tenemos que decidir qué información se relaciona con la idea principal. Por ejemplo, en la sección "Entre letras y números" del libro* Gente americana: Mayas *(Palermo 1998), el texto dice: "Solo sobrevivieron hasta hoy tres códices, porque en tiempos de la conquista española el obispo Diego de Landa no dudó en quemarlos al creer que eran 'cosas del Demonio'". Pienso: "¡Uy! ¡El obispo quemó algo muy valioso!". Ese hecho me llama la atención, pero tengo que pensar si es un detalle importante y se relaciona con la idea principal. La idea principal de esta sección es cómo escribían libros los mayas. La quema de códices está relacionada con el tema, pero hay otros datos en esta sección que describen mejor la idea principal. Este dato lo voy a calificar como un dato interesante y no como un dato importante.*

Consejos

- ¿Eso es interesante o importante? ¿Cómo lo sabes?
- Explica cómo se relaciona con la idea principal.
- ¿Se relaciona con la idea principal? Si no es así, clasifícalo como interesante, pero no como importante.
- Sí, ese es un dato interesante pero no se relaciona con la idea principal.
- Lee el dato.
- ¿Qué opinas sobre ese dato?

¡Me quito el sombrero!

(lectura recomendada):
The Comprehension Toolkit: Language and Lessons for Active Literacy, Grades 3–6 (Harvey y Goudvis 2005)

Estrategia Si al leer un libro ves cifras o números, sabes que el autor te está dando información específica. A veces hay que pensar un poco para captar el significado de esas cifras. Detente y pregúntate: "¿Qué me indica o enseña esa cifra?". Después, trata de crear una imagen mental de lo que indica esa cifra o haz un dibujo rápido para mostrarlo.

Ejemplo de enseñanza *Cuando leemos textos de no ficción, ¡a veces nuestro cerebro tiene que pasar de leer a hacer matemáticas! Los autores de no ficción presentan cifras o números que indican distintos tipos de información como tamaño, escala, distancia, cantidad, edad, fechas y más. No debemos leer esa información a la carrera, ya que el autor la incluyó por alguna razón importante. Debemos detenernos e intentar entender por qué. Por ejemplo, en el libro de Seymour Simon,* La Luna terrestre *(2016), aprendemos que "Aunque la Luna esté a 385 mil kilómetros (240 mil millas) de la Tierra, la atracción gravitacional de la Luna es lo suficientemente fuerte para crear mareas en los océanos" (15). Como lector, tengo que detenerme y pensar qué indica esa cifra; en este caso sirve para enseñar la distancia. Después trato de crear una imagen mental. Sé, por ejemplo, que mi casa está a diez millas de la escuela. Así que 240 mil millas es un número enorme y difícil de imaginar. Aunque no me lo pueda imaginar, sé que es una distancia muy grande. Más adelante, en el libro, el autor presenta otro dato con más cifras: "Con el tiempo, el tambaleo de la Luna (llamado vibración) nos permite desde la Tierra ver 59 por ciento de la superficie lunar" (30). Una vez más, debo detenerme e intentar crear una imagen mental de lo que indica esa cifra.*

Consejos

- ¿Qué indica la cifra? (longitud, peso, tamaño, número de años, etc.)
- ¿Cómo te la imaginas?
- Haz un dibujo.
- ¿Cómo te ayuda esa cifra a entender el dato?
- ¿En qué otras cosas se usa esa cifra para indicar el tamaño (o peso o longitud)?

Presta atención a las **CiFRAS***

Hazlo así:

1. IMAGÍNATE el dato... cerebro humano / cerebro de elefante

2. DIBÚJALO (rápidamente).

3. REFLEXIONA sobre el significado. ¡Qué cerebro más grande!

4. CONECTA con otras cosas que usen las mismas cifras.

* Dan información específica.

¿Para quién es?

NIVELES DE TEXTO
M–Z+

GÉNERO / TIPO DE TEXTO
no ficción

DESTREZAS
visualizar, verificar la comprensión

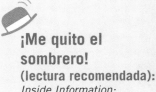

¡Me quito el sombrero!
(lectura recomendada):
Inside Information: Developing Powerful Readers and Writers of Informational Text Through Project-Based Instruction (Duke 2014)

¿Para quién es?

NIVELES DE TEXTO
M–Z+

GÉNERO / TIPO DE TEXTO
no ficción

DESTREZAS
verificar la comprensión, visualizar

Estrategia A veces los autores hacen comparaciones para ayudar al lector a entender un dato. Presta atención a palabras como "igual que", "como" o "más que". Después crea una imagen mental de cómo se relacionan las dos cosas. Piensa en qué tienen en común ambas cosas y por qué las compara el autor.

Ejemplo de enseñanza *En la introducción del libro* Tiburones *de Seymour Simon (2006) se incluye esta oración: "En realidad, tienes más posibilidades de ser alcanzado por un rayo que de ser atacado por un tiburón"(7). Este libro no trata del tiempo ni de los rayos. Entonces, ¿por qué los menciona en ese dato? Veo las palabras "más que" en esta oración y sé que el autor está comparando dos cosas: la probabilidad de que te alcance un rayo y la de que te ataque un tiburón. Me imagino ambas cosas y pienso:"¡Ah, lo que el autor trata de enseñarme es que es poco probable que me caiga un rayo y áun menos probable que me ataque un tiburón". En la misma página hay otra oración que puedes comentar con un compañero: "Los tiburones han matado a menos gente en Estados Unidos en los últimos años que el número de personas que fallecen en accidentes automovilísticos durante un fin de semana festivo" (7). ¿Qué se está comparando aquí?*

Consejos

- ¿En qué se parecen las dos cosas?
- ¿Qué se está comparando?
- ¿Cómo te imaginas cada cosa?
- Piensa por qué el autor hizo esa comparación.
- ¿A qué conclusión llegas basándote en esa comparación?
- ¿Cómo te ayuda la comparación a entender el tema?
- Tu explicación tiene sentido.

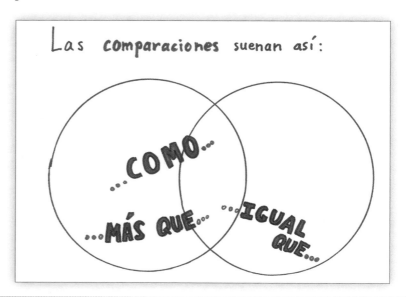

Las comparaciones suenan así:
...COMO...
...MÁS QUE...
...IGUAL QUE...

Estrategia Primero, piensa: "¿Cuáles fueron los principales obstáculos o problemas que tuvo que superar esa persona?". Después, piensa: "¿De qué maneras superó los obstáculos?". Por último, piensa: "¿Por qué es famosa esa persona y cómo fue su vida?".

Ejemplo de enseñanza *En los textos expositivos de no ficción, los detalles más importantes son los que se relacionan con las ideas principales. Cuando leemos una biografía, puede ser útil usar lo que ya sabemos porque hemos leído otros libros para entender lo que es importante en la historia. En el libro ilustrado de Matt Tavares, Llegar a ser Pedro (2015), el autor empieza la historia contando los problemas que Pedro tenía cuando era niño: su familia era pobre, él era muy pequeño para su edad, su hermano mayor, Ramón —quien además era su mejor amigo y la persona a la que más admiraba— consiguió entrar en las Grandes Ligas y Pedro lo extrañaba mucho cuando se fue a Estados Unidos. El autor también nos cuenta que a pesar de todos los obstáculos, el sueño de Pedro era ser jugador profesional de béisbol y jugar en las Grandes Ligas, como su hermano. Sabía que para conseguirlo, debía esforzarse al máximo. Después, el autor nos cuenta que a pesar de que Pedro consiguió su sueño, en Estados Unidos se encontró con nuevos obstáculos que debía superar. Al final, el autor quiere que conozcamos a Pedro y sepamos que no solo es un gran jugador de béisbol, sino que además se esforzó mucho para llegar donde está. Este es un patrón que se repite mucho en las biografías: el autor o la autora relata los obstáculos a los que se enfrentó una persona y luego cuenta cómo logró superarlos.*

Consejos

- Identifica un obstáculo que tuvo el personaje en la historia.
- ¿Cuál es el obstáculo más importante al que se enfrentó?
- ¿Cómo superó la persona ese obstáculo?
- ¿Por qué es importante conocer ese obstáculo para entender la historia de esa persona?
- Vuelve a contar lo más importante.
- Menciona los obstáculos que superó el personaje y cómo se relacionan con el hecho de que se hiciera famoso.

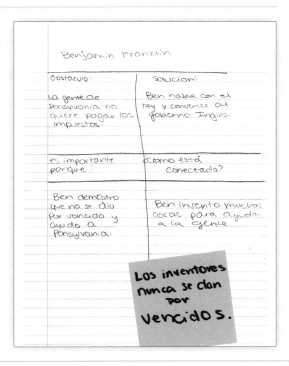

¿Para quién es?

NIVELES DE TEXTO
M–Z+

GÉNERO /
TIPO DE TEXTO
biografía

DESTREZAS
determinar la importancia, resumir

¿Para quién es?

NIVELES DE TEXTO

M–Z+

**GÉNERO /
TIPO DE TEXTO**

texto de procedimiento

DESTREZAS

**verificar la
comprensión,
determinar la
importancia**

**¡Me quito el
sombrero!**

(lectura recomendada):
*Inside Information:
Developing Powerful
Readers and Writers of
Informational Text Through
Project-Based Instruction*
(Duke 2014)

Estrategia Para verificar que has entendido un texto de procedimiento, como una receta o las instrucciones para hacer algo, contesta estas cuatro preguntas:

- *¿Cuándo* resultaría útil este procedimiento?
- *¿Por qué* piensa el autor o la autora que es algo útil?
- *¿Qué* materiales necesito para hacer este procedimiento?
- *¿Cómo* se hace?

Lee todo el texto —introducción, materiales y pasos— para poder contestar estas preguntas.

Ejemplo de enseñanza *En algunos libros nos encontramos con procedimientos, es decir, instrucciones para hacer algo. Por ejemplo, en varias páginas del cuento* Quiero ser famosa *(Galán 2010), aparece una sección de no ficción con una receta para hacer galletas. Me pregunto: "¿Cuándo me podría ser útil esta receta?". Y me respondo: "¡Cuando invite amigos a casa!". La autora quiso incluir la receta porque en el cuento la niña prepara galletas y sabe que la receta también le puede ser útil al lector. ¿Qué necesito para hacer las galletas? Veo que en la página 4 hay una lista de ingredientes: mantequilla, azúcar y harina. ¿Cómo se hacen? A través del libro, hay instrucciones paso a paso para hacer las galletas. Tengo que seguir todos los pasos. También me puedo fijar en las imágenes para visualizarlo mejor.*

Consejos

- Verifica que entiendes eso antes de seguir.
- Di qué es lo más importante de este proceso. Empieza con los ingredientes.
- ¿Puedes decir los pasos en orden?
- Repasa toda la página para ver si te saltaste algo.
- Asegúrate de leer todo.

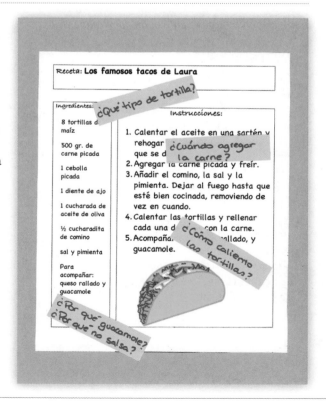

Estrategia Piensa qué preguntas tienes a medida que lees. Cuando termines de leer una sección, detente y piensa si encontraste las respuestas a tus preguntas en lo que acabas de leer.

Ejemplo de enseñanza *Cuando leemos textos informativos, es muy importante hacernos preguntas. Esto nos ayuda a enfocarnos en la lectura y a leer bien. Además nos ayuda a verificar nuestra comprensión y determinar lo que todavía nos queda por aprender. También es muy importante que, al terminar de leer, nuestras preguntas no queden en el aire. Debemos tratar de responderlas o idear un plan para hallar las respuestas. Lleva un registro de las preguntas que tienes, cómo se pueden responder y cuáles son las respuestas.*

Consejos
- ¿Qué preguntas tienes?
- ¿Cómo vas a hallar las respuestas?
- ¿Qué te preguntas?
- Haz un plan para hallar la respuesta a esa pregunta.
- Lleva un registro de tus preguntas y sus respuestas.

¿Para quién es?

NIVELES DE TEXTO
M–Z+

GÉNERO /
TIPO DE TEXTO
no ficción

DESTREZAS
preguntar, inferir

¡Me quito el sombrero!
(lectura recomendada):
Do I Really Have to Teach Reading? Content Comprehension, Grades 6–12 (Tovani 2004)

¿Para quién es?

NIVELES DE TEXTO
P–Z+

GÉNERO /
TIPO DE TEXTO
narración de ficción

DESTREZAS
**entender la causa y
el efecto, secuenciar,
resumir**

Estrategia A veces los relatos históricos ofrecen mucha información y son difíciles de seguir. Después de leer cada suceso, escribe algunas palabras clave e indica con una flecha qué suceso llevó a otro y qué suceso ocurrió después. Haz un diagrama de flujo que te ayude a relacionar los sucesos. Mira tu diagrama para recordar los sucesos importantes y cómo se relacionan entre sí.

Sugerencia para el maestro En el Objetivo 5 encontrará ideas para lectores que necesitan más apoyo para la destreza de secuenciar. Ese objetivo tiene estrategias que podrían modificarse fácilmente para los textos narrativos de no ficción. Por ejemplo, la lección del Objetivo 5 sobre escribir los recuerdos se puede modificar para ayudar a los lectores de narraciones históricas. A veces, en los relatos históricos no todo el texto se presenta cronológicamente, sino que el autor muestra información que está relacionada e incluye una línea de tiempo en cada sección. Por ejemplo, un texto sobre la inmigración podría incluir una sección con información sobre la inmigración de Italia y otra sección sobre la inmigración de Irlanda. Ambas secciones se superponen y suceden en la misma línea de tiempo. El lector debe prepararse para entender que en la segunda sección del libro se incluyen sucesos que ocurrieron en otra época mencionada en la primera sección, de la misma manera que en las narraciones se mencionan recuerdos que ocurrieron en otro momento.

Consejos
- ¿Qué crees que es importante aquí?
- Anota ese suceso.
- Piensa en cómo se conecta con el otro suceso que anotaste.
- ¿Qué suceso llevó a este otro? Dibuja una flecha para conectarlos.
- Sí, estoy de acuerdo. El libro dice que ese suceso ocurrió antes que este. Muéstralo en tu diagrama de flujo.
- Usa tu diagrama de flujo para recordar lo que leíste.

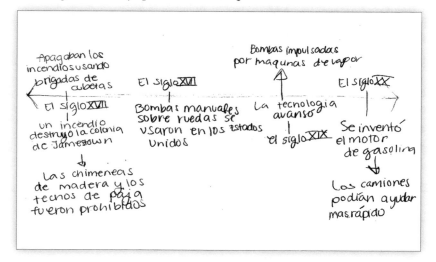

9.20 Estadísticas y opinión

Estrategia Fíjate en las estadísticas que incluyó el autor y piensa en cuáles no incluyó. De acuerdo con esto, decide hacia qué lado se inclina el texto. Piensa por qué el autor presentó cierta información y excluyó otra.

Sugerencia para el maestro El trabajo de la organización The Teachers College Reading and Writing Project ha ejercido una gran influencia en el modo de enseñar a los niños a presentar sus argumentos, debatir con sus compañeros y escribir las razones que apoyan su punto de vista. Esta estrategia ayuda a los lectores a analizar los argumentos que ofrece un autor. También se puede modificar para ayudar a los estudiantes a escribir sus propios argumentos. Por ejemplo, en una actividad para escribir argumentos, se pide a los lectores que vean un video corto de una nutricionista que quiere que se sirva leche con chocolate en las escuelas. La nutricionista ofrece estadísticas sobre la cantidad de vitaminas y otros nutrientes que hay en la leche y sobre el porcentaje de niños que no toman leche a no ser que tenga chocolate. En otro video, el famoso chef Jamie Oliver llena de azúcar un autobús escolar para mostrar la cantidad de azúcar que contiene la leche con chocolate. El chef también muestra estadísticas de las tasas de obesidad infantil. Las estadísticas pueden ser muy convincentes: al incluir o excluir ciertos datos, un autor trata de convencernos de algo. Si muestra las tasas de obesidad infantil, quiere convencernos de que la leche con chocolate es mala. Si muestra la cantidad de nutrientes que tiene la leche, quiere convencernos de que la leche con chocolate es buena.

Consejos

- ¿Qué estadísticas has visto?
- Observa el patrón. ¿Qué te indican estas estadísticas?
- ¿Por qué crees que el autor decidió incluir estas estadísticas?
- ¿De qué "lado" está el texto?
- ¿Cuál es el argumento aquí?
- Piensa en las estadísticas que no se han incluido.

> **¿De qué lado estás?**
>
> La obesidad infantil se ha convertido en una epidemia. Muchos piensan que se debe a un mayor consumo de bebidas azucaradas. Los niños que toman una bebida azucarada al día consumen un **10% más de calorías.** En Estados Unidos, **más de 70% de los adolescentes consumen bebidas con alto contenido calórico de forma regular.**
>
> 1. Fíjate en las estadísticas que incluye el autor.
> 2. Piensa en qué estadísticas no incluyó.
> 3. ¿Cuál es el punto de vista del autor sobre este tema?
>
> Una taza de leche ofrece muchos nutrientes importantes. La leche entera contiene **8 gramos de calcio, potasio y vitamina D.** Todos estos nutrientes son buenos para la salud de un niño en desarrollo.

¿Para quién es?

NIVELES DE TEXTO
P–Z+

GÉNERO / TIPO DE TEXTO
no ficción

DESTREZAS
determinar la importancia, analizar con criterio, inferir

¡Me quito el sombrero!
(lectura recomendada):
"Teaching Beyond the Main Idea: Nonfiction and Point of View (Part I)" (Roberts y Roberts 2014)

Apoyar la comprensión de textos de no ficción

Aprovechar al máximo las características del texto

◎ ¿Por qué es importante este objetivo?

Si jugara con un grupo de maestros de primaria a asociar palabras —de esos juegos en los que alguien dice una palabra y los demás contestan con lo primero que se les viene a la mente— y dijera "no ficción", seguro que casi todos lo asociarían con "características del texto". Así es: las características del texto son importantes para leer, navegar y entender los textos de no ficción. Sirven para apoyar la información principal, añaden detalles o nos ayudan a navegar un texto. Hay infinidad de características del texto: fotografías, ilustraciones, rótulos, mapas, tablas, gráficos, tablas de contenido, índices, etc.

A pesar de su importancia en los textos de no ficción, los investigadores han concluido que no es eficaz enseñar las características del texto de forma aislada (Duke 2014; Purcell-Gates, Duke y Martineau 2007). Para enseñar estas características como las fuentes ricas de información que son, debemos verlas de otro modo. La enseñanza debe ir más allá de *identificar* las características del texto; debemos ayudar a los estudiantes a *usar* estas características para obtener más información de un texto. También debemos enseñarles cómo usar la información visual y textual que ofrecen las características del texto y sintetizarla con la información que ofrece el texto principal. Debemos ayudarlos a entender el propósito y la función de las características y no limitarnos a nombrarlas. Es importante enseñar a los niños a explicar qué información obtienen mediante esas características.

◎ ¿Cómo sé si este objetivo es adecuado para mi estudiante?

Primero conviene determinar el papel que juegan las características del texto en lecturas de no ficción de diversos niveles y, posteriormente, evaluar hasta qué punto nuestros estudiantes son capaces de demostrar su comprensión según la complejidad del texto.

En los niveles básicos, donde hay poco texto, a veces las fotografías y las ilustraciones ofrecen más hechos y detalles que el texto principal. Hasta el nivel N, más o menos, las características del texto ayudan a ilustrar o a apoyar el texto principal. Los autores suelen usar dibujos, fotografías y otras características visuales para repetir la información importante que se presenta en el texto. A partir del nivel O, las características del texto pueden presentar información adicional a la que ofrece el texto principal. Por ejemplo, podríamos ver un diagrama en el que se muestran las distintas formas que tiene una bacteria o un virus, mientras que el texto principal solo menciona que los gérmenes pueden tener distintas formas. Los lectores tendrán que obtener información de las imágenes y del texto, y les resultará más difícil sintetizar la información de ambas fuentes. En los libros y artículos del nivel Q, las características del texto suelen tener más información; prácticamente son secciones con su propia idea principal y detalles. Hacia el nivel U, las páginas se vuelven aún más densas y presentan una mayor cantidad de características del texto. Los lectores deberán ser capaces de explicar cómo se relacionan esas características entre sí y con el texto principal.

Una vez que sepamos cómo cambian las características del texto según el nivel, podemos decidir cuál es la mejor manera de evaluar la capacidad de nuestros estudiantes para usar estas características según su nivel de lectura. Usted podrá hacer esta evaluación de la misma manera en que evalúa al estudiante en cualquier otra área de comprensión: hacerle preguntas durante una conferencia o sesión individual de lectura, pedirle que haga pausas para tomar notas durante la lectura en voz alta, pedirle que lea un texto de forma independiente y responda a las preguntas que usted ha preparado con anterioridad, leer lo que ha escrito sobre la lectura o escucharlo cuando habla con un compañero.

Esta es una lista de los niveles de comprensión que uno puede observar. La lista va de menor a mayor comprensión demostrada por parte del estudiante:

- Ignora las características del texto.
- Puede nombrar la característica del texto ("Este es un mapa").
- Puede nombrar la característica del texto y su función ("Este es un mapa. Muestra dónde está algo").
- Puede explicar qué enseña la característica del texto, independientemente del texto principal ("Este es un mapa. Muestra dónde suelen ocurrir los terremotos").
- Puede explicar qué enseña la característica del texto combinando la información que ofrecen el texto principal y la característica ("Este es un mapa. Muestra dónde suelen ocurrir los terremotos. Las líneas rojas deben ser las líneas de la falla porque veo que los terremotos ocurren justo al lado").
- Puede conectar el significado de la característica del texto con el de otras características ("Este es un mapa. Muestra la ubicación de las líneas de la falla y los lugares donde suelen ocurrir los terremotos. Veo que en la costa oeste y en varias islas de Asia ocurren más terremotos y son más fuertes. Si lo comparo con el otro mapa, que muestra los bordes de las placas, parece que suelen ocurrir más terremotos precisamente en estos bordes").

Obviamente, las expectativas para un estudiante de kindergarten que está leyendo en el nivel C no son las mismas que para un estudiante de quinto que lee en el nivel S. No queremos que ningún lector ignore las características del texto, pero mientras se espera que un lector de nivel C comente la característica mediante una sola oración ("Este es un gatito, el bebé de una gata"), debemos esperar más de un niño que lee en el nivel de quinto grado. En el nivel S, el lector debería poder completar las destrezas más sofisticadas de esta lista (conectar todas las características con el texto principal). Cuando usted crea que los niños necesitan más apoyo en esta área, considérelo como un objetivo principal. Los estudiantes pueden practicar en la hora de lectura de no ficción y cuando leen en las clases de otras áreas de contenido (Ciencias, Ciencias Sociales).

Vistazo a las estrategias para entender las características del texto

Estrategia	Niveles de texto	Géneros/ Tipos de texto	Destrezas
10.1 Convierte una imagen 2D a 3D	A–Z+	No ficción	Visualizar, determinar la importancia
10.2 Tapa, destapa y observa	A–Z+	No ficción	Preguntar, determinar la importancia
10.3 Vuelve a leer y añade detalles a tu dibujo	A–Z+	No ficción	Visualizar, verificar la comprensión
10.4 ¡Escribe un pie de foto!	A–Z+	No ficción	Resumir
10.5 Busca más información en las imágenes	A–I	No ficción	Visualizar, inferir
10.6 Aprende con los rótulos	C–J	Texto expositivo de no ficción	Sintetizar
10.7 Las palabras en negrita son importantes	F–Z+	No ficción	Sintetizar, verificar la comprensión
10.8 Datos de interés	G–Z+	Texto expositivo de no ficción	Sintetizar, verificar la comprensión
10.9 Los diagramas muestran y cuentan	G–Z+	No ficción	Sintetizar
10.10 ¿Para qué sirven los elementos visuales?	G–Z+	No ficción	Sintetizar
10.11 Empieza por el glosario	I–Z+	Texto expositivo de no ficción	Verificar la comprensión, sintetizar
10.12 ¡No te lo saltes!	J–Z+	Texto expositivo de no ficción	Crear un plan de lectura
10.13 Integra los componentes del texto	J–Z+	Texto expositivo de no ficción	Sintetizar
10.14 Usa la tabla de contenido	J–Z+	No ficción	Determinar la importancia
10.15 ¡Los mapas te enseñan!	M–Z+	No ficción	Sintetizar, resumir
10.16 La misma información desde otro ángulo	N–Z+	Texto expositivo de no ficción	Determinar la importancia, sintetizar
10.17 Sigue el flujo del diagrama	N–Z+	Texto expositivo de no ficción	Resumir
10.18 ¡Descifra ese título!	P–Z+	Texto expositivo de no ficción	Inferir
10.19 La barra lateral es una sección	Q–Z+	Texto expositivo de no ficción	Resumir, sintetizar, determinar la importancia
10.20 Fuentes primarias	R–Z+	Texto expositivo de no ficción	Sintetizar, determinar la importancia, resumir
10.21 Tómate tu tiempo en la línea (de tiempo)	R–Z+	No ficción	Sintetizar, verificar la comprensión, resumir
10.22 Gráficos muy gráficos	R–Z+	Texto expositivo de no ficción	Sintetizar, verificar la comprensión

10.1 Convierte una imagen 2D a 3D

¿Para quién es?

NIVELES DE TEXTO
A–Z+

**GÉNERO /
TIPO DE TEXTO**
no ficción

DESTREZAS
**visualizar, determinar
la importancia**

Estrategia Las fotografías, las ilustraciones y los diagramas de los libros representan cosas reales. Al mirar una imagen bidimensional plana, o 2D, trata de convertirla en tu mente en una imagen tridimensional, o 3D, como es en la vida real. Para hacerla más real, trata de imaginarla añadiendo detalles con los otros sentidos (olfato, tacto, etc.). Lee los pies de foto y el texto que hay alrededor para que puedas visualizarla mejor.

Sugerencia para el maestro Modifique el lenguaje de esta estrategia para lectores más jóvenes, niños que estén aprendiendo español o que lean en un nivel más bajo. En lugar de decir bidimensional y tridimensional, puede decir imagen "plana" o "como es de verdad".

Ejemplo de enseñanza *En* Salamandras asombrosas *(Shanahan 2012a), veo la foto de una salamandra encima de una hoja con el siguiente pie de foto: "Las salamandras tienen piel suave y húmeda" (11). Si quiero que la imagen plana parezca más real en mi mente, imagino que agarro a la salamandra y la pongo en mi mano. Al imaginar que camina por mi mano, siento que es liviana y que su piel es muy suave. También creo que tiene la piel mojada porque el pie de foto dice "húmeda" y se ve brillante. Creo que tendría el cuerpo cilíndrico, como un gusano, y los dedos de los pies pequeñitos y pegajosos porque está agarrada a la hoja.*

Consejos

- Lee los pies de foto. Ahora mira la imagen. Describe lo que ves.
- Imagínate que es real. Di lo que ves.
- ¿Cómo te imaginas esa imagen plana en la vida real?
- Usa los sentidos.
- ¿Qué más ves?
- Usa el pie de foto y el resto de la página para decir más.

**¡Me quito el sombrero!
(lectura recomendada):**
"Teaching Reading in Small Groups: Matching Methods to Purposes"
(Serravallo 2013b)

Estrategia Tapa la imagen de la página con una nota adhesiva. Lee el texto que hay en esa página y piensa: "¿Qué he aprendido hasta ahora?". Después, destapa la imagen, obsérvala bien y pregúntate: "¿Qué información adicional me da esta imagen?" o "¿Qué partes de lo que acabo de leer veo en la imagen?".

Sugerencia para el maestro Dependiendo de la edad y del nivel de lectura del estudiante, puede realizar esta actividad al revés. Es decir, pida al niño que mire la imagen de la página y que después lea las palabras. Tenga en cuenta que en los niveles básicos (A, B, C, D) los niños utilizan las imágenes como apoyo para leer las palabras. Esta estrategia solo sería adecuada una vez que el niño haya leído el texto varias veces y lo esté leyendo de nuevo.

Consejos

- Primero tapa la imagen. Ahora, destápala y obsérvala.
- ¿Recuerdas lo que acabas de leer? Ahora di lo que ves.
- ¿Puedes añadir más información al mirar la imagen?
- ¿Qué más aprendiste con la imagen?
- Mira bien cada parte de la imagen. Intenta decir algo más.
- Sí, aprendiste más al observar la imagen con atención.

10.3 Vuelve a leer y añade detalles a tu dibujo

¿Para quién es?

NIVELES DE TEXTO

A–Z+

**GÉNERO /
TIPO DE TEXTO**

no ficción

DESTREZAS

**visualizar, verificar
la comprensión**

Estrategia Lee el texto. Haz un dibujo o bosquejo basándote en la información que recuerdas. Después, vuelve a leer el texto. Intenta añadir más detalles al dibujo usando los detalles que leíste. Repite hasta que creas que tu dibujo muestra la información más importante del texto.

Ejemplo de enseñanza *Cuando vuelvo a leer un texto, obtengo más información que me ayuda a imaginar con más detalle lo que aprendí. Por ejemplo, después de leer por primera vez la sección de "Abejas" en* Animales que almacenan alimentos *(Shanahan 2012b), hice una pausa para hacer un dibujo rápido de… ¡claro, una abeja! Recordé que las abejas chupan el néctar de las flores, así que dibujé una abeja encima de una flor. Pero la primera vez que leí no entendí bien la siguiente parte, que dice que el néctar se convierte en miel y que la abeja pone la miel en un panal. Así que volví a leer esa parte y me imaginé el néctar convirtiéndose en miel en el estómago de la abeja. Dibujé el estómago de la abeja lleno de miel. También añadí el rótulo "Miel". Después, dibujé una flecha señalando el panal para mostrar que ahí es donde va la miel. Al volver a leer, entendí mejor esa parte y pude añadir más detalles a mi dibujo.*

Consejos

- Haz una pausa para imaginar lo que acabas de aprender.
- Haz un dibujo rápido mostrando algunos detalles.
- Al volver a leer, trata de obtener más información.
- Mira lo que dibujaste. ¿Podrías añadir más detalles basándote en lo que aprendiste al volver a leer el texto?
- Trata de añadir más detalles basándote en lo que aprendiste.
- ¡Tu dibujo muestra la información más importante!

10.4 ¡Escribe un pie de foto!

Estrategia Lee el texto. Mira la imagen. Piensa: "¿Cómo describiría esta imagen con una sola oración?". Usa la información del texto principal como ayuda.

Ejemplo de enseñanza *A veces, las fotografías y las ilustraciones de los libros de no ficción no tienen pies de foto. Esto pasa cuando el texto principal da suficiente información para entenderlas. Para comprobar que entendiste el texto, escribe un pie de foto en una nota adhesiva o, sencillamente, piensa en qué escribirías. Por ejemplo, cuando estaba leyendo el libro* La luna terrestre *(Simon 2016), vi una imagen de la superficie de la Luna. En esa página aprendí que en la Luna hay cráteres, así que escribí este pie de foto: "La superficie de la Luna no es plana, está llena de cráteres y montañas".*

Consejos

- Al escribir el pie de foto, piensa en el texto principal.
- Usa tus propias palabras en lugar de repetir lo que acabas de leer.
- La información que diste es buena; ahora dila con menos palabras. Escribe una sola oración para el pie de foto.
- ¿Qué información del texto te podría ayudar?
- Vuelve a contar lo que leíste. Ahora di qué parte de esa información se ve en la imagen.

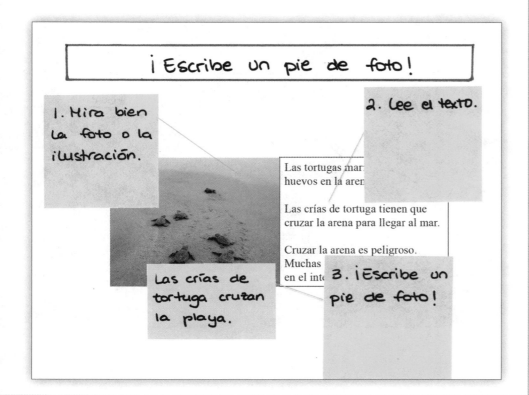

¿Para quién es?

NIVELES DE TEXTO
A–Z+

GÉNERO /
TIPO DE TEXTO
no ficción

DESTREZA
resumir

¡Me quito el sombrero!
(lectura recomendada):
Navigating Nonfiction, Grade 3 (Boynton y Blevins 2007)

10.5 Busca más información en las imágenes

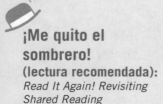

¿Para quién es?

NIVELES DE TEXTO
A–I

**GÉNERO /
TIPO DE TEXTO**
no ficción

DESTREZAS
visualizar, inferir

**¡Me quito el
sombrero!
(lectura recomendada):**
*Read It Again! Revisiting
Shared Reading*
(Parkes 2000)

Estrategia Mira la imagen. Lee el texto. Piensa: "¿Qué veo en la imagen que se menciona en el texto? ¿Qué veo que no se menciona en el texto?". Intenta "escribir" en voz alta la información extra.

Ejemplo de enseñanza *En los libros que tienen pocas palabras, podemos buscar más información en las imágenes. Por ejemplo, en* El ciclo de vida de la mariposa *(Anderson s.f.), leo este dato o hecho: "Luego, la oruga se come la hoja en la que está parada". Después me fijo en la imagen en la que se ve una oruga encima de una hoja. Al fijarme en la imagen, puedo añadir más información a lo que aprendí: "¡Las orugas comen hojas que son más grandes que ellas! Usan su boca para comer. Comen cosas que se han caído en el suelo".*

Consejos

- ¿Qué dicen las palabras?
- Mira la imagen. Di algo más.
- Señala una parte de la imagen con el dedo. Di un hecho que aprendes al ver esa parte.
- ¿Qué aprendiste al observar la imagen que no aprendiste al leer el texto?
- Eso lo aprendiste al leer el texto. ¿Qué aprendes al observar la imagen?

Estrategia Lee el texto. Después, observa la imagen y lee el rótulo. Piensa en cómo se relaciona la imagen, el texto y el rótulo.

Ejemplo de enseñanza *El libro* Mírame crecer *(Arlon y Gordon-Harris 2013b) tiene muchos rótulos. La sección que se titula "En la bolsa" habla sobre los canguros y los koalas. Los autores nos enseñan que la cría del canguro va en una bolsa llamada marsupio. En la foto veo un canguro grande y otro más pequeño en la bolsa. En la página hay un rótulo con la palabra "cría" para que relacionemos esa imagen con la información que nos dieron los autores. El pie de foto dice: "A veces la cría saca la cabeza del marsupio" (12). El pie de foto me ayuda a entender que el canguro de la foto pequeña es el mismo que el de la foto grande y da más información sobre los canguros.*

Consejos

- ¿Dónde ves un rótulo?
- Di cómo se relacionan los datos o hechos que aprendiste con los rótulos.
- ¿Cómo te ayuda el rótulo?
- Piensa en toda la información que te da la página.
- Ya leíste el rótulo y observaste la imagen; ahora lee el resto de la página.
- Piensa en cómo se conecta todo.

¿Para quién es?

NIVELES DE TEXTO

C–J

GÉNERO / TIPO DE TEXTO

texto expositivo de no ficción

DESTREZA

sintetizar

Estrategia Lee una oración que tenga una palabra en negrita. Piensa: "¿Sé lo que significa esa palabra?" o "¿Entiendo su significado por el modo en que se usa aquí?". Si es así, sigue leyendo. Si no, detente y lee la definición en el glosario. Luego, vuelve a leer la oración y explica esa información con tus propias palabras.

Ejemplo de enseñanza *En algunos textos, el autor incluye palabras en negrita que son importantes para entender el tema. A veces ya sabemos lo que significan esas palabras. Otras veces, la palabra en negrita es como una advertencia que nos dice: "¡Para! ¡Mira el glosario!". Por ejemplo, cuando estaba leyendo el libro* Insectos increíbles *(Baxter 2005), leí esta oración: "Su tamaño extremo y su caparazón duro lo protegen de sus enemigos" (6). La palabra "protegen" está en negrita, pero la verdad es que ya sé que proteger quiere decir defender. Así que no tuve que mirar la definición en el glosario. Pero después leí esto: "Cuando se asusta, esta oruga puede transformarse para parecerse a una víbora". Creo que una oruga es una especie de gusano, pero el animal de la foto no parece un gusano. Así que debo consultar el glosario. Vamos a ver (pase a la página del glosario). La definición dice que una oruga es "el segundo estado del ciclo de vida de una mariposa o de una polilla; el estado de larva" (16). Vuelvo a la página y ahora sé que lo que veo en la foto es una oruga que más adelante será una mariposa.*

Consejos

- ¿Ves alguna palabra en negrita?
- ¿Qué significa esa palabra? ¿No estás seguro? Mira el glosario.
- ¿Puedes determinar el significado de la palabra por el contexto de esta página?
- Después de haber leído la definición en el glosario, ¿entiendes mejor la información de esta página?
- Según lo que leíste sobre esta palabra, ¿qué crees que quiere decir?
- ¡Sí! Esa definición incluye información del glosario y del texto.

Estrategia Lee la sección de datos de interés cuando termines de leer el texto principal. Piensa cómo la información que leíste en el texto principal y viste en las características del texto se conectan con cada hecho. Pregúntate: "¿Cómo me ayudan estos datos o hechos a aprender más sobre lo que acabo de leer?".

Ejemplo de enseñanza *Los datos de interés, o datos breves que complementan la información de algunos textos, muchas veces son más difíciles de entender que el resto del libro. Por eso, es mejor leer primero el texto principal y dejar esos hechos para el final. A veces los datos de interés te dan estadísticas (cifras o números) que entenderás mejor cuando hayas leído algo sobre el tema. Estos datos suelen aparecer en una página aparte y normalmente no tienen imágenes que ayuden a comprenderlos. Por ejemplo, en el libro* Big Horn Sheep/Carneros de Canadá *(Macken 2010), veo una lista de datos sobre la dieta, peso medio, longevidad, altura y longitud de los carneros. Muchos de esos términos serían difíciles de entender por sí solos. Pero después de leer el libro y aprender que los carneros de Canadá comen hierba (un dato fácil de entender que además está apoyado con una imagen), se entiende mejor este dato de interés: "Dieta: hierba y hojas". Entonces me digo: "Ah, la dieta debe significar lo que come el carnero. Acabo de leer que come hierba. Ahora sé que también come hojas".*

Consejos

- ¿Qué aprendiste en la página de "datos de interés"?
- ¿Cómo encaja esa información con el resto de la página o del libro?
- Piensa en lo que ya sabías sobre este tema antes de leerlo.
- Aunque no conozcas esta palabra, ¿crees que podrías determinar su significado basándote en lo que leíste en el resto del libro?
- Piensa en lo que ya sabes.
- Recuerda la información del resto del libro.
- ¡Bien! Determinaste el significado de la palabra al pensar en lo que ya sabías.

¿Para quién es?

NIVELES DE TEXTO
G–Z+

GÉNERO /
TIPO DE TEXTO
**texto expositivo
de no ficción**

DESTREZAS
**sintetizar, verificar
la comprensión**

¿Para quién es?

NIVELES DE TEXTO
G–Z+

GÉNERO /
TIPO DE TEXTO
no ficción

DESTREZA
sintetizar

Estrategia Lee el título del diagrama para saber qué muestra. Lee los rótulos para entender las partes importantes del diagrama. Por último, piensa en cómo se conecta la información del diagrama con la información del texto.

Ejemplo de enseñanza *En el libro* Delfines fabulosos *(Buckley 2014), hay un diagrama que me pareció un poco difícil de entender la primera vez que lo vi. Se titula "Las crías". En la parte de la izquierda dice "ponen huevos" y en la derecha, "paren crías vivas". En las dos partes hay fotos de animales y rótulos, como "cangrejo", "muchos peces", "dugón". Leí los rótulos, pero seguía sin entender por qué el título de este diagrama era "las crías" y qué tenían que ver esos animales con los delfines, que es de lo que trata el libro. Al leer el texto aprendí que la hembra de delfín tiene una cría en cada parto. Eso quiere decir que no pone huevos. Ahora me doy cuenta de que el diagrama muestra otros animales que paren crías, igual que los delfines, como la morsa, el dugón y la ballena; mientras que otros animales ponen huevos, como el cangrejo y el pulpo.*

Consejos
- ¿Qué te enseña el diagrama?
- Lee todas las partes del diagrama, incluso los rótulos.
- Ahora que leíste los rótulos, explica qué aprendiste.
- ¿Cómo te ayuda este diagrama a entender lo que leíste?
- Ahora que observaste el diagrama, ¿qué más aprendiste?

¡Me quito el sombrero!
(lectura recomendada):
Navigating Nonfiction, Grade 3 (Boynton y Blevins 2007)

Estrategia Cuando veas un elemento visual en una página, como un gráfico, una tabla, un diagrama, etc., para de leer y piensa: "¿Qué información me está dando? ¿Por qué es importante esa información en esta sección?".

Ejemplo de enseñanza *En el libro* Los tiburones *(Schreiber 2016), todas las páginas tienen al menos una foto y varias líneas con texto. Sé que cuando lea este libro debo fijarme bien en las fotos. Tengo que detenerme y pensar: "¿Qué información me da este elemento visual? ¿Por qué es importante?". En la sección "Tiburones crías", aprendo que algunos tiburones, como el tiburón limón, paren crías vivas, mientras que otros, como el tiburón gato hinchado, ponen huevos. En la foto de la página 8 veo un tiburón con una cría. La cría se parece a su madre. También hay dos peces más pequeños. ¡Supongo que esos peces no tienen miedo del tiburón! En las fotos de las páginas 10 y 11 veo algo muy extraño. El texto dice que son huevos. ¡Pero no se parecen en nada a los huevos normales! Estos son alargados y están encima de unas piedras. Supongo que los tiburones no entierran los huevos como hacen otros animales. Las fotos de las páginas son importantes porque yo nunca había visto una cría de tiburón ni huevos de tiburón y ahora sé cómo son.*

Consejos

- ¿Qué aprendiste de esta foto?
- ¿Por qué es importante esta foto?
- Primero, lee el texto. Ahora mira las fotos. ¿Qué más aprendiste?
- ¿Por qué el autor eligió esta foto para esta página?
- ¿Qué puedes aprender con esto?
- Me diste más detalles de los que dio el autor porque te fijaste muy bien en la foto.

¿Para quién es?

NIVELES DE TEXTO
G–Z+

GÉNERO /
TIPO DE TEXTO
no ficción

DESTREZA
sintetizar

¡Me quito el sombrero!
(lectura recomendada):
Inside Information: Developing Powerful Readers and Writers of Informational Text Through Project-Based Instruction (Duke 2014)

¿Para quién es?

NIVELES DE TEXTO

I–Z+

GÉNERO / TIPO DE TEXTO

texto expositivo de no ficción

DESTREZAS

verificar la comprensión, sintetizar

Estrategia Dale un vistazo previo al glosario. Lee las definiciones de las palabras que verás a lo largo del libro o en el artículo. Luego, al leer el texto, recuerda su significado. Cuando llegues a una palabra que viste en el glosario, intenta captar más a fondo su significado con la información que te da el texto.

Sugerencia para el maestro En el Objetivo 11 encontrará más lecciones que apoyan los conocimientos de vocabulario de los estudiantes.

Consejos

- Vamos a leer primero el glosario para saber qué palabras veremos en el texto.
- ¿Qué palabra estás tratando de definir?
- ¿Recuerdas haberla visto en el glosario?
- Búscala en el glosario.
- Veo que lo que leíste en el glosario te ayudó.

¡Me quito el sombrero!
(lectura recomendada):
Complete Comprehension:
Nonfiction
(Serravallo 2019b)

Estrategia Al leer una página de un libro de no ficción, debes entender las palabras y los gráficos. Lee en el orden que tenga más sentido para ti (lee las palabras primero, lee los gráficos primero o ve saltando de unos a otros). Antes de pasar la página, asegúrate de que leíste todo: tanto los gráficos como las palabras.

Sugerencia para el maestro Algunos estudiantes leen las características del texto e ignoran el texto principal de la página, mientras que otros se saltan por completo las características del texto. Cuando un lector tiene que asimilar todo lo que hay en una página o una sección, su lectura se hace más lenta y debe hacer un mayor esfuerzo mental para sintetizar y entender la información. Es conveniente enseñar a los estudiantes a crear un plan que les permita captar todo lo que hay en una página con distintos tipos de información (elementos visuales y texto) y asegurarse de leer todo antes de pasar la página. De este modo, ellos mismos se encargarán de pensar y entender cómo se relaciona la información entre sí.

Consejos
- ¿Por dónde vas a empezar?
- Señala con el dedo cuál es tu plan para leer toda la página.
- ¿Cómo te vas a asegurar de que lees y miras todo?
- Muy bien, ahora que tienes un plan, vamos a empezar a leer.

¿Para quién es?

NIVELES DE TEXTO
J–Z+

GÉNERO /
TIPO DE TEXTO
**texto expositivo
de no ficción**

DESTREZA
**crear un plan
de lectura**

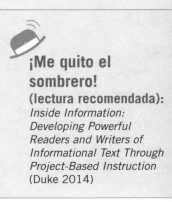

**¡Me quito el
sombrero!
(lectura recomendada):**
*Inside Information:
Developing Powerful
Readers and Writers of
Informational Text Through
Project-Based Instruction*
(Duke 2014)

10.13 Integra los componentes del texto

¿Para quién es?

NIVELES DE TEXTO

J–Z+

**GÉNERO /
TIPO DE TEXTO**

**texto expositivo
de no ficción**

DESTREZA

sintetizar

Estrategia Conecta la información del texto principal con la información que te dan las fotos, los pies de foto, los diagramas y otras características del texto. Primero, echa un vistazo al texto principal para saber de qué trata. Después, lee y estudia todas las características del texto. Al leer el texto principal, haz pausas frecuentes y vuelve a consultar cualquier característica del texto que muestre información relacionada con lo que estás leyendo.

Ejemplo de enseñanza *En el libro* La granja *(Arlon y Gordon-Harris 2013a), ¡hay muchos ejemplos de características del texto! Solo al mirar las páginas tituladas "Lecheras" veo un título, varios diagramas, rótulos, un diagrama de flujo, pies de foto, una caja de texto y algunas oraciones que forman parte del texto principal. ¡Es difícil saber por dónde empezar! Antes de leer el texto principal voy a leer el título. Después, estudiaré las características del texto de izquierda a derecha, para saber de qué tratan. Veo una granja y los nombres de las partes de la granja. En la parte de arriba, veo un diagrama de flujo que muestra cómo la leche se convierte en queso. Debajo de eso, a la derecha, veo la foto de una vaca con el rótulo "ubre". Ahora voy al texto principal. Mientras leo la información sobre las granjas lecheras, miro la imagen de la granja para entender mejor el texto. Cuando leo: "En las granjas lecheras se crían vacas para obtener su leche", conecto esa información con uno de los cuadros del diagrama de flujo. Sigo leyendo la información de toda la página. Así es como conecto las características del texto con el texto principal para entender mejor todo.*

Consejos

- Haz una pausa aquí. ¿Qué característica del texto va con la información que acabas de leer?
- Antes de leer, echa un vistazo a la página.
- Comenta lo que ves.
- Lee un poco más despacio. Conecta lo que lees con las características del texto.
- Antes de leer, echa un vistazo a todas las características del texto.

¡Me quito el sombrero!
(lectura recomendada):
Comprehension Through Conversation: The Power of Purposeful Talk in the Reading Workshop
(Nichols 2006)

Estrategia Piensa en tu pregunta de investigación. Luego, echa un vistazo a la tabla de contenido y pregúntate: "¿En qué capítulo o capítulos podría encontrar la información que busco?". Ten en cuenta que los títulos de los capítulos no siempre usan palabras relacionadas con el tema que escogiste.

Sugerencia para el maestro Esta lección también se puede hacer con el índice. Enseñe a los niños a pensar en un tema y buscar en el índice palabras clave que se relacionen con ese tema para poder encontrar la información en el libro. Hago una aclaración: considero que los estudiantes deben leer los textos de no ficción de principio a fin. Solo uso esta estrategia como parte de un proyecto de investigación o cuando enseño a los estudiantes a buscar cierto tipo de información por otras razones, como contestar a una pregunta o confirmar la información en el libro de no ficción que están leyendo de principio a fin.

Consejos

- ¿Qué quieres aprender?
- Mira la tabla de contenido para ver dónde podrías encontrar la respuesta a tu pregunta.
- ¿Por qué elegiste ese capítulo?
- Piensa en otras palabras relacionadas con el tema que estás investigando para encontrar el capítulo adecuado.
- Echa un vistazo a la tabla de contenido.
- ¿Qué capítulo vas a leer primero?

¿Para quién es?

NIVELES DE TEXTO
J–Z+

GÉNERO /
TIPO DE TEXTO
no ficción

DESTREZA
**determinar
la importancia**

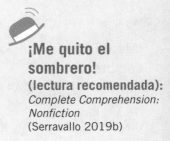

¡Me quito el sombrero!
(lectura recomendada):
Complete Comprehension: Nonfiction
(Serravallo 2019b)

¿Para quién es?

NIVELES DE TEXTO
M–Z+

GÉNERO / TIPO DE TEXTO
no ficción

DESTREZAS
sintetizar, resumir

Estrategia Lee el título del mapa. Busca los símbolos, la clave, la escala o la leyenda para ayudarte a entender los códigos del mapa. Lee todos los rótulos para entender qué es cada parte del mapa. Piensa en los colores que se usaron y qué indican. Resume lo que aprendiste y piensa si el mapa te ayudó a aprender más sobre el tema de ese libro o esa sección.

Ejemplo de enseñanza *En el libro* El clima *(Arlon y Gordon-Harris 2014) veo un mapa grande en las páginas 38 y 39. Para orientarme, primero voy a leer el título: "Zonas de vientos". Supongo que este mapa me mostrará los distintos vientos que hay en el mundo y dónde ocurren. Veo una caja con muchos símbolos titulada "Clave del mapa". Cada símbolo indica algo diferente, como los vientos regionales y la zona de huracanes. Veo que una parte del mapa es de color azul y, según la clave del mapa, esa es la zona de huracanes. En la parte de arriba, a la derecha, hay una caja de texto con el título "Zona de huracanes" que explica dónde se originan. En la parte izquierda del mapa, veo un dibujo de un tornado y una flecha que indica dónde ocurren los tornados. Esa zona está coloreada de amarillo y sé por la clave del mapa que el color amarillo es el Callejón de los Tornados. El texto me explica que puede haber tornados en cualquier lugar de la Tierra, pero que la mayoría ocurren ahí. ¡Es muy interesante observar el mapa y aprender toda esta información!*

Consejos

- Primero mira el título.
- ¿Qué significan los símbolos?
- Relaciona los símbolos con lo que ves en el resto del mapa.
- Explica qué estás aprendiendo del mapa.
- Usaste muy bien la información de la clave del mapa para entender lo que el autor quería enseñarte con este mapa.
- ¿Cómo te ayuda este mapa a comprender el resto de la información de esta sección?

¡Me quito el sombrero!
(lectura recomendada):
Navigating Nonfiction, Grade 3 (Boynton y Blevins 2007)

Estrategia Mira el gráfico, sobre todo la clave, para determinar qué muestra. Piensa en cómo se conecta la información del gráfico con la información del artículo (sección, libro o texto). Piensa: "¿Qué nuevo ángulo o perspectiva me da este gráfico sobre la información que acabo de leer en el texto?".

Ejemplo de enseñanza *En la página 11 del libro* La Tierra y la importancia del agua *(Duke 2014) veo un gráfico circular. La sección más grande del gráfico es de color azul y tiene el número 97% . La sección más pequeña es de color verde y tiene el número 3%. Al leer las primeras palabras del texto que acompaña al gráfico: "La mayor parte del agua de la Tierra es salada", me doy cuenta de que el gráfico muestra la cantidad de agua salada (97%) y dulce (3%) que hay en la Tierra. Justo al lado del gráfico veo una foto del mundo, en la que se ve claramente que los mares y océanos ocupan gran parte de la Tierra. La información que ofrece el gráfico y la imagen es muy parecida, pero se muestra desde otro ángulo. Ver la información de dos maneras diferentes me ayuda a entender mejor lo que estoy leyendo.*

Consejos

- Mira la clave del gráfico.
- Explica lo que ves en el gráfico.
- Para entenderlo, piensa en lo que leíste en el resto de la página.
- Conecta la información que hay aquí *(señale el gráfico)* con la que hay acá *(señale el texto principal)*.
- ¿Te da más información o te muestra la misma información de otra manera?
- ¿Qué te está enseñando?

¿Para quién es?

NIVELES DE TEXTO
N–Z+

GÉNERO /
TIPO DE TEXTO
**texto expositivo
de no ficción**

DESTREZAS
**determinar
la importancia,
sintetizar**

¿Para quién es?

NIVELES DE TEXTO

N–Z+

**GÉNERO /
TIPO DE TEXTO**

**texto expositivo
de no ficción**

DESTREZA

resumir

Estrategia Lee el título para entender qué muestra el diagrama. Después, mira todas las imágenes y lee los pies de foto en el orden en el que aparecen en el diagrama de flujo. Sigue las flechas y los números para leer cada paso de la secuencia. Asegúrate de que entiendes un paso antes de pasar al siguiente.

Sugerencia para el maestro Esta estrategia es particularmente útil para los estudiantes que necesitan apoyo para entender la secuencia, la narración o el procedimiento. Consulte además la estrategia 9.17 para enseñar a los estudiantes a seguir un procedimiento. Los textos de procedimiento a veces van acompañados de diagramas de flujo.

Consejos
- Di qué vas a leer primero.
- ¿Qué leerás después?
- Asegúrate de que lo haces en orden: de izquierda a derecha y de arriba abajo.
- ¿Entendiste lo que aprendiste en ese paso? Cuenta la información más importante.
- Resume lo que aprendiste con este diagrama de flujo.

¡Me quito el sombrero!
(lectura recomendada):
*Navigating Nonfiction,
Grade 3* (Boynton y Blevins 2007)

Estrategia Si hay un título o subtítulo que te parece confuso, mira otros títulos que aparecen antes de esa sección. Pregúntate: "Basándome en los temas de las secciones anteriores, ¿qué puedo inferir sobre el tema de esta sección?". Sigue leyendo para obtener información de esa sección. Regresa y expresa el título con palabras más claras y sencillas.

Ejemplo de enseñanza *Hay títulos y subtítulos tan claros como las señales de tráfico. Nos dicen de qué trata exactamente una sección y nos ayudan a navegar por el texto. Sin embargo, algunos autores usan títulos y subtítulos ingeniosos y originales que pueden confundirnos. Si ves que el significado de un título o subtítulo no se puede usar literalmente, tienes que inferir lo que quiere decir. Muchas veces tendrás que leer toda esa sección y volver a pensar en el título. Por ejemplo, cuando leí el libro* El océano *(Arlon 2015), me encontré con un capítulo titulado "¿Bella o bestia?". Este título no me indicaba claramente de qué trataba el capítulo. Pero como era un libro sobre el océano, supuse que no se referiría a la película* La bella y la bestia. *Entonces inferí que ese capítulo podría tratar de animales bonitos y animales peligrosos del océano. Después leí el capítulo para ver si había acertado con mi inferencia.*

Consejos

- Lee el título. ¿Qué crees que significa?
- Intenta expresar el título con otras palabras a partir de lo que leíste.
- Usa la información que leíste en esa sección y expresa el título de una manera menos ingeniosa que la del autor.
- Vuelve al título.
- En general, ¿de qué trata esta sección?
- Anota lo que aprendiste. ¿Puedes explicar el título ahora?
- ¡Inventaste un título más claro y sencillo!

TÍTULO INGENIOSO:	LA SECCIÓN TRATA SOBRE:	MI TÍTULO NUEVO
Genios del arrecife	animales cefalópodos, como los calamares y los pulpos	CEFALÓPODOS
Enemigos de los corales	la estrella de mar corona de espinas, un gran depredador	LA ESTRELLA DE MAR
¿Bella o bestia?	cómo algunos animales atacan y cazan a otros.	CÓMO ATACAN LOS ANIMALES

Del libro «Es cierto» El océano

¿Para quién es?

NIVELES DE TEXTO
P–Z+

GÉNERO / TIPO DE TEXTO
texto expositivo de no ficción

DESTREZA
inferir

¡Me quito el sombrero!
(lectura recomendada):
The Comprehension Toolkit: Language and Lessons for Active Literacy, Grades 3-6 (Harvey y Goudvis 2005)

10.19 La barra lateral es una sección

Estrategia Considera la barra lateral como una sección más del libro o artículo. Lee el texto que aparece allí. Pregúntate: "¿Cuál es la idea principal?". Y después: "¿Qué detalles apoyan esa idea?". Resume en un par de oraciones la información clave que aprendiste.

Ejemplo de enseñanza *En los textos más complejos, muchas veces nos encontramos con una barra lateral, es decir, un recuadro en un lado de la página con mucho texto. Este es un tipo de característica del texto que también debemos leer con atención. Te recomiendo leer primero el texto principal de la página y después la barra lateral. Piensa en cuál es la idea principal y los detalles del texto que hay en la barra lateral. Para hacerlo, usa las estrategias que ya conoces (sobre títulos, oraciones temáticas, añadir detalles, etc.). Por ejemplo, en el libro ¡Gracias, NASA! (Greve 2015), casi todos los capítulos tienen una barra lateral con información adicional. El libro trata de la exploración del espacio a lo largo del tiempo y las barras laterales dan información específica sobre algunas personas y sus aportaciones. Por ejemplo, el capítulo dos trata sobre las misiones lunares y la rivalidad entre Rusia y Estados Unidos. La barra lateral habla sobre el ruso Yuri Gagarin, quien fue el primer ser humano en viajar al espacio. La información de esta barra lateral se relaciona con el tema del capítulo, pero tiene su propia sección con su propia idea principal.*

Consejos

- Piensa en qué estrategia usarás para identificar la idea principal.
- ¿Cuál es el propósito de esta barra lateral? ¿De qué trata principalmente?
- ¿Cómo resumirías lo que leíste?
- Di la idea principal y los detalles clave.

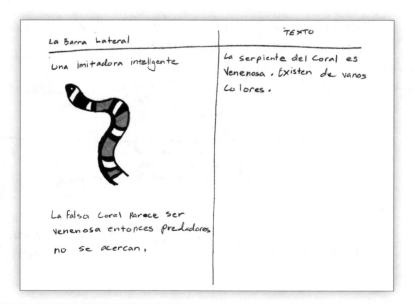

Estrategia Lee el título de la fuente primaria y piensa: "¿Cómo se conecta este documento con el texto principal?". Después, intenta identificar la idea principal y los detalles clave de la fuente primaria. Por último, pregúntate: "¿Cómo se conecta la información adicional que acabo de leer con el texto principal?".

Ejemplo de enseñanza *El libro* Los primeros asentamientos de Estados Unidos *(Thompson 2014) ofrece mucha información histórica sobre los asentamientos de los españoles, los franceses, los holandeses y los ingleses. Un capítulo trata de cómo los escritores y promotores intentaban que la gente viajara a Norteamérica a principios del siglo XVII. En este mismo capítulo hay un poema de Michael Drayton que describe el estado de Virginia. Empieza: "Virginia, único paraíso de la Tierra donde la naturaleza tiene reservados aves, venados y peces, y el más fecundo suelo…". Esta fuente primaria describe con detalle el lugar y me ayuda a imaginarme mejor cómo era.*

Consejos

- Explica lo que aprendiste de la fuente primaria.
- ¿Cómo te ayuda la fuente primaria a entender el resto del texto?
- Cuenta cuál era la perspectiva de la persona que habla en la fuente primaria.
- ¿Qué información es nueva?
- Puedes decir: "En el texto aprendí que… y cuando leí la fuente primaria, aprendí que…".

¿Para quién es?

NIVELES DE TEXTO

R–Z+

GÉNERO / TIPO DE TEXTO

texto expositivo de no ficción

DESTREZAS

sintetizar, determinar la importancia, resumir

NIVELES DE TEXTO

R–Z+

**GÉNERO /
TIPO DE TEXTO**

no ficción

DESTREZAS

**sintetizar, verificar
la comprensión,
resumir**

Estrategia Estudia cada detalle de la línea de tiempo. Si ves un título, léelo para saber qué te va a mostrar. Mira las fechas y relaciónalas con las fechas que se mencionan en el texto principal. Lee los rótulos que describen qué sucedió en cada fecha, y piensa en cualquier información del texto principal que te ayude a entender mejor ese suceso en la línea de tiempo. Resume los sucesos clave en orden.

Ejemplo de enseñanza *En la página 29 del libro* César Chávez: La lucha por lo justo *(Guzmán y Guzmán 2008), hay una línea de tiempo. En la parte izquierda están los años y, en la derecha, hay una pequeña descripción del suceso más importante de la vida de César Chávez durante ese año. Voy a leer el año y la descripción de cada suceso y al final resumiré lo que aprendí con esta línea de tiempo. Por ejemplo, al leer este suceso, "1965: El sindicato de César hace huelga", pienso en lo que aprendí sobre la huelga al leer las páginas 18 a 22, donde esto se describe con más detalles. La línea de tiempo me ayuda a entender el orden de los sucesos en la vida de César Chávez.*

Consejos

- ¿Qué recuerdas haber leído que se relacione con este suceso?
- Di cómo vas a estudiar esta línea de tiempo.
- Sí, empezaste con el título. ¿Qué harás después?
- Me gusta cómo pensaste en la información que aprendiste al leer el libro para entender los sucesos de la línea de tiempo.
- Intenta resumir lo que aprendiste.

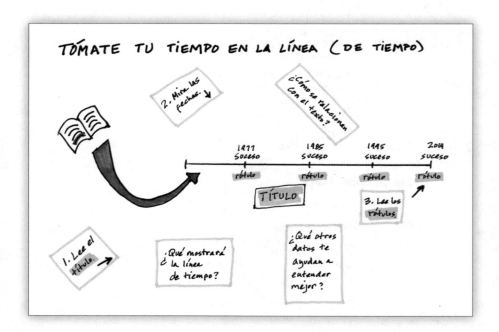

Estrategia Los gráficos (de barras, de líneas, circulares) son elementos visuales que ofrecen mucha información. Lee primero el título del gráfico para saber de qué trata. Después, lee los rótulos para entender lo que representa cada punto, línea, barra o sección del círculo. Explica lo que aprendiste.

Sugerencia para el maestro Las revistas, como *Muy Interesante Junior o Time for Kids en español,* suelen tener más gráficos que los libros de no ficción. Esta estrategia es más eficaz si usted le ofrece el texto al estudiante para que pueda practicar y aplicar la estrategia inmediatamente.

Consejos
- ¿Qué vas a mirar primero?
- No te saltes los rótulos, son importantes.
- Vuelve a contar lo que aprendiste aquí.
- Después de leer el título, ¿qué crees que aprenderás con este gráfico?
- Explica cómo encaja lo que leíste aquí con el resto de la sección.

¡GRÁFICOS!

DE LÍNEAS

CIRCULAR

1. Lee el título.

2. Lee los rótulos.

3. Vuelve a contar lo que aprendiste.

DE BARRAS

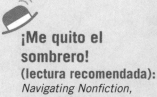

Mejorar la comprensión en ficción y no ficción

Entender el vocabulario y el lenguaje figurado

◎ ¿Por qué es importante este objetivo?

La capacidad de un lector para entender el vocabulario y el lenguaje en un texto está empíricamente ligada a su comprensión lectora, así que la enseñanza de las palabras y el lenguaje debe tener un lugar importante en el salón de clases (Bauman y Kame'enui 1991; Becker 1977; Stanovich 1986; Beck, McKeown y Kucan 2013). El vocabulario es uno de los cinco componentes básicos de la enseñanza de la lectura, y es esencial para enseñar a los niños a leer (National Reading Panel 2000). Conocer el vocabulario ayuda a los estudiantes a conocer el tema, expresar sus ideas, comunicarse de manera efectiva y aprender nuevos conceptos. "El vocabulario es el pegamento que contiene historias, ideas y contenido… haciendo que la comprensión sea accesible para los niños" (Rupley, Logan y Nichols 1998/99). De hecho, varias investigaciones demuestran que para comprender a fondo lo que leen, los estudiantes deben ser capaces no solo de decodificar, sino de entender más del 95 por ciento de las palabras (Betts 1946; Carver 1994; Hsueh-chao y Nation 2000; Laufer 1988).

A raíz de las investigaciones sobre el vínculo entre la comprensión y el conocimiento del vocabulario, muchas escuelas se han apresurado a implementar programas de vocabulario. Aunque algunos estudiantes aprenden el vocabulario mediante este tipo de programas, la investigación sugiere que gran parte del aprendizaje de las palabras se hace de manera inconsciente, a través de la lectura, la escritura, el habla y la escucha en el día a día (Miller 1999; Nagy, Anderson y Herman 1987; Krashen 2004; Baumann, Kame'enui y Ash 2003). Por lo tanto, los maestros podemos ayudar a los estudiantes a ampliar su vocabulario creando un salón de clases en donde se les motive a leer mucho, a percatarse de las palabras nuevas, a aprender estrategias que los ayuden a determinar el significado de esas palabras y a usarlas al escribir y al hablar.

En uno de sus libros, Cobb y Blachowicz (2014) señalan que la enseñanza integral del vocabulario tiene múltiples aspectos: fomentar la consciencia de las palabras, enseñar palabras individuales, proporcionar una variedad de experiencias lingüísticas y enseñar estrategias de aprendizaje de vocabulario. La mayoría de las estrategias de este capítulo ayudará a los estudiantes con el primer y el último aspecto: fomentar la consciencia (o verificar la comprensión cuando encuentren una palabra o frase nueva), y determinar el significado de nuevas palabras y frases a medida que leen. Algunas estrategias de este capítulo también animarán a los niños a usar las palabras una vez que sepan su significado, lo cual, según las investigaciones, ayuda a que las palabras nuevas se incorporen al vocabulario del niño.

◎ ¿Cómo sé si el objetivo es adecuado para mi estudiante?

Hay algunas formas que le ayudarán a determinar si enfocarse en el vocabulario y en el lenguaje figurado beneficiará a un estudiante en particular. La primera es evaluar el conocimiento general de las palabras que tiene el estudiante. Puede usar una evaluación estándar del conocimiento de palabras para saber si el nivel de vocabulario del estudiante es apropiado para su edad o grado.

Otro modo de determinar si este es un objetivo apropiado es pedirle al estudiante que *defina* y/o *explique* el significado de una palabra desconocida que usted elija dentro de un texto más largo. Elija palabras o frases que puedan entenderse por el contexto en el que están, palabras que se definan en el texto o palabras que puedan entenderse al mirar la ilustración u otra característica del texto. El objetivo aquí no es evaluar si el estudiante conoce el vocabulario, sino su habilidad para buscar pistas y detalles e inferir o deducir el significado de una palabra. Un estudiante cuyo conocimiento general de vocabulario no es fuerte, pero que puede determinar el significado de las palabras por el contexto, desarrollará un vocabulario más rico si continúa haciendo lo que ya hace y aumenta su volumen de lectura en general.

Evalúe lo que el estudiante dice o escribe cuando usted le pida que explique el significado de una palabra o frase. Un estudiante que no comprenda bien la palabra o que no dé una definición exacta, pero que se acerque al significado, se beneficiará de este objetivo. Los estudiantes que son capaces de describir o explicar el significado de una palabra o frase con detalles del texto tienen un buen nivel de comprensión. Vea las rúbricas de ejemplo para el nivel O (Figuras 11.A y 11.B); otras rúbricas específicas de cada nivel se encuentran en la serie *Complete Comprehension* (Serravallo 2019a, 2019b). Tenga en cuenta que la profundidad de las respuestas del estudiante variará en función del nivel del texto y la complejidad de las palabras, así como la cantidad de apoyo contextual dado.

	Excepcional	Competente	En desarrollo
¿Qué quiere decir el autor sobre el saraguato, cuando escribe que "sus aullidos inundaron la selva para asustar al intruso"? (de *Arca de valores*, Rebeca Orozco 2013; nivel O)	Cuando el saraguato ve al jaguar acercarse, chilla tan fuerte como puede para asustarlo y avisar a su grupo del peligro. *(Sintetiza el contexto general para explicar el significado de la palabra o frase).*	Hace un sonido tan fuerte con su voz que no se oye otro sonido más que el suyo. *(Usa el contexto para definir de manera precisa la palabra o frase).*	Hace mucho ruido en la selva. *(Demuestra un entendimiento parcial; tal vez use lenguaje del texto).*

Figura 11.A Rúbrica para evaluar las respuestas a las preguntas sobre el vocabulario y el lenguaje figurado en libros de ficción (*Complete Comprehension: Fiction* [Serravallo 2019a])

	Excepcional	Competente	En desarrollo
Explica qué son los pulmones. (de *Tu cuerpo del 1 al 10,* Carla Baredes e Ileana Lotersztain *2012*)	Los pulmones nos ayudan a tomar el aire que necesitamos para vivir. A través de los pulmones tomamos el aire que necesita nuestra sangre, y luego lo volvemos a sacar. *(Demuestra una comprensión profunda del término usando información de varias partes del texto; explica o describe el significado).*	Es el órgano que hace que las personas podamos respirar. *(Da una definición precisa y certera usando información de una sola parte del texto).*	Es el órgano que tiene aire. *(Demuestra una comprensión parcial o usa lenguaje tomado directamente del texto).*

Figura 11.B Rúbrica para evaluar las respuestas a las preguntas sobre el vocabulario y el lenguaje figurado en libros de no ficción (*Complete Comprehension: Nonfiction* [Serravallo 2019b])

Vistazo a las estrategias para entender el vocabulario y el lenguaje figurado

Estrategia	Niveles de texto	Géneros/ Tipos de texto	Destrezas
11.1 Deja de usar las mismas palabras	E–Z+	Todos	Elección de palabras, inferir, usar las palabras en un contexto apropiado
11.2 Los modismos	E–Z+	Todos	Reconocimiento de palabras, inferir
11.3 Elige un sinónimo	H–Z+	Todos	Activar los conocimientos previos, verificar la comprensión
11.4 Palabras que enlazan ideas	J–Z+	Todos	Inferir, sintetizar
11.5 Palabras con varios significados	J–Z+	Todos	Verificar la comprensión, inferir
11.6 ¡Las características del texto te ayudan!	J–Z+	No ficción	Sintetizar, inferir, verificar la comprensión
11.7 Imagínalo	J–Z+	Ficción, poesía, narración de no ficción	Inferir, visualizar
11.8 Pistas en la palabra: Prefijos y sufijos	K–Z+	Todos	Entender cómo funcionan las palabras
11.9 Sé fiel a la historia	K–Z+	Ficción	Inferir, verificar la comprensión
11.10 Usa los elementos gramaticales como pistas	L–Z+	Todos	Inferir
11.11 Infiere para determinar el significado	L–Z+	Todos	Inferir
11.12 El tono nos da pistas sobre el significado	L–Z+	Ficción (mayormente)	Inferir
11.13 Acentos que cambian el significado de las palabras	M–Z+	Todos	Entender cómo funcionan las palabras, reconocimiento de palabras
11.14 Usa la palabra adecuada para describir los rasgos de personalidad	M–Z+	Ficción (mayormente)	Inferir
11.15 Conoce la palabra y luego úsala	M–Z+	Todos	Usar las palabras en un contexto apropiado, elección de palabras
11.16 Contexto + pistas = claridad	M–Z+	Todos	Inferir, sintetizar
11.17 Sé consciente de las palabras	M–Z+	Todos	Verificar la comprensión
11.18 Combinación especial de palabras	M–Z+	Poesía, ficción (mayormente)	Inferir
11.19 Ayúdate de los cognados	M–Z+	Todos	Inferir
11.20 No te dejes engañar por los falsos cognados	M–Z+	Todos	Verificar la comprensión
11.21 ¡Está en la misma oración!	M–Z+	No ficción (mayormente)	Sintetizar
11.22 Consulta, elige y explica	O–Z+	Todos	Usar referencias, inferir según el contexto
11.23 Busca semejanzas (y diferencias) entre grupos	P–Z+	Todos	Inferir
11.24 Lee de forma escalonada	P–Z+	No ficción (mayormente)	Sintetizar, inferir
11.25 Presta atención a la elección de palabras	R–Z+	Ficción, poesía	Inferir
11.26 Identifica la raíz de la palabra	R–Z+	Todos	Entender cómo funcionan las palabras, inferir

11.1 Deja de usar las mismas palabras

¿Para quién es?

NIVELES DE TEXTO

E–Z+

GÉNEROS /
TIPOS DE TEXTO

todos

DESTREZAS

elección de palabras, inferir, usar las palabras en un contexto apropiado

Estrategia Fíjate si estás usando las mismas palabras una y otra vez para describir a un personaje o tema, por ejemplo: *bonito, malo, algo* o *cosa*. Si notas eso, haz una pausa y pregúntate: "¿Qué estoy tratando de decir?". Revisa tu lenguaje para usar palabras más específicas.

Sugerencia para el maestro Conectar la lectura y la escritura ayudará a los estudiantes a practicar la misma forma de pensar en diferentes contextos a lo largo del día. Para obtener ideas sobre cómo aplicar esta estrategia a la escritura, consulte el libro *The Revision Toolbox* de Georgia Heard (2014).

Ejemplo de enseñanza *Al hablar sobre los personajes, los temas y las ideas de los libros que leemos, es importante prestar atención al lenguaje y usar las palabras adecuadas. Si notas que estás usando una palabra imprecisa, es decir, que no describe exactamente lo que quieres decir —como* bonito, malo, algo *o* cosa—, *haz una pausa y pregúntate: "¿Qué es exactamente lo que quiero decir?". Trata de responder a esta pregunta y elige una palabra más precisa.*

Consejos

- ¿Qué palabra vas a usar?
- Pensemos en otras palabras hasta encontrar la que más se acerque a lo que estás tratando de decir.
- Piensa en los rasgos de personalidad del personaje. ¿Qué palabras podrían describirlo mejor?

A ver... ¿Estoy siendo lo más **preciso** posible?

Usaré la palabra exacta y precisa que encaje con el personaje en esa parte del cuento. Me pregunto:
→ ¿Cuál es el patrón de comportamiento de mi personaje?
→ ¿Qué pistas me da el autor mediante los gestos o el tono de voz?
→ ¿Cómo están reaccionando los personajes secundarios?

Usaré los rasgos de personalidad más precisos para plantear una teoría.
Me pregunto:
→ ¿POR QUÉ es así el personaje?
→ ¿Qué le pasó en su vida que lo ha hecho ser de este modo?
→ ¿Quién lo ha herido o ayudado a lo largo de su vida?

¡Me quito el sombrero!
(lectura recomendada):
No More "Look Up the List" Vocabulary Instruction (Cobb y Blachowicz 2014)

Estrategia Los autores a veces usan modismos, es decir, expresiones informales propias de un país o de una cultura en particular. Si no conoces un modismo, no trates de determinar su significado literalmente, es decir, palabra por palabra. En cambio, fíjate en el contexto para pensar en qué quiere decir. Pregúntate: "¿Cómo usó el autor esta expresión? ¿Qué otra expresión podría usar sin que cambie el sentido de la oración?".

Ejemplo de enseñanza *Los modismos son uno de los mayores retos de leer en español, ya que es un idioma que se habla en muchos países, y cada país tiene sus propias expresiones. Por ejemplo, es probable que más de una vez hayas oído la expresión* ¡Qué padre!, *que significa "qué bueno" y es muy común en México. Sin embargo, no todos los países de habla hispana lo dicen del mismo modo. En Argentina dicen* ¡Qué bárbaro!, *en Venezuela y Colombia dicen* ¡Chévere!, *en Chile suelen decir* ¡Regio! *y en España es muy común decir* ¡Estupendo! *Cuando leas y encuentres un modismo, ayúdate del contexto para determinar su significado. Por ejemplo, al leer* Estrella en el bosque *(Resau 2016), me encuentro con este diálogo:*

> —En el verano recogerá hongos. Hay unos muy buenos allá en el bosque. Es como buscar tesoros. Son rarísimos y valiosos —dije, y era verdad. Si vendías los hongos en el mercado podías ganar mucho dinero. Pero nosotros nunca los vendíamos. Los asábamos, los comíamos y nos sentíamos como reyes.
> —Qué padre.

Si no conociera la expresión "qué padre", *podría usar el contexto para ayudarme a inferir su significado. Creo que podría significar* qué bueno, *ya que, si sustituyo la expresión por esta, la frase seguiría teniendo el mismo sentido. Aunque no conozca una expresión, fijarme en el contexto y pensar en una expresión que sí conozco me puede ayudar a determinar su significado.*

Consejos

- ¿Qué está pasando en el cuento?
- ¿Qué está tratando de decir el personaje?
- ¿Qué connotación tiene la frase? ¿Negativa o positiva?
- ¿Qué otro modismo podrías usar aquí?
- Si sustituyes la expresión por otro modismo, ¿cambia el sentido de la frase?
- ¿Qué crees que significa esta expresión?

¿Para quién es?

NIVELES DE TEXTO
E–Z+

GÉNEROS /
TIPOS DE TEXTO
todos

DESTREZAS
reconocimiento de palabras, inferir

11.3 Elige un sinónimo

NIVELES DE TEXTO

H–Z+

GÉNEROS /
TIPOS DE TEXTO

todos

DESTREZAS

**activar los
conocimientos
previos, verificar
la comprensión**

Estrategia Cuando veas una palabra desconocida, cámbiala por otra que creas que podría funcionar en la oración y en el contexto. Sigue leyendo para ver si tiene sentido.

Ejemplo de enseñanza *Cuando estaba leyendo el libro* El violín de Ada *(Hood 2016), me encontré con este párrafo: "A Abuela le encantaba cantar canciones de rock de los años sesenta. Así, las dos hermanas crecieron escuchando las melodías de los Beatles, Simon y Garfunkel, y Creedence Clearwater Revival". No sé muy bien qué significa la palabra* melodía, *así que voy a tratar de buscar un sinónimo. Según lo que leí en este párrafo,* melodía *tiene que ver con las canciones de las bandas de música, así que creo que puedo reemplazarla por otra similar:* música. *Vamos a ver si la oración sigue teniendo sentido: "Así, las dos hermanas crecieron escuchando la música de los Beatles, Simon y Garfunkel, y Creedence Clearwater Revival". ¡Sí, tiene sentido! Elegí un sinónimo adecuado.*

Consejos

- ¿Qué está pasando en el cuento? ¿Qué puede significar esta palabra?
- Elige otra palabra. ¿Tiene sentido?
- Cambia la palabra por otra que creas que tiene un significado similar.
- ¿La frase sigue teniendo el mismo significado?
- ¿Qué otra palabra podría haber elegido el autor?
- Di una palabra que conozcas. Sigue leyendo.

Estrategia Fíjate en las palabras que enlazan o unen ideas, tales como *y* o *pero*. Pregúntate: "¿Esta palabra se usa para enlazar ideas que significan lo mismo o algo diferente?".

Sugerencia para el maestro Esta estrategia tiene un lenguaje lo suficientemente sencillo como para que la practiquen estudiantes de primer grado que estén leyendo un libro del nivel J. A medida que los textos se vuelven más complejos, las "palabras que enlazan", o conjunciones, también se complican. Para adaptar esta estrategia a distintos niveles, dé ejemplos adecuados y proporcione una tabla que ayude a los estudiantes a entender el significado de esas palabras. Para darle un giro a esta estrategia, vea la estrategia de la página 324 "Busca semejanzas (y diferencias) entre grupos" de este mismo objetivo.

Consejos

- ¿Ves alguna palabra que enlaza ideas en esta oración?
- ¿Hay otras palabras en la misma oración que puedan significar lo mismo que esta palabra?
- Ya que la palabra que enlaza es _____, debes pensar que esta palabra significa algo diferente (o similar) al resto de la oración.
- El autor te dio una pista sobre esta palabra en la misma oración. Fíjate en las palabras que enlazan.

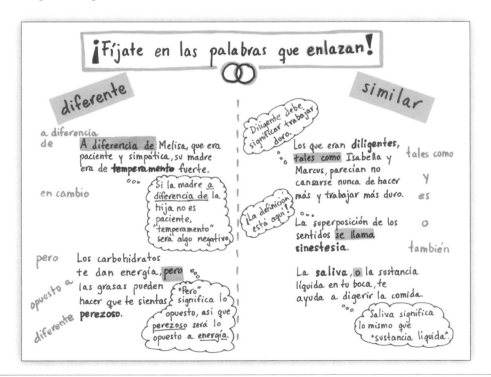

¿Para quién es?

NIVELES DE TEXTO
J–Z+

GÉNEROS / TIPOS DE TEXTO
todos

DESTREZAS
inferir, sintetizar

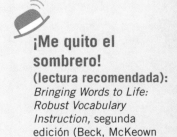

¡Me quito el sombrero!
(lectura recomendada):
Bringing Words to Life: Robust Vocabulary Instruction, segunda edición (Beck, McKeown y Kucan 2013)

¿Para quién es?

NIVELES DE TEXTO
J–Z+

GÉNEROS /
TIPOS DE TEXTO
todos

DESTREZAS
**verificar
la comprensión,
inferir**

Estrategia Cuando una palabra no tiene sentido en cierto contexto, es posible que se trate de una palabra con varios significados. Piensa en el contexto antes y después. Piensa en cómo se está usando la palabra. Elige una definición que tenga sentido según el contexto en el que encontraste la palabra.

Ejemplo de enseñanza *Una misma palabra puede tener diferentes significados según cómo, cuándo y dónde se use. Por ejemplo,* mango, *como sabes, es una fruta. Pero en otro contexto, la palabra* mango *significa la parte por la que se agarra un objeto, como por ejemplo, el mango de una sartén o el mango de una sombrilla. Cuando veas que una palabra se usa en un sentido que no conoces, considera que esa palabra es nueva para ti (aunque conozcas uno de sus significados). Para determinar su significado, usa alguna de las estrategias que has aprendido, como pensar en el contexto, pensar en cuál es la función de la palabra o incluso pensar en palabras que suenen parecido en otros idiomas.*

Consejos

- ¿Cómo se está usando la palabra?
- ¿Qué significado conoces de esta palabra?
- ¿Cómo sabes que ese no es el significado correcto en este caso?
- ¿Qué otro significado podría tener?
- Ese es un significado de la palabra, ¿pero tiene sentido aquí?
- ¿Qué otra estrategia podrías usar para averiguar el significado?

¡Una palabra puede tener más de un significado!

El mango es una fruta muy dulce.

¡Agarra esa sartén por el mango!

Estrategia Cuando veas una palabra desconocida, busca pistas en las características del texto que aparecen a lo largo del libro (por ejemplo, el glosario). Busca información que te enseñe algo sobre la palabra. Lee el texto que aparece cerca de esa palabra. Vuelve a la oración y trata de usar la definición de la palabra según el contexto.

Ejemplo de enseñanza *Cuando estás leyendo sobre un nuevo tema, seguro verás nuevas palabras que son propias de ese tema. En muchos casos, el autor te ayuda a entender el significado de estas palabras mediante las características del texto que aparecen en esa misma página o sección, o incluso en el glosario (si la palabra está en negrita). Verifica estas claves que el autor utilizó y también las oraciones alrededor de la oración que contiene la palabra. Luego, puedes volver al lugar donde aparece la palabra para ver si la definición tiene sentido en esa oración. Por ejemplo, en el libro* Por qué se extinguen las plantas *(Lundgren 2014), la palabra* hábitat *está en negrita, lo que te indica que encontrarás su definición en el glosario. También verás que las fotografías muestran diferentes paisajes y climas, lo que te hará pensar: "Puede que tenga algo que ver con el lugar donde viven las plantas". Luego, tendrás que volver al lugar donde encontraste la palabra y ver si las características del texto te ayudaron a comprender su significado en la oración.*

Consejos

- ¿Hay alguna característica del texto que te ayude?
- Si miras la fotografía (o mapa o cuadro, etc.), ¿qué crees que podría significar la palabra?
- ¿La palabra está en negrita? Si es así, consulta el glosario.
- Busca características del texto tanto en la página como en toda la sección.
- Vuelve atrás y usa la definición en la oración.
- Usaste la imagen *y* el glosario; ¡creo que ahora entiendes la palabra!

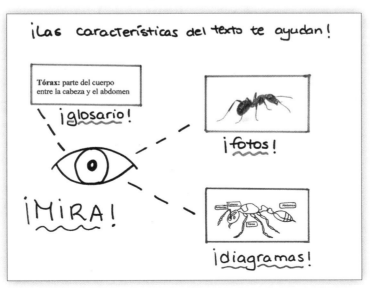

¿Para quién es?

NIVELES DE TEXTO
J–Z+

GÉNERO /
TIPO DE TEXTO
no ficción

DESTREZAS
**sintetizar, inferir, verificar
la comprensión**

¡Me quito el sombrero!
(lectura recomendada):
Complete Comprehension: Nonfiction (Serravallo 2019b)

¿Para quién es?

NIVELES DE TEXTO
J–Z+

GÉNEROS /
TIPOS DE TEXTO
**ficción, poesía,
narración de no ficción**

DESTREZAS
inferir, visualizar

**¡Me quito el
sombrero!**
(lectura recomendada):
*Reading with Meaning:
Teaching Comprehension
in the Primary Grades,*
segunda edición
(Miller 2012)

Estrategia Cuando creas que un autor está usando una frase de un modo figurado, y no literal, haz una pausa e imagina lo que significa cada palabra por separado, y luego qué significan las palabras juntas. Trata de determinar el significado de la frase teniendo en cuenta lo que está pasando en el resto del texto.

Ejemplo de enseñanza *Vamos a leer el libro* La vida útil de Pillo Polilla *(Mansour Manzur 2000). Elegí este libro porque tiene muchos ejemplos de lenguaje figurado. Eso significa que la autora no usa el sentido literal de las palabras, sino que les da un sentido figurado, y debemos tratar de determinar lo que trata de decir. Por ejemplo, en la página 37, uno de los personajes dice lo siguiente: "Dicen que en el mar uno encuentra respuesta a todas las preguntas". Si el personaje estuviera usando las palabras en un sentido literal, significaría que podemos preguntarle cualquier cosa al mar y que este nos contestará. Pero eso no es lo que la autora está tratando de decir. A lo que el personaje se refiere es que el mar es un lugar tan tranquilo y hermoso, que allí podemos pensar con claridad y encontrar respuesta a nuestras preocupaciones.*

Consejos

- ¿Qué ves en tu mente?
- Di lo que estás imaginando con esta palabra.
- Di lo que estás imaginando con esta frase.
- Puede que eso sea lo que signifique. Explica si tiene sentido con el resto del cuento (o poema o texto).
- Veo que lo has imaginado para darte cuenta de que no tiene un sentido literal. ¿Qué crees que está tratando de decir el autor (o la autora)?

Estrategia Algunas palabras de varias sílabas tienen diferentes partes: la raíz, el prefijo y el sufijo. Si sabes qué significa cada parte, puedes determinar el significado de la palabra. Separa las partes de la palabra, piensa en qué significa cada parte y luego vuelve a construir la palabra.

Sugerencia para el maestro Cree una tabla de familias de palabras que los estudiantes puedan consultar al ver palabras desconocidas. Cuando lea en voz alta o esté dando una lección y se encuentre con palabras largas y complejas formadas por diferentes partes, trate de pensar en voz alta para guiar a los estudiantes en el proceso de determinar el significado de la palabra. El primer paso de esta estrategia es determinar el significado de cada parte que forma la palabra. El segundo paso es separar las partes y luego volver a construir la palabra. Puede modificar esta estrategia según el nivel de lectura o nivel de grado del estudiante. Elija los prefijos o sufijos que es probable que los estudiantes encuentren en los textos de su nivel.

Familia	Prefijo	Ejemplos	Significado
Cantidad	bi-	bilingüe bicicleta	que habla dos lenguas vehículo de dos ruedas
	mono-	monosílabo	que tiene una sola sílaba
	tri-	triciclo trimestre	vehículo de tres ruedas periodo de tiempo de tres meses
	micro- o mini-	microbús minifalda	autobús de tamaño pequeño falda muy corta
	sobre-	sobrepeso sobrepasar	que pesa más de lo que debería que va más allá del límite
	super-	supermercado superpoblación	mercado muy grande exceso de población
	vice-	vicepresidente	segunda persona con más poder, después del presidente

Consejos

- ¿Qué parte ves?
- ¿Qué significa esta parte?
- Júntala con el resto de la palabra. ¿Qué significa la palabra completa?
- Ya conoces esa parte.
- Mira la tabla.
- ¿Qué otras palabras conoces con este mismo prefijo (o sufijo)?

¿Para quién es?

NIVELES DE TEXTO
K–Z+

GÉNEROS /
TIPOS DE TEXTO
todos

DESTREZA
**entender cómo
funcionan las palabras**

¡Me quito el sombrero!
(lectura recomendada):
*Gramática del español
como lengua extranjera,
nivel A* (Díaz y Yagüe
2015)

11.9 Sé fiel a la historia

¿Para quién es?

NIVELES DE TEXTO
K–Z+

GÉNERO / TIPO DE TEXTO
ficción

DESTREZAS
inferir, verificar
la comprensión

Estrategia Piensa en lo que está pasando y luego define la palabra. Usa el contexto de la historia para explicar por qué esa es una definición adecuada. Evita inventar un escenario que no existe para tratar de explicar la definición.

Ejemplo de enseñanza *Es importante que no inventes detalles para explicar o defender la definición de una palabra o frase que no conoces. En lugar de eso, intenta prestar atención a lo que realmente está pasando. Por ejemplo, imagina que te encuentras con la siguiente oración del libro* Una serie de catastróficas desdichas: Un mal principio *(Snicket 2017):*

> "Así pues, a menos que hayan sido muy, muy afortunados, sabrán que una buena y larga sesión de llanto a menudo puede hacerles sentir mejor, aunque sus circunstancias no hayan cambiado lo más mínimo".

Podrías decir: "Creo que la palabra circunstancias *significa* amigos, *porque los amigos pueden hacerte llorar si son malos contigo y tendrían que cambiar para que te sientas mejor". Pero en la historia ningún amigo hizo llorar al otro. Este es un ejemplo de cómo inventar detalles para justificar una definición. El significado podría encajar en la oración, pero no encaja con el contexto de la historia, así que esta definición no nos sirve. Lo que realmente está pasando es que los hermanos se encuentran en una situación terrible y todo les sale mal. Así que creo que una buena definición de la palabra que tendría sentido con lo que está pasando en la historia sería "sus experiencias" o "su entorno" o "su situación".*

Consejos

- Piensa en todo el contexto, no solo en la oración.
- Explica por qué crees que ese es el significado.
- ¿La forma en que lo explicaste encaja con los detalles de la historia?
- Dijiste que _____. ¿Pasó esto realmente en la historia o estás diciendo que *tal vez* haya pasado?
- Veo que has pensando en lo que estaba pasando en la historia para determinar el significado de la palabra.

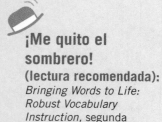

¡Me quito el sombrero!
(lectura recomendada):
Bringing Words to Life: Robust Vocabulary Instruction, segunda edición (Beck, McKeown y Kucan 2013)

Estrategia Cuando veas una palabra desconocida, piensa qué función tiene en la oración. ¿Para qué sirve? ¿Es un sustantivo, verbo, adjetivo o adverbio? Usa lo que sabes sobre las distintas funciones de las palabras para determinar su significado.

Sugerencia para el maestro Comprender los elementos gramaticales puede ayudar a los estudiantes a leer y comprender la palabra. En el Objetivo 3 encontrará una estrategia similar titulada "Determina lo que 'suena bien'" (página 104).

Consejos

- ¿Qué función crees que tiene esta palabra en esta oración?
- Piensa en el tipo de palabra que viene después (o antes). ¿Te ayuda a entender la función de la palabra?
- ¿Qué elemento gramatical es esa palabra?
- ¿Es una persona, un lugar o una cosa?
- ¿Es una acción?
- ¿Es una palabra descriptiva?
- Ahora que sabes la función de la palabra, ¿qué crees que significa?

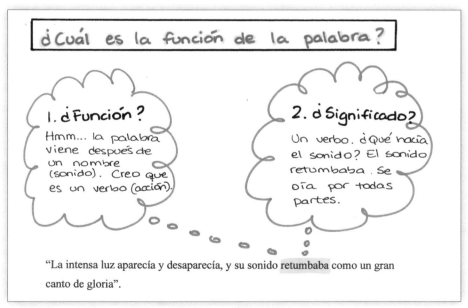

¿Cuál es la función de la palabra?

1. ¿Función?
Hmm... la palabra viene después de un nombre (sonido). Creo que es un verbo (acción).

2. ¿Significado?
Un verbo. ¿Qué hacía el sonido? El sonido retumbaba. Se oía por todas partes.

"La intensa luz aparecía y desaparecía, y su sonido retumbaba como un gran canto de gloria".

Texto de *Las gallinas no vuelan* (León Calixto 2016)

¿Para quién es?

NIVELES DE TEXTO
L–Z+

GÉNEROS / TIPOS DE TEXTO
todos

DESTREZA
inferir

¿Para quién es?

NIVELES DE TEXTO
L–Z+

GÉNEROS / TIPOS DE TEXTO
todos

DESTREZA
inferir

¡Me quito el sombrero!
(lectura recomendada): *Strategies that Work: Teaching Comprehension for Understanding and Engagement,* segunda edición (Harvey y Goudvis 2007)

Estrategia Cuando veas una palabra desconocida, para. Busca pistas en el texto o en las imágenes que te ayuden a determinar su significado. Piensa en cómo se relaciona esa palabra con el título o con lo que está pasando en el texto, y qué tipo de palabra es (si es positiva o negativa). ¡Junta toda esta información para inferir el significado!

Sugerencia para el maestro El lenguaje de esta estrategia es similar al de otras estrategias de este objetivo (como la estrategia 11.12, en la que se usa el tono del texto para determinar el significado de palabras desconocidas). El fin de esta lección es enseñar a los lectores a perseverar ya que algunas veces tendrán que aplicar varias estrategias para determinar el significado de una palabra. En ocasiones es útil mostrarles a los estudiantes una estrategia alternativa, independientemente del objetivo en el que estén trabajando. De este modo los animará a usar otra estrategia si la primera no funciona.

Consejos

- Cuando encuentres una palabra que no conoces, haz una pausa.
- Dijiste que conocías todas las palabras… ¿qué pasó con esta?
- Mira la imagen. ¿Qué podría significar?
- Vuelve a leer lo de antes. ¿Te ayuda?
- Sigue leyendo lo que viene después de la palabra. ¿Sabes lo que significa ahora?
- Di lo que crees que significan las pistas.
- Sí, creo que el significado tiene sentido con las pistas que encontraste.

Estrategia Piensa en cuál es el tono o ambiente emocional que transmite la oración o párrafo. ¿Es un tono positivo o negativo? Según el tono general, ¿qué otra frase o palabra encajaría en la oración? Trata de explicar o definir la palabra, siempre teniendo en cuenta el contexto.

Ejemplo de enseñanza *Cuando leímos en clase* Silvestre y la piedrecita mágica *(Steig 1990), nos dimos cuenta de que el autor usa un lenguaje muy rico y que, para entender el cuento, debemos hacer pausas y determinar el significado de las palabras desconocidas. Por ejemplo, a mitad del cuento, los padres lloran porque extrañan a su hijo. Vemos una palabra difícil en esta oración: "Estaban desconsolados, la vida ya no tenía significado alguno para ellos". El tono en esta escena es negativo y triste, y el significado de las palabras se conecta con ese tono. Desconsolado significa dolorido o muy triste. Más adelante en el cuento, cuando Silvestre vuelve a ser un burro y su familia está feliz, leemos la siguiente oración: "Pueden imaginarse lo que sucedió después… ¡los abrazos, los besos, las preguntas, las explicaciones, las miradas tiernas y amorosas, las lágrimas y las exclamaciones de afecto!". Aquí los personajes están tan contentos y se quieren tanto que "exclamaciones de afecto" debe significar modos de mostrar amor.*

Consejos

- ¿Qué palabras estás tratando de descifrar?
- ¿En qué palabra te estás enfocando?
- ¿Qué crees que significa?
- ¿Puedes explicar por qué?
- ¿Cuál es el tono del texto?
- Di qué sentimientos notas aquí.
- Explícame eso.
- Eso es lo que está pasando. ¿Cuál es el tono?
- Eso es lo que dice el texto. ¿Cuál es la definición?
- Muy buena explicación. Diste un par de ejemplos que demostraron que entendiste bien el significado.
- Te fijaste en las palabras para determinar el tono del texto.

¿Para quién es?

NIVELES DE TEXTO

M–Z+

GÉNEROS / TIPOS DE TEXTO

todos

DESTREZAS

entender cómo funcionan las palabras, reconocimiento de palabras

Estrategia Es posible que al leer te encuentres una palabra que se escribe igual que una que conoces, pero con un acento o tilde. Ese acento puede cambiar el significado de la palabra. Para comprender bien su significado, usa el contexto.

Sugerencia para el maestro Esta estrategia se enfoca específicamente en palabras que cambian de significado al llevar acento. Para darle un giro a la lección, podría enfocarse en cómo cambia la función de las palabras de una o dos sílabas al llevar acento (por ejemplo, mi/mí, el/él, de/dé, esta/está), o cómo se usa el acento para cambiar el tiempo verbal (por ejemplo, paso/pasó, hablo/habló).

Ejemplo de enseñanza *Seguramente te has encontrado con dos palabras que se escriben igual, pero una tiene acento escrito y la otra no. Esa pequeña diferencia, aparte de cambiar el modo en que debes pronunciar la palabra, puede hacer que cambie completamente el significado. Por ejemplo, la palabra* barrio, *sin acento, es un sustantivo y significa un sector de una ciudad o de un pueblo. Esa misma palabra con acento,* barrió, *es un verbo que se refiere a la acción de limpiar el suelo con una escoba. Si te confundes al ver una palabra que ya conocías pero que lleva acento, lo primero que debes hacer es leerla en voz alta, haciendo énfasis en la sílaba que tiene el acento. Al oírla, ¡quizá sepas su significado de inmediato! Si aún no puedes determinar su significado, piensa en el contexto en el que aparece la palabra o usa otra de las estrategias que has aprendido.*

Consejos
- ¿Tiene acento esta palabra? Léela en voz alta.
- ¿Qué significa según el contexto?
- Fíjate en la oración completa.
- Usa el contexto para pensar en lo que puede significar la palabra.

¡Un acento cambia el significado!

Sin acento	Ejemplo	Con acento	Ejemplo
papa	Me gusta la **papa** asada.	papá	Mi **papá** es maestro.
jugo	Estoy tomando **jugo** de manzana.	jugó	El equipo **jugó** un partido muy interesante.
sabana	Los leones viven en la **sabana**.	sábana	Ponle una **sábana** limpia a la cama.
practico	Los martes **practico** tenis.	práctico	El teléfono es un invento muy **práctico**.
publico	Este mes **publico** mi primera novela.	público	El **público** está contento.

Estrategia Decide primero si la palabra describe algo negativo o positivo. Luego, piensa en otras palabras que tengan un significado similar. Clasifica la palabra en una categoría junto con otros sinónimos. Piensa (y comenta con otros) qué similitudes y qué diferencias sutiles hay entre las palabras de una misma categoría.

Sugerencia para el maestro La investigación demuestra que los niños necesitan usar las palabras para aprenderlas (Cobb y Blachowicz 2014). Cuando sus estudiantes estén analizando o haciendo inferencias sobre un personaje, ayúdelos no solo a pensar en cómo es el personaje, sino a usar las palabras apropiadas para describirlo. Eso les ayudará a enriquecer su vocabulario. Para usar esta estrategia, piense en palabras apropiadas que describan los rasgos o sentimientos del personaje que están analizando, y escríbalas en tiras de papel. Pida a los estudiantes que trabajen en grupos para clasificar las palabras, fijándose en si tienen una connotación positiva o negativa. Luego, pídales que hagan una tabla para clasificar las palabras por categorías (por ejemplo, "bueno", "malo", etc.). Esta misma tabla les podrá servir de referencia cuando tengan que hacer inferencias de los personajes. Esta estrategia y los consejos tienen como fin ayudar a los niños a entender y clasificar las palabras. Puede usar otras estrategias para que los niños practiquen con esta tabla, como la primera estrategia de este objetivo ("Deja de usar las mismas palabras") o algunas del Objetivo 6, como "Actúa como el personaje para entenderlo mejor" (página 174) o "Las interacciones nos ayudan a hacer inferencias" (página 181), que enseñan a los estudiantes palabras para describir los rasgos de personalidad de los personajes.

Consejos

- ¿Es una característica o rasgo de personalidad positivo o negativo?
- ¿Sabes alguna palabra que signifique algo similar?
- ¿Qué tipo de palabra es?

¿Para quién es?

NIVELES DE TEXTO
M–Z+

GÉNERO /
TIPO DE TEXTO
ficción (mayormente)

DESTREZA
inferir

Rasgos de personalidad

MALO	BUENO	VALIENTE	DIVERTIDO
Villano	Dulce	Fuerte	ALEGRE
CRUEL	GENEROSO	GRANDE	ACTIVO

¿Para quién es?

NIVELES DE TEXTO
M–Z+

GÉNEROS / TIPOS DE TEXTO
todos

DESTREZAS
usar las palabras en un contexto apropiado, elección de palabras

Estrategia Elige una palabra del texto que quieras aprender. Trata de determinar el significado de la palabra por el contexto y/o busca el significado en otra fuente. Escribe la palabra en algún lugar, por ejemplo, en tu cuaderno de lectura. Trata de usar esa palabra al escribir o al hablar con tu compañero o en el club de lectura.

Ejemplo de enseñanza *Aprender una palabra es más que tratar de averiguar su significado y seguir leyendo. Si quieres aprender una palabra, debes leerla, entenderla y tratar de usarla al hablar y al escribir. Al ver una palabra por primera vez, quizá sepas más o menos lo que significa. Si buscas su significado, la entenderás aún mejor. Pero solo hasta que uses esa palabra al hablar o al escribir, llegará a ser parte de tu vocabulario.*

Consejos
- Piensa en cómo se usa la palabra en el libro que estás leyendo. ¿Cómo la usarías al hablar o escribir?
- Vuelve a leer la definición. Recuerda el significado. Trata de usarla.
- Trata de usarla en una oración.
- ¿Qué palabra tiene sentido con el tema o con lo que estás tratando de decir o escribir?

Makayla	el 8 de mayo
palabra	significado
anifibios	Vertebrados de sangre fria
carnrvoros	animales que comen carne
depredadores	animales que cazan a otros animales
especie	grupo de animales
herbívoros	animales que no comen carne, comen plantas

¡Me quito el sombrero!
(lectura recomendada):
No More "Look Up the List" Vocabulary Instruction (Cobb y Blachowicz 2014)

Estrategia Haz una pausa y piensa en lo que está pasando. Pregúntate: "¿Cómo se usa la palabra?". Anota todas las pistas que tengas que se relacionen con la palabra. Piensa: "¿Qué podría significar?".

Ejemplo de enseñanza *A veces, una palabra no tiene sentido a primera vista. Si esto te pasa, puedes usar cuatro pasos para determinar su significado. Por ejemplo, si comienzas a leer el libro* Mango, Abuela y yo *(Medina 2016), encontrarás la palabra* zigzagueantes. *Para determinar su significado, primero deberás preguntarte qué está pasando en el cuento: "Ella llega en invierno, dejando atrás su casa soleada que descansa entre dos ríos zigzagueantes". La narradora está describiendo el paisaje de una casa y usa esta palabra para describir los ríos que la rodean. El libro tiene una imagen que claramente muestra cómo son los ríos que rodean la casa. Luego deberás preguntarte cómo se usa esta palabra y pensarás que se esta usando para describir los ríos. Luego deberás pensar en los detalles que sabes sobre los ríos que rodean la casa: que no van en línea recta. Gracias a estas pistas, puedes inferir que la palabra* zigzagueantes *significa que los ríos no se mueven en línea recta, sino que van de un lado a otro y rodean los costados de la casa.*

Consejos

- ¿Qué está pasando en el cuento en este momento?
- ¿Qué has aprendido hasta ahora en el texto?
- De todo lo que me dijiste, ¿qué te da una pista del significado?
- ¿Qué detalles del texto se relacionan con esta palabra?
- ¿Cómo se usa la palabra?
- Trata de dar una definición.

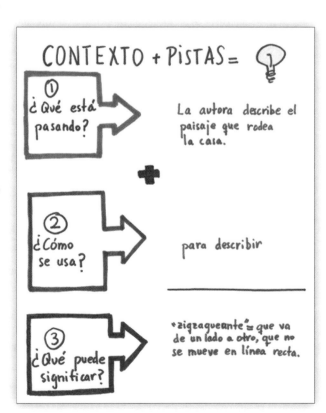

¿Para quién es?

NIVELES DE TEXTO
M–Z+

GÉNEROS /
TIPOS DE TEXTO
todos

DESTREZAS
inferir, sintetizar

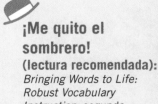

¡Me quito el sombrero!
(lectura recomendada):
Bringing Words to Life: Robust Vocabulary Instruction, segunda edición (Beck, McKeown y Kucan 2013)

¿Para quién es?

NIVELES DE TEXTO

M–Z+

GÉNEROS /
TIPOS DE TEXTO

todos

DESTREZA

**verificar
la comprensión**

Estrategia Asegúrate de entender bien las palabras que lees. Pregúntate: "¿Conozco esta palabra?". "¿Entiendo el modo en que se usa?". Si tu respuesta es "no", usa una o varias estrategias para determinar el significado de la palabra.

Ejemplo de enseñanza *Antes de usar una estrategia para determinar el significado de una palabra, debes preguntarte qué sabes y qué no sabes. Los buenos lectores son conscientes de las palabras, es decir, prestan atención a las palabras mientras leen. Saben si conocen una palabra y qué significado tiene en el contexto. A veces reconocerás una palabra de inmediato, pero el modo en que se usa en la oración no es el mismo que tú conocías. Otras veces, te encontrarás con una palabra que nunca habías visto. En los dos casos, es importante que te detengas y te preguntes: "¿Conozco esta palabra?", "¿Entiendo el modo en que se usa?". Siempre que encuentres una palabra que no conoces o que se use de un modo que no conoces, es importante que hagas una pausa y uses una estrategia para determinar su significado.*

Consejos

- ¿Qué estrategia usarás aquí?
- ¿Crees que estás leyendo demasiado rápido para detectar las palabras que no conoces?
- ¿Dices que conoces todas estas palabras? Di qué significa esta.
- Piensa en cómo se está usando la palabra. ¿Conoces la palabra en este contexto?
- Te diste cuenta de que no conocías esta palabra. ¡Ese es el primer paso!
- Ahora que viste que esta palabra se puede usar de otras formas, además de las que ya conocías, ¿qué vas a hacer?

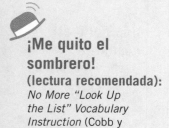

¡Me quito el sombrero!
(lectura recomendada):
No More "Look Up the List" Vocabulary Instruction (Cobb y Blachowicz 2014)

Estrategia A veces, una palabra no es complicada por sí misma, pero sí lo es cuando se combina con otras palabras en una frase u oración para transmitir un sentido especial. Usa la tabla como recurso. Pregúntate: "¿Qué sentido tiene esta frase u oración? ¿Cómo se combinan las palabras para darle ese sentido?".

Sugerencia para el maestro La siguiente tabla es una muestra de una tabla de figuras literarias que podría crear con los niños. Naturalmente, si los niños dan sus propios ejemplos, la tabla tendrá mucho más sentido para ellos y la consultarán más a menudo.

Figura literaria	¿Qué es?	Ejemplos
Oxímoron	unir dos palabras que tienen significados diferentes u opuestos	el sonido del silencio fuego helado
Ironía	decir lo contrario de lo que se quiere dar a entender	Soy tan inteligente que no entiendo nada de lo que me dices.
Metáfora	identificar un término real con otro imaginario	El tiempo es oro.
Hipérbole	exageración	He estado esperándote una eternidad.
Aliteración	repetir uno o varios sonidos dentro de una oración	Tres tristes tigres comían trigo en un trigal.

Otros tipos de relaciones entre palabras por definir: sinónimo, antónimo, homónimo, homófono, homógrafo, denotación, connotación, símil, jerga, onomatopeya, sustantivo colectivo, antítesis, acertijo, juego de palabras.

Consejos
- Piensa en las palabras como un grupo.
- ¿Cómo se usan las palabras juntas?
- ¿Qué significa cada una de ellas por separado? ¿Qué podrían significar juntas?
- Mira la tabla. ¿Qué tipo de frase o de oración es?
- En lugar de interpretarla literalmente, piensa en qué otras cosas podría estar tratando de decir el autor o la autora.

¿Para quién es?

NIVELES DE TEXTO

M–Z+

GÉNEROS / TIPOS DE TEXTO

poesía, ficción (mayormente)

DESTREZA

inferir

¡Me quito el sombrero!
(lectura recomendada):
No More "Look Up the List" Vocabulary Instruction (Cobb y Blachowicz 2014)

¿Para quién es?

NIVELES DE TEXTO
M–Z+

GÉNEROS / TIPOS DE TEXTO
todos

DESTREZA
inferir

Estrategia Muchas palabras en español son parecidas a palabras en inglés, así que saber inglés te puede ayudar a determinar el significado de algunas palabras difíciles en español. Piensa si la palabra en español se parece a una palabra en inglés que conoces. Piensa en qué significa la palabra en inglés y si un significado similar tendría sentido en el contexto en que aparece la palabra en español.

Sugerencia para el maestro Reconocer los cognados puede ayudar a los estudiantes a desarrollar aún más su vocabulario y a reforzar la idea de que el bilingüismo es un valioso recurso. Podría enseñarla en combinación con la próxima estrategia, "No te dejes engañar por los falsos cognados".

Consejos
* ¿Se te ocurre alguna palabra que suene como esta?
* Piensa qué significa esta palabra en inglés.
* Piensa qué podría significar esta palabra en español.
* Piensa cómo se usa aquí; puede que no signifique exactamente lo mismo, pero es probable que sí tenga un significado similar.

En inglés	En español
abuse	abuso
accept	aceptar
error	error

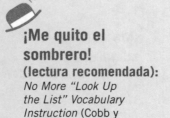

¡Eh! Eso suena igual que una palabra que conozco...

① PIENSA en una palabra en otro idioma que se parezca o suene igual que la palabra.

② PIENSA ¿qué significa la palabra en el otro idioma?

③ VERIFICA ¿la palabra del libro significa lo mismo?

"cognados": ¡hay cientos de ellos!

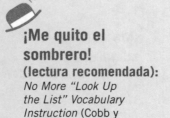

¡Me quito el sombrero!
(lectura recomendada):
No More "Look Up the List" Vocabulary Instruction (Cobb y Blachowicz 2014)

11.20 No te dejes engañar por los falsos cognados

Estrategia Los cognados son palabras que suenan o se escriben de forma similar en diferentes idiomas y que pueden tener el mismo significado. A veces, esos cognados son falsos, es decir, no significan lo mismo en los diferentes idiomas. ¡No te dejes engañar por los falsos cognados! Si estás leyendo un texto y encuentras una palabra que no conoces en español, pero que suena igual o similar a otra palabra que sí conoces en inglés, trata de determinar si el significado que conoces encaja con la oración o el contexto. Si ves que no, lo más probable es que hayas encontrado un falso cognado.

Sugerencia para el maestro Esta estrategia será útil para los estudiantes bilingües o para aquellos que estén estudiando español o inglés. Haga una lista de los falsos cognados más comunes del inglés y el español para que los estudiantes se familiaricen con los mismos. Adapte esta lista al nivel de los estudiantes; anímelos a anotar palabras que puedan encontrar en sus lecturas y comentarlas más tarde con un compañero.

Consejos

- ¿Conoces alguna palabra en inglés que se escriba o suene igual que esta?
- Piensa en lo que significa la palabra que conoces.
- Piensa si el significado encaja con el significado de la frase o contexto del texto.
- ¡Sí! Encontraste un falso cognado.
- Ahora trata de inferir qué podría significar la palabra.

Español	Significado	Inglés (falso cognado)	Palabra en español
éxito	un buen resultado	exit	salida
ropa	prendas de tela que sirven para vestirse	rope	cuerda
librería	tienda de libros	library	biblioteca
cartón	material hecho con papel	cartoon	dibujo animado
embarazada	que está esperando un bebé	embarrassed	avergonzado
realizar	hacer algo	realize	darse cuenta
actualmente	en el presente	actually	en realidad
sensible	que se emociona con facilidad	sensible	sensato
argumento	razonamiento que se usa para demostrar algo	argument	discusión

¿Para quién es?

NIVELES DE TEXTO
M–Z+

GÉNEROS / TIPOS DE TEXTO
todos

DESTREZA
verificar
la comprensión

¿Para quién es?

NIVELES DE TEXTO

M–Z+

**GÉNERO /
TIPO DE TEXTO**

**no ficción
(mayormente)**

DESTREZA

sintetizar

Estrategia Los autores de no ficción muchas veces incluyen la definición de una palabra compleja en la misma oración donde aparece esa palabra. Cuando veas una palabra desconocida, fíjate si encuentra la definición antes o después de la palabra. Algunas frases o palabras, como *también, es decir, por eso, como, o* y *se llama*; o ciertos signos de puntuación, como las comas o los paréntesis, te dan pistas de que la definición de la palabra está incluida en el mismo texto.

Ejemplo de enseñanza *Vamos a ver algunos ejemplos del libro* Por qué se extinguen las plantas *(Lundgren 2014), donde la autora usa palabras que son importantes para aprender sobre el tema, y luego da la definición en la misma oración. Piensa qué te puede indicar que la definición está en la misma oración.*

> Los ecologistas, científicos que estudian las conexiones entre las plantas, los animales y los lugares donde viven, estudian también los cambios en las poblaciones de los seres vivos (8).
> Las plantas están desapareciendo de todos los lugares. Muchas están amenazadas de extinción (4).

En el primer ejemplo, sabemos que la palabra ecologistas *se define justo después de la palabra porque le sigue una coma. Las comas, los paréntesis y los dos puntos se usan mucho cuando los autores quieren definir una palabra en la misma oración. En la segunda oración, la definición de la palabra* extinción *no aparece de una forma tan clara, pero la autora nos la define claramente en la oración anterior: "Las plantas están desapareciendo de todos los lugares".*

Consejos

- Vuelve a leer la oración.
- ¿Ves algo que te indique que la definición está en la misma oración?
- ¿El autor explica la palabra?
- Observa la puntuación. Creo que veo algo que me da pistas de que hay una definición.
- Sí, la definición está justo ahí. Viste las comas y lo supiste.
- Sí, la definición está justo ahí. Usaste las palabras clave para encontrarla.
- Tienes razón, no hay definición. Para esta palabra, deberás usar otra estrategia. ¿Cuál crees que te pueda servir?

> Los lectores de no ficción aprenden el significado de las palabras que son propias de un tema.
>
> → Usamos las características del texto.
> • Imágenes, pies de foto, diagramas, tableros de vocabulario.
>
> → Leemos las oraciones/palabras que acompañan a la nueva palabra.
> • Definidas en la **misma oración**.
> • Definidas en la frase **anterior/posterior**.

11.22 Consulta, elige y explica

Estrategia Consulta una fuente de referencia fiable y busca una o más definiciones. Vuelve al texto, mira cómo se está usando la palabra y elige la definición correcta. Piensa si la palabra se usa de un modo literal o figurado. Explica el significado de la palabra con tus propias palabras según como se use en la oración.

Ejemplo de enseñanza *Si ya has probado todas las estrategias posibles y no has podido determinar qué significa una palabra, ¡busca su significado! No es bueno parar a cada rato para buscar una definición, pero si sientes que no entender una palabra afecta tu comprensión del texto, o simplemente sientes curiosidad, busca su significado en una referencia fiable. Sea cual sea la fuente que uses, recuerda que una simple definición no es suficiente para comprender del todo la palabra. Presta atención al contexto en que aparece la palabra para asegurarte de que estás eligiendo la definición adecuada (¡muchas palabras tienen varios significados!). Ten en cuenta que a veces una palabra se usará como parte de una frase más larga, y puede tener un significado literal o figurado. (Consulte "Combinación especial de palabras", en la página 319). Piensa en lo que el autor o la autora está tratando de decir y por qué eligió esta palabra, y trata de explicar el significado con tus propias palabras.*

Consejos

- ¿En qué puedes fijarte para ayudarte?
- Encontraste algunas definiciones. ¿Cómo puedes saber cuál es la correcta en este contexto?
- Vuelve a leer y presta atención a lo que está pasando en el texto.
- ¿Qué definición es la apropiada en este caso?
- Te diste cuenta de que la segunda definición es la que funciona con el texto. ¡Estás prestando mucha atención al significado!

¿Para quién es?

NIVELES DE TEXTO
0–Z+

GÉNEROS /
TIPOS DE TEXTO
todos

DESTREZAS
usar referencias, inferir según el contexto

11.23 Busca semejanzas (y diferencias) entre grupos

¿Para quién es?

NIVELES DE TEXTO
P–Z+

GÉNEROS / TIPOS DE TEXTO
todos

DESTREZA
inferir

Estrategia Cuando veas que un autor usa varias palabras descriptivas en una misma oración, es probable que ese grupo de palabras tenga un significado similar. En ese caso, puedes usar las palabras que ya conoces para determinar el significado de las que no conoces. En otros casos, el autor usa conjunciones que indican significados opuestos o contrarios, por ejemplo: *pero, a diferencia de, mientras que, aunque, sin embargo*. Si ves este tipo de palabras o frases, sabrás que la palabra significa algo diferente a las demás.

Sugerencia para el maestro Al ver este tipo de conjunciones en el texto, muchos estudiantes se confunden, sobre todo si no están leyendo con atención o no saben qué función tienen en la oración. Es muy importante señalar estas conjunciones a los estudiantes cuando comiencen a leer libros más largos y complejos, donde suelen aparecer con frecuencia. Podría ser útil que se fijara con qué frecuencia aparecen palabras de este tipo en los libros que usará con sus estudiantes. En general, cuanto más aparecen palabras de este tipo, más complejos son los libros. Para darle un ligero giro a esta estrategia, vea la estrategia "Palabras que enlazan ideas" (página 305 de este mismo objetivo).

Consejos

- Fíjate bien en la conjunción. ¿Crees que estas palabras tienen un significado similar o diferente?
- ¿Qué significan las otras dos palabras? ¿Qué crees que significa esta?
- Piensa en cómo se usa. ¿Qué podría significar?
- Como grupo, ¿cuál es el significado general? ¿Qué podría significar la palabra?
- Dijiste lo que significan estas dos palabras. Si ves la conjunción *mientras que*, tienes que pensar en lo opuesto. ¿Qué crees que podría significar esta palabra?

Una pista para el significado de las palabras:

¡GRUPOS!

Y= sinónimos

"Los leones cazan, persiguen y atrapan a otros animales".

"Los leones tienen patas enormes con garras grandes y afiladas".

pero= antónimos o más descripción

"El cráneo de los leones es grande. Pero su cerebro es pequeño como una pelota de tenis".

"Los tigres y las tigresas son muy parecidos pero los tigres son más grandes y tienen bigotes más largos".

Estrategia Elige varios libros que traten de un mismo tema. Primero lee el más fácil y anota en tu cuaderno las palabras y definiciones que creas que son importantes para el tema. Luego, lee el segundo libro más fácil, usando el libro anterior y tu cuaderno como ayuda. Anota nuevas palabras y sus significados. Continúa hasta que puedas leer el libro más difícil que elegiste.

Sugerencia para el maestro Esta estrategia funciona bien con libros de no ficción, en los que gran parte del vocabulario es específico al tema y suele coincidir con el vocabulario de otros libros de diversos niveles. También ayuda a los niños a leer de forma escalonada para adquirir conocimientos previos y usar mejor el contexto al momento de leer libros más complejos. Para ciertos tipos de ficción, como la ficción histórica, es útil leer otros libros que se desarrollen en un periodo de tiempo o en un ambiente similar. Aun así, la mayor parte del vocabulario complejo en ficción es lo que Beck, McKeown y Kucan (2013) llaman del "nivel 2", es decir, palabras que aparecen en varios temas y que requieren de un lenguaje avanzado, tales como *desconcertado, cesar* o *abarcar*. En los libros de no ficción, a menudo encontramos vocabulario del "nivel 3", es decir, palabras que son específicas al contexto, tales como *faraón, tumba, sarcófago* o *jeroglífico*.

Consejos

- ¿Qué libros puedes encontrar que traten del mismo tema?
- Todos esos libros comparten un tema muy general, pero deberías enfocarte un poco más para que esta estrategia te sea útil.
- Elegiste libros sobre ___. ¿Cuál crees que es el más fácil?
- ¿Qué palabras aprendiste de este primer libro que tal vez te ayuden a leer el siguiente?

Cuando lees NO FICCIÓN:

¡Elige textos sobre el mismo tema!

④ ¡Ya puedes leer libros más difíciles sobre el mismo tema!

③ Sigue leyendo sobre el mismo tema.

② Reúne palabras sobre el tema.

① Lee los libros fáciles primero.

¿Para quién es?

NIVELES DE TEXTO
P–Z+

GÉNERO /
TIPO DE TEXTO
**no ficción
(mayormente)**

DESTREZAS
sintetizar, inferir

¡Me quito el sombrero!
(lectura recomendada):
Reading Ladders: Leading Student from Where They Are to Where We'd Like Them to Be
(Lesesne 2010)

¿Para quién es?

NIVELES DE TEXTO
R–Z+

**GÉNEROS /
TIPOS DE TEXTO**
ficción, poesía

DESTREZA
inferir

Estrategia Busca o determina la definición de la palabra. Piensa en el contexto. Pregúntate: "¿Cuál es el sentimiento, ambiente emocional, tono o connotación del texto donde aparece la palabra?".

Ejemplo de enseñanza *Las palabras que usan los autores pueden tener un significado denotativo o connotativo. Si buscas una palabra en el diccionario, probablemente encontrarás la definición técnica, pero la palabra puede tener otros niveles de significado. Presta atención al lenguaje descriptivo que puede comunicar algo más profundo que el significado literal de la palabra. Por ejemplo, la definición técnica de la palabra* mocoso *es "que tiene la nariz llena de mocos". Pero esa misma palabra tiene otros niveles de significado: en un tono positivo y cariñoso puede referirse a un "niño pequeño" y en un tono negativo puede referirse a "un niño malcriado". Piensa en por qué el autor o la autora eligió esa palabra, y cómo esa palabra te ayuda a entender lo que se está describiendo.*

Consejos

- Según el uso que se le está dando, ¿crees que la palabra tiene una connotación negativa o positiva?
- ¿Por qué crees que el autor eligió esta palabra?
- ¿Qué otras palabras se podrían usar aquí? Piensa en por qué el autor eligió esta palabra.
- Ese es su sentido literal. ¿Qué otros niveles de significado tiene esta palabra?

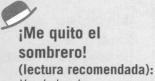

**¡Me quito el sombrero!
(lectura recomendada):**
Vocabulary Is Comprehension: Getting to the Root of Text Complexity (Robb 2014)

Estrategia Al leer una palabra larga, trata de identificar su raíz. Mira el comienzo y el final de la palabra y pregúntate: "¿Esto hace que cambie el significado de la palabra que conozco?". Después, piensa en cómo se está usando la palabra. Pregúntate: "¿Qué significa esta palabra?".

Sugerencia para el maestro En la estrategia 11.8 de este objetivo encontrará más información sobre prefijos y sufijos.

Consejos

- ¿Esta palabra tiene un prefijo? ¿Cuál es?
- ¿Hay un sufijo? ¿Cuál es?
- Fíjate en el resto de la palabra: esa es la raíz.
- ¿Reconoces la raíz de la palabra?
- ¿En qué palabra has visto esta raíz antes?
- Ya que conoces la raíz, ¿qué podría significar la palabra?
- Fíjate en el comienzo y el final de la palabra.
- Según las diferentes partes que conforman la palabra, ¿qué podría significar?

Raíces que conocemos	Palabras con esta raíz	Significado de la palabra
flor	florero	→ Recipiente para poner flores
	florecer	→ Cuando las plantas echan flores
	floristería	→ Lugar donde se venden flores
mar	marítimo	→ Relativo al mar
	marinero	→ Persona que pertenece a la tripulación de un barco
	remar	→ Mover los remos en el agua
boca	bocado	→ Cantidad de comida que cabe en la boca de una vez
	bocadillo	→ Algo pequeño para comer
	desemboca	→ Algo que sale a otra parte
pan	panadería	→ Sitio donde se vende pan
	panadero	→ Persona que hace pan
	panificadora	→ Fábrica donde se hace pan

¿Para quién es?

NIVELES DE TEXTO
R–Z+

GÉNEROS / TIPOS DE TEXTO
todos

DESTREZAS
entender cómo funcionan las palabras, inferir

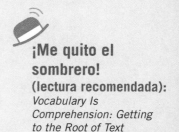

¡Me quito el sombrero!
(lectura recomendada):
Vocabulary Is Comprehension: Getting to the Root of Text Complexity (Robb 2014)

Objetivo 12

Apoyar las conversaciones de los estudiantes

Hablar, escuchar y profundizar la comprensión

◎ ¿Por qué es importante este objetivo?

El club de lectura y las conversaciones en parejas juegan un papel fundamental a la hora de apoyar la comprensión de los estudiantes y conseguir que la lectura sea una actividad social (Nichols 2006). Cuando los niños saben cómo hablar sobre libros, tienen conversaciones interesantes, esclarecedoras y estimulantes. Cuando las conversaciones no fluyen bien, los niños se aburren, se distraen y se pierde el tiempo. La mayoría de los niños necesita instrucción para aprender a conversar y, aún más, para aprender a conversar sobre *libros*.

Para que una conversación sea productiva, debemos tener en cuenta dos aspectos. El primero es que los niños deben adquirir una serie de destrezas de conversación. El segundo es que necesitan temas interesantes de los que hablar, lo que significa que la comprensión del texto y la profundidad de sus razonamientos pueden tener un impacto en la conversación.

En general, las destrezas de conversación que los estudiantes deben poner en práctica van desde las más básicas, para principiantes, hasta las más avanzadas, para los que ya tienen más experiencia con las conversaciones:

- Audición activa: cuando los estudiantes escuchan una opinión, deben entenderla y procesarla. Después, deben reflexionar y responder a lo que han oído.
- Lenguaje corporal: por respeto, debemos demostrar que estamos escuchando y que nos importa lo que dicen los demás, mirándolos a la cara y orientando el cuerpo hacia los que participan en la conversación.
- Mantenerse enfocado en el tema: en lugar de pensar en lo que vamos a decir mientras esperamos nuestro turno, es importante saber escuchar y después decir algo relevante sobre el tema que "está sobre la mesa".
- Temas de conversación: los estudiantes deben considerar sobre qué quieren hablar porque es interesante o importante y lo que no merece la pena comentar porque es obvio o el tema no está relacionado.
- Elaborar: mantener una buena conversación es más que leer una nota adhesiva. Los niños deben aprender a contribuir a la conversación, defender su punto de vista y explicarlo.
- Hablar con respeto: a todos nos gusta que nos escuchen. Si un niño no está de acuerdo con algo, debe expresarlo valorando la opinión del que habló antes, en lugar de interrumpir la conversación o hacer que esa persona se sienta herida.
- Fidelidad: en una buena conversación, hay que ser fiel al libro (citar fragmentos o partes del texto que encajan con tu opinión) y a las personas del grupo (hacer referencia a lo que dijeron otros antes).
- Tomar turnos: queremos asegurarnos de que quienes hablan mucho entiendan que a veces deben permanecer en silencio para que quienes no suelen hablar puedan participar.
- Mantener viva la conversación: queremos que los niños no se salgan del tema, pero debemos evitar que la conversación se vuelva redundante. Es importante saber cuándo hemos dicho todo lo que había que decir y reconocer que hay que pasar al siguiente tema.
- Preguntar: las preguntas invitan a la persona que habla a elaborar más sus ideas, aclarar otros puntos de vista, y hasta invitar a los más callados a hablar.
- Fuerza y persistencia para hablar: aprender a tener una conversación larga y productiva toma tiempo. Se consigue una vez que se dominan muchas de las destrezas mencionadas en esta lista.
- Flexibilidad de pensamiento: los niños deben asistir a las conversaciones en parejas o a los clubes esperando que su opinión cambie o que piensen de manera diferente al final de la conversación. Para ello, deben ser flexibles y estar dispuestos a aceptar nuevas ideas y a ponerlas en práctica.

- Debatir: cuando todos están de acuerdo, es difícil que la conversación prospere o que se aporten ideas nuevas. Un debate sano o que alguien haga el papel del "abogado del diablo" ayuda a animar la conversación.
- Empatía: tomar en consideración las ideas de los demás requiere cierta madurez, sobre todo si alguien ha ofrecido su opinión desde otra perspectiva. Los estudiantes deben aprender a ponerse en el lugar de los demás para considerar sus ideas seriamente.

¿Cómo sé si este objetivo es adecuado para mi estudiante?

Escuche a sus estudiantes cuando hablen sobre los libros durante las conversaciones con toda la clase, en los círculos literarios o cuando hablen con un compañero (Daniels 1994; Calkins 2000). Personalmente, yo escucho con más atención cuando tomo notas. Me resulta de gran ayuda transcribir lo que oigo y analizar lo que dice cada niño para evaluar sus destrezas de conversación y de comprensión (consulte las Figuras 12.A y 12.B). Si nota que una conversación no está llegando a ningún lado —esto suele pasar cuando los estudiantes son demasiado literales y se limitan a volver a contar el cuento—, puede usar las estrategias de los Capítulos 5 y 6 para apoyar la comprensión. Si necesita estrategias de conversación, este capítulo le ofrece muchas ideas.

Figura 12.A Una manera de registrar las observaciones durante una conversación es escribir en un lado de la hoja los nombres de todos los participantes en el orden en que están sentados, y así saber quién está hablando. En el otro lado, escriba la esencia de lo que dijo cada estudiante.

Figura 12.B Algunos maestros dividen una hoja en dos partes para tomar notas durante las conversaciones. En un lado escriben las destrezas de comprensión que observan y las que faltan, y en el otro escriben las destrezas de conversación que observan y las que faltan. Esta técnica requiere que el maestro procese, en ese mismo momento, lo que dicen los estudiantes y cómo lo dicen para saber qué destrezas ha observado y quiere registrar.

Vistazo a las estrategias para apoyar las conversaciones

Estrategia	Niveles	Géneros / Tipos de texto	Destrezas
12.1 Escucha con todo el cuerpo	A–Z+	Todos	Audición activa, lenguaje corporal
12.2 Escucha y responde	A–Z+	Todos	Audición activa
12.3 Invita a los más callados a hablar	A–Z+	Todos	Tomar turnos en la conversación
12.4 Repite lo que oíste	A–Z+	Todos	Audición activa
12.5 Participa sin levantar la mano	A–Z+	Todos	Lenguaje corporal
12.6 Menú de actividades por nivel para trabajar en parejas	A–Z+	Todos	Varían
12.7 Céntrate en el libro	F–Z+	Todos	Ser fiel al texto, mantenerse enfocado en el tema
12.8 Supernotas con superideas	J–Z+	Todos	Determinar la importancia, temas de conversación
12.9 Tablero de juego para conversar	J–Z+	Todos	Fuerza y persistencia para hablar, mantenerse enfocado en el tema
12.10 Pautas para conversar	J–Z+	Todos	Fuerza y persistencia para hablar
12.11 Mantén viva la conversación	J–Z+	Todos	Elaborar, mantenerse enfocado en el tema
12.12 Comenta tus ideas con delicadeza	J–Z+	Todos	Dar nuevos puntos de vista
12.13 Comenta textos relacionados	A–Z+, pero probablemente mejor para J–Z+	Todos	Fuerza y persistencia para hablar, comparar y contrastar
12.14 Cooperación en la conversación	L–Z+	Todos	Cooperar, colaborar
12.15 Piensa antes de hablar	M–Z+	Todos	Audición activa, mantenerse enfocado en el tema
12.16 Evaluar una idea	M–Z+	Todos	Pensar con flexibilidad, sentir empatía
12.17 Preguntas que hacen pensar	M–Z+	Todos	Preguntar, debatir
12.18 Pasa a la siguiente idea	M–Z+	Todos	Mantener el flujo de la conversación
12.19 Determina la importancia en las ideas de otros	M–Z+	Todos	Determinar la importancia, mantenerse enfocado en el tema
12.20 Preguntas potentes	M–Z+	Todos	Preguntar
12.21 ¡Que empiece el debate!	O–Z+	Todos	Expresar desacuerdo con respeto

12.1 Escucha con todo el cuerpo

NIVELES DE TEXTO

A–Z+

GÉNEROS /
TIPOS DE TEXTO

todos

DESTREZAS

**audición activa,
lenguaje corporal**

Estrategia Gira la cadera, los hombros y la cabeza en dirección a la persona que habla. No muevas las manos. Asiente mientras escuchas.

Ejemplo de enseñanza *Para escuchar no solo usamos los oídos, ¡usamos todo el cuerpo! Gira los hombros, la cabeza y la cadera hacia la persona que está hablando para oír mejor lo que dice. Si no mueves las manos (ni tienes nada en las manos), te concentrarás más en lo que están diciendo tus compañeros, en lugar de prestar atención a lo que está en tus manos.*

Sugerencia para el maestro Algunos niños se concentran más cuando tienen algo en las manos (¡como una pelotita para apretar!) y a otros les resulta difícil mantener el contacto visual. Usted conoce bien las necesidades de sus estudiantes y las debe tener en cuenta cuando use esta estrategia, sobre todo si trabaja con niños que tienen problemas sensoriales, TDAH (ADHD en inglés) o autismo. Modifique y demuestre a sus estudiantes cómo se debe "escuchar".

Consejos
- Mira a la persona que habla.
- Escucha con todo el cuerpo.
- Asiente al escuchar para demostrar que estás prestando atención.
- Mira cómo tienes el cuerpo.
- ¿Cómo vas a poner el cuerpo para demostrar que estás escuchando?

Estrategia Escucha bien lo que dice la persona que habla antes de ti. Piensa: "¿Qué opino sobre lo que dijo?". Después, comparte tu opinión sobre lo que dijo esa persona. Tal vez no coincida con lo que habías anotado o con lo que pensabas decir antes de empezar la conversación.

Ejemplo de enseñanza *A veces, cuando participamos en una conversación sobre libros, tenemos tantas ganas de comentar lo que leímos por nuestra cuenta que no prestamos atención al resto del grupo. Otras veces, estamos tan distraídos pensando en lo que vamos a decir que no escuchamos a los demás. Cuando hacemos eso, nos perdemos parte de la conversación. Si escuchamos atentamente a los demás, sus ideas nos pueden ayudar a revisar las nuestras, a llegar a conclusiones nuevas e incluso a tener nuevas ideas. Una buena manera de practicar es pensar bien en lo que dijo la persona que habló antes y después hacer comentarios que conecten con lo que esa persona dijo. Para hacerlo, escucha y piensa: "¿Qué opino sobre lo que dijo?". Después comparte tus ideas y responde a lo que dijeron. Esto no es lo mismo que compartir lo que ya habías escrito o lo que pensabas decir antes de empezar la conversación.*

Consejos

- Para y piensa en lo que vas a decir antes de hablar.
- ¿Está relacionado con lo que la otra persona acaba de decir?
- Asegúrate de que tu idea esté relacionada con lo que se dijo antes.
- Piensa: "¿Qué opino sobre lo que dijo mi compañero?".
- ¿Tienes algún comentario que esté relacionado con lo que se dijo antes? Bien, compártelo con todos.

¿Para quién es?

NIVELES DE TEXTO
A–Z+

GÉNEROS /
TIPOS DE TEXTO
todos

DESTREZA
audición activa

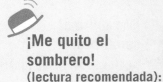

¡Me quito el sombrero!
(lectura recomendada):
Comprehension Through Conversation: The Power of Purposeful Talk in the Reading Workshop
(Nichols 2006)

Estrategia Fíjate en quién habla mucho y quién casi no habla. Invita a los más callados a hablar haciéndoles preguntas. Cuanto más específicas sean las preguntas, mejor: "¿Qué opinas sobre____?".

Ejemplo de enseñanza *Cuando eres miembro de un club, parte de tu responsabilidad es asegurarte de que todos participen. Eso no quiere decir que todos tienen que hablar exactamente el mismo número de veces, porque eso no sería natural. Más bien, debemos intentar que no hable siempre la misma persona y que todos puedan expresar sus opiniones. Observa si hay alguien en el grupo que casi no habla e invítalo a participar preguntándole qué opina sobre algo específico. Por ejemplo, "¿Qué opinas sobre____?" y añade algo concreto. Las preguntas generales, como "¿Qué piensas?", son difíciles de contestar y pueden hacer que la persona se sienta incómoda.*

Sugerencia para el maestro A veces, a los estudiantes les resulta útil usar elementos visuales para "ver" quién habla mucho. Algunos maestros usan tarjetas o monedas. Todos los participantes del grupo reciben el mismo número de monedas (o tarjetas). Cada vez que uno habla, tiene que poner una moneda o una tarjeta en el centro del círculo. Así, los niños pueden ver a simple vista quién ha hablado más veces y a quién le quedan muchas monedas. Esto ayuda a que se autocontrolen. En la fotografía de abajo se ve un ejemplo.

Consejos

- Fíjate en quién ha hablado.
- Fíjate en quién casi no ha hablado.
- ¿Qué puedes hacer para invitar a alguien a hablar?
- Di: "(Nombre), ¿qué opinas sobre esto?".
- Haz una pregunta para invitar a alguien a participar.
- Vamos a hacer una pausa y pensar. ¿Quién no ha dicho nada últimamente? ¿Podría alguien invitarlo a hablar?

¡Me quito el sombrero!

(lectura recomendada):
Scaffolding Language, Scaffolding Learning: Teaching English Language Learners in the Mainstream Classroom, segunda edición (Gibbons 2014)

Estrategia Escucha a la persona que está hablando. Después, repite lo que dijo y añade tu opinión. Di: "Dijiste que____. Yo creo que_____".

Ejemplo de enseñanza *Para participar en un club o en una plática sobre libros con un compañero es muy importante escuchar activamente. Una buena conversación no solo consiste en leer tus notas o contar lo que pensabas decir. Es importante escuchar, pensar en lo que dijo la persona que acaba de hablar y responder de manera que tus ideas conecten con las suyas. Para escuchar y entender lo que realmente dijo tu compañero, primero intenta repetir lo que dijo y después añade tus propias ideas. No hace falta repetir todas las palabras al pie de la letra. Puedes resumir lo que dijo. Para eso, debes escuchar con atención y procesar sus palabras. Después, lo resumes. Por ejemplo, puedes decir: "Comentaste que…" o "¿Quieres decir que…?" o "Creo que dijiste que…". Después, añade tus propias ideas. Puedes decir algo que apoye la opinión de tu compañero o explicar por qué no estás de acuerdo, pero siempre debe estar relacionado con lo que acaba de decir tu compañero sin salirte del tema.*

Consejos
- Repite lo que oíste.
- Intenta decirlo con tus propias palabras.
- Di: "Dijiste que…".
- Ahora que repetiste lo que dijo, intenta compartir tus ideas.
- Si no estás seguro, puedes pedirle que repita lo que dijo.
- ¿Tu idea está relacionada con lo que dijo ella antes?

¿Para quién es?

NIVELES DE TEXTO
A–Z+

GÉNEROS/
TIPOS DE TEXTO
todos

DESTREZA
audición activa

¡Me quito el sombrero!
(lectura recomendada):
A Curricular Plan for the Reading Workshop, Grade 4 (Calkins *et al.* 2011c)

12.5 Participa sin levantar la mano

NIVELES DE TEXTO
A–Z+

GÉNEROS/
TIPOS DE TEXTO
todos

DESTREZA
lenguaje corporal

Estrategia Fíjate en cuándo es tu turno para hablar. Una conversación no consiste en que todos hablen en un orden determinado. Intenta mirar a la cara a todos los miembros del grupo. Fíjate en cuándo alguien deja de hablar. Cuando notes que hay un silencio, ese es tu momento de participar. Otras veces, debes dejar de hablar cuando otra persona empieza a hablar y después dejar que termine.

Ejemplo de enseñanza *Cuando los adultos platican, no levantan la mano para hablar. Durante una conversación, todas las personas tienen la responsabilidad de participar y también de escuchar. En una conversación la gente no suele hablar según el orden en el que estén en el círculo o en la fila. Normalmente, alguien tiene una idea y espera a que haya un momento de silencio para participar. En nuestro salón, estamos todos listos para comunicarnos. Vamos a mirarnos a los ojos* (señale sus ojos)*, usar el cuerpo* (señale sus hombros) *y los oídos* (señale sus oídos)*. Vamos a intentar identificar ese momento de silencio, a mirarnos a los ojos para saber cuándo es nuestro turno y a compartir las buenas ideas que queremos compartir. Si a dos personas se les ocurre una idea al mismo tiempo y empiezan a hablar a la vez, una de ellas debe dejar de hablar. Puedes decir: "Sí, dilo tú antes." o "Yo voy después." o "Adelante.".*

Consejos
- Mira a tus compañeros a los ojos.
- Cuando notes un momento de silencio, sabrás que es tu turno.
- ¿Notaste que ella dejó de hablar y te miró? Eso indica que puedes empezar a hablar.
- Parece que varias personas quieren hablar a la vez. Vamos a oír a una y después a la otra.

¿Es mi turno...?

¡No hace falta levantar la mano!

Mira a los ojos.

Shhh... Nota cuando hay silencio.

Tienes una idea en la cabeza, pero nadie está hablando.

¡Me quito el sombrero!
Donna Santman, comunicación personal

Estrategia Lee el menú de actividades con tu compañero. Decidan qué van a hacer durante la lectura en parejas. Lean el libro y sigan las instrucciones. Cuando terminen, elijan otra actividad y vuelvan a leer.

Sugerencia para el maestro El ejemplo de enseñanza de esta página es más apropiado para lectores de los niveles A–B. El elemento visual (tarjeta de estrategias por parejas) es más apropiado para lectores de los niveles L–Z+. Puede adaptar los menús a cualquier nivel. En el libro *Continuum of Literacy Learning* (Fountas y Pinnell 2010b), encontrará información sobre los comportamientos de lectura más apropiados para cada nivel.

Ejemplo de enseñanza *Les voy a entregar un menú de actividades para hacerlas en parejas. Es como el menú de un restaurante, donde pueden elegir lo que quieran. Todas las actividades los ayudarán a practicar la lectura en parejas. Las dos primeras actividades de la lista ya las comentamos en las sesiones individuales de lectura y durante las lecciones en grupos pequeños. La primera actividad es esta.* (Señale la nota adhesiva con la portada de un libro.) *Sabemos que es importante leer la cubierta de un libro para estar preparados. En parejas, comenten lo que ven en la cubierta antes de empezar a leer. En la segunda nota adhesiva* (señale la siguiente), *hay un dedo señalando una palabra. Es para recordarles que deben señalar las palabras a medida que las leen. La tercera nota adhesiva es para recordarles que deben comentar el libro después de leerlo, decir cuáles fueron sus partes favoritas y por qué. De nuevo, ya les enseñé cómo hacer esto por su cuenta, pero ahora quiero que lo practiquen con un compañero. Vamos a empezar. Miren el menú de actividades y díganme cuál quieren hacer con el primer libro. Ahora, voy a ver cómo leen y trabajan juntos.*

Consejos

- Elijan una opción juntos.
- Asegúrense de hacer lo que dicen las instrucciones.
- Se pusieron un objetivo y trabajaron muy bien juntos. ¿Qué van a hacer ahora?
- ¿Cómo puede ayudarte tu compañero con eso?

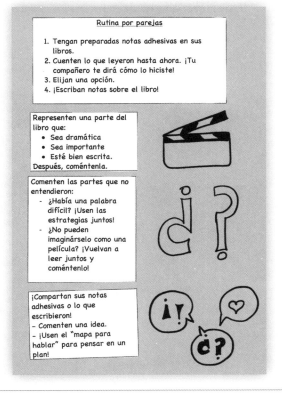

¿Para quién es?

NIVELES DE TEXTO
A–Z+

GÉNEROS/
TIPOS DE TEXTO
todos

DESTREZAS
varían

¡Me quito el sombrero!
(lectura recomendada):
Teaching Reading in Small Groups: Differentiated Instruction for Building Strategic, Independent Readers (Serravallo 2010)

12.7 Céntrate en el libro

¿Para quién es?

NIVELES DE TEXTO
F–Z+

GÉNEROS/
TIPOS DE TEXTO
todos

DESTREZAS
**ser fiel al texto,
mantenerse enfocado
en el tema**

Estrategia Piensa en cómo se conecta el libro que estás leyendo contigo, con el mundo o con otro texto. Vuelve a centrarte en el libro y explica cómo te ayudan esas conexiones a entenderlo mejor. "Esto me recuerda a _____ y me ayuda a entender _____ en este libro".

Sugerencia para el maestro Últimamente, se ha criticado mucho cuando se les pide a los niños que hagan "conexiones personales con el texto", ya que las conversaciones acaban siendo sobre ellos mismos en lugar de centrarse en el libro que han leído. Teniendo esto en consideración, en algunos lugares ya no se pide que los niños hagan "conexiones personales con el texto", sino que todas sus conversaciones deben mantenerse dentro de las "cuatro esquinas" del texto. Algunos opinan que esta ha sido una buena decisión, pero yo creo que las reacciones de los lectores a los textos, sus respuestas y transacciones con el texto son fundamentales a la hora de desarrollar su comprensión (Rosenblatt 1978). Esta estrategia respeta las conexiones que los niños hacen de manera natural con sus propias experiencias (su vida, otros libros y el mundo) y, después, los invita a regresar a la conversación sobre el texto que han leído.

Consejos

- ¿Qué conexión puedes hacer?
- Explica cómo te ayuda esa conexión a entender el libro.
- Relaciona esa conexión con el libro.
- Y eso me ayuda a entender que…
- Así que en este libro…
- ¡Lo conectaste de manera que te ayudó a entender mejor!

12.8 Supernotas con superideas

Estrategia Lee tus notas. Pon una estrella en las notas que crees que ayudarían a iniciar una buena conversación con tu pareja de lectura o con el grupo.

Ejemplo de enseñanza *Cuando lees por tu cuenta, puedes hacer una pausa para tomar notas. A lo mejor te interesa anotar algo que pasó en el libro para acordarte por dónde ibas cuando vuelvas a leerlo. De pronto quieres anotar una idea sobre la que te gustaría pensar más. O quizá tengas preguntas y las quieras anotar para buscar las respuestas después. No todas las notas sirven para comenzar una conversación. Las notas que realmente ayudan a empezar una conversación son ideas, no la repetición literal de lo que está en el texto. Las ideas que despiertan tu curiosidad, o sobre las que te gustaría oír otras opiniones, son buenas para empezar una conversación. También lo son las ideas originales o las que son controvertidas e invitan al debate o animan a los demás a pensar algo desde otro punto de vista. Antes de empezar una conversación, mira tus notas y piensa cuáles te ayudarían a iniciar una buena conversación.*

Consejos

- Lee tus notas. ¿Cuáles te ayudarían a empezar una buena conversación?
- ¿Por qué crees que esa idea te ayudaría?
- Comentaste que te gustaría saber qué opinan tus amigos sobre esto. Creo que ese sería un buen tema de conversación.
- Elige una nota y mira la tabla para ver si sería un buen tema de conversación.
- Dibuja estrellas en las notas que elegiste para empezar una conversación hoy.

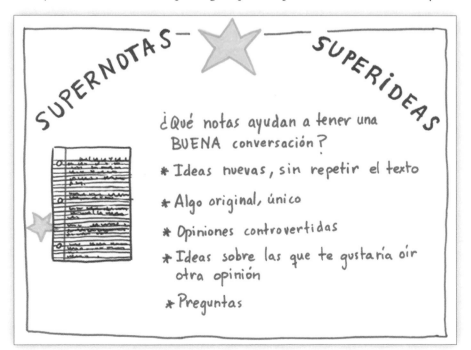

NIVELES DE TEXTO
J–Z+

GÉNEROS/
TIPOS DE TEXTO
todos

DESTREZAS
determinar la importancia, temas de conversación

¿Para quién es?

NIVELES DE TEXTO

J–Z+

GÉNEROS/ TIPOS DE TEXTO

todos

DESTREZAS

fuerza y persistencia para hablar, mantenerse enfocado en el tema

Estrategia Cada participante elige las notas adhesivas en las que escribió sus mejores ideas y las pone en un montón en una casilla del tablero de juego. Un participante elige una de sus notas y la pone en el centro. Todos los participantes piensan y se concentran en esa idea y la comentan. Cuando ya no tienen nada más que decir sobre esa idea, pasan a la siguiente.

Ejemplo de enseñanza *Hagan un tablero de juego con un cuadrado en el centro y otras casillas en las esquinas para que cada participante ponga sus notas adhesivas. El primer jugador elige su nota preferida, la lee y la pone en el centro. La idea de la nota que está en el centro es la que está en juego. Todos los participantes comentan la idea que está en juego durante el mayor tiempo posible. Cuando ya no tengan nada más que decir, otro participante saca una nota de su montón, la lee y la pone en el centro para comentarla. Si en algún momento a alguien se le olvida de qué están hablando, puede leer la nota que está en el centro.*

Consejos

- Mira el centro del tablero.
- *(Señale o dé un golpecito a la nota del centro.)* ¿Lo que acabas de comentar tiene que ver con esto?
- ¡Muy bien! Hablaste sobre esta idea.
- ¿Tienes algo más que decir sobre esta idea o deberías pasar a la siguiente?

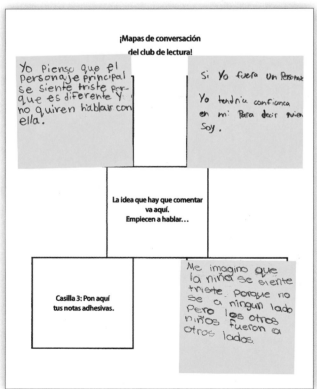

¡Mapas de conversación del club de lectura!

Yo pienso que el personaje principal se siente triste porque es diferente y no quieren hablar con ella.

Si yo fuera un personaje yo tendría confianza en mí para decir quien soy.

La idea que hay que comentar va aquí. Empiecen a hablar…

Casilla 3: Pon aquí tus notas adhesivas.

Me imagino que la niña se siente triste porque no se a ningún lado pero los otros niños fueron a otros lados.

¡Me quito el sombrero!
Donna Santman, comunicación personal

Estrategia Saquen un palito de la pila y lean en voz baja lo que dice. Usen esas palabras para iniciar una oración durante la conversación con sus compañeros. Asegúrense de que lo que dicen se relacione con lo que dijo el compañero anterior.

Ejemplo de enseñanza *Para que la conversación se base en ideas pasadas y derive en ideas nuevas, es útil usar palitos con inicios de oraciones que sirvan como transición y permitan hilar las ideas. Estos son algunos ejemplos:*

- Además…
- Por otra parte…
- Estoy de acuerdo porque…
- No estoy de acuerdo porque…
- Me gustaría agregar que…
- Si bien esto no es totalmente correcto, es posible que…
- ¿Por qué piensas que…?
- ¿Qué piensas sobre…?

He colocado estos palitos con inicios de oraciones en una taza. Cuando sientas que no hay nada más que decir, saca un palito y usa el inicio de oración para continuar la conversación.

Consejos

- Saca uno de los palitos de la caja. Lee lo que dice en voz baja. Úsalo para empezar a hablar.
- Lee el inicio de oración. Piensa qué puedes decir para completar la oración.
- Ten en cuenta que lo que digas debe relacionarse con lo que dijo la persona anterior.
- ¿Qué te indica el inicio de oración?
- Según el inicio de oración, ¿debes decir algo parecido a lo que dijo la otra persona, o algo diferente?

¿Para quién es?

NIVELES DE TEXTO
J–Z+

GÉNEROS/
TIPOS DE TEXTO
todos

DESTREZA
fuerza y persistencia para hablar

¡Me quito el sombrero!
(lectura recomendada):
Shades of Meaning: Comprehension and Interpretation in Middle School (Santman 2005)

12.11 Mantén viva la conversación

¿Para quién es?

NIVELES DE TEXTO
J–Z+

**GÉNEROS/
TIPOS DE TEXTO**
todos

DESTREZAS
elaborar, mantenerse
enfocado en el tema

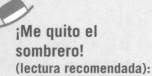

¡Me quito el sombrero!
(lectura recomendada):
Comprehension Through Conversation: The Power of Purposeful Talk in the Reading Workshop
(Nichols 2006)

Estrategia Piensa en el tema que está comentando tu compañero. Piensa en cómo vas a responder: puedes añadir algo, decir si estás o no de acuerdo, apoyar sus ideas o hacer preguntas. Después, di algo para mantener viva la conversación. Usa los inicios de oraciones si necesitas ayuda.

Ejemplo de enseñanza *Durante una conversación, siempre debemos conectar nuestras ideas con lo que dijo la persona que habló antes. Cuando alguien empieza un tema, ese es el principio de una línea de conversación. Después, comentamos ese tema para mantener viva la línea en lugar de pasar a otro tema. Debemos escuchar lo que dijo la persona que habló antes, pensar si vamos a añadir algo, si estamos de acuerdo o no, si vamos a apoyar su idea o si tenemos alguna pregunta. Después, compartimos nuestras ideas sin salirnos del tema. Comentamos, añadimos ideas y profundizamos en el tema hasta que ya no tengamos nada más que decir. Entonces sabemos que ha llegado el momento de elegir otro tema.*

Sugerencia para el maestro El apoyo visual ayuda a los niños a entender esta estrategia. Puede utilizar cubos de Unifix —manipulativos muy usados en matemáticas— para hacer torres. Cuando alguien empieza a hablar sobre un tema o "línea de conversación", se empieza una torre con un cubo. Cada vez que alguien comparta su opinión sobre el tema, se añade otro cubo a la torre. Cuando se cambia de tema, se empieza una torre nueva. En poco tiempo verá que los niños consiguen expresar sus opiniones sin salirse del tema y construir torres cada vez más altas.

Consejos

- Asegúrate de escuchar lo que dice tu compañero.
- Piensa en el tema que están comentando.
- ¿Qué puedes añadir para que la conversación se mantenga viva?
- ¿Eso está relacionado con el tema o es un tema nuevo?

Estrategia Si quieres decir algo un poco arriesgado, pero no quieres comprometerte con la idea, ¡dilo con delicadeza! Por ejemplo, empieza con: "No estoy seguro, pero _____". ¡Así no te arriesgas tanto!

Ejemplo de enseñanza *Una conversación se vuelve aburrida cuando todos están de acuerdo y repiten lo mismo una y otra vez. A veces, alguien tiene que arriesgarse a decir algo diferente y ofrecer una nueva perspectiva. Aunque no quieras comprometerte con esa idea, puedes compartirla con el grupo, comentarla, debatirla y ver qué piensan los demás. Si no estás completamente seguro de que eso es realmente lo que piensas, pero te gustaría saber la opinión de los demás, ¡dilo con delicadeza!*

Consejos

- ¿Tienes alguna idea que no te atreves a compartir?
- ¿Qué quieres decir, pero no te atreves?
- Puedes empezar diciendo: "A lo mejor…".
- Si no estás seguro, pregunta a tus compañeros qué opinan.
- ¡Atrévete! Di lo que piensas.

12.13 Comenta textos relacionados

¿Para quién es?

NIVELES DE TEXTO

**A–Z+, pero
probablemente mejor
para J–Z+**

GÉNEROS/
TIPOS DE TEXTO

todos

DESTREZAS

**fuerza y persistencia
para hablar, comparar
y contrastar**

**¡Me quito el
sombrero!
(lectura recomendada):**
*Comprehension Through
Conversation: The Power
of Purposeful Talk in the
Reading Workshop*
(Nichols 2006)

Estrategia Reúne distintos textos que tengan en común el tema principal, algún personaje o el ambiente. Piensa en qué se diferencian y en qué se parecen. Después, compara y contrasta tus propias ideas con las ideas presentadas en los textos.

Ejemplo de enseñanza *A veces, agrupar varios libros que tienen algo en común nos ayuda a pensar con mayor profundidad que cuando tenemos un solo texto. En los textos de ficción, podemos agrupar libros que tengan un tema común, personajes parecidos o que sucedan en la misma época. En los textos de no ficción, podemos agrupar libros que traten sobre el mismo tema, aunque presenten la información bajo un ángulo o perspectiva diferente. También podemos agrupar libros de distintos géneros. Por ejemplo, podemos juntar en el mismo grupo cuentos que tienen a un abusón de protagonista y artículos que traten sobre los abusones en la escuela. Relacionar distintos tipos de textos nos ayuda a tener diferentes perspectivas sobre el mismo tema. Después podemos pensar cómo se relacionan nuestras ideas con las ideas que presentan los textos. También podemos reunir o sintetizar distintas ideas. Además, podemos comparar y contrastar las perspectivas de distintos autores.*

Consejos

- Compara lo que opinan estos dos autores sobre el mismo tema.
- ¿En qué se parece tu opinión a las ideas del autor? ¿En qué se diferencia?
- Di: "Este autor piensa que___, pero el otro autor piensa que_____".
- Di: "Este autor piensa que____, pero yo pienso que _____".
- ¿Qué tienen en común todos estos textos?
- ¿Cómo te ayudó lo que escribió el autor A a pensar de otra manera sobre lo que escribió el autor B?

¿Para quién es?

NIVELES DE TEXTO
L–Z+

GÉNEROS/
TIPOS DE TEXTO
todos

DESTREZAS
cooperar, colaborar

Estrategia Cuando participas en un club de libros, debes aprender a cooperar y a trabajar en equipo. Para tener una buena conversación, es importante que todos lean las mismas páginas, que las comenten juntos y que se pongan objetivos. Una vez que terminen de platicar sobre el libro, pregunta a los participantes de tu club: "¿Qué tal lo hicimos?". Si creen que pueden mejorar, comenten cómo lo van a hacer o qué van a hacer de modo distinto la próxima vez.

Sugerencia para el maestro Los consejos que ofrezco en esta estrategia son útiles para ayudar a un club que necesita apoyo en la cooperación. Es más eficaz guiar a los niños para que reflexionen y piensen sobre qué van a hacer para mejorar la conversación, que decirles lo que usted quiere que hagan (¡sobre todo si ya lo ha intentado y no le dio resultado!).

Consejos

- Comenta cómo les fue en la conversación que tuvieron.
- Mira estas cuatro categorías. *(Señale la tabla: "Decidan juntos un objetivo"; "Haz tu parte"; "Comenten juntos"; "Ayúdense").* ¿Hicieron todo eso?
- Si tuvieras que cambiar algo sobre la conversación que tuvieron hoy, ¿qué cambiarías?
- Todos vamos a decir lo que haremos la próxima vez.
- Todos vamos a comentar cómo vamos a participar la próxima vez.

12.15 Piensa antes de hablar

¿Para quién es?

NIVELES DE TEXTO

M–Z+

**GÉNEROS/
TIPOS DE TEXTO**

todos

DESTREZAS

**audición activa,
mantenerse enfocado
en el tema**

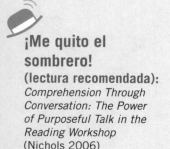

**¡Me quito el
sombrero!**
(lectura recomendada):
*Comprehension Through
Conversation: The Power
of Purposeful Talk in the
Reading Workshop*
(Nichols 2006)

Estrategia Piensa en lo que vas a decir. Pregúntate: "¿Lo que quiero decir está relacionado con el libro o con lo que estamos comentando?". Si es así, compártelo. Si no, archiva esa idea en la mente o anótala por si quieres volver a ella en otro momento.

Ejemplo de enseñanza *Antes de hablar, asegúrate de que lo que vas a decir esté relacionado con el texto o con lo que opinas sobre el mundo en relación con el texto que leíste. También debe estar conectado con lo que dijo antes tu compañero o alguien de tu grupo o club de lectura. A veces, cuando hablamos, nos vienen ideas a la cabeza y, antes de compartirlas, debemos pensar si realmente ayudan a profundizar en el tema del libro que estamos comentando o si van a cambiar totalmente el tema de conversación. Si creemos que nuestra idea se sale del tema, debemos archivarla en la mente y centrarnos en el libro y/o en la conversación.*

Consejos

- ¿Cómo se relaciona esa idea con el tema que están comentando?
- ¿Cómo se relaciona con el libro?
- Explica por qué tu idea apoya la conversación.
- ¿Deberías compartirla o archivarla?
- Creo que esa idea se sale del tema. Archívala por el momento.
- ¡Tu comentario es relevante para el libro que estamos comentando!

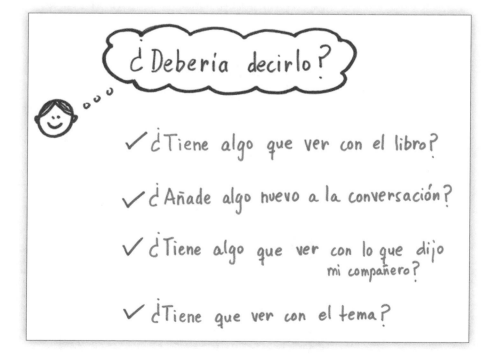

346   EL LIBRO DE ESTRATEGIAS DE LECTURA

Estrategia Si escuchamos con atención, a veces nos damos cuenta de que la idea de otra persona es muy diferente de la nuestra. En esos casos debemos detenernos y pensar: "¿Qué evidencia hay que apoye esa idea?". Evaluamos esa idea y vemos si la podemos apoyar. Al hacer eso, podríamos adquirir una nueva perspectiva que nos haga cambiar de opinión.

Ejemplo de enseñanza *Leamos el poema "La ardilla", de Amado Nervo. En este poema corto, una ardilla divertida corre libre entre los árboles y un niño quiere atraparla y meterla en una jaula muy bonita. A lo mejor, a algunos de ustedes les gustaría tener una ardilla como mascota para poder cuidarla y jugar con ella. Pero tal vez a otros no les parezca una buena idea atrapar a un animal silvestre. ¿Qué opinan sobre tener animales silvestres como mascotas? ¿Creen que estos animales pueden vivir mejor si nosotros los cuidamos? Tomemos una de estas ideas y, aunque no estén de acuerdo, tratemos de evaluarla. Vayamos de nuevo al poema, a ver si encontramos evidencia para apoyar esta idea.*

Consejos

- Lee el poema y busca pruebas que apoyen tu idea.
- Piensa cómo las pruebas se relacionan con tu idea.
- Di: "Esta idea es similar a la mía porque...".
- Di: "¿Qué quieres decir con eso?".

¿Para quién es?

NIVELES DE TEXTO

M–Z+

GÉNEROS/
TIPOS DE TEXTO

todos

DESTREZAS

pensar con flexibilidad, sentir empatía

¡Me quito el sombrero!
(lectura recomendada): *Teaching Reading in Small Groups: Differentiated Instruction for Building Strategic, Independent Readers* (Serravallo 2010)

Estrategia Hacer preguntas a tus compañeros o preguntar algo sobre los personajes de un libro es una buena manera de hacer que la conversación se vuelva más interesante. Puedes buscar algo con lo que no estás de acuerdo —algo que hizo un personaje o algo que dijo un compañero— y hacer preguntas difíciles que hagan pensar a la gente. Piensa en qué le podrías preguntar a un compañero o al grupo en general para que desarrollen más sus ideas y/o defiendan su opinión.

Ejemplo de enseñanza *Las preguntas pueden hacer que una conversación se vuelva más interesante, pero también pueden hacer que la conversación llegue a su fin. La diferencia está en si la pregunta consigue que tus compañeros piensen más sobre los libros y sus ideas o si la pueden responder con un simple sí o no. Por ejemplo, en el libro* Silvestre y la piedrecita mágica *(Steig 1990), una pregunta que terminaría con una conversación sería: "¿Qué encontró Silvestre?". Alguien respondería: "Encontró una piedrita que lo convirtió en piedra", y ya no habría nada más que decir. Debemos intentar hacer preguntas que nos hagan analizar el texto con mayor profundidad y que no se puedan responder echando un vistazo rápido al libro. Por ejemplo: "Nos contaste lo que pasó al final, pero ¿qué crees que intentaba enseñarnos el autor con este cuento?". Ese tipo de preguntas hacen que todos se involucren más en la conversación y profundicen en sus ideas.*

Consejos

- Piensa en algo que hizo el personaje y que a ti no te gustó.
- Piensa en algo que dijo un compañero con lo que no estás de acuerdo.
- Di: "No estoy de acuerdo porque…".
- Di: "Yo no habría ___ cuando…".
- Di: "¿Por qué crees que el personaje hizo eso?"

Estrategia Intenta participar en la conversación sin salirte del tema pero, si ves que todos están repitiendo lo mismo, es hora de pasar al siguiente tema. Comenta: "Creo que todos estamos diciendo lo mismo. ¿Quién quiere proponer otra idea?".

Ejemplo de enseñanza *Tenemos que intentar que la conversación avance. Para conseguirlo, podemos ofrecer nuestra opinión sobre una idea, hacer preguntas o reconsiderar algo. Si vemos que no estamos profundizando más en el tema, es hora de pasar a un tema nuevo. Cuando todos empiezan a repetir lo mismo con distintas palabras, alguien debe darse cuenta e intentar cambiar de tema. Por ejemplo, si estamos platicando sobre India Opal del libro* Gracias a Winn-Dixie *(DiCamillo 2011) y alguien dice: "Yo creo que se siente muy sola porque quiere hacerse amiga del perro"; y después otra persona dice: "Estoy de acuerdo. Se siente muy sola"; y la tercera persona dice: "Sí, si no se sintiera sola, no querría quedarse con el perro"; y la cuarta persona añade: "Los perros te ayudan a no sentirte solo", parece que todos están diciendo lo mismo con distintas palabras. Tenemos que pasar a la siguiente idea y explorar nuevos territorios: otro personaje, la idea de la soledad, la importancia del perro u otra cosa.*

Consejos

- Piensa si vas a decir algo nuevo o vas a repetir la misma idea.
- ¿Crees que puedes comentar algo distinto sobre este tema?
- Piensa en algo relacionado con esta idea que nos pueda ayudar a pasar a un tema nuevo.
- Vamos a pensar en otros temas que podamos comentar.
- Parece que nos estamos repitiendo.
- Vamos a cambiar de tema. ¿Quién quiere sugerir otro?

¿Para quién es?

NIVELES DE TEXTO
M–Z+

**GÉNEROS/
TIPOS DE TEXTO**
todos

DESTREZA

mantener el flujo de la conversación

12.19 Determina la importancia en las ideas de otros

¿Para quién es?

NIVELES DE TEXTO

M–Z+

GÉNEROS/ TIPOS DE TEXTO

todos

DESTREZAS

determinar la importancia, mantenerse enfocado en el tema

Estrategia Cuando quieres establecer una buena conexión entre tus ideas y las de la persona que habló antes, intenta escuchar con atención lo que dice esa persona. Después, piensa qué fue lo más importante que dijo. Una manera de hacerlo es prestar atención a las palabras clave con las que estabas de acuerdo o que se quedaron en tu cabeza. Puedes decir: "Cuando dijiste_____, me hizo pensar en_____".

Ejemplo de enseñanza *A veces, tus amigos expresan sus ideas con varias frases. En ese caso, es difícil decidir cuál de las cosas que dijo vas a comentar. Voy a mostrarte los comentarios de un estudiante y pensaré en voz alta qué puntos considero importantes y cómo puedo conectar mis ideas con lo que dijo.*

El estudiante dijo: "Creo que el autor intenta decirnos que aunque estés mucho tiempo separado de alguien, siempre hay una manera de mantener viva la relación. Por ejemplo, la niña del libro no había visto a su papá en mucho tiempo, pero salió con él a buscar cuervos. Además se compraron una camisa igual. Y comieron pastel. Así que, aunque había pasado mucho tiempo, volvieron a hacer cosas juntos".

Al escuchar lo que dijo el estudiante, algunas de sus ideas y de sus palabras se me quedaron en la cabeza:

- *Relación*
- *Efecto del tiempo*
- *Encontrar nuevas formas de conectarse*
- *El simbolismo de algunas cosas, como buscar cuervos, la camisa, el pastel.*

Si tuviera que comentar algo después de él, puedo elegir entre esas opciones sin salirme del "tema". Puedo elegir uno de los temas que comentó y conectar mis ideas con las suyas.

Consejos
- ¿Qué dijo la otra persona?
- Piensa en lo que es importante para ti.
- ¿Puedes repetir lo que dijo? Empieza con: "Cuando dijiste…".
- ¿Puedes comentar lo que piensas de esa idea?
- Da una respuesta.
- Sí, tu respuesta está relacionada con las ideas de ___.

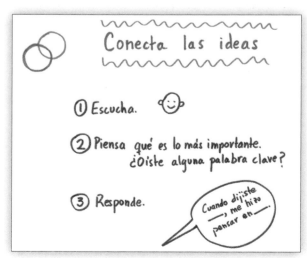

12.20 Preguntas potentes

Estrategia Las preguntas mantienen viva una conversación y nos ayudan a explorar distintos aspectos sobre nuestras ideas que probablemente no habríamos descubierto por nuestra cuenta. Las preguntas potentes suelen empezar con un "por qué" o "cómo" y no se pueden responder con un simple "sí" o "no". Piensa en algo que te genere curiosidad —un libro o las ideas de otra persona— y compártelo en forma de pregunta y no como una afirmación.

Sugerencia para el maestro Como se sugiere en la tabla de esta página, esta estrategia se puede extender y convertir en una serie de cuatro lecciones o más para enseñar a los niños distintos tipos de preguntas y los distintos tipos de información que se obtienen con esas preguntas. No se trata de que los estudiantes tengan que hacer todas las preguntas de una lista cada vez que hablen, sino que piensen en cómo sus preguntas pueden ayudar a mejorar la conversación.

Consejos
- Piensa en las preguntas que tengas.
- Piensa en lo que acaba de decir tu compañero/a. ¿Qué puedes preguntar para mantener viva la conversación?
- Empieza con: "¿Por qué?".
- Empieza con: "¿Cómo?".
- Eso es una afirmación. Si tuvieras que decirlo en forma de pregunta, ¿cómo lo dirías?

¿Para quién es?

NIVELES DE TEXTO
M–Z+

GÉNEROS/
TIPOS DE TEXTO
todos

DESTREZA
preguntar

Estrategia A veces los debates estimulan nuestras ideas y hacen que la conversación se vuelva más interesante. Aunque no estés seguro de si realmente estás en desacuerdo, puedes ofrecer una perspectiva diferente para empezar un debate. Puedes decir: "No estoy seguro, pero, ¿has pensado si…?" o "Por otro lado, ____" o "¿No podría significar que___?".

Sugerencia para el maestro Si está interesado en desarrollar las destrezas de debate de sus estudiantes, le recomiendo leer los trabajos que ha desarrollado la organización Teachers College Reading and Writing Project sobre argumentos y debates durante los dos últimos años. Han creado un currículo (publicado como la serie "Units of Study in Opinion/Argument, Information, and Narrative Writing" de Calkins et al. (2013) y ofrecen materiales en su página web, al igual que mini-institutos para la capacitación profesional.

Consejos

- ¿Qué idea diferente podrías ofrecer?
- Piensa en lo que acaba de decir tu compañero. Si quisieras debatir esa idea, ¿qué dirías?
- Empieza con: "Por otro lado,…".
- Empieza con: "O también …".
- Esa idea es bastante parecida. Intenta con otra.
- Sí, esa idea es muy diferente. ¡Esta conversación se va a poner muy interesante!

¡Me quito el sombrero!
(lectura recomendada):
*Shades of Meaning:
Comprehension and
Interpretation in Middle
School* (Santman 2005)

La mayoría de los niños necesita instrucción para aprender a conversar, y, aún más, para aprender a conversar sobre *libros*.

—*Jennifer Serravallo*

Objetivo 13

Mejorar la escritura sobre lecturas

◎ ¿Por qué es importante este objetivo?

Escribir un buen texto sobre una lectura no es un objetivo fácil. Implica incorporar tanto el razonamiento del lector como su habilidad para escribir un texto que refleje y amplíe ese razonamiento. Muchos niños desconocen el concepto de que el lector puede y debe profundizar en lo que lee, e incluso anotar esos pensamientos. La mayoría piensa que para leer basta con seguir los sucesos de la trama y luego devolver el libro a la biblioteca del salón de clases y ya. Enseñarles a desarrollar, y por lo tanto mejorar, el hábito de escribir sobre lo que leen consiste en hacerles ver que lo que *ellos* piensan sobre un libro es importante, tanto así que deben tomarse el tiempo para anotarlo. Aun así, los maestros debemos cuidar que la escritura en sí no se apodere de la experiencia estética que deseamos lograr para que los niños disfruten al máximo su interés por la lectura (Rosenblatt 1978; Ivey y Johnston 2013). Una manera de lograr ese equilibrio es permitir que cada estudiante decida si quiere escribir sobre su lectura y ofrecerle la opción de cuándo y cómo hacerlo (Atwell 2014).

Tal vez muchos de los niños que usted considera que deben fijarse el objetivo de escribir sobre sus lecturas también deban tener como objetivo la comprensión de lo que leen. En otras palabras, no solo necesitarán práctica de escritura, sino comprender la lectura para saber sobre qué están escribiendo. La mayoría de las estrategias de los objetivos 5 a 11 apoyan la idea de profundizar el razonamiento al leer ficción y no ficción, y se pueden adaptar también como estrategias de escritura sobre lecturas.

Este capítulo contiene ideas para la enseñanza de estrategias que respaldan el objetivo de escribir sobre lecturas, entre ellas:

- Estrategias para escribir y reflexionar sobre uno mismo como lector y nuestra identidad como lector (para apoyar la motivación, descrita en el Objetivo 2).
- Estrategias para escribir notas espontáneas y cortas en notas adhesivas para marcar y recordar ideas en medio de la lectura.
- Estrategias para escribir de manera más elaborada y ampliar el razonamiento de ideas.
- Estrategias para mejorar la articulación de las ideas en la expresión escrita, ya sea en notas cortas o largas.

◎ ¿Cómo sé si este objetivo es adecuado para mi estudiante?

Se dará cuenta de que muchas de las ideas presentadas como objetivos se dirigen a lectores en los grados superiores de la primaria y la secundaria, y que no se ofrecen tantas ideas para los grados básicos de primaria. Esto no se debe a que los niños más pequeños no puedan escribir sobre sus lecturas, sino más bien porque opino que se demoran tanto en escribir que cuestiono si es algo a lo que se deba dedicar mucho tiempo. Los niños de kindergarten y primer grado deben leer mucho para practicar y reforzar el proceso lector, la fluidez y la comprensión. Ya finalizando el primer grado, podría consultar algunas de las estrategias de este capítulo para practicar y desarrollar la escritura sobre lecturas con su clase. Habrá casos excepcionales de estudiantes de primer grado para quienes será importante el objetivo de escribir sobre sus lecturas en cualquier momento del año escolar.

Con frecuencia, decido guiar a un estudiante a escribir sobre su lectura cuando se dan las siguientes circunstancias:

- Cuando su expresión oral de lo que comprende (lo que dice cuando habla con sus compañeros o conversa conmigo) sobrepasa su habilidad de expresar ideas por escrito.

- Cuando la escritura es instrumental para apoyar la comprensión, ya que sin escribir sobre lo que lee se le dificultaría recordar luego lo que pensó mientras leía o seguir la información del libro al pie de la letra.
- Cuando demuestra tener capacidad para la escritura (hecho que se comprueba previamente en sus textos de ensayo, ficción o informativos), pero su razonamiento durante la lectura aparenta ser superficial.

Fíjese tanto en la variedad de los trabajos de sus estudiantes, como en los apuntes que escriban en los márgenes de los artículos que lean o las notas que peguen dentro de los libros. También observe sus textos más largos, como los que escriben en sus cuadernos o diarios.

Para buscar referencias adicionales de apoyo sobre una escritura más formal y estructurada sobre lecturas, tales como ensayos literarios o reseñas, puede consultar estas fuentes: *Writing About Reading* (Angelillo 2003), *Literary Essays: Writing About Reading* (Calkins y McEvoy 2006) o *The Literary Essay: Analyzing Craft and Theme* (Roberts y Wischow 2014).

Vistazo a las estrategias para mejorar la escritura sobre lecturas

	Estrategia	Niveles	Géneros/ Tipos de texto	Destrezas
13.1	Dibuja un momento en que leíste con gusto	E–Z+	No corresponde	Reflexionar sobre lecturas anteriores
13.2	Pausas y símbolos	E–Z+	Todos	Varias
13.3	Transición de una oración a otra	G–Z+	Todos	Conectar ideas
13.4	La ventaja de anotar ideas	G–Z+	Todos	Anotar rápidamente
13.5	Al leer no ficción, para y anota	J–Z+	No ficción	Anotar rápidamente
13.6	¿Qué puedo hacer con las notas adhesivas?	J–Z+	Todos	Considerar el propósito de escribir sobre lecturas
13.7	¿Qué notas debo guardar?	L–Z+	Todos	Determinar la importancia
13.8	Resume en cinco oraciones	M–Z+	Ficción, narración de no ficción	Resumir, determinar la importancia
13.9	Cronología de mis lecturas	M–Z+	Todos	Reflexionar sobre lecturas anteriores
13.10	Tomar notas ayuda a entender la no ficción	M–Z+	No ficción	Determinar la importancia, sintetizar
13.11	Lo mejor y lo peor	M–Z+	Todos	Reflexionar sobre lecturas anteriores
13.12	Tabla de T: Qué pasó/Qué me hizo pensar	N–Z+	Ficción	Determinar la importancia, inferir
13.13	Líneas impactantes	N–Z+	Todos	Inferir, preguntar, interpretar
13.14	Elabora y escribe	N–Z+	Todos	Elaborar, inferir, interpretar
13.15	Escribe, habla, escribe	N–Z+	Todos	Considerar otros puntos de vista, revisar ideas
13.16	Red de personajes	P–Z+	Ficción	Inferir, sintetizar
13.17	Compara libros en busca de ideas	P–Z+	Todos	Sintetizar, interpretar
13.18	Escribe tu reacción	P–Z+	Todos	Hacer conexiones, reaccionar
13.19	Ensayo relámpago	P–Z+	Todos	Apoyar las ideas con razones y evidencia del texto
13.20	Escribe y analiza con criterio	P–Z+	Todos	Cuestionar, analizar con criterio
13.21	Adéntrate en la historia y escribe	R–Z+	Ficción	Visualizar, inferir
13.22	Conecta ideas	R–Z+	Todos	Sintetizar, interpretar, comparar y contrastar
13.23	Acumula ideas	R–Z+	Ficción	Sintetizar, interpretar, inferir

NIVELES DE TEXTO
E–Z+

GÉNERO / TIPO DE TEXTO
no corresponde

DESTREZA
reflexionar sobre lecturas anteriores

Estrategia Recuerda un momento en que hayas disfrutado de una lectura. Luego haz un dibujo rápido con todos los detalles que puedas recordar sobre ese momento: dónde estabas, quién estaba contigo y, sobre todo, qué libro leías. Piensa en por qué consideras que ese momento de lectura fue una experiencia positiva para ti. Luego, escribe un plan de cómo puedes crear otras experiencias y recuerdos positivos de tus lecturas.

Sugerencia para el maestro Al escribir sobre nuestras lecturas no solo expresamos lo que hemos comprendido al leer, sino que también reflejamos el tipo de lector que somos. Durante el curso escolar, los estudiantes madurarán y cambiarán. Por eso, a lo largo del año escolar, tenga en mente utilizar algunas de estas estrategias de escritura sobre lecturas, al igual que otras ideas mencionadas en el Objetivo 2 (*"Concentración, Fuerza y persistencia, Interés en la lectura y Cómo hacer de la lectura un hábito"*), que son útiles para reflexionar sobre la identidad del lector.

Consejos

- Cierra los ojos y visualiza el lugar.
- Piensa en cómo era ese lugar. ¿Qué detalles recuerdas?
- Piensa en el libro que estabas leyendo.
- ¿Te acompañaba alguien?
- ¿Qué tenía de especial ese rincón ideal que te ayudó a leer?
- Vamos a hacer un plan.
- ¿Cómo vas a recrear una experiencia parecida este año?

Estrategia Cuando estás leyendo y de pronto algo te hace reaccionar, pero no quieres parar por mucho tiempo para anotarlo, puedes indicar tu reacción con un símbolo. Anótalo rápidamente y sigue leyendo. Más tarde, cuando quieras regresar a ese punto y ver lo que estabas pensando, puedes mirar el símbolo y preguntarte: "¿En qué pensé cuando leí esta página?".

Sugerencia para el maestro Esta estrategia es una manera de enseñar a los lectores más jóvenes, según su edad, a planear periodos de lectura o de conversación con un compañero. Solo toma un segundo anotar rápidamente un símbolo en una nota adhesiva. He visto a maestros de kindergarten utilizar una versión de esta estrategia, preparando de antemano notas adhesivas o marcadores de papel con símbolos, y luego repartiéndolos a los niños para que los coloquen en sus libros mientras leen (algunos niños se ponen nerviosos al tener que manejar los libros y los útiles de escritura al mismo tiempo, y es comprensible). Esta estrategia sirve a los lectores mayores para recordar un punto en la lectura donde se les ocurrió algo o reaccionaron a ello, pero no quisieron detenerse a escribir un par de oraciones. Con este método pueden marcar ese punto con un símbolo y después regresar a él una vez concluido el periodo de lectura. Así no pierden el hilo de la lectura ni el interés en seguir leyendo.

Consejos

- ¿Qué estás pensando aquí?
- ¿Qué símbolo podrías usar? Mira la tabla.
- Haz una anotación rápida y sigue leyendo.
- Miremos tus notas. Usa tus notas para explicar qué estabas pensando.

¿Para quién es?

NIVELES DE TEXTO
E–Z+

GÉNEROS / TIPOS DE TEXTO
todos

DESTREZAS
varias

¡Me quito el sombrero!
(lectura recomendada):
A Curricular Plan for the Reading Workshop, Grade K
(Calkins *et al.* 2011a)

13.3 Transición de una oración a otra

NIVELES DE TEXTO
G–Z+

GÉNEROS / TIPOS DE TEXTO
todos

DESTREZA
conectar ideas

Estrategia Quieres escribir dos oraciones. Piensa en cómo vas a conectarlas. Pregúntate: "¿Qué palabra o frase puedo usar para comenzar la segunda oración?". Si no se te ocurre nada y necesitas ayuda, consulta la tabla para guiarte.

Sugerencia para el maestro Esta estrategia sirve para ayudar a los niños a explorar lo que piensan y, a partir de ahí, elaborar una primera idea y ampliarla de forma escrita. Los lectores más pequeños tal vez escriban un par de oraciones, mientras que los mayores ya puedan llenar varias hojas de su cuaderno. Adapte el lenguaje de la estrategia, las palabras y frases de transición según la edad y el nivel de lectura de su clase.

Ejemplo de enseñanza *Cuando escribimos un texto largo sobre una lectura, a veces se nos ocurren muchas ideas que nos llevan a otras ideas y hechos que queremos nombrar. Para indicar con claridad cómo una oración se conecta con otra, debes elegir con cuidado las palabras y frases de transición que vas a utilizar. Si solo haces una lista de ideas o detalles del texto, el significado general no va a quedar claro. Si luego tú o tu maestro desean leer tu texto, va a ser difícil entender lo que querías decir.*

Al principio, tal vez tengas que volver a leer varias veces lo que escribiste y luego revisarlo. Cuando lo hagas, te debes preguntar: "¿Cuál es la conexión entre estas dos oraciones?". Entonces debes elegir la palabra o frase de transición adecuada para hacer la conexión que deseas. Con la práctica, verás que irás usando estas palabras y frases de transición con mayor naturalidad y facilidad.

Propósito/ Significado	Ejemplos	Propósito/ Significado	Ejemplos
Concordancia Semejanza	No solo… sino también Además Primero, segundo, tercero De igual importancia Y También Tanto como	Efecto Consecuencia	Como resultado En ese caso Por tanto Así Entonces Por consiguiente Por eso
Oposición Contradicción	En contraste con A pesar de Aunque Por otro lado Pero Sin embargo Además	Conclusión Resumen Repetición	En términos generales Considerando que Después de todo En resumen En conclusión En breve Para resumir
Causa Propósito	Con esto en mente Para Si/entonces Siempre que Debido a Dado que	Tiempo Secuencia	Para empezar Al inicio/comienzo Después Más tarde Luego A la larga Mientras tanto Hasta ahora
Ejemplos Apoyo	En otras palabras Visto de otro modo Otra cosa a considerar Incluso Ciertamente Especialmente Sorprendentemente De hecho Por lo que		

13.4 La ventaja de anotar ideas

¿Para quién es?

NIVELES DE TEXTO
G–Z+

GÉNEROS / TIPOS DE TEXTO
todos

DESTREZA
anotar rápidamente

Estrategia Cuando estoy leyendo y se me ocurre algo, paro de leer y me pregunto: "¿Me ayudará a leer mejor si anoto esta idea? ¿Hacerlo me ayudará luego a hablar de este punto con mi compañero o club de lectura? ¿Me ayudará a hablarlo con mi maestro?". Si quiero que la idea no se me vaya de la mente, la anoto rápidamente en una nota adhesiva y la pego en la página donde se me ocurrió la idea. Luego sigo leyendo.

Sugerencia para el maestro La sugerencia de que los estudiantes usen notas adhesivas para hacer apuntes rápidos emula el hábito de anotar ideas en los márgenes de los libros cuando son propios, justo al lado del punto donde se nos ocurre algo relacionado con el texto. Hacerlo conlleva ciertos beneficios. Primero, cuando usted converse con los niños sobre sus ideas, la evidencia aparece justo en el texto. Segundo, cuando los niños se refieran a sus notas en cualquier conversación, pueden buscarlas y señalarlas al instante. Algunos colegas, abrumados por la cantidad de cuadritos amarillos, me preguntan por qué aconsejo usar notas adhesivas. ¿Dónde poner tantas notas una vez que los niños terminen de leer el libro? ¿Cómo las organizo? ¿Cómo monitoreo lo que los estudiantes han escrito? Esta es la solución que ofrezco a esas preguntas: Pida a los estudiantes de primero y segundo grado que en una carpeta con dos compartimentos pongan una hoja por semana. Los estudiantes de tercero y de los grados superiores pueden usar un cuaderno, pegando sus notas en una hoja de cuaderno por libro. Guíelos a decidir qué tipo de notas deben escribir y guardar en su hoja o cuaderno (vea la estrategia 13.7, "¿Qué notas debo guardar?" o la 12.8 "Supernotas con superideas"). Una vez por semana, ellos podrán revisar sus notas y decidir cuáles conservar en su carpeta, y cuáles desechar. La meta es que estas notas adhesivas ayuden al lector a seguir el hilo de la lectura, a hacer visible su proceso mental durante las conferencias con el maestro y a prepararlo para sus conversaciones con otros compañeros. La intención es que las notitas no sean ni una molestia ni un estorbo. Si esto pasa, el estudiante puede escribir sus notas en un cuaderno, pero es algo que no recomiendo para los grados de primaria ya que el lápiz y el cuaderno pueden distraerlos de la lectura.

Consejos

- Para cuando se te ocurra una idea.
- Anota lo que piensas.
- Anota rápidamente para no perder el hilo de la lectura.
- ¿Es una idea que quieres guardar? Entonces, anótala.
- Veo que hiciste anotaciones rápidas en los puntos que consideraste importantes.

Estrategia Tomar notas mientras lees libros de no ficción te ayudará a retener la información más importante. Cuando leas y sientas que algo (una palabra o un hecho nuevo) despierta tu curiosidad, o visualizas una imagen en detalle o algo que te cause interés, o decidas que quieres retener la información de cierta sección, es buena idea parar de leer y anotar lo que te venga a la mente.

Ejemplo de enseñanza *Mientras leo materiales de no ficción, pienso en la mejor manera en que, como lector, puedo retener las ideas y los hechos importantes.* (Lea la primera página de *Los lobos*, de Laura Marsh, 2015). *Veo las palabras* aullido *y* escalofriante. *No las conozco, pero parecen estar relacionadas y pueden ser importantes para entender el sonido que hacen los lobos. Para que no se me olviden, las voy a anotar y buscar lo que quieren decir.* (Apunte: aullido: grito; escalofriante: que da miedo). *Voy a seguir leyendo.* (Lea en voz alta las páginas 6 y 7*). ¡Cuánta información aprendí! Antes de seguir leyendo, voy a hacer un resumen de lo que leí anotando los hechos en forma de lista con puntos.* (Escriba en un cuadro: *Hay muchos tipos de lobos en el mundo*. Debajo, haga dos puntos. Tras el primero escriba: • *Dónde viven: desiertos, Polo Norte y Polo Sur.* En el segundo, escriba: • *Tipos: lobo ibérico, lobo polar, lobo norteamericano). Voy a leer un poco más para ver qué más puedo anotar.* (Lea la sección titulada "Los lobos y los perros"*). Ahora sé que los lobos y los perros forman parte de la misma familia. Tienen muchos parecidos, pero también diferencias. Voy a anotar eso para no olvidarlo.* (Vuelva a demostrar cómo tomar notas).

Consejos

- Después de leer esa sección, ¿qué idea se te ocurre?
- ¿Qué crees que debes anotar rápidamente para ayudarte a retener la información?
- Hagamos una pausa y tomemos notas.
- Muestra lo que vas a anotar después de esa parte.
- Fíjate en la tabla. ¿Qué debes anotar?
- Veo que pensaste sobre lo que más te ayudaría cuando dejaste de leer para anotarlo.

¿Para quién es?

NIVELES DE TEXTO
J–Z+

GÉNERO /
TIPO DE TEXTO
no ficción

DESTREZA
anotar rápidamente

13.6 ¿Qué puedo hacer con las notas adhesivas?

¿Para quién es?

NIVELES DE TEXTO

J–Z+

GÉNEROS / TIPOS DE TEXTO

todos

DESTREZA

considerar el propósito de escribir sobre lecturas

Estrategia Las notas adhesivas pueden ser herramientas útiles mientras lees. Las puedes usar para anotar lo que piensas, para recordar lo que ya leíste o para hablar y escribir sobre lo que se te ocurrió mientras leías. Es importante que te preguntes: "¿Cuál es mi propósito al escribir esto?", o tal vez "¿Cómo voy a usar esta nota?".

Sugerencia para el maestro Esta estrategia le vendrá bien si tiene estudiantes que llenan demasiadas notas adhesivas y eso interfiere con su motivación general al leer. También puede servirle para guiar a un niño que se niega a usar notas adhesivas porque no entiende su propósito. En esos casos, ayuda explicar que las notas adhesivas tienen otros fines más allá de descartarlas al final de la lectura de un libro. Demuestre a los estudiantes cómo las pueden usar cuando conversan o escriben sobre las ideas que se les ocurrieron mientras leían, o para retener esas mismas ideas fugaces y más tarde reflexionar sobre lo que pensaron. Así podrán conectar la acción con un propósito. De lo contrario, sin un propósito, la mayoría de los estudiantes tomará notas solo porque creen que eso es lo que deben hacer o porque se ven obligados a completar la tarea que les asignó el maestro.

Consejos

- ¿Qué quieres apuntar en una nota adhesiva?
- Piensa con qué propósito lo vas a hacer.
- ¿Crees que escribir lo que pienses te va a ayudar?
- ¿Con quién vas a compartir lo que piensas?
- ¿Te va a ayudar esa nota? Explica cómo te ayudará.

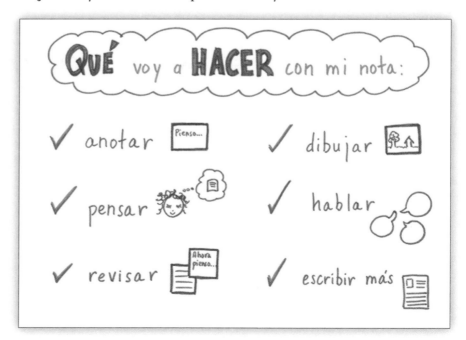

Estrategia Vuelve a leer lo que escribiste en tus notas adhesivas. Pregúntate: "¿Debo guardar esto?" o "¿Pasan la prueba?" (Mira la tabla de abajo). Si crees que sí, guárdalas en la hoja de tu cuaderno bajo el título del libro correspondiente.

Ejemplo de enseñanza *Al final de la semana, cuando vayas a devolver los libros que leíste por tu cuenta, tal vez notes que tienen una gran cantidad de notas pegadas a las páginas. Debes preguntarte cuáles debes guardar. Reflexiona sobre eso haciéndote estas preguntas (señale la tabla de esta página). Una vez que selecciones las notas que quieres guardar, organízalas en tu cuaderno de lector. Encabeza cada hoja con el título del libro, luego pega en esa hoja las notas que escribiste mientras leías ese libro.*

Consejos
- Vuelve a leer lo que escribiste en las notas.
- ¿Cuáles debes guardar?
- ¿Qué te ayudará a decidir cuáles guardarás?
- ¿Cómo crees que las usarás luego?
- Veo que pensaste bien qué notas te servirán luego y cuáles no.

¿Qué notas debo **guardar**?

Debo guardar mis ideas en notas adhesivas si creo que...

- Me ayudan a entender el libro que leo.
- Se conectan a mi objetivo.
- Me ayudarán a hablar con el maestro sobre mis lecturas.
- Me ayudarán a iniciar conversaciones con otros.
- Me servirán para ampliar mis ideas por escrito sobre las lecturas.

¿Cuáles debo guardar?

¡Me quito el sombrero!
(lectura recomendada):
*Writing About Reading:
From Book Talk to Literary
Essays, Grades 3–8*
(Angelillo 2003)

13.8 Resume en cinco oraciones

¿Para quién es?

NIVELES DE TEXTO

M–Z+

GÉNEROS /
TIPOS DE TEXTO

**ficción, narración
de no ficción**

DESTREZAS

**resumir, determinar
la importancia**

Estrategia Piensa en el texto que acabas de leer. ¿Cuáles fueron los cinco sucesos más importantes, en el orden en que sucedieron? Dilos en voz alta y enuméralos con los cinco dedos de la mano. En tu hoja, escribe una oración sobre cada suceso.

Ejemplo de enseñanza *Una de las mejores maneras de entender un texto que hemos leído es resumirlo. Resumir es una destreza en sí misma, así como una estrategia que nos ayuda a comprender y recordar lo que leemos. Cuando nos preguntan qué es lo más importante sobre un texto, debemos seleccionar los detalles más esenciales entre muchos. Por ejemplo, si tuviera que resumir en cinco oraciones* Silvestre y la piedrecita mágica *(Steig 1990), incluiría estas oraciones:*

- *Silvestre encontró una piedrita mágica que concedía deseos.*
- *Cuando un león lo amenazó, pidió convertirse en una piedra.*
- *Su mamá y su papá lo buscaron desesperados sin encontrarlo.*
- *Los padres de Silvestre encuentran la misma piedrita mágica en un picnic.*
- *Los padres piden que Silvestre regrese, y Silvestre vuelve a ser él.*

Fíjate que no incluí todos los detalles del cuento, solo los más importantes de la trama. Mis oraciones describen con claridad lo que pasó, y hasta quien no haya leído el libro puede entender lo que pasó en el cuento.

Consejos

- ¿Qué pasó primero?
- ¿Cuál fue el suceso más importante que pasó después?
- Si ya estás enumerando el dedo del medio, vas por la mitad del cuento.
- Solo te queda un dedo por enumerar. ¿Cuál fue la conclusión del cuento que conecta de nuevo con el problema inicial o con lo que el personaje quería?

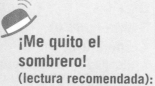

**¡Me quito el
sombrero!**
(lectura recomendada):
*Notebook Connections:
Strategies for the Reader's
Notebook* (Buckner 2009)

Estrategia Piensa en tu historial como lector. Haz una línea cronológica que muestre tu vida como lector desde tu infancia hasta ahora. Después de crear tu línea cronológica o línea de tiempo, podrás reflexionar sobre cómo tu historial de lector se refleja en tu presente.

Ejemplo de enseñanza *A medida que creces y cambias como persona, también maduras y cambias como lector. Quién eras y lo que leías en primer grado, dónde y cómo leías y con quién lo compartías, probablemente es muy diferente a lo que haces ahora. Al reflexionar sobre tu historial como lector, podrás comprender mejor quién eres hoy. En unos meses repetiremos esta actividad y comprobaremos si sientes que has cambiado como lector durante el curso del año escolar.*

Consejos

- Piensa y pregúntate: ¿Qué me gustaba leer? ¿Dónde me gustaba leer? ¿Cuándo me gustaba leer? Y así sucesivamente.
- Incluye momentos de lectura en casa y en la escuela.
- ¿Qué eventos fueron los más notables?
- Mencionaste momentos de lectura de toda tu vida. Eso te ayudará a pensar en qué tipo de lector eres ahora.

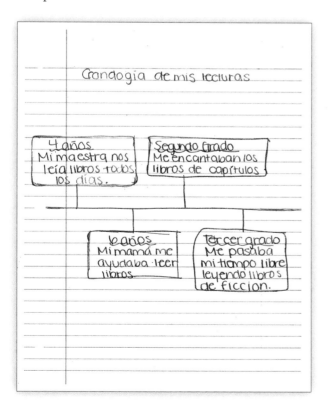

¿Para quién es?

NIVELES DE TEXTO
M–Z+

GÉNEROS /
TIPOS DE TEXTO
todos

DESTREZA
**reflexionar
sobre lecturas
anteriores**

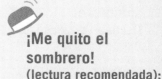

¡Me quito el sombrero!
(lectura recomendada):
*Notebook Connections:
Strategies for the Reader's
Notebook* (Buckner 2009)

¿Para quién es?

NIVELES DE TEXTO
M–Z+

GÉNERO /
TIPO DE TEXTO
no ficción

DESTREZAS
**determinar
la importancia,
sintetizar**

Estrategia Lee la página o sección entera. Piensa con qué tipo de organizador gráfico te gustaría representar la información, según la estructura del texto. Vuelve a leer la página o sección entera y completa tu organizador gráfico con la información.

Sugerencia para el maestro Antes de que los estudiantes apliquen esta estrategia, ya tendrían que saber sobre las diferentes estructuras de los textos y cómo usar los organizadores gráficos. (Vea, por ejemplo, la estrategia 8.19 "Ten en cuenta la estructura"). También es importante notar que esta estrategia sirve para apoyar a los estudiantes a tomar notas cuando su objetivo es investigar y registrar lo que han leído con un propósito en mente, ya sea porque van a escribir luego sobre el tema o van a conversar sobre el mismo con un maestro o compañero. No todas las lecturas de no ficción resultan en reportes escritos, ni tampoco están todas conectadas a la investigación del tema. Los estudiantes ya deben haber acumulado bastante experiencia en la lectura de textos enteros y continuos, y también deben saber aplicar las estrategias de comprensión durante la lectura sin que tengan que registrar por escrito lo que aprenden.

Consejos

- ¿Cómo crees que vas a tomar notas?
- Considera la estructura del texto.
- ¿Cómo sabes cuál es la estructura del texto?
- Ahora que ya sabes cuál es la estructura y cómo vas a tomar notas, vuelve a leer el texto.

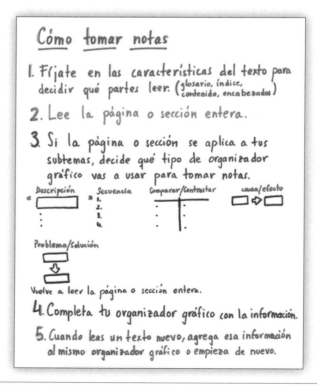

Cómo tomar notas

1. Fíjate en las características del texto para decidir qué partes leer. (glosario, índice, contenido, encabezados)

2. Lee la página o sección entera.

3. Si la página o sección se aplica a tus subtemas, decide qué tipo de organizador gráfico vas a usar para tomar notas.

Descripción   Secuencia   Comparar/Contrastar   causa/efecto

Problema/solución

Vuelve a leer la página o sección entera.

4. Completa tu organizador gráfico con la información.

5. Cuando leas un texto nuevo, agrega esa información al mismo organizador gráfico o empieza de nuevo.

¡Me quito el sombrero!
(lectura recomendada):
Navigating Nonfiction in Expository Text
(Calkins y Tolan 2010c)

Navigating Nonfiction in Narrative and Hybrid Text
(Calkins y Tolan 2010d)

13.11 Lo mejor y lo peor

Estrategia Recuerda momentos en que leer te pareció una experiencia positiva y agradable. Escribe sobre esos momentos y describe qué cosas contribuyeron a que te sintieras a gusto. Ahora piensa en lo opuesto, cuando leer fue para ti una experiencia difícil, aburrida o desagradable. Escribe sobre esos otros momentos y por qué te sentiste de ese modo. Vuelve a leer lo que escribiste y toma una decisión: "Pienso que tendré que…".

Ejemplo de enseñanza *Mi meta es que cada uno de ustedes se sienta satisfecho con su experiencia como lector. ¡Que no se les pase por la mente una vida sin leer! Quiero que aprendan a elegir libros en los que se vean reflejados y que sientan curiosidad y busquen respuestas en esos libros. Sin embargo, si somos sinceros, es cierto que todos hemos tenido experiencias maravillosas al leer —las que llamaremos "lo mejor"—, pero también hemos tenido experiencias terribles y frustrantes con la lectura, que llamaremos "lo peor". Cuando hablamos con sinceridad sobre esos dos lados opuestos de nuestra experiencia con la lectura, podemos reconsiderar lo que necesitamos hacer para crear una trayectoria positiva como lectores.*

Consejos

- ¿Cuándo empezó la lectura a ser una actividad positiva para ti?
- Cierra los ojos y piensa en un momento en que leer fue una experiencia positiva para ti.
- Ahora piensa en lo opuesto. Recuerda un momento en que no querías seguir leyendo o en que leer no fue una experiencia agradable para ti.
- Cuando miras tu lista, ¿qué patrones notas?
- ¿Cuál será tu plan este año?

> Los lectores reflexionan sobre sus experiencias con la lectura…
>
> * Recuerdan momentos positivos y negativos.
>
> * Crean una línea de tiempo de momentos favoritos.
>
> * Dibujan un momento favorito.

¿Para quién es?

NIVELES DE TEXTO
M–Z+

GÉNEROS / TIPOS DE TEXTO
todos

DESTREZA
reflexionar sobre lecturas anteriores

¡Me quito el sombrero!
(lectura recomendada):
Building a Reading Life: Stamina, Fluency and Engagement
(Calkins y Tolan 2010a)

¿Para quién es?

NIVELES DE TEXTO

N–Z+

GÉNERO / TIPO DE TEXTO

ficción

DESTREZAS

determinar la importancia, inferir

Estrategia Puedes hacer una tabla de dos columnas (en forma de T) para registrar los momentos importantes de la historia y cómo reaccionas a cada uno. Para y anota el suceso importante en la columna de la izquierda. Escribe lo que piensas, tus reacciones, preguntas o ideas en la columna de la derecha.

Ejemplo de enseñanza *El significado que sacas de un texto es parecido a una conversación entre lo que contiene el libro y lo que tú piensas. Por eso tus pensamientos, reacciones y preguntas acerca de la historia son muy importantes. A medida que leas, anota tanto los sucesos importantes como lo que tú piensas sobre cada uno. Al hacer esto, tendrás un registro completo de tus reacciones a lo largo del texto.*

Consejos

- ¿Qué es lo más importante que debes recordar aquí?
- Piensa cuál fue un suceso importante para el personaje.
- ¿Qué te hizo anotar eso? ¿Cuál fue tu reacción?
- ¿Por qué crees que eso fue importante?
- ¿Qué piensas sobre lo que pasó?

Estrategia Busca una línea de texto que te impactó mientras leías tu libro. Tal vez sea una parte que te pareció bien escrita, o cuando un personaje dijo algo profundo o el narrador reveló algo sobre la trama, los personajes o el tema. Copia esa línea en tu cuaderno y comenta por escrito cómo te hizo sentir o reaccionar. No censures tus pensamientos y escribe rápidamente, sin filtros.

Ejemplo de enseñanza *Una de las razones por las que me gusta leer es que a veces los autores captan una idea de manera muy especial en pocas líneas. Esas líneas impactantes de texto nos llegan muy profundo y nos obligan a hacer una pausa y pensar. Es cierto que primero me provocan una emoción, pero esas líneas contienen ideas más profundas. Por eso el tomar notas y escribir sobre ellas me ayuda a entender mejor la historia y ¡hasta la vida! Quiero compartir con ustedes una de esas líneas, de nuestra reciente lectura en voz alta del libro* Amos y Boris *(Steig 1999). Casi al final del libro, Boris la ballena piensa: "Tenemos que estar fuera del mar para saber realmente qué bueno es estar dentro de él". La primera vez que leí esa línea pensé que decía algo cierto sobre la vida, porque muchas veces no sabemos lo afortunados que somos sino hasta que perdemos algo. Por eso tomé la idea de la línea del libro y escribí sobre momentos de mi vida en que me he quejado sin razón, aun teniendo todo lo necesario. Entonces recordé este dicho relacionado con la idea del texto: "Nadie aprecia lo que tiene hasta que lo ve perdido". Y es verdad, porque no apreciar lo que tenemos nos lleva a veces a envidiar lo que otros tienen. Por último, escribí que a veces he sentido cosas parecidas, pero a partir de ahora me sentiré siempre agradecida con la vida.*

Consejos

- ¿Qué línea del texto se te quedó en la mente? Búscala.
- En este capítulo, ¿qué línea se te quedó dando vueltas en la mente?
- Empieza a escribir lo que piensas.
- Trata de seguir escribiendo. Empieza la próxima oración con "Además…", "Al contrario…", "Por ejemplo…", "Esto me hizo pensar que…".

La gran Gilly Hopkins   23 de octubre
(K. Paterson)

Cita: "¿Y quién dice que la vida tiene que ser de ninguna manera? Lo único que es la vida, tal vez, es dura. (...) Todo eso de los finales felices es mentira".

Creo que esta cita tiene que ver con que mucha gente espera que todo en la vida sea fácil, que siempre tenga un final feliz. Pero no es así y Gilly lo sabía. Todos debemos trabajar duro por obtener lo que queremos, sin esperar ayuda de otras personas ni promesas falsas de que todo siempre va a acabar bien. Tenemos que creer en nuestra capacidad para lograr las cosas y no sentarnos a esperar que todo nos caiga del cielo.

Es verdad que la vida de Gilly fue difícil desde pequeña. Le había tocado vivir de un lugar a otro y cada vez era peor. Por eso creo que llegó a casa de la señora Trotter, porque por fin tuvo un poco de suerte. Esa experiencia la ayudó a apreciar que alguien la podía ayudar y querer. Le demostró que eso también era posible.

¿Para quién es?

NIVELES DE TEXTO
N–Z+

GÉNEROS /
TIPOS DE TEXTO
todos

DESTREZAS
inferir, preguntar, interpretar

¡Me quito el sombrero!
(lectura recomendada):
Notebook Connections: Strategies for the Reader's Notebook (Buckner 2009)

13.14 Elabora y escribe

¿Para quién es?

NIVELES DE TEXTO

N–Z+

GÉNEROS / TIPOS DE TEXTO

todos

DESTREZAS

elaborar, inferir, interpretar

Estrategia Elige una de tus notas adhesivas que contenga una buena idea que te sirva como punto de partida para escribir más. Pégala en una esquina de tu hoja. Para mantener la conversación contigo mismo, pero sobre la hoja de papel, usa las pistas en la nota. Cuando te trabes, elige una nueva pista o consejo y sigue escribiendo.

Sugerencia para el maestro Consulte el Objetivo 12 y las estrategias 12.2 "Escucha y responde" (p. 333) y 12.10 "Pautas para conversar" (p. 341). Ambas ofrecen consejos para iniciar conversaciones.

Ejemplo de enseñanza *De la misma manera en que podemos parar y anotar una idea en una nota adhesiva a medida que leemos, podemos profundizar y ampliar esa idea. Aquello que se te ocurrió en un instante puede ser la punta del iceberg que te lleve a algo que está más escondido. Una forma de llegar a esa idea escondida es usar los mismos consejos o pautas que le das a tu pareja de lectura o a tus compañeros del club de lectura y usarlos para tener una conversación contigo mismo en el papel. Puedes empezar con la idea que apuntaste en la nota adhesiva, luego deja que tu lápiz dicte el camino para seguir ampliando y elaborando, añadiendo otras ideas a la primera. Si sientes que te trabas y no sabes qué más vas a escribir, mira la lista de consejos y elige otro para iniciar otra oración. ¡Verás que siempre encontrarás otra idea sorprendente!*

Consejos

- Necesitas un buen comienzo para tu primera oración.
- ¿Cuál es tu idea inicial? Sigue escribiendo y elaborando sobre esa idea.
- No dejes que tu lápiz descanse.
- La perfección no es la meta. Escribe para captar tus ideas.

Estrategia Elige cualquier idea que tengas sobre un personaje o tema de tu libro. Escribe media página o más, expandiendo y elaborando tu idea original. Después, reúnete con tu compañero, tu clase o club de lectura para comentar tu idea. Después del intercambio, regresa a tu cuaderno y escribe sobre lo que piensas ahora. Presta atención a cómo cambió lo que pensabas antes, o si ahora tienes una nueva pespectiva a raíz del intercambio de ideas que tuviste con tus compañeros.

Consejos

- ¿Cómo cambió lo que pensabas?
- ¿Qué pensabas antes y qué piensas ahora?
- Puedes decir: "Antes pensaba que…, pero después de hablar con los demás, creo que…".
- Piensa en las ideas que intercambiaste con tu compañero o club de lectura. ¿Qué es diferente de lo que pensabas antes?
- ¿Qué piensas ahora?

NO tiene que
ser así.

Pienso que Monchi
es cobarde. Va a
unirse a la
pandilla. La gente
le tenía miedo a
Clever y su pandilla.
Monchi no escucho el
consejo de Dreamer.

Idea expandida
y elaborada

Al principio me pareció que
Monchi era cobarde. Por un
lado aceptó unirse a la pandilla
aunque sabía que hacían cosas
que no debían y se metían
en líos. Entonces estoy confundida.
Si monchi tenía miedo porque
no quería peleas, ¿porque piensa
que Clever y los otros van a
ser sus amigos si se la pasan
golpeando a otros muchachos?
Creo que monchi debió hacerle
caso a su prima Dreamer.

Ahora despues de hablar con
mi compañero de lectura,
pienso que en realidad Monchi
sí demostró que era valiente
pero lo hizo mucho más tarde.
Al principio Monchi aceptó ser
parte de la pandilla porque
se sentía presionado. No quería
ser diferente. Tampoco fue valiente
cuando se robo la bicicleta y
actuó de forma violenta en la
escuela. Quería ser popular y
tener amigos. Despues del accidente
de Dreamer, Monchi se sentó muy
culpable y se dio cuenta de su
error. Con los buenos consejos de
su tío, decidió ser valiente de
verdad y salirse para siempre
de la pandilla.

13.16 Red de personajes

¿Para quién es?

NIVELES DE TEXTO
P–Z+

GÉNERO / TIPO DE TEXTO
ficción

DESTREZAS
inferir, sintetizar

Estrategia En una hoja de tu cuaderno, escribe en círculo los nombres de los personajes principales y secundarios de tu libro. Traza líneas o flechas entre ellos para conectar los personajes relacionados. En esas líneas, escribe cómo se afectan entre sí, o las ideas que te hayan surgido a partir de la interacción entre esos personajes.

Ejemplo de enseñanza *En las historias que tienen múltiples personajes bien desarrollados, las conexiones entre ellos son tan interesantes de estudiar como los mismos personajes. Al observar esas interacciones y cómo los personajes tienen un efecto entre sí, el lector puede formarse ideas más detalladas sobre los personajes y hasta descubrir algunos de los temas de la historia.*

Consejos
- ¿Cómo afecta este personaje a este otro?
- Piensa sobre una interacción importante entre esos dos personajes. ¿Qué ideas se te ocurren sobre ellos?
- ¿En qué se diferencia este personaje de este, pero no tanto de este otro?
- Escribe lo que piensas arriba de la línea.
- ¿Qué nuevas ideas se te ocurren?
- Muy bien, esa es una idea, no solo un hecho sobre los personajes.

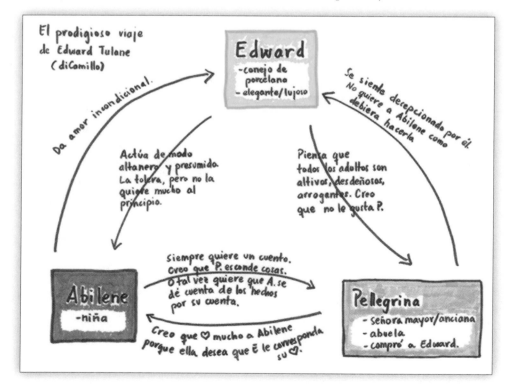

¡Me quito el sombrero!
(lectura recomendada):
Notebook Connections: Strategies for the Reader's Notebook (Buckner 2009)

Estrategia Elige dos libros que tengan algo en común (el mismo lugar, personajes o temas similares). Traza un diagrama de Venn o una tabla de tres columnas para ilustrar y ampliar esas semejanzas y diferencias por categorías. Algunas de las categorías pueden ser: personajes (principales, secundarios), lugares, temas, ideas y símbolos. Presta atención y verás que al comparar y contrastar se te ocurren nuevas ideas sobre uno o ambos libros.

Consejos

- ¿Qué categoría estás usando para comparar?
- Piensa en los personajes. ¿En qué se parecen y en qué se diferencian?
- Veo que has escrito muchas diferencias. Ahora piensa en las semejanzas.
- Si vuelves a mirar lo que has escrito, ¿qué categorías has comparado? ¿Qué más puedes añadir?
- Cómo te ayudan las comparaciones a formular nuevas ideas?
- ¿Cómo te ayudan los contrastes a formular nuevas ideas?

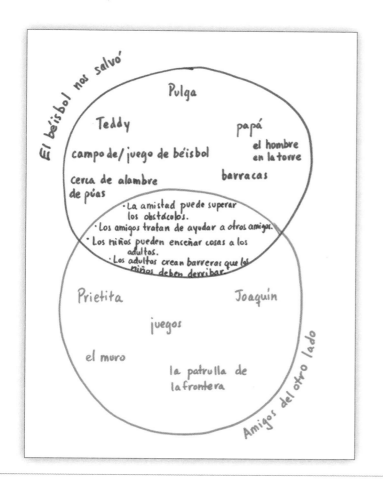

¿Para quién es?

NIVELES DE TEXTO
P–Z+

GÉNEROS /
TIPOS DE TEXTO
todos

DESTREZAS
sintetizar, interpretar

13.18 Escribe tu reacción

¿Para quién es?

NIVELES DE TEXTO
P–Z+

GÉNEROS / TIPOS DE TEXTO
todos

DESTREZAS
hacer conexiones, reaccionar

¡Me quito el sombrero!
(lectura recomendada):
Writing About Reading: From Book Talk to Literary Essays, Grades 3–8
(Angelillo 2003)

Estrategia Si cuando lees de pronto sientes una emoción intensa, deja de leer y escribe sobre tu reacción. Escribe lo que sientes, qué fue lo que te causó esa reacción y cómo vas a leer o actuar de manera diferente por lo que leíste en el libro.

Ejemplo de enseñanza *En ciertas ocasiones, al terminar de leer un libro, sientes que se te queda adentro, en el corazón. Eso quiere decir que lo llevas en la mente, y a veces hasta se te hace difícil empezar a leer otro libro. Esta reacción emotiva es lo que a veces nos lleva a conversar o escribir sobre nuestra lectura. Las siguientes reacciones te pueden indicar que un libro te produjo una emoción muy intensa:*

- *Te impactó o te hizo llorar.*
- *Te alegró y te hizo reír.*
- *Al terminar de leerlo, quisiste volver a leer partes o todo el libro.*
- *Ciertas líneas del libro se te quedaron grabadas en la mente y quisiste anotarlas para no olvidarlas.*
- *Cambiaste de opinión sobre algo porque el libro te ofreció una nueva perspectiva.*
- *Disfrutaste de la lectura del libro, pero te quedaste con ganas de más, como una segunda parte o que el original tuviera muchas más páginas.*
- *Los personajes te parecieron tan reales como si fueran amigos tuyos, y al terminar de leer el libro los extrañas.*

Cuando tengas una de esas reacciones ante un libro, puedes retenerla escribiendo sobre lo que sientes en tu cuaderno del lector, como si fuera tu diario. Describe allí lo que sentiste al leer ciertas partes del libro. Puedes elaborar y decir cómo crees que cambiaría tu manera de actuar después de leer ese libro. Describe en detalle cómo te hizo cambiar el libro y cómo crees que influirá en lo que vas a hacer o leer en el futuro.

Sugerencia para el maestro

El objetivo de esta estrategia no es eliminar la experiencia estética al asignar una tarea (Rosenblatt 1978). Al contrario, es una invitación a los estudiantes para que usen la escritura como una herramienta que los ayude a retener sus sentimientos y reacciones más intensas a cierto libro. Es posible que algunos rechacen la idea de escribir sobre sus reacciones, mientras que a otros les encante. Sugiero que esta y las demás estrategias del capítulo se presenten como opciones o invitaciones para los niños.

Estrategia Piensa en tu tesis, los puntos de apoyo y la evidencia o hechos. Habla con un compañero sobre tu ensayo, como si estuvieras escribiendo los párrafos en voz alta. Después, escribe sin parar todo tu ensayo.

Sugerencia para el maestro Esta estrategia será más efectiva si los estudiantes ya tienen conocimientos previos o experiencia escribiendo ensayos, o por lo menos una idea sobre la estructura general de un ensayo. Hay un sinfín de estructuras de ensayo, pero en este caso una estructura sencilla compuesta de una introducción, tres párrafos de desarrollo y la conclusión sería la mejor manera de que sus estudiantes escriban ensayos relámpago. Usted podrá guiarlos con un ejemplo visual, como el de esta página. También puede facilitarles palabras y frases de transición y enlace para iniciar las oraciones de cada párrafo y así agilizar este método de escribir ensayos con rapidez.

Consejos

- Empieza con tu tesis. ¿Sobre qué va a tratar el ensayo?
- Ahora enumera tres razones principales sobre las cuales escribirás tres párrafos.
- Es hora de empezar el próximo párrafo. ¿Sobre qué va a tratar? Dilo en una oración.
- Da ejemplos del texto para confirmar esa razón.
- Este es un nuevo párrafo. Haz lo mismo que con el anterior.
- Concluye, finaliza y resume de otra manera.
- Expresa ese párrafo otra vez.
- ¿De qué modo ese detalle de la historia apoya esa razón? Explícalo.

> Me llamo María Isabel
>
> Yo creo que María Isabel piensa que su nombre es importante. No quiere que la llamen Mary.
>
> Cuando su maestra le dijo que la clase ya tenía suficiente Marías y que la iban llamar Mary, María Isabel se sintió mal y se quedó callada.
>
> También, María Isabel piensa que su nombre es importante porque viene de familiares queridos. María por su abuelita María y Isabel por su abuelita Chabela.
>
> María Isabel también demuestra que su nombre es importante cuando le escribió una carta a su maestra. Le explicó que su mayor deseo era ser llamada María Isabel Salazar López. Ya no se quedó callada.
>
> María Isabel sabe que su nombre es importante y no para de valorarlo.

¿Para quién es?

NIVELES DE TEXTO
P–Z+

GÉNEROS / TIPOS DE TEXTO
todos

DESTREZA
apoyar las ideas con razones y evidencia del texto

¡Me quito el sombrero!
(lectura recomendada):
A Curricular Plan for the Writing Workshop, Grade 4
(Calkins *et al.* 2011d)

Estrategia Lee activamente, pensando en qué preguntas o cuestionamientos tienes. Pregúntate: "¿Qué acepto como verdadero de este texto? ¿En qué partes me surgen dudas o cuestiono algo? ¿En qué partes creo que el autor se equivoca?". Tus respuestas son las reacciones que debes guardar, en notas adhesivas o en tu cuaderno, para que más tarde puedas escribir sobre ellas con más tiempo.

Ejemplo de enseñanza *Muchos lectores piensan que todo lo que se menciona en un libro es cierto o que deben estar de acuerdo con todo lo que dice el autor. Por eso es muy importante el papel que juega el lector. Janet Angelillo ha escrito al respecto: "[Los lectores] no tienen que aceptar todo lo que está escrito en la página… también tienen la responsabilidad como lectores pensantes de extraer su propio significado de la lectura" (2003, 6). Eso quiere decir que tú y todos tenemos que participar en la lectura de lleno. No solo debemos adentrarnos en la historia y captar la información que nos da, sino que debemos reaccionar con nuestras ideas y criterios propios. Debemos pensar, cuestionar, dudar y hasta analizar con criterio lo que dice el autor.*

Consejos

- ¿Con qué estás de acuerdo en este texto?
- ¿Con qué no estás de acuerdo en este texto?
- ¿Crees que el autor se equivoca en algunos puntos? Empieza a escribir allí.
- Habla de tus reacciones respecto de lo que el autor presenta aquí como un hecho.
- Ahora, ¿qué crees que anotarás con base en esa reacción?

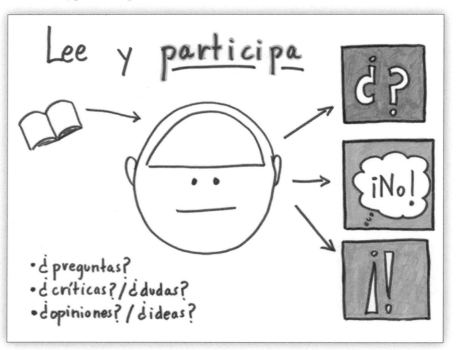

Estrategia En vez de escribir sobre la historia, intenta adentrarte en ella y escribe como si fueras parte de esta y la estuvieras viviendo. Adéntrate en cada parte de la historia mientras escribes sobre lo que está pasando y lo que los personajes piensan y sienten. Hacerlo te ayudará a sentir empatía por los personajes y llegar a nuevas conclusiones sobre la historia.

Consejos

- Imagínate en el lugar de los hechos. ¿Qué ves, oyes y sientes?
- Si tú fueras ese personaje, ¿qué sentirías?
- ¿Qué crees que ocurrió, aunque el autor no lo haya descrito?
- Inténtalo de nuevo, bajo una nueva perspectiva o punto de vista.
- Imagínate que eres ese personaje.
- ¿Qué más te imaginas?
- Describe lo que ocurre, desde el punto de vista de ella/él.

Escribir desde "fuera de la historia"

> De "Tengo un monstruo en el bolsillo" (Montes, 1996)
>
> Inés cree que tiene un monstruo en su bolsillo. Me parece interesante la idea de tener un monstruo en el bolsillo. El monstruo siempre le rompe la ropa. Inés no le tiene miedo al "monstruo" porque es su monstruo personal.

Escribir "adentrándose en la historia"

> De "Tengo un monstruo en el bolsillo" (Montes, 1996)
>
> Inés es tímida y callada, pero tiene mucha imaginación. Ella quiere que le pasen cosas maravillosas, terribles y extraordinarias. Por eso un día dice que tiene un monstruo en el bolsillo que le rompe su ropa. Cuando Inés metió la mano en el bolsillo, sintió el monstruo "peludo... que palpitaba y mordía". Desde ese momento el monstruo es su secreto y forma parte de la vida de Inés en la escuela, con sus amigos y con su familia. Pero luego descubre que no es fácil vivir siempre con un monstruo en el bolsillo. Poco a poco el monstruo se hace más pequeño, a medida que Inés conquista su timidez y sus miedos.

¿Para quién es?

NIVELES DE TEXTO
R–Z+

GÉNERO / TIPO DE TEXTO
ficción

DESTREZAS
visualizar, inferir

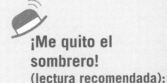

¡Me quito el sombrero!
(lectura recomendada):
Literary Essays: Writing About Reading
(Calkins y McEvoy 2006)

13.22 Conecta ideas

¿Para quién es?

NIVELES DE TEXTO
R–Z+

GÉNEROS / TIPOS DE TEXTO
todos

DESTREZAS
sintetizar, interpretar, comparar y contrastar

Estrategia Toma varias de tus mejores ideas que apuntaste en notas adhesivas mientras leías. Pégalas en una hoja en limpio y obsérvalas. Trata de conectar esas ideas, ya sea uniéndolas, comparándolas o contrastándolas.

Ejemplo de enseñanza *Puedes conectar diferentes ideas como una manera de elaborar y ampliar un pensamiento pasajero en algo de mayor profundidad. A veces puedes juntar varias ideas y condensarlo todo en una gran idea. Por ejemplo, si mientras leías* La casa imaginaria *(Mateos 2017) anotaste "Nadie entiende la idea de la casa imaginaria de Claudia, pero Valentina sí", y en otra parte apuntaste "Claudia no quiere crecer, pero Valentina quiere cumplir años de dos en dos", tal vez quieras unir ambas ideas y ver si juntas forman una idea más compleja, algo como "Valentina y Claudia son diferentes, pero se parecen porque ambas tienen una gran imaginación. Creo que la "casa imaginaria" es un símbolo de libertad para ambas. La imaginación las une y las lleva a ser amigas, mientras enfrentan sus distintas realidades". O tal vez compares dos ideas, lado a lado, y te des cuenta de que quieres decir algo que señale las diferencias que notaste. Por ejemplo, si antes anotaste que "Claudia es tímida y Valentina no lo es", tal vez quieras elaborar esa idea y compararla con tu idea anterior sobre otras semejanzas y diferencias que unen a las dos niñas y las llevan, juntas, a explorar la casa imaginaria.*

Consejos

- ¿Qué semejanzas ves entre estas ideas, o crees que expresan ideas diferentes?
- Vuelve a leer estas dos ideas. ¿En qué piensas ahora?
- Si unieras estas dos ideas y formularas una nueva idea, ¿qué dirías?
- ¿Crees que puedes unir estas dos ideas bajo una idea o un tema común?
- ¿Sobre quiénes tratan estas ideas? ¿De qué tratan?
- Cuando contrastas esa idea con otra, ¿qué notas?

Estrategia Reúne todas tus notas que tienen que ver con una idea. Échales una mirada rápida y analiza lo que apuntaste. Ahora escribe una nueva idea, a partir de todas esas otras ideas que has ido acumulando en tus notas.

Sugerencia para el maestro En la página 188 del Objetivo 6 encontrará otra estrategia similar (6.21) para ayudar a los estudiantes a sintetizar sus ideas sobre las características o rasgos de personalidad de los personajes.

Ejemplo de enseñanza *Mientras leemos y anotamos las ideas que nos vienen a la mente, empezamos a darnos cuenta de que estamos siguiendo una misma idea a lo largo de la historia. Después de leer un libro, puedes quitar las notas adhesivas de las páginas y ponerlas en una línea. Luego, piensa cómo puedes ir "acumulando" una idea encima de otra. Al hacerlo, la idea inicial se desarrolla y se hace más clara, o bien, más compleja. Por ejemplo, digamos que al empezar a leer* La gran Gilly Hopkins *(Paterson 2016) anotaste: "Gilly es maleducada. Todas las familias la rechazan. Ambas cosas están mal". Luego anotaste: "Gilly es intolerante con el señor Randolph. Se cree con derecho a ser así porque ha sufrido mucho, pero no debe ser grosera con él y la señora Trotter. Los dos la quieren". Puedes tomar esas dos ideas y condensarlas en otra idea más compleja que tenga que ver con el impacto de un personaje sobre otro, por ejemplo: "Ser intolerante es una forma de protegernos porque tememos a lo desconocido. La señora Trotter fue muy tolerante con Gilly, y poco a poco le enseñó que la tolerancia es algo que nos beneficia".*

Consejos

- Échale una mirada a tus ideas. ¿Qué tienen en común?
- Empieza a escribir y tal vez se te ocurra una nueva idea a partir de las otras.
- Escribe: "Ahora pienso que …".
- ¿Qué nueva idea se te ocurre?
- Te esforzaste en pensar en las ideas y ya se te ocurrió una idea completamente nueva.

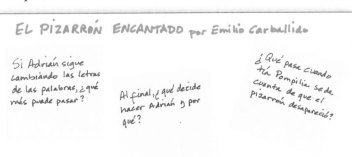

EL PIZARRÓN ENCANTADO por Emilio Carballido

Si Adrián sigue cambiando las letras de las palabras, ¿qué más puede pasar?

Al final, ¿qué decide hacer Adrián y por qué?

¿Qué pasa cuando tía Pompilia se da cuenta de que el pizarrón desapareció?

Ahora pienso que Adrián estaba aburrido. Por eso tal vez inventó el pizarrón encantado, para divertirse con sus fantasías y usar la imaginación para olvidarse de los problemas de sus papás. Al final aprendió que hay que ser positivos y escoger bien las palabras que usamos.

¡Me quito el sombrero!
(lectura recomendada): *Complete Comprehension Fiction: Assessing, Evaluating, and Teaching to Support Students' Comprehension of Chapter Books* (Serravallo 2019a)

¿Para quién es?

NIVELES DE TEXTO
R–Z+

GÉNERO / TIPO DE TEXTO
ficción

DESTREZAS
sintetizar, interpretar, inferir

Apéndice: Tabla de correlación de los niveles de texto

Conocer las características de los niveles de texto y las habilidades de los lectores nos ayuda a asignar textos apropiados a cada estudiante y a asegurarnos de que el tiempo que pasen leyendo no se convierta en una batalla, sino en un momento para disfrutar de los libros, explorarlos y trabajar en sus objetivos. Los niveles también nos ayudan a utilizar la estrategia adecuada en el momento adecuado. Ciertas estrategias no se deben usar si resultan demasiado complicadas para el tipo de texto que está leyendo un niño (por ejemplo, yo no le pediría a casi ningún niño de kindergarten que buscara escenas retrospectivas en un texto o siguiera múltiples tramas). Otras estrategias son demasiado sencillas y no ofrecen ningún desafío al estudiante (por ejemplo, no enseñaría a la mayoría de los estudiantes de quinto grado a ajustar los labios para pronunciar el primer sonido de una palabra).

Cuando salieron las primeras ediciones de este libro, empecé a darme cuenta de que algunos lectores no estaban familiarizados con el sistema de niveles que utilicé: el Gradiente de nivel de los textos de Fountas y Pinnell™. Por esa razón, incluyo aquí una tabla de correlaciones para ayudar a relacionar la información que ofrezco en los márgenes con el sistema de niveles de texto con el que usted esté más familiarizado. Si usted no utiliza un sistema de niveles, puede tener en cuenta los rangos de niveles que se asocian con cada grado.

Las correlaciones que sugiero se basan en las siguientes fuentes, aunque no se limitan a ellas: la página web del Teachers College Reading and Writing Project, el Apéndice A de los Estándares Estatales Básicos Comunes y los materiales de *Intervención de alfabetización nivelada* de Fountas y Pinnell. Hay ligeras variaciones entre estos recursos, y si busca en línea "tablas de correlación de niveles", ¡encontrará muchas más! Aquí le presento una síntesis de toda la información que recopilé, a modo de guía, no como una ratificación de estas correlaciones.

Nivel de grado	Gradiente de nivel de los textos de Fountas y Pinnell™	Descubriendo la lectura	EVL: Evaluación del desarrollo de la lectura	Nivel de Lexile
K	A–D	1–5/6	A–6	Hasta 450
1	D–J	5/6–17	6–18	80–500
2	J–M	17–20	18–28	450–650
3	M–P	20–38	28–38	550–770
4	P–S	38–40	38–40	770–860
5	S–V	40–N/A	40–50	830–980
6	V–X	N/A	60	980–1030
7	X–Y	N/A	70	1030–1070
8	Y–Z+	N/A	80	1070–1155

Bibliografía

Libros de referencia en español

Ada, Alma Flor. 2012. *Me llamo María Isabel*. Nueva York: Atheneum Books for Young Readers.

_____. 2013. *Con cariño, Amalia*. Nueva York: Simon & Shuster.

Adler, David A. 2005. *Cam Jansen y el misterio de los diamantes robados*. Barcelona: Ediciones Obelisco.

Álvarez, Julia. 2011. *De cómo tía Lola vino de visita a quedarse*. Nueva York: Yearling, Random House.

Anderson, Torran. s.f. *El ciclo de vida de la mariposa*. Tucson: Learning A-Z.

Anzaldúa, Gloria. 1997. *Friends from the Other Side / Amigos del otro lado*. Nueva York: Children's Book Press/Lee and Low.

Arlon, Penelope y Tory Gordon-Harris. 2013a. *La granja*. Nueva York: Scholastic.

_____. 2013b. *Mírame crecer*. Nueva York: Scholastic.

_____. 2014. *El clima*. Nueva York: Scholastic.

Arlon, Penelope. 2015. *El océano*. Serie ¿Es cierto?. Nueva York: Scholastic.

Armour, Cy. 2012. *¡Volcanes!* Serie Time for Kids. Huntington Beach, CA: Teacher Created Materials.

Baredes, Carla e Ileana Lotersztain. 2012. *Tu cuerpo del 1 al 10*. Buenos Aires: Ediciones Iamiqué.

Bargalló, Eva. 2004. *Grecia*. Barcelona: Parramón Ediciones.

Barrows, Annie. 2015. *Eva y Beba*. Madrid: Bruño.

Baxter, Sylvia Ives. 2005. *Insectos increíbles*. Tucson: Learning A-Z.

Bear, Donald R. *et al.* 2013. *Palabras a su paso*. Glenview: Pearson.

Blazeman, Christopher. 2012. *Caballos de cerca*. Serie Time for Kids. Huntington Beach, CA: Teacher Created Materials.

Blume, Judy. 2012. *¿Estás ahí Dios? Soy yo, Margaret*. Nueva York: Atheneum Books for Young Readers.

_____. 2016. *Jugo de pecas*. Miami: Loqueleo/Santillana USA.

Boelts, Maribeth. 2018. *Esos zapatos*. Somerville, MA: Candlewick Press.

Brown, Monica. 2011. *Marisol McDonald no combina*. Nueva York: Lee and Low Books.

Buckley Jr., James. 2014. *Delfines fabulosos*. Nueva York: Scholastic.

Buyok, Rus. s.f. "Hormigas increíbles". *Raz-Kids*. https://bit.ly/2HMdUTY. Fecha de último acceso, marzo, 2019.

Carle, Eric. 2002. *La oruga muy hambrienta*. Nueva York: Philomel Books.

Coerr, Eleanor. 2018. *Sadako y las mil grullas de papel*. León: Ediciones Everest.

Corpi, Lucha. 2002. *Where Fireflies Dance / Ahí, donde bailan las luciérnagas*. Nueva York: Children's Book Press/Lee and Low Books.

Creech, Sharon. 2005. *Abu Torrelli hace sopa*. Barcelona: Editorial Entrelibros.

Curtis, Christopher Paul. 2016a. *Los Watson van a Birmingham – 1963*. Nueva York: Lectorum Publications.

_____. 2016b. *Me llamo Bud, no Buddy*. Nueva York: Lectorum Publications.

Dahl, Roald. 2011. *Charlie y la fábrica de chocolate*. Ciudad de México: Alfaguara Juvenil.

Danzinger, Paula. 2016. *¿Seguiremos siendo amigos?* Miami: Loqueleo/Santillana USA.

dePaola, Tomie. 2010. *Oliver Button es una nena*. León: Everest.

Díaz, Junot. 2018. *Lola*. Nueva York: Dial Books for Young Readers/Penguin.

Díaz, Lourdes y Agustín Yagüe. 2015. *Gramática del español como lengua extranjera, nivel A*. Valencia: MarcoELE.

DiCamillo, Kate. 2011. *Gracias a Winn-Dixie*. Barcelona: Noguer.

_____. 2016. *El prodigioso viaje de Edward Tulane*. Nueva York: Lectorum Publications.

_____. 2017. *La rebelión del tigre*. Ciudad de México: Océano Exprés.

Dickins de Girón, Avery. 2012. "El día de los muertos: Historia y costumbres". *Vanderbilt University, Center for Latin American Studies.* https://bit.ly/2UJMmCg. Fecha de último acceso, marzo, 2019.

Dietl, Erhard. 2012. *El valiente Teo.* Miami: Loqueleo/Santillana USA.

Duke, Shirley. 2014. *La Tierra y la importancia del agua.* Nueva York: Rourke.

Dussling, Jennifer. 2003. *¡Insectos!* Nueva York: DK Publishing.

Engle, Margarita. 2018. *Todo el camino hasta La Habana.* Nueva York: Scholastic.

Escamilla, Kathy *et al.* (con Clay, Marie M.). 1996. *Instrumento de observación de los logros de la lecto-escritura inicial.* Porstmouth, NH: Heinemann.

Esopo. 1996. "La liebre y la tortuga". *En Fábulas.* Bogotá: Panamericana Editorial.

Falconer, Ian. 2001. *Olivia.* Nueva York: Lectorum Publications.

_____. 2012. *Olivia y las princesas.* Nueva York: Lectorum Publications.

Fountas, Irene C. y Gay Su Pinnell. 2012. *Sistema de evaluación de la lectura.* Portsmouth, NH: Heinemann.

Freed, Kira. s.f. "Cómo duermen los animales". *Reading A-Z.* https://bit.ly/2TVR56Q. Fecha de último acceso, marzo, 2019.

Fuentes, Ángel. *Fichas de comprensión de la lectura.* https://bit.ly/2Jpv3Fj. Fecha de último acceso, marzo, 2019.

Galán, Ana. 2010. *Quiero ser famosa.* Nueva York: Scholastic.

_____. 2019. Las tres puertas: Carrera contra el huracán. Madrid: Grupo Anaya.

Gantos, Jack. 2004. *Joey Pigza se tragó la llave.* Barcelona: Norma SA Editorial.

Gardiner, John Reynolds. 2011. *Stone Fox y la carrera de trineos.* Barcelona: Noguer y Caralt Editores, S.A.

Garofano, Chuck. s.f. "El ciclo de vida de los insectos". *Raz-Kids.* https://bit.ly/2Cu4CZr. Fecha de último acceso, marzo, 2019.

González, Rigoberto. 2016. *La tarjeta de Antonio.* Nueva York: Lee and Low Books.

Greenfeld Thong, Roseanne. 2015. *El chile es verde.* San Francisco: Chronicle Books LLC.

Greve, Tom. 2015. *¡Gracias, NASA!* Nueva York: Rourke.

Gutiérrez, Joaquín. 1947. *Cocorí.* Santiago de Chile: Editorial Rapa Nui.

Guzmán, Lila y Rick Guzmán. 2008. *César Chávez: La lucha por lo justo.* Nueva York: Enslow Publishers.

Hjemboe, Karen. 2000. *Mi caballo.* Nueva York: Lee and Low Books.

Hood, Susan. 2016. *El violín de Ada.* Nueva York: Simon & Schuster.

Johnson, Dolores. 2002. *Tocamos música.* Nueva York: Lee and Low Books.

Jules, Jacqueline. 2007. *Sofía Martínez: Mis aventuras en familia.* Nueva York: Scholastic.

León Calixto, Quetzatl. 2016. *Las gallinas no vuelan.* Ciudad de México: Ediciones SM.

Lindo, Elvira. 1994. *Manolito Gafotas.* Madrid: Santillana.

Lobel, Arnold. 2016a. *Días con Sapo y Sepo.* Miami: Santillana USA.

_____. 2016b. *Sapo y Sepo son amigos.* Miami: Santillana USA.

Lundgren, Julie K. 2014. *Por qué se extinguen las plantas.* North Mankato: Rourke Educational Media.

Machado, Antonio. 2007. *Antonio Machado para niños y niñas y otros seres curiosos.* Madrid: Ediciones de la Torre.

Macken, JoAnn Early. 2010. *Big Horn Sheep/Carneros de Canadá.* Nueva York: Gareth Stevens.

Mansour Manzur, Vivian. 2000. *La vida útil de Pillo Polilla.* Ciudad de México: Ediciones Castillo.

Marsh, Laura. 2015. *Los lobos.* Nueva York: National Geographic Children's Books/Penguin Random House.

Martin Jr., Bill. 2017. *Oso pardo, oso pardo, ¿qué ves ahí?* Nueva York: Henry Holt and Co.

Mateos, Pilar. 2017. *La casa imaginaria.* Ciudad de México: Fondo de Cultura Económica.

Medina, Meg. 2016. *Mango, Abuela y yo.* Nueva York: Scholastic.

Miles, Ellen. 2009. *Cachorritos: Flecha.* Nueva York: Scholastic.

Millán, José Antonio. 2007. *¡Me como esa coma!* Barcelona: Ediciones Serres.

Mlawer, Teresa. 2016. *La gallinita roja.* Nueva York: Adirondack Books.

Mochizuki, Ken. 1995. *El béisbol nos salvó.* Nueva York: Children's Book Press/Lee and Low.

Montes, Graciela.1996. *Tengo un monstruo en el bolsillo.* Buenos Aires: Sudamericana.

Monjo, F.N. 2001. *La Osa Menor. Una historia del ferrocarril subterráneo.* Nueva York: Lectorum Publications.

Mora, Pat. 1997. *Tomás y la señora de la biblioteca.* Decorah: Dragonfly Books.

Morales, Fernanda. s.f. "A un año del terremoto del 19/S". *Muy Interesante Junior.* https://bit.ly/2U0mg0P. Fecha de último acceso, marzo, 2019.

Morales, Veyra Gloria. s.f. "La selva". *Biblioteca Digital del ILCE.* https://bit.ly/2OCMyPb. Fecha de último acceso, marzo, 2019.

Morales, Yuyi. 2018. *Soñadores.* Nueva York: Neal Porter Books.

Muñoz Ryan, Pam. 2012. *Esperanza renace.* Nueva York: Scholastic.

Muth, Jon J. 2003. *Las tres preguntas.* Nueva York: Scholastic.

Muy Interesante Junior. https://bit.ly/2U0mg0P. Fecha de último acceso, marzo, 2019.

Nervo, Amado. 1920. "La ardilla". *Obras completas de Amado Nervo, Vol. 3. Las Voces, Heroica, y Otros Poemas.* Madrid: Biblioteca Nueva.

_____. 1951. *Poesías completas.* Buenos Aires: Anaconda.

Newkirk, Barbara J. 2012. *La hora de acostarse.* Nueva York: Bebop Books/Lee and Low Books.

O'Connor, Jane. 2008. *Nancy la elegante.* Nueva York: Harper Collins.

Orozco, Rebeca. 2013. *Arca de valores.* Ciudad de México: Ediciones Tecolote.

Ortega, Arturo. 2000. "El lobo mexicano". *Biblioteca Digital del ILCE.* https://bit.ly/1MkF7VX. Fecha de último acceso, marzo, 2019.

Osborne, Mary Pope. Serie La casa del árbol. Nueva York: Lectorum Publications.

Ottolenghi, Carol. 2009a. *La princesa y el guisante.* Greensboro: Carson-Dellosa Publishing.

_____. 2009b. *Los tres chivitos.* Greensboro: Carson-Dellosa Publishing.

Palacio, R.J. 2019. *Wonder: La lección de August.* Nueva York: Nube de Tinta/Penguin.

Palermo, Miguel Ángel. 1998. *Gente americana: Mayas.* Buenos Aires: AZ Editora.

Paterson, Katherine. 2016. *La gran Gilly Hopkins.* Miami: Loqueleo/Santillana USA.

Pennypacker, Sara. 2009. *Clementina.* Bogotá: Editorial Norma.

Pérez, Amada Irma. 2009. *Mi diario de aquí hasta allá.* Nueva York: Children's Book Press.

Perrault, Charles. 1999. *Cuentos.* Santiago de Chile: Editorial Universitaria.

Quiroga, Horacio. s.f. "A la deriva". En *Cuentos de amor, de locura y de muerte.* Biblioteca Virtual Universal. https://bit.ly/2IPdXAc. Fecha de último acceso, junio, 2019.

Real Academia Española. 2010. *Ortografía de la lengua española.* Barcelona: Editorial Planeta.

Resau, Laura. 2016. *Estrella en el bosque.* Nueva York: Random House Children's Books.

Rivera Ospina, David. 2008. *La Amazonia de Colombia.* Cali: I/M Editores.

Robinson Peete, Holly y Ryan Elizabeth Peete. 2011. *Mi hermano Charlie.* Nueva York: Scholastic.

Rodríguez, Edel. 2019. *Sergio salva el partido.* Nueva York: Scholastic.

Rosen, Michael y Helen Oxenbury. 1998. *Vamos a cazar un oso.* Caracas: Ediciones Ekaré.

Rowling, J. K. 1999. *Harry Potter y la piedra filosofal.* Barcelona: Salamandra.

Rylant, Cynthia. 1997. *Henry y Mudge y el mejor día del año.* Nueva York: Simon Spotlight.

Sánchez Argüello, Alberto. 2014. *Mi amigo el dragón.* Managua: Libros para niños.

Scholastic Magazines, en español. https://bit.ly/2TkltDv. Fecha de último acceso, marzo, 2019.

Schreiber, Anne. 2016. *Los tiburones.* Nueva York: Scholastic.

Scott, Terry L. s.f. "César Chávez: Héroe migrante". *Raz-Kids*. https://bit.ly/2CyjVjQ . Fecha de
último acceso, marzo, 2019.

Shanahan, Kerri. 2012a. *Salamandras asombrosas*. Temecula: Okapi.

_____. 2012b. *Animales que almacenan alimentos*. Temecula: Okapi.

Simon. Seymor. 2004. *Tiburones*. Nueva York: Harper Collins.

_____. 2016. *La luna terrestre*. Concord: Isabella Products.

_____, 2006. *Tiburones fabulosos,* Nueva York: Harper Collins.

Slobodkina, Esphyr. 2000. *Se venden gorras*. Nueva York: Harper Collins.

Snicket, Lemony. 2017. *Una serie de catastróficas desdichas: Un mal principio*. Barcelona: Montena.

Soto, Gary. 1995. *El maullido de la gata*. Nueva York: Scholastic.

Steig, William. 1990. *Silvestre y la piedrecita mágica*. Nueva York: Lectorum Publications.

_____. 1999. *Amos y Boris*. Nueva York: Farrar, Straus and Giroux.

Stolberg, Tina. 2003. *Sorpresa de mudanza*. Nueva York: Bebop Books/Lee and Low Books.

Tavares, Matt. 2015. *Llegar a ser Pedro*. Somerville: Candlewick Press.

Thompson, Linda. 2014. *Los primeros asentamientos de Estados Unidos*. Nueva York: Rourke.

Tonatiuh, Duncan. 2017. *Querido primo*. Nueva York: Scholastic.

Vadon, Catherine. 2007. *Los secretos de los tiburones*. Barcelona: Editorial Combel.

Valerie, M. Eulalia. 2001. *El león y el ratón*. Barcelona: La Galera.

Valls, Daisy. 2016. *Mi última clase*. Miami: Eriginal Books.

Viorst, Judith. 1989. *Alexander y el día terrible, horrible, espantoso,* horroroso. Nueva York:
Atheneum Books for Young Readers.

Weinman Sharmat, Marjorie. 2018a. *Yo, el Gran Fercho*. Miami: Santillana USA.

_____. 2018b. *Yo, el Gran Fercho y el ladrón*. Miami: Santillana USA.

_____. 2018c. *Yo, el Gran Fercho y la lista perdida*. Miami: Santillana USA.

Weitzman, Elizabeth. 2017. *10 cosas que puedes hacer para reducir, reciclar y reutilizar*. Nueva York:
Scholastic.

White, E.B. 2005. *La telaraña de Carlota*. Nueva York: Rayo.

Willems, Mo. 2007. *El conejito Knuffle. Un cuento aleccionador*. Nueva York: Hyperion Books
for Children.

Williams, Vera B. 2009. *Un sillón para siempre*. Nueva York: Harper Collins Children.

Wise, Margaret. 2006. *Buenas noches, Luna*. Nueva York: Harper Collins.

Woodson, Nancy. 2018. *El día en que descubres quién eres*. Nueva York: Paulsen Books/Penguin.

Zion, Gene. 2003. *Harry, el perrito sucio*. Nueva York: Harper Collins.

Libros de referencia en inglés

Afflerbach, Peter P. 1990. "The Influence of Prior Knowledge on Expert Readers' Main Idea
Construction Strategies." *Reading Research Quarterly* 25 (1): 31.

Afflerbach, Peter P., P. David Pearson y Scott G. Paris. 2008. "Clarifying Differences Between
Reading Skills and Reading Strategies." *The Reading Teacher* 61 (5): 364–73.

Akhavan, Nancy. 2014. *The Nonfiction Now Lesson Bank, Grades 4–8: Strategies and Routines for
Higher-Level Comprehension in the Content Areas*. Thousand Oaks, CA: Corwin.

Allington, Richard L. 2011. *What Really Matters for Struggling Readers: Designing Research-Based
Programs*. Nueva York: Pearson.

Anderson, Richard C., Paul T. Wilson y Linda G. Fielding. 1988. "Growth in Reading and How
Children Spend Their Time Outside of School." *Reading Research Quarterly* 23 (3): 285–303.

Angelillo, Janet. 2003. *Writing About Reading: From Book Talk to Literary Essays, Grades 3–8*.
Portsmouth, NH: Heinemann.

Atwell, Nancie. 2007. *The Reading Zone: How to Help Kids Become Skilled, Passionate, Habitual, Critical Readers.* Nueva York, NY: Scholastic.

_____. 2014. *In the Middle: A Lifetime of Learning About Writing, Reading, and Adolescents,* 3ª ed. Portsmouth, NH: Heinemann.

Barnhouse, Dorothy y Vicki Vinton. 2012. *What Readers Really Do: Teaching the Process of Meaning Making.* Portsmouth, NH: Heinemann.

Baumann, James F. y Edward J. Kame'enui. 1991. "Research on Vocabulary Instruction: Ode to Voltaire." En *Handbook of Research on Teaching the English Language Arts,* editado por James Flood y Julie M. Jensen, 604–32. Nueva York: Macmillan.

Baumann, James F., Edward J. Kame'enui y Gwynne E. Ash. 2003. "Research on Vocabulary Instruction: Voltaire Redux." En *Handbook of Research on Teaching the English Language Arts,* editado por James Flood, Dianne Lapp, James R. Squire y Julie M. Jensen, 752–85. Mahwah, NJ: Lawrence Erlbaum.

Bear, Donald, Marcia Invernizzi, Shane R. Templeton y Francine A. Johnston. 2015. *Words Their Way,* 6ª ed. Nueva York: Pearson.

Beaver, Joetta y Marc Carter. 2015. *Developmental Reading Assessment, Grades 4–8,* 2ª ed. Nueva York: Pearson.

Beck, Isabel L., Margaret G. McKeown y Linda Kucan. 2013. *Bringing Words to Life: Robust Vocabulary Instruction,* 2ª ed. Nueva York: The Guilford Press.

Becker, Wesley C. 1977. "Teaching Reading and Language to the Disadvantaged—What We Have Learned from Field Research." *Harvard Educational Review* 47 (4): 518–43.

Beers, Kylene. 2002. *When Kids Can't Read—What Teachers Can Do: A Guide for Teachers 6–12.* Portsmouth, NH: Heinemann.

Beers, Kylene y Robert Probst. 2012. *Notice and Note: Strategies for Close Reading.* Portsmouth, NH: Heinemann.

_____. 2016. *Reading Nonfiction: Notice & Note Stances, Signposts, and Questions.* Portsmouth, NH: Heinemann.

Betts, E. A. 1946. *Foundations of Reading Instruction, with Emphasis on Differentiated Guidance.* Nueva York: American Book Company.

Bomer, Randy y Katherine Bomer. 2001. *For a Better World: Reading and Writing for Social Action.* Portsmouth, NH: Heinemann.

Boushey, Gail y Joan Moser. 2014. *The Daily 5: Fostering Literacy in the Elementary Grades,* 2ª ed. Portland, ME: Stenhouse Publishers.

Boynton, Alice y Wiley Blevins. 2007. *Navigating Nonfiction, Grade 3.* Nueva York: Scholastic.

Buckner, Aimee. 2009. *Notebook Connections: Strategies for the Reader's Notebook.* Portland, ME: Stenhouse Publishers.

Burroway, Janet. 2006. *Imaginative Writing: The Elements of Craft.* Nueva York: Longman.

Calkins, Lucy. 2000. *The Art of Teaching Reading.* Nueva York: Pearson.

Calkins, Lucy *et al.* 2011a. *A Curricular Plan for the Reading Workshop, Grade K.* Portsmouth, NH: Heinemann.

_____. 2011b. *A Curricular Plan for the Reading Workshop, Grade 1.* Portsmouth, NH: Heinemann.

_____. 2011c. *A Curricular Plan for the Reading Workshop, Grade 4.* Portsmouth, NH: Heinemann.

_____. 2011d. *A Curricular Plan for the Writing Workshop, Grade 4.* Portsmouth, NH: Heinemann.

_____. 2013. *The Units of Study in Opinion/Argument, Information, and Narrative Writing series.* Portsmouth, NH: Heinemann.

Calkins, Lucy y Madea McEvoy. 2006. *Literary Essays: Writing About Reading.* En *Units of Study for Teaching Writing, Grades 3–5* por Lucy Calkins *et al.* Portsmouth, NH: Heinemann.

Calkins, Lucy y Kathleen Tolan. 2010a. *Building a Reading Life: Stamina, Fluency, and Engagement.* En *Units of Student for Teaching Reading: A Curriculum for the Reading Workshop, Grades 3–5* por Lucy Calkins *et al.* Portsmouth, NH: Heinemann.

———. 2010b. *Following Characters into Meaning: Building Theories, Gathering Evidence.* En *Units of Study for Teaching Reading, Grades 3–5: A Curriculum for the Reading Workshop* por Lucy Calkins *et al.* Portsmouth, NH: Heinemann.

———. 2010c. *Navigating Nonfiction in Expository Text: Determining Importance and Synthesizing (Volume 1).* En *Units of Student for Teaching Reading, Grades 3–5: A Curriculum for the Reading Workshop* por Lucy Calkins *et al.* Portsmouth, NH: Heinemann.

———. 2010d. *Navigating Nonfiction in Narrative and Hybrid Text: Using Text Structures to Comprehend (Volume 2).* En *Units of Student for Teaching Reading, Grades 3–5: A Curriculum for the Reading Workshop* por Lucy Calkins *et al.* Portsmouth, NH: Heinemann.

Carver, Ronald P. 1994. "Percentage of Unknown Vocabulary Words in Text as a Function of the Relative Difficulty of the Text: Implications for Instruction." *Journal of Reading Behavior* 26 (4): 413–37.

Cherry-Paul, Sonja y Dana Johansen. 2014. *Teaching Interpretation: Using Text-Based Evidence to Construct Meaning.* Portsmouth, NH: Heinemann.

Clay, Marie. 1993. *Reading Recovery: A Guidebook for Teachers in Training.* Portsmouth, NH: Heinemann.

———. 2000. *Running Records for Classroom Teachers.* Portsmouth, NH: Heinemann.

———. 2001. *Change Over Time: In Children's Literacy Development.* Portsmouth, NH: Heinemann.

Cobb, Charlene y Camille Blachowicz. 2014. *No More "Look Up the List" Vocabulary Instruction.* Portsmouth, NH: Heinemann.

Collins, Kathy. 2004. *Growing Readers: Units of Study in the Primary Classroom.* Portland, ME: Stenhouse Publishers.

———. 2008. *Reading for Real: Teach Students to Read with Power, Intention, and Joy in K–3 Classrooms.* Portland, ME: Stenhouse Publishers.

Collins, Kathy y Matt Glover. 2015. *I Am Reading: Nurturing Young Children's Meaning Making and Joyful Engagement with Any Book.* Portsmouth, NH: Heinemann.

Csikszentmihalyi, Mihaly. 2008. *Flow: The Psychology of Optimal Experience.* Nueva York, NY: Harper Perennial Modern Classics.

Cunningham, Anna E. y Keith E. Stanovich. 1991. "Tracking the Unique Effects of Print Exposure in Children: Associations with Vocabulary, General Knowledge, and Spelling." *Journal of Educational Psychology* 83 (2): 264–74.

Cunningham, Patricia M. 1979. "A Compare/Contrast Theory of Mediated Word Identification." *The Reading Teacher* 7 (32): 774–78.

Cunningham, Patricia M. y Dorothy P. Hall. The Month-by-Month Phonics series. Greensboro, NC: Carson Dellosa Publishing.

Daniels, Harvey. 1994. *Literature Circles: Voice and Choice in the Student-Centered Classroom.* Portland, ME: Stenhouse Publishers.

Delpit, Lisa. 2006. *Other People's Children: Cultural Conflict in the Classroom.* Nueva York: The New Press.

Duke, Nell. 2014. *Inside Information: Developing Powerful Readers and Writers of Informational Text Through Project-Based Instruction.* Nueva York: Scholastic.

Duke, Nell y V. Susan Bennett-Armistead. 2003. *Reading & Writing Informational Text in the Primary Grades.* Nueva York: Scholastic.

Ehri, Linnea C. y Claudia Robbins. 1992. "Beginners Need Some Decoding Skills to Read Words by Analogy." *Reading Research Quarterly* 27: 12–27.

Fountas, Irene C. y Gay Su Pinnell. 2010a. *Benchmark Assessment System 1,* 2ª ed. Portsmouth, NH: Heinemann.

_____. 2010b. *The Continuum of Literacy Learning, Grades PreK–8: A Guide to Teaching,* 2ª ed. Portsmouth, NH: Heinemann.

Gibbons, Pauline. 1993. *Learning to Learn in a Second Language.* Portsmouth, NH: Heinemann.

_____. 2014. *Scaffolding Language, Scaffolding Learning: Teaching English Language Learners in the Mainstream Classroom,* 2ª ed. Portsmouth, NH: Heinemann.

Goodman, Yetta M., Dorothy J. Watson y Carolyn L. Burke. 2005. *Reading Miscue Inventory: From Evaluation to Instruction.* Katonah, NY: Richard C. Owens Publishers, Inc.

Guthrie, John T., Allan Wigfield y Wei You. 2012. "Instructional Contexts for Engagement and Achievement in Reading." En *Handbook of Research on Student Engagement,* editado por Sandra L. Christenson, Amy L. Reschly y Cathy Wylie, 601–34. Nueva York: Springer Publishing Company.

Harris, Theodore Lester y Richard E. Hodges, eds. 1995. *The Literacy Dictionary: The Vocabulary of Reading and Writing.* Newark, DE: The International Reading Association.

Harvey, Stephanie. 2014. "Thinking Intensive Learning: Close Reading Is Strategic Reading." Presentación en el congreso anual del National Council of Teachers of English. Washington, DC.

Harvey, Stephanie y Anne Goudvis. 2000. *Strategies That Work: Teaching Comprehension for Understanding and Engagement.* Portland, ME: Stenhouse Publishers.

_____. 2005. *The Comprehension Toolkit: Language and Lessons for Active Literacy, Grades 3–6.* Portsmouth, NH: Heinemann.

_____. 2007. *Strategies That Work: Teaching Comprehension for Understanding and Engagement,* 2ª ed. Portland, ME: Stenhouse Publishers.

Harvey, Stephanie, Anne Goudvis y Judy Wallis. 2010. *Comprehension Intervention: Small-Group Lessons for the Comprehension Toolkit, Grades 3–6.* Portsmouth, NH: Heinemann.

Hattie, John. 2009. *Visible Learning: A Synthesis of Over 800 Meta-Analyses Relating to Achievement.* Nueva York: Routledge.

Heard, Georgia. 2014. *The Revision Toolbox: Teaching Techniques That Work,* 2ª ed. Portsmouth, NH: Heinemann.

Henkes, Kevin. "For Teachers, Librarians and Parents." https://bit.ly/1KOLPTg. Fecha de último acceso, 6 de mayo de 2019.

Hildebrant, Denice. 2001. "'But There's Nothing Good to Read' (in the Library Media Center)". *Media Spectrum: The Journal for Library Media Specialists in Michigan* 28 (3): 34-37.

Hoyt, Linda. 2008. *Revisit, Reflect, Retell: Time-Tested Strategies for Teaching Reading Comprehension.* Portsmouth, NH: Heinemann.

Hsueh-chao, Marcella Hu y Paul Nation. 2000. "Unknown Vocabulary Density and Reading Comprehension." *Reading in a Foreign Language* 13 (1): 403–30.

Ivey, Gay y Peter H. Johnston. 2013. "Engagement with Young Adult Literature: Outcomes and Processes." *Reading Research Quarterly* 48 (3): 1–21.

Johnston, Peter. 2004. *Choice Words.* Portland, ME: Stenhouse Publishers.

Jones, Stephanie. 2006. *Girls, Social Class, and Literacy: What Teachers Can Do to Make a Difference.* Portsmouth, NH: Heinemann.

Juzwik, Mary. 2009. *The Rhetoric of Teaching: Understanding the Dynamics of Holocaust Narratives in an English Classroom.* Nueva York: Hampton Press.

Keene, Ellin Oliver. 2006. *Assessing Comprehension Thinking Strategies.* Huntington Beach, CA: Shell Education.

_____. 2008. *To Understand: New Horizons in Reading Comprehension.* Portsmouth, NH: Heinemann.

_____. 2012. *Talk About Understanding: Rethinking Classroom Talk to Enhance Comprehension.* Portsmouth, NH: Heinemann.

Keene, Ellin Oliver y Susan Zimmerman. 2007. *Mosaic of Thought: The Power of Comprehension Strategy Instruction,* 2ª ed. Portsmouth, NH: Heinemann.

Krashen, Stephen. 2004. *The Power of Reading: Insights from the Research,* 2ª ed. Englewood, CO: Libraries Unlimited.

Kuhn, Melanie R. 2008. *The Hows and Whys of Fluency Instruction.* Nueva York: Pearson.

Laufer, Batia. 1988. "What Percentage of Text-Lexis Is Essential for Comprehension?" En *Special Language: From Humans Thinking to Thinking Machines,* editado por Christer Laurén y Marianne Nordman, 316–23. Clevedon, Reino Unido: Multilingual Matters.

Lehman, Chris y Kate Roberts. 2014. *Falling in Love with Close Reading: Lessons for Analyzing Texts—and Life.* Portsmouth, NH: Heinemann.

Lesesne, Teri. 2010. *Reading Ladders: Leading Students from Where They Are to Where We'd Like Them to Be.* Portsmouth, NH: Heinemann.

Martinelli, Marjorie y Kristine Mraz. 2012. *Smarter Charts, K–2: Optimizing an Instructional Staple to Create Independent Readers and Writers.* Portsmouth, NH: Heinemann.

_____. 2014. "Smarter Charts: Bringing Charting to Life." Heinemann Digital Campus Course. Portsmouth, NH: Heinemann.

Miller, Debbie. 2012. *Reading with Meaning: Teaching Comprehension in the Primary Grades,* 2ª ed. Portland, ME: Stenhouse Publishers.

Miller, Donalyn. 2009. *The Book Whisperer: Awakening the Inner Reader in Every Child.* San Francisco: Jossey-Bass.

Miller, George A. 1999. "On Knowing a Word." *Annual Review of Psychology* 50: 1–19.

Mraz, Kristine y Marjorie Martinelli. "Chart Chums." chartchums.wordpress.com. Fecha de último acceso, 10 de marzo de, 2015.

_____. 2014. *Smarter Charts for Math, Science & Social Studies: Making Learning Visible in the Content Areas.* Portsmouth, NH: Heinemann.

Nagy, William E., Richard C. Anderson y Patricia A. Herman. 1987. "Learning Word Meanings from Context During Normal Reading." *American Educational Research Journal* 24 (2): 237–70.

National Association of Independent Schools. 2010. "Sample Cultural Identifiers." https://bit.ly/2PR7bKi. Fecha de último acceso, 6 de mayo de 2019.

National Reading Panel. 2000. *Teaching Children to Read: An Evidence-Based Assessment of the Scientific Research Literature on Reading and Its Implications for Reading Instruction.* Bethesda, MD: National Institutes of Health.

Newkirk, Thomas. 2011. *The Art of Slow Reading: Six Time-Honored Practices for Engagement.* Portsmouth, NH: Heinemann.

Nichols, Maria. 2006. *Comprehension Through Conversation: The Power of Purposeful Talk in the Reading Workshop.* Portsmouth, NH: Heinemann.

Owocki, Gretchen. 2012. *The Common Core Lesson Book, K–5: Working with Increasingly Complex Literature, Informational Text, and Foundational Reading Skills.* Portsmouth, NH: Heinemann.

Parkes, Brenda. 2000. *Read It Again! Revisiting Shared Reading.* Portland, ME: Stenhouse Publishers.

Pearson, P. D. y M. C. Gallagher. 1983. "The Instruction of Reading Comprehension." *Contemporary Educational Psychology* 8: 317–44.

Peterson, Margareth E. y Leonard P. Haines. 1992. "Orthographic Analogy Training with Kindergarten Children: Effects of Analogy Use, Phonemic Segmentation, and Letter-Sound Knowledge." *Journal of Reading Behavior* 24: 109–127.

Pink, Daniel. 2009. Drive: *The Surprising Truth about What Motivates Us.* Nueva York: Penguin Books.

Polacco, Patricia. https://bit.ly/2UZroPa. Fecha de último acceso, 6 de mayo de 2019.

Porcelli, Alison y Cheryl Tyler. 2008. *A Quick Guide to Boosting English Acquisition in Choice Time, K–2.* Portsmouth, NH: Heinemann.

Pressley, Michael, R. Wharton-McDonald, R. Allington, C. Block, L. Morrow, D. Tracey, K. Baker, G. Brooks, J. Cronin, E. Nelson y D. Woo. 2000. "A Study of Effective First-Grade Reading Instruction." *Scientific Studies of Reading* 5: 35–38.

Pressley, Michael y Richard L. Allington. 2015. "Skills Emphasis, Meaning Emphasis, and Balanced Reading Instruction." En *Reading Instruction That Works,* 4ª ed. Nueva York: Guildford Press.

Purcell-Gates, Victoria, Nell Duke y Joseph A. Martineau. 2007. "Learning to Read and Write Genre-Specific Text: Roles of Authentic Experience and Explicit Teaching." *Reading Research Quarterly* 42 (1): 8–45.

Rasinski, Timothy V. 2010. *The Fluent Reader: Oral and Silent Reading Strategies for Building Fluency, Word Recognition and Comprehension,* 2ª ed. Nueva York: Scholastic.

Ray, Katie W. y Matt Glover. 2008. *Already Ready: Nurturing Writers in Preschool and Kindergarten.* Portsmouth, NH: Heinemann.

Richardson, Jan y Maria Walther. Next Step Guided Reading Assessment series. Nueva York: Scholastic.

Robb, Laura. 2014. *Vocabulary Is Comprehension: Getting to the Root of Text Complexity.* Thousand Oaks, CA: Corwin.

Roberts, Kate y Maggie Beattie Roberts. 2014. "Teaching Beyond the Main Idea: Nonfiction and Point of View (Part I)." https://bit.ly/2Wdr7gV. Fecha de último acceso, 6 de mayo de 2019.

Roberts, Kate y Katy Wischow. 2014. *The Literary Essay: Analyzing Craft and Theme.* En *Units of Study in Argument, Information, and Narrative Writing: A Common Core Workshop Curriculum* por Lucy Calkins *et al.* Portsmouth, NH: Heinemann.

Rosenblatt, Louise. 1978. *The Reader, the Text, the Poem: The Transactional Theory of the Literary Work.* Carbondale, IL: Southern Illinois University Press.

Routman, Regie. 1994. *Invitations: Changing as Teachers and Learners K–12.* Portsmouth, NH: Heinemann.

Rupley, William H., John W. Logan y William D. Nichols. 1998/1999. "Vocabulary Instruction in a Balanced Reading Program." *The Reading Teacher* 52 (4): 336-46.

Santman, Donna. 2005. *Shades of Meaning: Comprehension and Interpretation in Middle School.* Portsmouth, NH: Heinemann.

Serafini, Frank. 2001. *The Reading Workshop: Creating Space for Readers.* Portsmouth, NH: Heinemann.

Serravallo, Jennifer. 2010. *Teaching Reading in Small Groups: Differentiated Instruction for Building Strategic, Independent Readers.* Portsmouth, NH: Heinemann.

_____. 2013a. *The Literacy Teacher's Playbook, Grades 3–6: Four Steps for Turning Assessment Data into Goal-Directed Instruction.* Portsmouth, NH: Heinemann.

_____. 2013b. "Teaching Reading in Small Groups: Matching Methods to Purposes." Heinemann Digital Campus Course. Portsmouth, NH: Heinemann.

_____. 2014. *The Literacy Teacher's Playbook, Grades K–2: Four Steps for Turning Assessment Data into Goal-Directed Instruction.* Portsmouth, NH: Heinemann.

_____. 2018. *Understanding Texts & Readers. Responsive Comprehension Instruction with Leveled Texts.* Portsmouth, NH: Heinemann.

_____. 2019a. *Complete Comprehension: Fiction. Assessing, Evaluating, and Teaching to Support Students' Comprehension of Chapter Books.* Portsmouth, NH: Heinemann.

_____. 2019b. *Complete Comprehension: Nonfiction. Assessing, Evaluating, and Teaching to Support Students' Comprehension of Whole Nonfiction Books.* Portsmouth, NH: Heinemann.

Serravallo, Jennifer y Gravity Goldberg. 2007. *Conferring with Readers: Supporting Each Student's Growth and Independence.* Portsmouth, NH: Heinemann.

Sinatra, Gale M., Kathleen J. Brown y Ralph E. Reynolds. 2002. "Implications of Cognitive Resource Allocation for Comprehension Strategies Instruction." En *Comprehension Instruction: Research-Based Best Practices,* editado por Cathy Collins Block y Michael Pressley, 62–76. Nueva York: Guilford Press.

Smith, Michael y Jeffrey Willhelm. 2010. *Fresh Takes on Teaching Literary Elements: How to Teach What Really Matters About Character, Setting, Point of View, and Theme.* Nueva York: Scholastic.

Snowball, Diane y Faye Bolton. 1999. *Spelling K–8: Planning and Teaching.* Portland, ME: Stenhouse Publishers.

Stahl, Steven A. y Patricia D. Miller. 1989. "Whole Language and Language Experience Approaches for Beginning Reading: A Quantitative Research Synthesis." *Review of Educational Research* 59 (1): 87–116.

Stanovich, Keith E. 1986. "Matthew Effects in Reading: Some Consequences of Individual Differences in the Acquisition of Literacy." *Reading Research Quarterly* 21 (4): 360–407.

Stanovich, Keith E. y Anna E. Cunningham. 1993. "Where Does Knowledge Come From? Specific Associations Between Print Exposure and Information Acquisition." *Journal of Educational Psychology* 85 (2): 211–29.

Sulzby, Elizabeth. 1985. "Children's Emergent Reading of Favorite Storybooks: A Developmental Study." *Reading Research Quarterly* 20 (4): 458–81.

Sulzby, Elizabeth y William Teale. 1991. "Emergent Literacy." En *Handbook of Reading Research,* Vol. 2, editado por R. Barr, M. L. Kamil, P. B. Mosenthan y P. D. Pearson, 727–58. Nueva York: Longman.

Taberski, Sharon. 2000. *On Solid Ground: Strategies for Teaching Reading, K–3.* Portsmouth, NH: Heinemann.

_____. 2011. *Comprehension from the Ground Up: Simplified, Sensible Instruction for the K–3 Reading* Workshop. Portsmouth, NH: Heinemann.

Taylor, Barbara M., Barbara J. Frye y Geoffrey M. Maruyama. 1990. "Time Spent Reading and Reading Growth." *American Educational Research Journal* 27 (2): 351–62.

Teachers College Reading and Writing Project. 2014. "Resources." https://bit.ly/2dazS19. Fecha de último acceso, 6 de mayo de 2019.

Tovani, Cris. 2004. *Do I Really Have to Teach Reading? Content Comprehension, Grades 6–12.* Portland, ME: Stenhouse Publishers.

Von Sprecken, Debra, Jiyoung Kim y Stephen Krashen. 2000. "The Home Run Book: Can One Positive Reading Experience Create a Reader?" *California School Library Journal* 23 (2): 8–9.

White, Zoe Ryder. 2008. *Playing with Poems: Word Study Lessons for Shared Reading, K–2.* Portsmouth, NH: Heinemann.

Wiggins, Grant. 2013. "On So-Called 'Reading Strategies'—The Utter Mess That Is the Literature and Advice to Teachers." https://bit.ly/2GZKqQn. Fecha de último acceso, 6 de mayo de 2019.

Wilde, Sandra. 2000. *Miscue Analysis Made Easy: Building on Student Strengths.* Portsmouth, NH: Heinemann.

Wilhelm, Jeffrey D., Tanya N. Baker y Julie Dube. 2001. *Strategic Reading: Getting Students to Lifelong Literacy, 6–12.* Portsmouth, NH: Boynton/Cook Publishers, Inc.